Phänomen-Verlag

Alexander Bard & Jan Söderqvist

# SYNTHEISMUS

## Gott im Internetzeitalter erschaffen

Bibliografische Information Der Deutschen Bibliothek:

Die Deutsche Bibliothek verzeichnet diese Publikation in der Deutschen Nationalbibliografie; detaillierte bibliografische Daten sind im Internet über http://dnb.ddb.de abrufbar.

Alexander Bard & Jan Söderqvist
SYNTHEISMUS - Gott im Internetzeitalter erschaffen
EAN 978-84-123551-6-1
Übersetzt von Oliver Griebel & Tom Amarque

Phänomen-Verlag
Web: www.phaenomen-verlag.de
E-Mail: kontakt@phaenomen-verlag.de


Satz & Gestaltung: Phänomen-Verlag

## Inhaltsverzeichnis

# 1.
# Alles ist Religion

Existiert Gott?

Viele Menschen halten diese Frage für fast lächerlich einfach und damit auch für provokativ und konfrontativ. Das Problem ist jedoch, dass eine entscheidende und polarisierende Uneinigkeit über die Antwort bestehen bleibt. Einige sagen, die Antwort auf diese einfache Frage sei offensichtlich ein klares Nein: Natürlich gibt es keinen Gott! Alles Sprechen über einen Gott ist Ausdruck eines hartnäckigen Aberglaubens, der seit den Regentänzen der ersten Schamanen durch die gesamte bekannte Geschichte an der Menschheit haften geblieben ist. Ein Aberglaube, der aller Wahrscheinlichkeit nach dahinschwinden und absterben wird, in dem Maß, wie unser Wissen über die Natur der Physik auf der Makro- und der Mikroebene ausreichend anwachsen wird, dass wir fähig werden, die vielen törichten Vorstellungen von Religion zu widerlegen, und zu dokumentieren, wie sie mit verschiedenen soziokulturellen Bedingungen verbunden sind.

Aber wie wir wissen, sind einige andere ebenso unerschütterlich davon überzeugt, dass Gott nicht nur mit größter Sicherheit existiert, sondern auch, dass dieser Gott alle unsere Sünden wie auch unsere guten Taten akribisch festhält. Und als ob das nicht genug wäre, schuf derselbe Gott am Beginn der Zeit unseren Planeten und all seine unzähligen Lebensformen. Dieser Gott, der also existiert, durchdringt jeden Aspekt unserer Existenz, und wenn wir nicht an Ihn glauben und dies zugeben, dann wird das früher oder später Bestrafung nach sich ziehen. Möglicherweise für alle Ewigkeit. Was die Sache noch weiter kompliziert, ist das Fehlen eines Konsenses zwischen all diesen vielen Menschen, die von *Seiner* Existenz überzeugt sind, darüber, was für ein Gott wirklich existiert, und das hat im Laufe der Geschichte unzählige Konflikte ausgelöst - Kämpfe und Kriege, die im Namen Gottes unzählige Menschenleben gefordert haben. Wie also könnte Gott *nicht* existieren?

Tatsächlich muss diese scheinbar einfache Frage also nuanciert und spezifischer gestellt werden, damit wir sie auf sinnvolle Weise diskutieren können. Was die Antwort sein wird - und was die Frage eigentlich bedeutet - das hängt natürlich zum Teil davon ab, was wir unter „Gott" verstehen, und zum Teil davon, was wir unter „existieren" verstehen. Beginnen wir mit Letzterem, was vielleicht der bequemste Ausgangspunkt ist. Ein schönes Gedicht ohne Titel, eines der allerletzten Gedichte des portugiesischen Dichters Fernando Pessoa - das Manuskript ist auf den 19. November 1935 datiert - lautet wie folgt:

*Es gibt Krankheiten, die schlimmer sind als jede Krankheit;*
*Es gibt Schmerzen, die nicht schmerzen, nicht einmal in der Seele,*
*und doch sind sie schmerzhafter als diejenigen, die es tun.*
*Es gibt Ängste aus Träumen, die realer sind*
*als die, die das Leben bringt; es gibt Empfindungen,*
*die man nur empfindet, indem man sie sich vorstellt.*
*Die mehr sind als unser eigenes Leben selbst. Es gibt unzählige Dinge,*
*die existieren ohne zu existieren, die dauerhaft existieren*
*Und dauerhaft uns angehören, sie sind wir ...*
*Über das schlammige Grün des weiten Flusses die weißen Zirkumflexe*
*der Möwen ... Über meine Seele das nutzlose Flattern*
*dessen, was niemals war oder sein konnte und es ist alles. Gib mir noch Wein,*
*denn das Leben ist nichts.*

(Aus Fernando Pessoa, *A Little Larger Than the Universe*, Penguin Books 2006.)

In dem Gedicht werden mehrere Behauptungen aufgestellt, Aussagen über das Webmuster all dessen, was existiert (was wir *die Existenz* nennen). Das Gedicht besagt, dass die Dinge so und so sind. Es gibt Krankheiten, die schlimmer sind als irgendeine Krankheit und daher auch etwas *anderes* als Krankheit (obwohl es sich dennoch um Krankheiten handelt), und die Ängste aus Träumen sind realer als die, die uns in dem plagen, was wir Leben oder Realität nennen (was bedeutet, dass die Begriffe „Traum" und „Realität" in Frage gestellt werden müssen), und so weiter. Krankheiten, Ängste, ein Hauch schwer fassbarer Hoffnungen und ein erhebliches Maß an Resignation. Wenn wir versuchen würden, ein allumfassendes Merkmal von Pessoas Gedicht zu identifizieren, dann stimmen wir vielleicht darin überein, dass es eine Geisteshaltung einfängt, sogar eine erworbene Sicht auf das Leben. Und dass diese Geisteshaltung und Sicht von einer immer klarsichtiger werdenden Traurigkeit gefärbt sind.

Aber wo genau existiert diese Traurigkeit? Bestimmt nicht auf dem Blatt Papier oder auf dem Bildschirm, auf dem uns das Gedicht zugänglich wird. Denn dort gibt es, wenn wir einmal übergenau sein wollen, nur eine Reihe abstrakter grafischer Symbole in verschiedenen Kombinationen. Dass diese Kombinationen von etwas, das wir Buchstaben nennen, sich aneinanderreihen, um etwas hervorzubringen, was wir Wörter nennen, und dass darüber hinaus diese „Wörter" etwas bedeuten und einen kontextspezifischen Wert haben, das hängt völlig an einem Gesellschaftsvertrag, dem die meisten von uns durch Lernen beitreten, weil er tröstlich und in vielerlei Hinsicht auch bereichernd ist. Wir betrachten die Symbole und beschwören verschiedene Wahrnehmungen herauf. Was bedeutet, dass die Frage, wo diese Traurigkeit tatsächlich ist, soweit sie tatsächlich da ist, unbeantwortet bleibt, es sei denn, sie ist nur auf dem Stück Papier vorhanden oder auf dem Bildschirm.

Und wir können noch einen Schritt weiter gehen: Gibt es Kunst? Die meisten Menschen bezweifeln nicht, dass es tatsächlich eine

Unzahl physisch greifbarer Objekte gibt, die vorgeben, Kunst zu sein, auch wenn es viele Menschen gibt, die das einzigartige Kunsterlebnis, das andere mehr oder weniger redselig und beredt bezeugen, energisch leugnen würden. Dieses Konzept einer Kunst, die eigentlich ein organisierter Schwindel ist, inszeniert zu dem Zweck, dass die sich zu bereichern können, die an diesem Lärm teilnehmen, wobei es diese Leute äußerst geistreich erscheinen lässt, ist ein kulturloses Konzept, das tief verwurzelt und schwer zu behandeln ist. Wenn Menschen nicht am Gesellschaftsvertrag teilnehmen, verstehen sie nicht richtig, worum es geht, und gehen daher davon aus, dass es sich um eine Art Betrug handeln muss. Jemand täuscht Sie, und alle anderen tun entweder so, als ob alles so wäre, wie es sein sollte, oder sie lassen sich überzeugen, ohne den Schwindel durchschauen zu können. Dies gilt übrigens weitgehend auch für die Philosophie, die außerhalb gewisser Schutzgebiete als eher dubiose Tätigkeit gilt. Vielleicht existiert sie auch nicht.

Zurück zu Pessoas Traurigkeit - wo gibt es sie? Denn wir behaupten, dass es sie gibt. Und die naheliegendste Antwort ist sicherlich, dass wir als Leser sie erschaffen. Natürlich mit der tatkräftigen Unterstützung des Autors. Er und wir erschaffen sie gemeinsam, mit der Hilfe dieser Reihe von Gesellschaftsverträgen, welche Literatur und Dichtung sind, genauso, wie wir mit Hilfe verschiedener anderer Gesellschaftsverträge eine Vielzahl anderer Dinge erschaffen, die in und durch Sprache existieren: Nationen, Ideologien, Gemeinschaften verschiedenster Art. Was wiederum bedeutet, dass die meisten von uns, die dieses Buch entweder lesen oder schreiben, und die ab und zu über existenzielle und ontologische Probleme nachdenken, eine relativ flexible Definition von dem mit sich herumtragen, was es eigentlich bedeutet, dass etwas „existiert“. Es gibt eine Menge, was es nicht gibt, was aber tatsächlich existiert - in der Sprache. Die Traurigkeit von Pessoa, oder vielmehr die Traurigkeit des Gedichts, existiert nicht in dem selben Sinn, wie es den Topf gibt, der dort auf dem Küchenherd steht, den wir anfassen und messen und wiegen und fotografieren können, und dessen Existenz unwiderlegbar ist, da der Fleischeintopf darin sich sicherlich auf den Herd ergießen würde, wenn der Topf nicht da wäre. Wir wissen aber mit großer Sicherheit, dass die Traurigkeit des Gedichts tatsächlich da ist und dass wir selbst besonders gut dafür geeignet sind, dafür zu bürgen, weil wir an seiner Erschaffung mitgewirkt haben. Daher wissen wir auch, dass es, wie Pessoa ja schreibt, so vieles gibt, was es nicht gibt, aber was es eben doch gibt - was tatsächlich sogar bleibt.

Der deutsche Philosoph Martin Heidegger baut einen Existenzialismus auf dieser grundsätzlichen Unterscheidung auf. Er kategorisiert den Topf auf dem Herd und alle anderen unbestreitbar physikalisch existierenden Phänomene innerhalb der Idee des *Ontischen*. Was aber im weiteren Sinne außerhalb und jenseits des Ontischen „existiert“ - wie etwa die Traurigkeit, die wir in Fernando Pessoas spätem Gedicht lesen -, das fasst Heidegger in der Idee des *Ontologischen* zusammen. Das Entscheidende bei Heidegger ist, dass der existenzielle Mensch nicht einfach in ein *Sein* in der ontischen Welt, sondern ebenso sehr in die ontologische Welt, in ein *Dasein* gehört. Dort zu sein und erleben, da zu sein und *Dasein* zu erleben heißt nach Heidegger, ganz Mensch zu sein. Der Mensch ist also viel mehr als nur ein physikalisches Wesen. Die Welt ist mehr als nur Kochtöpfe. Heideggers existentialistische Idee von Dasein ist ein *metaphysischer* Zustand.

Zumindest theoretisch könnten Sie sich natürlich dafür entscheiden, außerhalb aller Sprachverträge zu stehen, die Sie nicht verstehen. Sie könnten einfach nicht daran teilnehmen, und Sie könnten, wie Lewis Carrolls Humpty Dumpty es einst tat, in verächtlichem Ton behaupten, dass, wenn man ein Wort verwendet, es genau das bedeutet, wofür man es wählt - nicht mehr und nicht weniger. Und mit dem Wort „existiert” meinen Sie daher lediglich, dass etwas, was tatsächlich existiert, auf dieselbe ontische und anscheinend unbestreitbare Weise existieren muss wie der Kochtopf auf dem Herd in der Küche, und dass es, wenn es nicht auf diese Weise existiert, überhaupt nicht existiert. Man sollte jedoch auch bedenken, dass es Humpty Dumpty in seinem Gespräch mit einer zunehmend frustrierten Alice überhaupt nicht gelingt, irgendetwas Interessantes mitzuteilen.

Das Problem mit solch einem Sprachphilosophie-Desperado ist nämlich, dass seine Existenz inmitten der Töpfe ziemlich langweilig und einsam wird. Gleichzeitig ist in diesem Zusammenhang zu betonen, dass dieses „Sein“ definitiv keine Qualitätsgarantie darstellt und das kosmische Vakuum, das wir im alltäglichen Sprachgebrauch als „nichts“ bezeichnen, sich als alles andere als leer im klassischen Sinne erwiesen hat . Aus diesem scheinbaren „Nichts“ ist ja das Universum entstanden, wie der Kosmologe und Physiker Lawrence Krauss in seinem Buch mit dem Titel „A Universe From Nothing“ überzeugend argumentiert. Dass etwas in einem ontischen Sinne existiert, ist mit anderen Worten nicht sehr bemerkenswert. Das tun auch Kolibakterien, und zwar in großer Zahl. „Nichts“ ist zwar das einzige, was es mit Sicherheit nicht gibt, aber es ist etwas, das selbst die Physik heutzutage kaum mehr als nichts anerkennen möchte.

Mit diesem flexiblen Verständnis der verschiedenen Nuancen des Begriffes des Seins, und mit den Einsichten von Pessoa und Heidegger, wonach es so viel gibt, was nicht im ontischen Sinne existiert, was es aber dennoch gibt, nähern wir uns vorsichtig dem Begriff „Gott” sowie Fragen, wie wir diesen Begriff einigermaßen korrekt - oder zumindest vernünftig - verstehen sollten; und ob das, worauf wir uns in der endgültigen Definition festlegen, tatsächlich in einem ontischen oder einem ontologischen Sinne existiert. Oder reden wir hier nur von heißer Luft? Der Umgang mit dem Thema wird etwas einfacher, wenn uns dämmert, dass sich die ontologische Frage aller Wahrscheinlichkeit nach von selbst beantwortet, da Gott - als was auch immer er sich erweist - etwas ist, das wir Menschen selbst geschaffen haben. Im Laufe der Geschichte hat es nie eine menschliche Gesellschaft gegeben, in der nicht in irgendeiner Form Religion ausgeübt worden wäre. Jedenfalls gab es noch nie Forschungsergebnisse irgendwelcher Art, die auf die Existenz menschlicher Gemeinschaften hingewiesen hätten, die nicht auch eine gemeinsame Religion gehabt hätten. Das ist unbestreitbar. Sogar unsere toten Verwandten, die Neandertaler, begruben ihre Nächsten und Liebsten mit rituellen Formen, die auf eine Art von Religion hinweisen. Daraus kann man dann einige verschiedene Schlüsse ziehen.

Eine der Schlussfolgerungen, die um die Jahrtausendwende besonders häufig und beredt vorgebracht wurde, war, dass Gott - und hier sprechen wir hauptsächlich über den christlichen Gott und seine allmächtigen Kollegen im Judentum und im Islam - reine Täuschung ist. Dies ist ja auch der Titel des zentralen Werks des radikal atheistischen Genres, *The God Delusion*, von Richard Dawkins, einem gefeierten Evolutionsbiologen und kämpferischen Atheisten. Viele andere Titel anderer Autoren, welche Dawkins' Ansichten teilen, entwickeln ziemlich ähnliche Argumente. Die weit verbreitete und immer wieder vertretene Idee besagt, dass Menschen fast bis in die Gegenwart so abergläubisch und ignorant waren, dass es notwendig wurde, verschiedene Religionsvarianten zu erfinden, um Nutzen vieler Art daraus zu ziehen, so Trost, Gemeinschaftsmoral, und etwas, was in einem düsteren Dasein, das mit Entbehrung und Leiden gefüllt ist, einem Muster ähneln könnte, und was ihm Sinn geben könnte.

In diesem Zusammenhang könnte man argumentieren - und zwar nicht ohne Grund -, dass Religion im Laufe der Zeit zu einer Geschichte wird, die die Machthaber den Menschen erzählen, um die herrschende Ordnung zu legitimieren und damit bequemerweise auch ihre eigenen Privilegien. Die Machthaber versprechen gehorsamen Subjekten, die Steuern zahlen und ohne Beschwerde ihren unterwürfigen Platz in diesem Leben auf der Erde einnehmen, im Jenseits reichliche Belohnungen. Auf diese Weise bekommt der Kaiser ohne viel Aufhebens und in der Praxis wirklich umsonst, was er will. Auf diese Weise wird Religion sowohl zum Opium, das die Menschen in ihrem Schlummer lässt, als auch zum Vorwand, mit dem man die Menschen in den Krieg führt, wenn dies den Interessen der Machthaber nützt. Wer es schafft, das Amt des Sprechers Gottes hier auf Erden an sich zu reißen, der muss nicht riskieren, dass ihm nennenswert widersprochen wird, zumindest nicht innerhalb seiner eigenen Glaubensgemeinschaft. Und was die anderen - die Ungläubigen - zu sagen haben, ist per definitionem von geringem oder gar keinem Wert. Denn mit ihnen führt man Krieg, sie verjagt man von Orten, die man für heilig hält, aus ihnen plündert und quält man das Leben heraus mit Gottes eindeutigem Segen. Dass die Ungläubigen an den falschen Gott glauben, macht es günstigerweise möglich, sie ihrer ganzen Menschlichkeit zu berauben.

Kaum jemand würde leugnen, dass im Namen dieses oder jenes Gottes im Laufe der Geschichte schreckliche Gräueltaten und Grausamkeiten begangen wurden: die Beispiele dafür sind zahllos, und ein vollständiger Katalog aller Verbrechen, die unter einem religiösen Banner begangen wurden, würde ein eigenes Buch erfordern. Dies ist auch in keiner Weise eine Spezialität der abrahamitischen Religionen. In Polynesien wurden Kriegsgefangene und Ketzer den Göttern geopfert. Die Azteken verfeinerten das Menschenopfer zu einer Tätigkeit, die in nahezu industriellem Maßstab durchgeführt wurde und vom Staat und den Geistlichen in einer effizienten Symbiose verwaltet wurde. Soldaten wurden ausgeschickt, um Razzien gegen die Nachbarvölker durchzuführen und viele Gefangene nach Hause zu bringen. Danach wurden diese Gefangenen mit freundlicher Genehmigung des Klerus dem großen Gott Huitzilopochtli geopfert, indem die Herzen aus ihren lebenden Körpern herausgeschnitten wurden und dann - nicht mehr ganz so lebendig - die Stufen, die zum Altar führten, hinuntergerollt wurden.

Aber beim Ausmaß solcher Verbrechen, insbesondere in der heutigen Zeit, nehmen die Abrahamiten eine herausragende und unangefochtene Stellung ein, obwohl es zum Beispiel in Indien Hindus gibt, die mit großer Energie gegen Muslime Krieg führen. Militante Islamisten terrorisieren andere Muslime und uns alle mit einer Intensität, die unser gesamtes Leben und unsere Gesellschaften insgesamt berührt: wie wir reisen und uns über nationale Grenzen hinweg bewegen, wem wir vertrauen und mit wem wir in Kontakt treten, was wir zu schreiben und zu veröffentlichen wagen, und was wir uns in der Öffentlichkeit zu sagen herausnehmen. Ein erhebliches Maß an Selbstzensur wird sowohl in den islamischen Ländern als auch im Westen ausgeübt aus schierer Angst vor physischen Angriffen religiöser Fundamentalisten. Was man sich in diesem Zusammenhang fragen kann und muss, ist jedoch, welche ursächlichen Zusammenhänge hier eigentlich bestehen und inwieweit diese Religionen als solche für die Ausübung von Gewalt und die im Namen dieses oder jenes Gottes begangenen Gräueltaten verantwortlich sind.

Es ist natürlich möglich, sowohl in der Bibel als auch im Koran wie auch in anderen religiösen Schriften Aufrufe zur Grausamkeit gegenüber der "Unreinen im Glauben" zu finden, aber man kann auch Aufrufe zu liebevoller Güte darin finden. Die programmatischen Inkonsistenzen in religiösen Schriften sind einer ihrer Wesenszüge, da es sich dabei um Collagen handelt, die aus einer Vielzahl von verschiedenen Texten erstellt wurden, welche von verschiedenen Personen zu verschiedenen Gelegenheiten und unter verschiedenen Bedingungen für völlig unterschiedliche Zwecke verfasst wurden; was bedeutet, dass man fast jede Position mit Bibelverse und Koransuren untermauern kann. Und mit solchem akribisch selektiven Zitieren der Schrift - oder alternativ ohne jegliche Untermauerung durch irgendeine wichtige Quelle - beschwören verschiedene Gruppen Gottes Segen für ihre Gewaltakte gegen Dissidenten. Das sollte uns eine gewisse Vorsicht lehren, wenn wir mit dem Finger auf eine bestimmte Religion zeigen, die für diese oder jene Gewalttat verantwortlich gemacht wird.

Es ist zwar richtig, um ein viel diskutiertes Beispiel zu nennen, dass der auslösende Faktor für die Ermordung des niederländischen Filmregisseurs Theo van Gogh der Film *Submission* war, in dem die religiös geprägte Unterdrückung von Frauen kritisch diskutiert wird. Und es trifft auch zu, dass der Mörder selbst die Verbindung zwischen der Tat und seinem eigenen fanatischen Wunsch, den wahren Glauben zu schützen, bestätigt hat. Aber es ist eben auch wahr, dass diese Art von aggressiver und konfrontativer Religionsausübung von vielen, wenn nicht den meisten Moslems abgelehnt wird. Man könnte man sich daher vorstellen, dass Religion geschaffen wurde und im Laufe der Geschichte immer wieder herhalten musste als erfundene Ausrede für dogmatische Fanatiker und die skrupellosen Mächtigen, die aus verschiedenen strategischen Gründen oder weil sie einfach nur süchtig nach Gewalt waren, beschlossen, echte und eingebildete Feinde zu terrorisieren. Zum Beispiel ist der Konflikt zwischen den Israelis und den Palästinensern im Nahen Osten eher politisch und sozial als religiös im eigentlichen Sinne, obwohl sie sich entschieden haben, von Zeit zu Zeit um sogenannte Heilige Stätten zu kämpfen - was streng *symbolische* Werte sind - und zwar immer wenn es zum rhetorischen Anheizen zweckmäßig ist. Gleiches gilt für den Bürgerkrieg in Nordirland, wo die Bezeichnungen „Katholiken" und „Protestanten" nichts Relevantes darüber aussagen, worin die historischen und mehrdimensionalen Konflikte tatsächlich gelegen haben und in gewissem Maße immer noch liegen.

Man könnte sich auch fragen, ob es wirklich der Sport ist, dem die Schuld gegeben werden sollte, wenn organisierte Gruppen von Fußballrowdys aufeinander treffen, oder ob es hier nicht mehr um Menschen geht, die einfach unter bestimmten Umständen kollektive Gewalt ausüben wollen, und dass die Funktion, die hier dem Fußball auferlegt wird, nicht als rein symbolisch anzusehen ist. Für die verschiedenen Teams, die auf dem Spielfeld gegeneinander antreten, gilt es, diese Aggression in sehr engen Grenzen zu halten, zu formalisieren und zu disziplinieren. Nach dem Spiel geben die Gegner einander einen freundschaftlichen Handschlag und tauschen Trikots miteinander aus. Sport an sich bringt Menschen zusammen, zumindest was die angeht, die ihn ausüben. Dass die Hooligans tatsächlich nichts anderes wollen, als vor, während und nach dem Spiel miteinander zu kämpfen und dass es Menschen Spaß macht, gemeinsam Gewalt auszuüben, sich frei von Verantwortung zu fühlen und sich dem übergeordneten kollektiven Willen hinzugeben, der sich über alle formalen Gesetze und Vorschriften der Gesellschaft stellt, unabhängig davon, für welche Sache oder Gruppenidentität man zu kämpfen vorgibt - das alles hat einen zu vernachlässigenden Bezug zur Ausübung des Sports an sich.

Diese Überlegung lässt sich zu einem großen Teil auf die Frage der im Namen Gottes begangenen Exzesse und Verbrechen übertragen. Gott ist unschuldig, sofern er tatsächlich existiert: Wir Menschen tragen die Schuld. Daher können wir nicht mit einem Rest an Glaubwürdigkeit der Religion die Schuld geben und behaupten, dass sie uns gezwungen hat, uns brutal gegenüber unseren Nachbarn zu verhalten, wo doch in Wahrheit - unzählige Male im Laufe der Geschichte und unter jedem möglichen Vorwand - wir Menschen gefoltert und massakriert haben, die irgendwie einer anderen Gruppe als wir angehörten, und zwar ziemlich freiwillig und mit großem Enthusiasmus. Wir mögen einfach keine Fremden oder das, was anders ist: das ist tief in uns verwurzelt. Das Heilmittel dagegen ist Zivilisation, aber die ist alles andere als universell und wird es wahrscheinlich niemals sein. Trotzdem sind alle diese kirchlichen Sünden und Verbrechen eines der beiden Hauptargumente des expliziten Atheismus gegen die Religion, wie sie sich bisher manifestiert hat.

Das andere Argument - das wir als wesentlich stärker ansehen - sind die Forderungen traditioneller Religionen nach einer Sonderbehandlung in Form einer ganz besonderen Ehrfurcht und Achtung verglichen mit anderen ideologischen Systemen. So versteht sich Religion nicht selten als per Definition über jeder Infragestellung stehend: Abgesehen von den mehr oder weniger undurchsichtigen Erklärungen, welche die traditionelle Religion selbst über ihre Existenz abgibt, soll sie nicht verpflichtet sein, sich zu erklären. Religion zu kritisieren oder sie nur wie irgendein natürliches und soziales Phänomen zu studieren, soll bedeuten, die heilige Lehre zu entweihen und eine ganze Welt von Gläubigen zu verletzen. Zu diesem Thema hat der amerikanische Philosoph Daniel Dennett ein scharfsinniges atheistisches Manifest mit dem Titel *Breaking the Spell* geschrieben, worin er feststellt, dass *die Aufklärung* begraben und vergessen ist, und dass die allmähliche Säkularisierung der modernen Gesellschaft, die lange zu beobachten war und von der angenommen wurde, sie werde bald vollendet sein - jetzt direkt vor unseren Augen zerbröselt. Religion ist wichtiger denn je. Aber Religion entziehe sich ernsthafter Forschung, beschwert sich Dennett. Sie lässt sich ja nur in etwas hineinlocken, was den Anschein eines Heimspiel-Dialogs hat, umgeben von Rauch und Spiegeln, wo sie Suggestionen verwendet, um dunkle Verbindungen herzustellen zwischen dem Glauben zum Beispiel an die Unsterblichkeit der heiligen Seele einerseits und die moralische Vervollkommnung des Gläubigen andererseits. Es wird jedoch nie klar, worin diese Verbindungen tatsächlich bestehen sollen.

Soweit diese Art von unsinnigem Denken an Boden gewinnt, gibt es natürlich guten Grund, die Religion zu kritisieren. Alles Derartige führt früher oder später zwangsläufig zu einer mehr oder weniger brutalen Unterdrückung abweichender Meinungen, was wiederum zu einer völligen Zerstörung des Wissens im Namen Gottes führt. Das impliziert natürlich unbestreitbar, dass Unwissenheit in wichtigen Bereichen eine notwendige Voraussetzung für zumindest einige Arten von Religion ist. Wenn zum Beispiel christliche Fundamentalisten versuchen, den *Kreationismus* unter dem lächerlichen Label des *Intelligent Designs* als Alternative auf gleiche Stufe mit Darwins Evolutionstheorie auf den Weg zu stellen - also als eine hinreichend respektable Alternative, um Teil des Lehrplans in amerikanischen Schulen zu sein - dann ist das ist tatsächlich ein Fall von intellektueller Sabotage der schlimmsten Art. Hier wird echtes Wissen gegen bizarren Unsinn ausgespielt. Wer ernsthaft behauptet, „Intelligentes Design" sei eine adäquate „Theorie", die es verdient, in denselben Lernräumen diskutiert zu werden, in denen der Evolutionsprozess durch natürliche (und sexuelle) Selektion untersucht wird - was nach dieser Überlegung auch nur eine „Theorie" ist -, der weiß nicht, was eigentlich eine Theorie ist, und weigert sich zu verstehen, was die Evolutionstheorie tatsächlich sagt und erklärt.

Eine Religion, die ähnlich den vielen Varianten des abrahamitischen Monotheismus größtenteils auf kontrafaktischem Märchenmaterial beruht, kann sich entweder selbst bis zur Selbstvernichtung verwässern, indem sie verkündet, dass alle alten Dogmen und Überzeugungen, die im Konflikt stehen mit anerkanntem Wissen, als historisch bedingte Gleichnisse zu verstehen sind, die allegorisch und nicht wörtlich zu interpretieren sind; oder sie geht den Weg der völligen Ableugnens und bekämpft wirkliches Wissen mit allen Mitteln, die ihr zur Verfügung stehen, um das eigene Überleben zu sichern. Die letztgenannte Alternative wird wesentlich einfacher durchzuführen, wenn der Einzelne nicht nur religiöse, sondern auch politische Macht ausübt, was natürlich in vielen Ländern der Fall ist, die durch den Islam regiert werden und wo Religion und Gesetz Hand in Hand gehen. Aber sogar in den demokratischen USA, in denen die

Redefreiheit durch die Verfassung geschützt ist, wählen viele christliche Gemeinschaften erfolgreich den Weg des Ableugnens und der Zerstörung von Wissen, was wahrscheinlich und paradoxerweise etwas ist, das erleichtert wird durch die Netzwerkdynamik, die sich im Internet entwickelt hat.

Konnte man sich früher zumindest einig über einige grundlegende Fakten sein und sich dann darüber streiten, wie diese zu interpretieren sind, so ist es heutzutage für verschiedene Gruppen durchaus möglich, eine Reihe von Dingen zu behaupten, die exklusiv von ihrem eigenen vorfestgelegten Glauben bestimmt werden und mit ihm übereinstimmen. Der Grund liegt darin, dass die meisten Menschen, wenn es nach ihnen ginge, es vorziehen würden, aufgenommen zu werden und sich vertrauensvoll zu verbinden mit Menschen, mit denen sie einer Meinung sind, statt dass ihnen widersprochen wird und sie hinterfragt werden. Und das werden sie wahrscheinlich auch tun. Diese Entwicklung hin zu einer eskalierenden sozialen *Polarisierung*, sowohl politisch als auch in Bezug auf die Anschauungen über das Leben, wird dadurch ermöglicht, dass man im Internet eher die Informationsquellen auswählt, die genau das sagen, was man hören möchte, und die das eigene Weltbild bestätigen. Und dies geschieht, während man sich effektiv von denjenigen mit abweichenden Meinungen abgrenzt, mit denen man sich einfach nicht auf Diskussionen einlässt und mit denen ein sinnvolles Gespräch prinzipiell nicht möglich ist, da man sich nicht einmal über das Grundlegende und die Spielregeln einig ist. So hat sich das Internet nicht zu einem großen globalen Dorf entwickelt, in dem jeder mit allen anderen kommuniziert auf eine Weise, die das gegenseitige Verständnis und Vertrauen widerspiegelt - was viele Digitalpioniere naiv erhofft hatten. Stattdessen ist die Landschaft, die im Web entsteht, ein allzu großer Archipel geschlossener Gemeinschaften ohne feste Verbindungen zwischen ihnen.

Auf die Fixierung des Kapitalismus auf *Ausbeutung* (*exploitation*) folgt daher die Besessenheit des Informationalismus auf dessen Gegenstück, die *Imploitation*, eine Maximierung des Wertes der Information durch die bewusste Abschottung der Insider-Gemeinschaft, statt einer ungezwungenen Offenheit gegenüber der Außenwelt (siehe *The Netocrats*). Innerhalb eines solchen geschlossenen Insider-Kollektivs könnte man unstrittig behaupten, dass „Intelligentes Design" eine „Theorie" ist, die der Evolutionstheorie oder irgendetwas sonst weit überlegen ist, solange es Zustimmung findet in Form der Vorlieben des Kollektivs. Insoweit die Proteste und das Missfallen der Außenwelt durch diese Mauern sickern, stärken sie eher das Gemeinschaftsgefühl der Insider, da diese Sorge Außenstehender leicht als Propaganda des Feindes abgetan werden kann. Und je bizarrer die von einer Religionsgemeinschaft oder einer Sekte proklamierten Ideen sind, desto robuster ist der Widerstand, den sie in der feindlichen Außenwelt auslösen, und desto mehr stärken sie das Gefühl der inneren Gemeinschaft und die Produktion *sozialer Identität*.

Kehren wir aber nun zu unserer Ausgangsfrage zurück: Gibt es Gott? Wir sprechen hier über den Gott des Christentums, den Friedrich Nietzsche schon im 19. Jahrhundert für tot erklärte. Der Atheist Dennett beantwortet diese Frage mit Jein. Was nicht existiert, ist der übernatürliche, allwissende und alles-sehende Gott, von dem die Bibel spricht, der Gott, der unsere Welt und alles Übrige erschaffen hat und der seinen einzigen Sohn auf unsere Erde gesandt hat, damit der einen Opfertod am Kreuz und auf Erden stirbt und der dadurch, in einer Art von Transaktion, die in vielerlei Hinsicht völlig unklar ist, unsere Befreiung von unseren schrecklichen Sünden erkauft (für die Gott selbst also keine Verantwortung übernimmt, obwohl er uns offenbar als die elenden Sünder geschaffen hat, die wir sind). Zumindest stellt es Dennett so dar, unter Anderem in Bezug auf die Wertlosigkeit des „Beweismaterials" für Gott. Nehmen wir zum Beispiel Anselm von Canterburys *ontologisches Argument*, wonach Gott ganz einfach aus logischer Notwendigkeit existieren muss, da Gott definitionsgemäß über allem Anderen steht, was bedeutet, dass Gott nicht die Existenz fehlen kann, da dieses unvorstellbare Szenario Gott unvollständig macht und in mindestens einer wichtigen Hinsicht zu weniger macht als all das, was unbestreitbar existiert, wie etwa der Kochtopf auf dem Herd, der den Eintopf enthält. Und nach unserer üblichen Vorstellung von Gott muss Gott dann über allem stehen, insbesondere über Töpfen.

Wie man sieht, bewegt sich dieses Argument in einem engen, kleinen Zirkel, und Dennett ist nicht beeindruckt. Nach der gleichen Logik müsste ja auch alles existieren, was als perfekt und vollständig bezeichnet wird, und das können wir natürlich nicht akzeptieren. Und wenn dies nur für Gott gilt, ist es kaum die Art von Logik, die man „getrost nach Hause tragen kann". Auch *das kosmologische Argument* - wonach alles eine Ursache haben muss und alles, was geschaffen wird, einen Schöpfer haben muss und wonach dieser Schöpfer das ist, was wir Gott nennen - kann bei näherer Betrachtung nicht besonders überzeugen. Die Idee dabei ist, dass der ursächliche Zusammenhang nicht ewig in die Vergangenheit zurückreichen kann - denn dies erscheint unvernünftig. Aber wenn Gott sich auf irgendeine Weise aus dem Nichts erschaffen hat und keine ihm selbst zugrunde liegende Ursache hat, was spricht dann eigentlich dagegen, dass das *Universum* sich selbst aus dem Nichts erschaffen hat? Wie wir heutzutage wissen, ist das durch absolut nichts auszuschließen. Was wir über das Universum wissen, weist vielmehr gerade darauf hin, dass es sich selbst aus dem geschaffen hat, was wir früher aus Unwissenheit als nichts angesehen haben, was sich stattdessen aber nun sehr wohl als etwas herausstellt.

Dennett zufolge gibt es keinen guten Grund zu der Annahme, dass dieser Gott existiert, und es gibt nahezu unendlich viele gute Gründe zu der Annahme, dass er *nicht* existiert. Dies veranlasst Dennett, sich selbst als Atheisten zu betrachten. Mit einem Argument, das er sich von Dawkins geliehen hat, behauptet er aber zudem, dass auch die frommsten und echtesten Gläubigen unter den Theisten in unserem Kulturbereich in Wahrheit radikale Atheisten sind, bezogen nämlich auf all die anderen Götter, an die der Rest der Menschheit glaubt oder einst geglaubt hat: Baal und das goldene Kalb, Thor und Wotan, Poseidon und Apollo, Mithras und Amun-Re und so weiter. Theisten auf der ganzen Welt glauben also nicht nur an diesen oder jenen Gott, sondern auch an ihr phantastisches Glück, dass der Gott, an den sie in ihrer jeweiligen Gemeinde glauben und an den zu glauben sie erzogen wurden - es sei denn, sie sind zufällig Konvertiten - zufälligerweise der einzige Gott, der wirklich existiert, im Gegensatz zu all den anderen, falschen Göttern, die es demnach nicht gibt.

Was nach Dennetts Ansicht allerdings wirklich zweifelsfrei existiert, ist die *Vorstellung von Gott.* Was könnte offensichtlicher sein? Man kann an diese Idee glauben und sie mit beliebigen unterschiedlichen Werten füllen, ohne wirklich daran zu glauben, dass nur der christliche Gott (oder Baal oder das goldene Kalb) wirklich existiert. Dennett nennt dies *Glauben an den Glauben.* Sie können glauben, dass ein religiöser Glaube uns verschiedene nützliche Dinge gibt, und so können Sie, wie viele es tun, an diesen Glauben glauben, ohne dabei notwendigerweise an das zu glauben, woran die jeweilige Religionsgemeinschaft glaubt. Sie können auch beobachten, wie sich der Inhalt der Idee, die man von Gott hat, sich von den Tagen der Volksreligionen bis in unsere Gegenwart allmählich fast bis zur Unkenntlichkeit verändert hat. Dies wurde bereits gegen Ende der 18. Jahrhunderts von David Hume in seiner *Natural History of Religion* aufgedeckt, worin er die Polytheisten als „abergläubische Atheisten" bezeichnet, da sie keines der Phänomene erkennen, das mit „unserer Vorstellung von einer Gottheit" übereinstimmt.

Dennett argumentiert, dass keine Idee jemals eine so dramatische Transformation erfahren hat wie die von „Gott". Einerseits schafft dies natürlich ein großes Maß an Unsicherheit. Viele bekennen sich zu einem Glauben an ein und dieselbe Idee, aber in Wirklichkeit glauben sie an ganz verschiedene Dinge. Und wenn man die Definition von Gott dahingehend erweitert, dass sie umfasst, was auch immer das Leben auf der Erde geschaffen hat, so könnte sich herausstellen, dass Gott Darwins natürliche Auslese ist oder zumindest sein könnte. In diesem Fall wären prinzipiell alle Atheisten glühende Gläubige. Aber dass die Idee von Gott durch all diese Bedeutungsverschiebungen hindurch ihren Namen behalten hat - von menschenähnlichen eifersüchtigen Monstern und autokratischen Rächern hin zu einer diffusen Art von höherem Wesen mit verschwommenen Grenzen -, bedeutet andererseits, dass Religion und die Einstellung religiöser Menschen große Teile, wenn nicht gar alles, was existiert, in sich aufgenommen hat; und dass sich die Marke Gott dank ihrer langen Geschichte eine starke und äußerst wertvolle Loyalität bewahrt hat.

Infolgedessen haben wir allen Grund zu der Annahme, dass die Idee von Gott noch weitere Akte der Transformation erleben wird, weil sich ja die sozialen Strukturen weiter verändern und die Gläubigen folglich weitere Dinge von Gott fordern werden, die sie brauchen können. Genau das ist die Grundlage des vorliegenden Buches. Voltaire schreibt: „Wenn Gott nicht existieren würde, müsste man ihn erfinden" (*Si Dieu n'existait pas, il faudrait l'inventer*). Und genau das tun wir Menschen ausnahmslos: Gott neu erfinden und diese flexible und robuste Idee mit immer neuen Träumen und Wünschen füllen. Syntheismus ist ganz einfach der Name der nächsten revolutionären Phase dieser niemals endenden Entwicklung.

Sigmund Freud, der große Vater der Psychoanalyse, betrachtete Religion als eine „Illusion", ein Gedanke, den er in seinem Buch *Die Zukunft einer Illusion* von 1927 entwickelte. Sein Ziel war es, die Psychoanalyse ihren Beitrag zum Verständnis der Religion leisten zu lassen, als der Teil der Kultur, dessen Hauptaufgabe es ist, durch verschiedene Anweisungen und Zwangsmaßnahmen den Menschen gegen die in vielerlei Hinsicht grausame und gefährliche Natur zu verteidigen. Diese Anweisungen stehen über Kritik und Hinterfragung, da ihnen ein göttlicher Ursprung zugeschrieben wird. „So wird ein Schatz von Vorstellungen geschaffen", schreibt Freud, „geboren aus dem Bedürfnis, die menschliche Hilflosigkeit erträglich zu machen, erbaut aus dem Material der Erinnerungen an die Hilflosigkeit der eigenen und der Kindheit des Menschengeschlechts." So also wird Religion geboren: ein immer systematischeres Wunschdenken über übermenschliche und bedrohliche Gewalten, das gerade wegen der erlebten Hilflosigkeit, welche mit der Verletzlichkeit des einsamen Kindes einhergeht, mit den Merkmalen der Vaterfigur versehen wird. Dass diese illusorische Konstruktion dann so stark wird, hängt mit der Stärke dieses Wunschdenkens zusammen. Die Erleichterung, die es verschafft, ist ebenso substanziell wie willkommen. Die schwierigen Fragen nach der Entstehung der Welt und der Beziehung der Seele zum Körper werden bequem beantwortet und die Angst vor den vielen Gefahren des Lebens wird durch die göttliche Vorsehung beseitigt. Der akute Schrecken, der durch Hilflosigkeit verursacht wird, wird durch eine sorgfältig ausgearbeitete Illusion abgemildert, die auf unsere kollektive und persönliche Sehnsucht nach dem Vater eingeht.

Freud betont mit Bedacht, dass Illusion nicht wahnhaft sein muss. Irrtümer und Wahnvorstellungen widersprechen immer der Wahrheit, was bei einer Illusion nicht unbedingt der Fall ist. Was für eine Illusion charakteristisch ist, ist das dominierende Element der Wunscherfüllung. Wir sehnen uns nach einer Vaterfigur und finden sie dort oben im Himmel. Eine typische Illusion, die von Wunschdenken getragen ist, ist laut Freud auch, dass das Kind ein reines und unschuldiges Wesen ohne Sexualität ist. Freud vertritt die Auffassung, dass Religion der neurotischen Phase entspricht, die das menschliche Kind in seiner Entwicklung zu einem kulturellen Wesen mit einem voll entwickelten Über-Ich durchlaufen muss, ohne dabei einen dezidierten Standpunkt zu der Frage des Wahrheitsgehalts von Religion einzunehmen - denn die Bezeichnung „Illusion" ist in erster Linie mit psychologischen Mechanismen verbunden. Auch die Menschheit selbst sollte in der Lage sein, diese Entwicklung zu durchlaufen und die kindliche Neurose der Religion hinter sich zu lassen - so hofft Freud -, da die Wissenschaft kontinuierlich voranschreitet und die Unwissenheit verdrängt. Für uns moderne Menschen gibt es keinen Grund, den Glauben früherer Generationen vorbehaltlos zu übernehmen: Wir wissen es besser, müssen nicht an das glauben, woran sie geglaubt haben. Von dieser erz-atheistischen Perspektive ausgehend sollte die Menschheit auf dem Weg zur Reife sein und dadurch fähig werden, ihre Gedanken und Handlungen auf rationale Überlegungen zu stützen. Die Frage ist, ob es je ein naiveres und illusorischeres Wunschdenken gegeben hat.

Der französische Historiker François Furet wählte die gleiche Bezeichnung wie Freud - *Illusion* -, als er in seinem Buch *The Passing of a Illusion* aus dem Jahr 1995 den Kommunismus erforschte und bewertete. In diesem Buch geht es in erster Linie um die russische

Revolution mit ihren Weiterungen und Konsequenzen, und Furet spricht das ganze Buch hindurch in religiöser Hinsicht von dieser kunstvoll inszenierten politischen Illusion. In jeder Hinsicht ist der Bolschewismus eine religiöse Sekte: er reflektiert und hüllt sich sehr bewusst in das mythische Erbe der Französischen Revolution. Er feiert die Diktatur des Komitees für öffentliche Sicherheit von 1793 bis 1794 und verweist zur Begründung seines eigenen machtkonsolidierenden Terror ebenso pauschal auf die Bedrohung durch die Konterrevolution, wie die Jakobiner es bei ihrer Terrorherrschaft taten. Lenin wird natürlich als ein Nachfolger von Robespierre dargestellt und als ebenso unbestechlich. Durch diese Reflexion und Identifikation wurde der Mythos der russischen Revolution immer stärker. Auf diese Weise wird es möglich, die Vorteile des schockierend Neuen mit der Verführungskraft einer glorreichen Vergangenheit zu verbinden. In einem verwüsteten und kriegsmüden Europa übernahm die Oktoberrevolution nur zu gerne und mit bemerkenswertem Erfolg die etablierte Utopie vom Kommen des Neuen Menschen.

„Was in Russland 1917 und in den folgenden Jahren passiert, als die Menschen in Europa vom Krieg heimkehren, sind nur äußerlich betrachtet russische Ereignisse“, schreibt Furet. „Was zählt, ist, dass die Bolschewiki die universelle Revolution ausrufen. Aus einem erfolgreichen Staatsstreich im rückständigsten Land Europas, den eine kommunistische Sekte unter der Führung eines verwegenen Führers durchführte, lässt die politische Situation ein beispielhaftes Ereignis entstehen, das den Lauf der Geschichte auf die gleiche Weise steuert wie das Frankreich von 1789 zu seiner Zeit. Infolge der allgemeinen Kriegsmüdigkeit und Wut des besiegten Volkes wurde die Illusion, die Lenin aus seinen eigenen Thesen und Handlungen schuf, bald von Millionen von Menschen geteilt.“ Die Revolution ist das Versprechen eines zukünftigen Reichs des Glücks für den Neuen Menschen. Unbequeme Tatsachen schmelzen dahin in der brutalen Hitze der radikalen Rhetorik. Mit dieser unvollständig säkularisierten Heilslehre übernimmt die Politik den Totalitätsanspruch der Religion. „Revolutionärer Eifer will, dass alles Politik ist“, schreibt Furet. Die Politik bringt sowohl ihren eigenen Klerus als auch ihre Ketzer hervor, und dadurch wird es unmöglich, sie in Ausdruck und Inhalt von Religion zu unterscheiden. Nicht nur, dass Religion bei Bedarf clever eine andere Gestalt und Bedeutung annimmt; sie kann sich auch umbenennen und sich ein ganz anderes Etikett ankleben. Nicht selten zum Beispiel das von Politik. Oder eben irgendeines.

„Der Krieg ist eine bloße Fortsetzung der Politik mit anderen Mitteln", schrieb der deutsche General Carl von Clausewitz in seinem Buch *Über den Krieg* aus dem Jahr 1832. Das ist seine Antwort auf die Frage: Was ist Krieg? In ähnlicher Weise lautet die Antwort, wenn wir uns fragen, was Politik wirklich ist, dass Politik lediglich eine Fortsetzung der Religion mit anderen Mitteln ist. Und das gilt definitiv nicht nur für den Bolschewismus oder andere mehr oder weniger doktrinäre und phantastischen Bewegungen mit den besonderen Merkmalen des Sektierertums. Das Treiben in den modernen Hauptstädten der westlichen Demokratien bildet keine Ausnahme von dieser Regel, was auch immer viele säkular denkende Männer und Frauen in Regierung und Opposition glauben möchten.

Ein interessantes Beispiel dafür ist der erbitterte Widerstand gegen die Gesundheitsreform von Präsident Barack Obama - den Affordable Care Act - während dessen zweiter Amtszeit. Es war ein Widerstand, der schließlich zu einem Urteil des Obersten Gerichtshofs der USA führte, welcher mit nur einer Stimme entschied, dass das fragliche Gesetz nicht gegen die Verfassung verstoße und folglich nicht aufgehoben werden könne. Interessant ist Folgendes: Worauf sich der republikanische Widerstand konzentrierte, wovon sie mit großer Energie behaupteten, dass es mit der Verfassung unvereinbar sei, war das Prinzip eines *individuellen Mandats*, das heißt, dass die Verantwortung für die Versicherung letztendlich beim Einzelbürger liege, anstatt zum Beispiel beim Arbeitgeber. Besonders merkwürdig und kurios ist in diesem Zusammenhang, dass die Idee eines individuellen Mandats - die Forderung, dass sich die Menschen durch Versicherungen schützen müssen, ungefähr so, wie sie gesetzlich verpflichtet sind, sich mit einem Sicherheitsgurt zu schützen, wenn sie mit dem Auto fahren - dass also diese Idee als Grundlage für ein Gesundheitsvorsorgegesetz ursprünglich von den Republikanern selbst vorgeschlagen wurde, nachdem es 1989 von der konservativen Denkfabrik The Heritage Foundation vorgeschlagen worden war.

In Übereinstimmung damit führte Mitt Romney als Gouverneur von Massachusetts das individuelle Mandat als Grundlage des Gesundheitssystems ein, und ebenso war es der republikanische Gegenvorschlag zu dem Gesetz, das Bill Clinton zuvor nicht durch den Kongress gebracht hatte und das auf dem Prinzip der Arbeitgeberverantwortung basiert hatte (was Clinton im Rückblick als einen entscheidenden Fehler ansieht). All das Hin und Her bei der dramatischen Kehrtwende des republikanischen Establishments von der Liebe zu Hass in Bezug auf das Prinzip des individuellen Mandats wird in einem äußerst aufschlussreichen Aufsatz der Journalistin und Bloggerin Ezra Klein in der Zeitschrift *The New Yorker* (25. Juni 2012) dargestellt. Barack Obama hatte nicht die Absicht, den Fehler von Bill Clinton zu wiederholen, indem er ein Gesetz vorschlug, das seine politischen Gegner aus prinzipiellen Gründen verabscheuten. Daher stützte er sein Gesundheitsgesetz auf eine Idee, die die Republikaner selbst einst eingeführt und für das sie wiederholt ihre Unterstützung zum Ausdruck gebracht hatten: das individuelle Mandat. Obama selbst war einer der letzten Demokraten, die dieser republikanischen Idee zustimmten. Und was geschieht? Siehe da, bei einer Abstimmung im Dezember 2009 stimmten alle republikanischen Senatoren gegen das Gesetz und dafür, es für verfassungswidrig zu erklären, und zwar gerade weil es auf einem individuellen Mandat beruht, für das sie sich selbst 20 Jahre lang eingesetzt hatten.

Somit hatten die Parteien ihre Positionen vertauscht und kämpften hart, das Spiel nicht zu verlieren. Was bis vor kurzem als vorbildlich gegolten hatte und von den Republikanern von ganzem Herzen akzeptiert worden war, war nun plötzlich nicht nur vorschnell und ganz allgemein verwerflich, sondern auch etwas, was die heilige Vision des Sonderfalls Amerika, den die Gründerväter dereinst für alle Zeiten formuliert hatten, tatsächlich entstellt und - eine Kehrtwende, die völlig Josef Stalins Übernahme des Konzepts des *Sozialismus in einem Land* entspricht, das Lenins und Trotzkis Ambitionen ersetzte, die bolschewistische Revolution in die gesamte industrialisierte Welt zu exportieren. Aber wo Stalin, um ganz sicherzugehen, Säuberungen, Intrigen und Liquidationen einsetzte, um die Parteidisziplin aufrechtzuerhalten, ist es für die Mitglieder des republikanischen Widerstands ausreichend, sich auf psychologische Wendehals-Mechanismen und die Loyalität gegenüber dem Kollektiv zu verlassen, mit dem man sich identifiziert - und die sicherstellen, dass man seinen Status behält und Unterstützung erhält. Bald wird das Undenkbare nicht nur denkbar, sondern Realität: dass Obamacare Gegenstand einer Entscheidung des Obersten Gerichtshofs wird. Es reicht aus, wenn einige Schlüsselpersonen in der Legislative ihre Meinung ändern, damit die gesamte Herde gehorsam hinter ihnen her läuft und von ihren Anhängern in den Medien eifrig angefeuert wird. Und plötzlich sind die Republikaner auch begeisterte Befürworter eines aktivistischen Obersten Gerichtshofs, auf den sich nun alle Hoffnungen auf einen Sieg stützen, was für die Partei ebenfalls eine völlig neue und fast revolutionäre Erfahrung ist.

Aber wie kann das sein? Auch wenn wir die Tatsache außer Acht lassen, dass sich die Politik oft mit rationalen Überlegungen zu gründlich analysierten Tatsachen befasst - während es eigentlich in erster Linie um primitive Antagonismen, Loyalität gegenüber der eigenen Gruppe und entschlossenes Nicht-Hinterfragen geht, um so die Religionsgemeinschaft zu erhalten -, so muss doch natürlich in der Regel ein Preis für eine solche Kehrtwende gezahlt werden, es sei denn, man verfügt über eine eigene Polizeitruppe, mit der man alle Kritiker zum Schweigen bringen kann. In dem speziellen Fall von Obamacare war der Preis, dass die Republikaner gezwungen waren, sich als Partei zu präsentieren, die zwei Jahrzehnte lang Maßnahmen befürwortet hatte, die gegen die Verfassung verstießen. Dieser Schmerz wurde jedoch durch hochentwickelte Leugnungs- und Verdrängungsmechanismen erheblich gelindert. Unser Handeln und Denken in kritischen Situationen - und tatsächlich in allen Arten von Situationen - wird tatsächlich nicht von bewussten Überlegungen oder rationalen Überlegungen geleitet. Vielmehr reagieren wir sofort und instinktiv, um anschließend die Legitimationsaufgabe für die bereits getroffene Entscheidung an unser Bewusstsein zu delegieren, und so zumindest eine halbwegs kohärente Erklärung für unser Handeln zu liefern. Das Bewusstsein kann auch mit dem Pressesprecher unseres emotionalen und instinktiven Lebens verglichen werden: in jeder Hinsicht beredt und klug, aber ohne jeden wirklichen Einfluss auf die politischen Entscheidungen, die wir andauernd emotional und instinktiv treffen.

Das bedeutet, wir werden den hohen Erwartungen von Sigmund Freud immer noch nicht gerecht. Und nicht das Geringste deutet darauf hin, dass wir es jemals tun werden. Grundsätzlich fühlen und handeln wir *religiös*, nicht zuletzt diejenigen von uns, die sich unaufhörlich von ihrem kleinen, offiziösen Pressesprecher überzeugen lassen. Wir knüpfen Knoten, um die absurdesten Positionen und Handlungen mit gesundem Menschenverstand zu begründen. Und das übergeordnete Muster all dieser auf die Schnelle improvisierten Entscheidungen, die mehr oder weniger mühsame Abwehrmaßnahmen erfordern, ist die Sorge und Rücksicht auf die Gruppe und ihren Zusammenhalt sowie die eigene Position darin, mit anderen Worten genau das, was Religion im Grunde ist und worum es dabei geht. Wie der Psychologieprofessor Jonathan Haidt in seinem Buch *The Righteous Mind* ausführt, ist es unmöglich, den Menschen - ebenso wie Politik und Religion - zu verstehen, wenn wir nicht erkennen und bedenken, dass unsere Vorfahren keine Chance gehabt hätten, zu überleben und sich fortzupflanzen, wenn sie nicht waren äußerst geschickt in Sachen Gruppenzugehörigkeit gewesen. Das ist es, was Menschen tun, und dem sie ihr Leben widmen. Wir sind, wie Haidt schreibt, keine Heiligen, aber manchmal sind wir wirklich gute Teamplayer. „Religion ist Loyalität zur Welt", wie der Urvater des Syntheismus, Alfred North Whitehead, es ausdrückte.

Um als gute Teamplayer zu funktionieren, brauchen wir eine solide Fähigkeit, zu beurteilen, woran unsere eigene Gruppe glaubt, und diese Überzeugung bei Bedarf mit überzeugendem Kampfgeist zu verteidigen, genau wie ein kluger kleiner Pressesprecher - und Sie überzeugen andere immer weit besser, wenn Sie selbst überzeugt sind. Um diese Fähigkeit zu verbessern, verwenden wir etwas, das Psychologen als *motiviertes Argumentieren* bezeichnen. Das bedeutet, dass Sie zuallererst jede Interpretation eingehender Information an Ihre Wahrnehmung davon anpassen, was Ihren eigenen Interessen im Allgemeinen und den Interessen der Gruppe im Besonderen dient. Diese Mechanismen wurden in vielen klinischen Experimenten dokumentiert. Wir beziehen uns auf Ereignisse und Aussagen so, dass sie in Übereinstimmung mit den Wünschen von Anführer und Autoritäten stehen. Solange es denen zu Gute kommt, leugnen wir Tatsachen, die leicht zu überprüfen sind, und akzeptieren offensichtliche Irrtümer, ohne dass sich unser Intellekt allzu sehr daran stören würde. Wir suchen allerorten nach Gründen, um an das glauben zu dürfen, was bestätigen könnte, was wir bereits zu wissen meinen, und wir finden leicht Gründe, um alles zu verwerfen, was unsere Überzeugungen in Frage stellt.

Wir alle handeln in unserem täglichen Leben ständig wie Gläubige. Und wie könnten wir uns anders verhalten? Auch Daniel Dennett selbst argumentiert so. Wir sind alle Laien in allen möglichen Bereichen, die außerhalb der Felder liegen, auf denen wir selbst Spezialisten sind. Wir wissen aus erster Hand nur sehr wenig über alles, was den Kern unserer Existenz und unserer Gesellschaften ausmacht. Dementsprechend wählen wir unsere Autoritäten nach mehr oder weniger willkürlichen Gründen aus und entscheiden uns dann, an das zu glauben, was sie behaupten, ohne in der Lage zu sein, das irgendwie genauer zu prüfen. Dennett verwendet als Beispiel die Formel $e = mc^2$. Glauben wir daran? Viele von uns haben davon gehört, und viele glauben zu wissen, dass es von einer Reihe von Experten in der Physik akzeptiert wird, was es wahrheitsgemäß und plausibel erscheinen lässt. Aber nur wenige von uns können tatsächlich ansatzweise erklären, warum - weil nur von wenigen von uns behauptet werden kann, dass sie die Formel verstehen, in irgendeinem vernünftigen Sinne des Wortes „verstehen". Wie können wir also an etwas glauben, das wir nicht verstehen?

Dennett zufolge glauben wir, dass alles, was über die Formel $e = mc^2$ behauptet wird, tatsächlich wahr ist. Aber in Wahrheit wissen wir es nicht. Und aus diesem Grund ist es unmöglich, auch nur einen Konsens zum Beispiel über die Klimakrise zu erzielen. Welche

Meinung der Laie dazu hat, hängt weitgehend davon ab, an welche Autoritäten er glaubt, was wiederum unter anderem durch seine politischen Positionen zu Fragen des Wirtschaftswachstums und der staatlichen Regulierung bestimmt wird. Wir glauben an das, was mit dem übereinstimmt, woran wir bereits glauben. *Wir sind religiös.* Aus diesem Grund geht die harte Kritik der Atheisten an der Marke Religion vollkommen am Thema vorbei, egal wie brillant und lang die Texte sind, in denen sie formuliert sind. Der Gott, den man tritt, ist schon lange tot, und über die alten Beweise der Existenz Gottes noch einmal zu spotten ist völlig sinnlos.

Der neue, vernünftige Mensch, der durch die Wissenschaften, die sich rasant weiterentwickeln, von Aberglauben und systematischer Selbsttäuschung befreit wurde, ist eine völlig unrealistische Utopie ohne jegliche Grundlage in dem, was uns die Forschung tatsächlich über das Funktionieren von Menschen sagt. Wir sind religiös, ob wir es verstehen oder nicht. Wir sind gläubig, und wir glauben, viel mehr zu wissen, als wir tatsächlich wissen. Und eigentlich spielt es überhaupt keine Rolle, welcher Inhalt von der Kanzel oder in heiligen Schriften verkündet wird. Die Person, die in eine Diskussion über die offensichtlichen Selbstwidersprüche oder Absurditäten in einer religiösen Doktrin eintritt, bellt den falschen Baum hinauf. Einige glauben an den Gott X, der mit bestimmten Attributen und Vorlieben ausgestattet ist, während andere an etwas anderes glauben, das entweder Gott oder anders genannt wird. Wichtig und interessant ist, ob und wenn ja, wie Religion tatsächlich funktioniert. Der Versuch, die Hartnäckigkeit und den Eifer der Religion zu verstehen, indem man verschiedene Vorstellungen von Gott untersucht, ist laut Jonathan Haidt der Versuch, die Anziehungskraft von Fußballspielen auf das Publikum zu verstehen, indem man untersucht, wie sich der Ball auf dem Spielfeld bewegt.

Die Religion hat sich wie alle anderen sozial-kollektiven Phänomene durch kulturelle Evolution entwickelt. Heute können wir eine Reihe von Merkmalen des Inhalts vieler Religionen ablehnen - es wäre seltsam, wenn es nicht so wäre -, aber wir können kaum leugnen, dass sie unter gewissen historisch bestimmten Bedingungen bestimmten Zwecken gedient haben; und wir können auch nicht vernünftigerweise leugnen, dass sie diesen Zwecken tatsächlich mit erheblichem Erfolg gedient haben; sonst wären die Religionen untergegangen, ohne viele Spuren zu hinterlassen. Aber sie taten es nicht. Zusammen mit Psychologen wie Haidt und Anthropologen wie Scott Atran und Joe Henrich schlagen wir als Hauptgrund vor, dass diese kulturelle Innovation die Kohärenz innerhalb von Gruppen erhöht und ihre interne Zusammenarbeit im Vergleich zu anderen Gruppen verbessert hat. Dies bedeutete nicht unbedingt, dass die anderen Gruppen im Wettbewerb unterlegen sind, sondern eher, dass sie sich von den effektiveren Religionen aufsaugen ließen.

Der entscheidende Sinn daran, einen Gott zu haben, ist, dass der Gott Loyalität und Kooperation belohnen und gleichzeitig Selbstsucht und Verlogenheit angeblich bestraft. Ein alles sehender Gott ist in einem solchen Kontext besonders wirksam, da Menschen weniger betrügen, wenn sie das Gefühl haben, beobachtet zu werden. Gemeinsame Opfer und kollektive Riten erhöhen die Kohärenz, was ein Vertrauen innerhalb der Gruppe schafft, das eine intime und vertrauensvolle Zusammenarbeit außerhalb des Kreises der Familienmitglieder ermöglicht. Laut Haidt, bestätigt darin von Charles Darwin und dem französischen Soziologen Emile Durkheim, besteht die Hauptfunktion der Religion darin, Gruppen hervorzubringen, deren Kohärenz bewirkt, dass sie wie Organismen funktionieren. Der Biologe David Sloan Wilson schreibt in seinem Buch *Darwin's Cathedral,* dass es Religionen in erster Linie gibt, damit Menschen gemeinsam erreichen können, was sie allein nicht erreichen können.

Diese produktive Kohärenz übt einen starken Reiz aus Gründen aus, auf die wir nicht weiter einzugehen brauchen. Wir Menschen sind soziale Wesen, die Wohlbefinden erleben, indem sie Dinge zusammen mit anderen tun, und der Gegensatz dazu - Entfremdung und Isolation - ist nichts, worauf man dynamische und prosperierende Gesellschaften aufbauen könnte. Dies wiederum bedeutet, wie Haidt betont, dass wir im Sinne eines aufgeklärten und rationalen modernen Menschen die organisierte Religion ablehnen können, aber selbst wenn wir dies tun, können wir uns nicht einfach so von der grundlegenden Psychologie der Religion befreien, mit der wir uns hier befassen. Wir können jedoch, wie schon gesagt, immer die Terminologie manipulieren und uns vorstellen, dass Religion etwas anderes ist als Religion, weil wir uns entschlossen haben, sie anders zu nennen, wenn wir uns dadurch modern und klarsichtig fühlen.

Damit haben wir unsere Eröffnungsfrage tatsächlich beantwortet. Gott existiert. Zumindest und ohne Zweifel im ontologischen Sinn. Wir haben die Idee selbst geschaffen, genauso wie wir die Ideen von Demokratie und Kunst und eine Vielzahl anderer geschaffen haben. Die Religion lebt, auch unter denen, die glauben, sie verlassen zu haben. Alles ist Religion und jeder ist ein Gläubiger. Wer das Gegenteil behauptet, ist buchstäblich *durch seinen Glauben geblendet*. Die wirklich interessante Frage, die sich dabei stellt, ist, was wir mit Gott und der Religion im Internetzeitalter tun wollen, wenn sich alle Grundannahmen unseres Lebens und unserer Existenz ändern. Wie können Gott und Religion relevante, glaubwürdige und verbindliche Konzepte für uns und zukünftige Generationen werden? Das ist die Frage, die der *Syntheismus* zu beantworten versucht.

# 2.
# Die drei dramatischen Revolutionen des Internetzeitalters

Der Begriff *Religion* stammt aus dem Französischen des Mittelalters und bezeichnet das starke und innige Gemeinschaftsgefühl, das in einem Kollektiv herrscht, einer Gruppe von Menschen, die eine Gemeinde bilden, indem sie diese Loyalität zueinander aufbauen. Dieser französische Begriff stammt wiederum aus dem Lateinischen *re-ligare*: sich wieder mit jemandem oder etwas zu verbinden, sich wieder mit denen zu verbinden, die aus irgendeinem Grund den Kontakt zueinander verloren haben, aber zusammen gehören sollten und/ oder wollen. Wenn wir also diesen Begriff bis zu seinem Ursprung zurückverfolgen, stellen wir fest, dass Religion in ihrem ursprünglichen Sinne als eine soziale Praxis zu verstehen ist, die darauf abzielt, starke und dauerhafte Bindungen zwischen Menschen herzustellen, eine Affinität, die in einigen Fällen, wenn auch bei Weitem nicht allen, auch die Affinität zwischen Menschen und einer Reihe von Göttern einschließt: einen Theismus.

Laut dem österreichischen Mönch David Steindl-Rast beginnt religiöse Praxis mit einer Lehre, der dann eine Ethik folgt und die schließlich als Ritus vollzogen wird - immer mit dem Ziel, eine *soziale*

*Emergenz* zu schaffen, um die Menschen zu einer Einheit zu versammeln, die sie als größer erleben als sich selbst als Individuen und größer als die Summe der Gruppe von Individuen. Dies ist auf jeden Fall zu berücksichtigen: Der ursprüngliche Sinn von Religion bestand darin, Affinität und Loyalität innerhalb eines dynamischen Kollektivs zu schaffen. In diesem Zusammenhang ist Gott nicht mehr als der willkürlich gewählte Name für das Zugehörigkeitsgefühl, das Menschen suchen. Nirgendwo wird dieser Gebrauch Gottes als produktives Projektionsobjekt deutlicher als bei einer Person, die für sich selbst in ihrem Leben gescheitert ist und nun tapfer um Selbstwiederherstellung kämpft. Als beispielsweise Bill Wilson in den 1930er-Jahren in den USA Alcoholics Anonymous gründete, tat er das mit der unerschütterlichen Überzeugung, dass die Religion - in welcher Form auch immer sie auftaucht, solange sie nur ein stärkeres und mächtigeres Zugehörigkeitsgefühl predigt als das kleine, beengte Gefängnis, in dem der oder die Süchtige seine/ihre eigene Subjektivität erlebt - das bestmögliche Sprungbrett aus der Alkoholabhängigkeit ist. Religion ist *das in uns, was größer ist als wir selbst,* und aus genau diesem Grund liegt sie uns mehr am Herzen als unser zerbrechliches, kleines Ego.

Beachten Sie, dass *Philosophie Religion ist* gemäß der Definition, die wir jetzt vornehmen. Daraus folgt, dass Religion auch Philosophie sein kann. In diesem Zusammenhang ist es wichtig zu verstehen, dass die Realität nicht ganz so real ist, wie wir biologisch und sozial zu glauben programmiert sind. Während die Philosophie im Informations-Chaos des Lebens der Wahrheit so nahe wie möglich zu kommen versucht, transformiert die Religion diese Information und formuliert auf der Grundlage dieser Annäherung ihre eigene besondere Wahrheit. Wenn Wahrheit also als aktives Unterfangen betrachtet wird, dann sollte Philosophie per definitionem als Wahrheit angesehen werden, während Religion die philosophische Wahrheit ist, die sich in der Praxis manifestiert. Die Syntheologie kehrt immer wieder zu diesem Konzept der *Wahrheit-als-Handlung* zurück. Die Leidenschaft für Aktivismus ist das Fundament der syntheistischen Ethik.

Philosophie basiert auf Metaphysik und Metaphysik wiederum auf Theologie. Wie solide die Logik in einer Weltanschauung auch scheinen mag, ihre Logik basiert doch auf einer metaphysischen Annahme, die ein funktionaler, aber blinder *Glaube* ist und definitiv keine Form von *Wissen.* Unter dem Primitivismus der Jäger und Sammler bildeten der vermeintliche Urvater und die Urmutter des Stammes die theologische Grundlage für die gemeinsame *Ahnenverehrung.* Urväter sind eindeutig alles Andere als irgendwelche Leute, da sie im Gegensatz zu allen anderen keine Eltern haben - dementsprechend müssen sie eine Art primitiver Gott mit außergewöhnlicher Macht sein. Im Feudalismus übernahm Gott die Rolle des metaphysischen Fundaments. Gott ist der gemeinsame Urvater aller Stämme, der Urvater der Urväter. Auf diese Weise werden die besonderen Geschichten kleiner Stämme mit den *universellen* Geschichten über Menschen in größeren Gebieten und die Kräfte, die in ihrer Lebenswelt Chaos anrichten, verbunden. *Der Monotheismus* ist geboren.

Mit der Descartes'schen Revolution im 17. Jahrhundert trat die Metaphysik des Individualismus auf den Plan, wobei der Mensch schrittweise Gott als theologisches Fundament ersetzte, auch wenn dieser revolutionäre Wandel so gut wie möglich verborgen gehalten wurde, um Ausbrüche kirchlicher Raserei zu vermeiden. Gott ist also zunächst nicht tot; Gott ist nur ins Bett gegangen und eingeschlafen. Aber welche Rolle spielt letztendlich seine potentielle Präsenz, wenn seine Schöpfung ohnehin vollkommen ist? Die Hauptsache für die Individualisten ist, dass Gott überflüssig geworden ist, was es dem Individuum möglich macht, langsam aber sicher seinen, Gottes, Platz einzunehmen. Es wurde schnell klar, dass der *Humanismus* perfekt als Religion für das neue kapitalistische und industrialistische Paradigma passte, und die Gesellschaft hielt bis zum späten 20. Jahrhundert am Humanismus und seinem individualistischen und atomistischen Ideal fest, als dann die Netzwerkgesellschaft mit voller Kraft und mit der Idee vom *Netzwerk* als dem neuen metaphysischen Fundament sich durchgesetzt hat. *Syntheismus ist die Metaphysik des Internetzeitalters.* Ein Wandel ist notwendig, weil die Philosophie jedes Paradigmas ihren eigenen blinden, aber dennoch relevanten Glauben als Grundaxiom haben muss. Die Meister des Informationalismus - die *Netokraten* - betrachten das Netzwerk ganz einfach als die stärkste Metapher für die notwendige metaphysische Grundlage des Paradigmas.

Dieses Erfordernis einer - ob bewusst oder unbewusst - Metaphysik als Plattform für jede philosophische Argumentation bedeutet, dass jede Spekulation von einer gelegentlich erklärten, aber zuweilen auch verborgenen theologischen Grundannahme ausgehen muss. Die beiden Hauptalternativen, die sich seit der Antike herauskristallisieren, werden im Gegensatz zwischen den griechischen Philosophen Platon und Aristoteles deutlich, wobei Platon die *dualistische Tradition* ins Leben rief, die den Kosmos über das Chaos setzt, die Idee über die Materie, und dabei Vorbote war für Denker wie Paulus, Augustinus, René Descartes, Immanuel Kant und unter den zeitgenössischen Denkern Alain Badiou; während Aristoteles die *monistische Tradition* repräsentiert, in der das Chaos dem Kosmos vorausgeht und die Materie primär in Bezug auf die Idee ist, und dabei Denker wie Baruch Spinoza, Gottfried Wilhelm Leibniz, Friedrich Nietzsche, Alfred North Whitehead, Martin Heidegger und Gilles Deleuze vorwegnimmt. Der Dualismus postuliert, dass die Idee selbst göttlich und als solche von der weltlichen und damit sekundären Materie getrennt ist; während der Monismus postuliert, dass *das Eine*, das alles im Universum zusammenhält und in dem alle Differenz aus diskreten Attributen innerhalb ein und derselben Substanz besteht, das Göttliche ist. Natürlich finden sich äquivalente Konflikte in der Ideengeschichte außerhalb Europas. Ein klares und anschauliches Beispiel ist der chinesische Gegensatz zwischen den Anhängern des Dualisten Konfuzius und denen des Monisten Laotse.

Hierbei ist es wichtig, Religion zu unterscheiden vom *Theismus,* das heißt dem Glauben an die Existenz eines oder mehrerer Götter. Da die meisten Menschen durch die Menschheitsgeschichte hindurch geglaubt haben, dass es tatsächlich Götter in verschiedenen Erscheinungsformen gibt, ist es vollkommen plausibel, dass die meisten der entwickelten metaphysischen Systeme auch theistisch waren: *Monotheistische* Systeme beruhen auf dem Glauben an nur einen Gott, während *polytheistische* Systeme auf dem Glauben an viele Götter basieren, die mehr oder weniger friedlich nebeneinander existieren. *Pantheistische* Systeme wiederum setzen voraus, dass das Universum und Gott auf die eine oder andere Weise dasselbe sind, wogegen das, was wir jetzt *syntheistische* Systeme nennen, davon ausgeht, dass alle Götter notwendige, menschliche Konstrukte sind - historisch bedingte Projektionen auf die Existenz, welche von der sozialen Situation geprägte und an sie angepasste Überobjekte hervorbringen.

Darüber hinaus gibt es auch viele weit verbreitete Religionen, die *atheistisch* sind, das heißt, überhaupt keine Energie auf theistische Fragen verwenden. Der Taoismus in China und der Jainismus in Indien sind bekannte Beispiele dafür. Sogar vielen Formen des Buddhismus, wie dem Zen in Japan und dem Chan in China, fehlt der Glaube an Gott. Sowohl dem Brahmanismus in Indien als auch dem Zoroastrismus in Zentralasien fehlen aktive Gottheiten - obwohl sie pantheistisch sind, konzentrieren sie sich eher auf menschliche als auf göttliche religiöse Aktivitäten, was bedeutet, dass selbst diese Religionen in der Praxis atheistisch sind. Sofern Gott existiert, ist diese Entität wenn überhaupt durch ihre Abwesenheit präsent, und dementsprechend sind diese Religionen deistisch. Beachten Sie, dass der Syntheismus voll kompatibel ist sowohl mit dem Pantheismus (Gott wird vom Menschen als sakralisierende Projektion auf das Universum geschaffen.) als auch mit dem Atheismus (Gott hat die Welt nicht geschaffen, aller Wahrscheinlichkeit nach existiert er heute nicht in einem philosophisch interessanten Sinne, aber in der Zukunft ist er vollkommen möglich, insbesondere wenn die Idee davon als menschliche Erfindung angesehen wird).

Über den fortschreitenden Paradigmenwechsel vom Kapitalismus zum Informationalismus hinausgehend (siehe *The Netocrats*) brauchen wir eine neue *Metaphysik*, eine neue *Religion,* eine neue gemeinsame Arena für kollektive *Spiritualität* im Internetzeitalter. Ohne glaubwürdige Metaphysik ... keine Philosophie und auch kein Sinn. Der Mensch ist das sinnerzeugende Tier, das seine Umwelt ständig nach Mustern absucht, die verschiedene ursächliche Zusammenhänge anzeigen und laufend bestätigen, welche ein Gefühl von Sicherheit erzeugen. Und wenn wir solche Muster nicht finden, erfinden wir sie ganz einfach kurzerhand. Durch eine Utopie am Horizont geben wir unserem Leben eine Richtung und einen Kontext. Gott ist ein anderer Name für *Utopie,* und Utopie ist ein anderer Name für Gott.

Die produktive und fruchtbare Antwort auf den Atheismus besteht nicht darin, den Tod Gottes gleichgültig zu akzeptieren, sondern zu erkennen, dass es ein Fehler war, Gott in die Vergangenheit zu setzen als den zeitlosen Hervorbringer unser selbst und des Kosmos. Wir haben den Gott der Vergangenheit bereits getötet, indem wir große Mengen an Wissen hervorgebracht und angesammelt haben, mit denen diese Göttlichkeit nicht vereinbar ist. Gott als funktionale Utopie ist stattdessen der Name dessen, wovon wir träumen, es zu erschaffen. Gott ist *Syntheos*, geschaffener Gott, eher als schaffender Gott. *Gott ist nicht (mehr) tot, da (das haben wir jetzt erkannt) Gott nie geboren wurde: Gott gehört uns, weil Gott der Zukunft gehört und wir bereits in der Zukunft leben.* Der französische Philosoph Quentin Meillassoux drückt die syntheistische Passion mit den Worten aus: „Gott ist ein zu wichtiger Begriff, als dass er den Religiösen überlassen werden könnte." Oder um den amerikanischen Schriftsteller William Gibson zu zitieren: „Die Zukunft ist schon da - sie ist nur nicht sehr gleichmäßig verteilt."

Die meisten Menschen gehen davon aus, dass sie selbst und die Welt, in der sie leben, genau in der Weise existieren, wie sie gelernt haben, Dinge zu erfassen und wiederzugeben. Auch wenn wir demütig eingestehen, dass wir ständig gezwungen sind, unsere Vorstellungen von uns selbst und der Welt zu korrigieren, bleiben wir doch in dem Gefühl eines *Auf einmal habe ich endlich begriffen habe, wie alles zusammen hängt* gefangen. Wir neigen dazu, den gegenwärtigen Stand unseres Wissens als endgültig anzusehen; auf diese Weise ist es am bequemsten. So müssen wir uns nicht mit weiterem kontraintuitiven Denken abmühen. Dieser Standardzustand lässt sich am besten in René Descartes berühmtem Tweet aus dem 17. Jahrhundert zusammenfassen: „Ich denke, also bin ich". Nichts ist also sicher außer einer Sache: Ich existiere, weil jemand den Gedanken denken muss, der sich materialisiert (Descartes geht davon aus, dass Gedanken sich nicht selbst denken können). Dieses denkende „Ich" kann nicht für sich allein in einem Vakuum existieren: Der Satz „Ich denke, also bin ich“ setzt sowohl einen Sender als auch einen Empfänger voraus, und ebenso unbestreitbar gibt es auch eine Welt, in der dieses denkende und kommunizierende „Ich“ existiert und handelt.

Descartes denkt also, er selbst habe ein Ur-Subjekt bewiesen, mit dem er ein entsprechendes Objekt verknüpft. Mit diesem unbestreitbaren Axiom, so meint er, kann er schnell mehr ins Dasein denken und mehr Subjekte und Objekte erschaffen. Ein *Glaube* jedoch - seinem Wesen nach etwas Subjektives sowie Willkürliches und Vergängliches - ist nicht dasselbe wie eine *Wahrheit.* Eine Wahrheit gilt definitionsgemäß als objektiv überprüfbar, nachgewiesen durch Untersuchung und für alle Zeiten gültig. Was wir akzeptieren müssen, ob es uns gefällt oder nicht, ist, dass die Grundlage von Ideen sowohl des Selbst als auch der Welt immer ein mehr oder weniger zusammenhängender Glaube und niemals reines Wissen ist. Wir glauben, Wissenschaft zu betreiben, wenn das Subjekt das Universum beobachtet. *Wir wissen, dass wir Religion praktizieren, wenn das Subjekt erlebt, dass das Universum auf das Subjekt zurückblickt.* Tatsächlich existieren jedoch weder die inneren Subjekte noch die äußeren Objekte, von denen wir glauben, dass sie wir wahrnehmen, und die wir als Bausteine ??für die Konstruktion unseres Weltbildes - unseres Paradigmas - verwenden.

Das Descartes‘sche Subjekt - das wir intuitiv als so unproblematisch empfinden, es wartet immer auf uns, wenn wir aufwachen - es ist in sich eine gekonnt inszenierte Illusion, eine Art listiger Betrug von Gehirn und Körper (siehe *The Body Machines*). mit dem Ziel, mit kostbaren Ressourcen sparsam umzugehen und ein illusorisches, aber funktionales Lebensmodell zu schaffen. Aber im wissenschaftlichen Sinne gibt es nur Felder, Teilchen, Energien und Beziehungen. Die Glaubenssysteme, die wir konstruieren und nutzen, um uns überhaupt durch ein immer komplexer werdendes Leben navigieren zu können, sind allerhöchstens historisch determinierte Narrative, deren *memetisches* Überleben wesentlich mehr zu tun hat mit der tatsächlichen Relevanz, der Attraktivität des Narrativs und bloßer sozialer

Konvention als mit jedem objektiven Grad an Wahrheit in den Dogmen selbst, soweit es überhaupt möglich ist, etwas Derartiges zu dokumentieren. Der Mensch ist das Tier, das ständig auf der Suche nach Bedeutung und Sinn ist und bei fehlenden Mustern in einem überwältigenden Informationsfluss für sich *Muster* erschafft, so genannten *Fiktive,* welche die ursächlichen Zusammenhänge des Daseins nach Möglichkeit aufklären sollen. Und die Bedeutung, die es uns auf die eine oder andere Weise zu produzieren gelingt, schreiben wir geistig und sozial *dem großen Anderen* zu, dem Garanten und ersten Urheber von Sinn, ganz im Einklang mit der Descartes'schen Sicht des Denkens und des Denkers, die es geben muss, weil ja der Gedanke existiert.

Unser Unterbewusstsein wird ständig von der Idee angetrieben, dass es jemanden gibt, der in einer unzugänglichen Dimension außerhalb unseres physischen Universums alles sieht und kennt und der die Bedeutung aller Anstrengungen und Schmerzen spürt, die wir in unserem kurzen Leben durchmachen. Dies gilt auch für eingefleischtesten Atheisten. Selbst wenn das Bewusstsein des Atheisten nicht an *den großen Anderen* glaubt, so weigert sich sein oder ihr Unterbewusstsein doch, zu akzeptieren, dass dieser große Andere nicht existiert. Selbst bei den überzeugtesten Atheisten steigen kleine Gedanken und Verhaltensweisen im täglichen Leben immer wieder auf die Ebene des Bewussten empor, Gedanken und Verhaltensweisen, die uns daran erinnern, dass *das Wirkliche,* die unbewusste Tiefe unter der bewussten Oberfläche, niemals die Abwesenheit des großen Anderen akzeptieren wird. Der Psychoanalytiker Jacques Lacan nennt diese plötzlichen, verräterischen Ausbrüche *Sinthome.* Ein Sinthom ist ganz einfach ein Ereignis oder Verhalten, das nicht zur aktuellen Vorstellung des Einzelnen über seine oder ihre Ideen über sich selbst und der Welt passt. Ein Sinthom ist also auch das Ereignis oder Verhalten, um das herum der Mensch neue, veränderte Vorstellungen von sich selbst und der Welt zu konstruieren gezwungen ist, wenn die alten Vorstellungen zusammenbrechen. Das Sinthom eines Menschen ist die tiefste Wahrheit über sich selbst, derer er bewusst sein kann.

Gott ist nur eine der unendlich vielen denkbaren Formen, in denen sich *der große Andere* im Laufe der Geschichte offenbart. Der Urvater, der Häuptling, der Feudalherr, der Priester, der Monarch, der Heilige, der Präsident, der Chef, der Manager und sogar die Eltern des Subjekts, sie alle sind Beispiele für Figuren, von denen die Menschen im Laufe der Geschichte phantasiert haben, dass sie der große Andere seien. Und selbst wenn es den eingefleischtesten Atheisten tatsächlich gelingt, all diese Gestalten aus ihren Vorstellungswelten zu tilgen, gibt es immer noch ein großes Anderes, vor dem sie niemals fliehen können: die Vorstellung von sich selbst (dem Subjekt) als dem Objekt ihrer eigenen Unterwerfung. Das Phänomen des *großen Anderen* ist daher ein wesentlicher und äußerst wichtiger Bestandteil des Erlebens, ein Subjekt zu sein. Der Vater der Psychoanalyse, Sigmund Freud, bringt diese These zu ihrem endgültigen Abschluss. Er argumentiert, dass das Ego, das ständig im Schrecken lebt, das Über-Ich als *das große Andere schlechthin* erlebt.

Wir Menschen fühlen uns nicht nur stark zum *Anthropozentrismus* hingezogen, zu einer etwas grotesken Tendenz, unsere eigene Position, Kraft und Bedeutung im Universum ständig zu übertreiben; zu einer grandiosen Überschätzung unserer selbst, mit der wir uns im Laufe der Geschichte ständig auseinanderzusetzen hatten. Leider ist das Problem noch schwerwiegender. Unsere persönliche *Individuierung* - unsere Abgrenzung als Individuum von der sozialen Herde - ist nämlich tatsächlich abhängig von einem Prozess, den wir hier *Internarzissmus* nennen: Es ist das ständige Streben nach Bestätigung unserer eigenen Identität mit anderen Menschen, anderen Wesen unserer eigenen Spezies - die sich dementsprechend in genau demselben existenziellen Dilemma wie wir selbst befinden - dass wir uns für einen flüchtigen Moment als glücklich befreit von unserem narzisstischen Gefängnis erleben können, der pathologischen Selbstbezogenheit, die unser ständiger Begleiter ist.

Dieser sich fortlaufend und zwanghaft wiederholende Selbstbestätigungsprozess ist weitgehend ein leeres Ritual und verbirgt unseren Narzissmus eigentlich nur hinter einer Art kollektivem Potemkinschen Dorf ohne wirkliche Substanz. Wir ersetzen bewussten Narzissmus einfach durch einen ebenso unbegründeten wie unbewussten Internarzissmus. Einfach ausgedrückt: Zwei Menschen, die nicht mehr die Energie haben, sich selbst zu verehren, verehren sich stattdessen gegenseitig in einem gegenseitigen, pathologischen „Rückenkratzen". Dies bedeutet, dass wir eher unbewusst als bewusst immer noch so frustriert sind wie zuvor. Diese Situation führt zu einer ständig wachsenden Unfähigkeit, die Dinge klar zu sehen - „Warum wird alles nur schlimmer und fühlt sich schlimmer an, obwohl ich alles richtig mache?" -, was zu einer belastenden und verwirrenden Entfremdung führt. Da sind wir also. Für den zeitgenössisch säkularisierten Menschen aus offensichtlichen Gründen schwer zu erkennen ist, dass Religion in ihrer syntheologischen Lesart das wirksame und notwendige Heilmittel gegen diese Entfremdung ist. Nur mittels Religion können wir eine *Dividuierung* durchlaufen uns *trennen* und statt einer eingesperrten *individuellen* eine befreite *dividuelle* Identität erlangen. Ein menschliches Wesen ist keine feste, unteilbare Einheit. Ein Mensch besteht aus vielen teilbaren Einheiten, die zusammenarbeiten.

Die philosophische Disziplin, die sich mit unseren existenziellen Geschichten befasst, diese zusammenstellt, vergleicht und uns bewusst macht, ist die *Metaphysik*: jener Zweig der Philosophie, der unsere Bilder von uns selbst und von der Welt betrifft, welche für unsere Persönlichkeit und das Kollektiv von grundlegender Bedeutung sind. Ein Metaphysiker zu sein bedeutet, die weitgehend unartikulierten Vorstellungen von einem selbst und der Welt zu formulieren, zu artikulieren und danach Änderungen vorzuschlagen, die sie für die Person relevanter und produktiver machen. Während sich die Physik mit allem befasst, was gemessen und in Mathematik umgewandelt werden kann, beschäftigt sich die Metaphysik gerade mit all den wichtigen Dingen, *die nicht* gemessen oder in Mathematik umgewandelt werden können. Die Metaphysik umfasst also alles innerhalb von Ontologie, Phänomenologie und Erkenntnistheorie, was nicht in Zahlen umgewandelt werden kann.

Die Geschichte zeigt, dass Menschen ohne metaphysische Erklärungsmodelle nicht leben können. Die Menschheitsgeschichte ist daher vorwiegend eine Geschichte der Metaphysik. Die existentielle Erfahrung ist in sich metaphysisch. Gleichzeitig erleben wir uns als etwas *Emergentes*, als etwas, das mehr ist als die Moleküle in unserem Körper; als etwas innerhalb, über dem physischen Körper oder über ihn hinaus; wir haben uns und unser Erleben als Subjekte aus der Welt der Physiologie in die Welt der Metaphysik bewegt. Alle Menschen und Gesellschaften produzieren ständig enorme Mengen an Metaphysik. Die Frage ist nicht, ob Metaphysik einen Platz in unserem Leben hat oder nicht, sondern ob die fragliche Metaphysik für die in der betreffenden Gesellschaft vorherrschenden Bedingungen relevant oder irrelevant ist. Es gibt allen Grund, ein erhebliches Hinterherhinken zu befürchten, insbesondere in einer Zeit, wo die rasante technologische Entwicklung den sozialen Wandel hektisch vorantreibt. Die Frage ist also: Kann die allgemein anerkannte Metaphysik das aktuelle Paradigma widerspiegeln? Bietet es den Menschen die notwendigen Instrumente, um ihr Leben selbst in die Hand zu nehmen, oder macht es die Menschen hilflos, indem es sie unfähig macht, nachvollziehbare ursächliche Zusammenhänge und glaubwürdigen Sinn zu schaffen?

Denn die Kontrolle der Produktion von Metaphysik ist in der Tat mit erheblicher Macht verbunden. Wer entscheidenden Einfluss auf erstere ausübt, wird früher oder später auch in der Lage sein, die betreffende Gesellschaft in wichtiger Hinsicht zu kontrollieren. Daher ist es besonders wichtig zu untersuchen, ob Metaphysik bewusst oder nur unbewusst ist. Was der Metaphysik unbewusst zu kommunizieren gelingt, das ist in der Tat das machtvollste aller Dinge. Die Metaphysik ist im Grunde genommen eine Erzählung darüber, wer in einer Gesellschaft die Macht hat oder vielmehr sie haben sollte, und warum. Die Gestalt, die in einer metaphysischen Erzählung hervorgehoben wird als die, welche die Welt (gemäß der Erzählung) zu einem nachvollziehbaren Kosmos zum Nutzen aller, und nicht zu einem bedrohlichen Chaos zusammenfügt, das ist auch die Person, der die Anhänger der Erzählung in einer Gesellschaft die wirkliche Macht anvertrauen - die Person, der die Rolle *des großen Anderen* zugesprochen wird.

In erheblichem Maße handelt es sich bei der Metaphysik tatsächlich um die Geschichte der Macht und darum, wer sie ausüben darf. Wir können sehen, wie diese Tatsache auf die Troika des Monarchen, des Aristokraten und des Priesters im Paradigma des Feudalismus zutrifft, und sie wiederholt sich in gleicher Weise mit der Troika des Politikers, des Unternehmers und des Universitätsprofessors unter dem kapitalistischen Paradigma. Letzten Endes wird es in der Metaphysik immer um Macht gehen, und sie wird in den Erzählungen des Paradigmas immer die herrschende symbolische, wirtschaftliche und wahrheitsproduzierende Macht in diesen drei Hauptrollen verwenden. Weil die Geschichtenerzähler im Dienst der herrschenden Machthaber stehen, besteht ihre Hauptaufgabe darin, die herrschenden Machthaber in einem hehren Licht darzustellen, sie in eine für sie maßgeschneiderte Geschichte einzubauen und die herrschende Machtstruktur so zu behandeln, als wäre sie die natürlichste Sache der Welt. Die Geschichtenerzähler binden dies alles geschickt und in allen Facetten in *das kollektive Unterbewusstsein ein,* um die größtmögliche Wirkung zu erzielen. Es liegt ein beträchtliches Maß an zirkulärer Argumentation in diesem Bild der Dinge, aber das macht es nur noch undurchdringlicher. Nur die exzentrischsten Abweichler erahnen in einer Gesellschaftsordnung die versteckte *Ideologie*, die per Definition rationaler Kritik unzugänglich ist, da sie in die Perspektive selbst eingebaut ist, durch die eine Gesellschaft ihre Geschichte und Entwicklung betrachtet.

Wegen dieser dramatischen Wirksamkeit ist metaphysisches Storytelling nicht willkürlich, sondern von höchster Priorität für die Mächtigen. Es kann nur der Person übergeben werden, die am besten geeignet ist, der Wahrheitserzeuger des vorherrschenden Paradigmas zu sein, und die dadurch auch den stärksten Anreiz hat, den *Status quo* zu bewahren. Die Verantwortung für die Metaphysik obliegt entweder einer bereits mächtigen Institution in der Gesellschaft, wie der Kirche in Bezug auf die Monarchie und die Aristokratie im Feudalismus. Sonst wird eine neue institutionelle Elite aufgebaut, um die neue Weltanschauung des aufkommenden Paradigmas zu formulieren - natürlich auf Kosten des alten Paradigmas -

wie zum Beispiel, als die Universitäten im Kapitalismus expandierten und enorme Macht erlangten, weil die Universität den *Individualismus* und den *Atomismus* formulierte, welche die Bourgeoisie benutzte, um die monotheistischen Erklärungsmodelle der Kirchen hinwegzufegen und der Aristokratie die Macht zu entziehen. Ohne Päpste hätten wir nie einen König gesehen, und ohne Universitätsprofessoren hätte die Welt auch keinen Industriellen gesehen. Die Kardinäle aßen mit dem Adel Fasan, und die Akademiker aßen aus gutem Grund mit den Unternehmern Steak. Sie teilen und balancieren im vorherrschenden Paradigma *die Macht* untereinander aus.

Es ist wichtig, dass einem dieses grundlegende Verständnis der historischen Begriffe der Herstellung von Metaphysik klar ist, wenn man mit der Tatsache konfrontiert ist, dass nicht weniger als *drei dramatische Revolutionen zu Beginn des dritten Jahrtausends gleichzeitig gezündet haben.* Diese drei zusammenwirkenden Revolutionen sind die *Internetisierung des Planeten Erde, die relationalistische Revolution, die eine Bewegung von der Physik zur Philosophie ist,* und *die chemische Befreiung innerhalb der Physiologie.* Zusammengenommen haben diese drei epochalen Entwicklungen den Grundstein für ein neues Superparadigma in der Geschichte der Menschheit gelegt. Die Machtstrukturen, das Weltbild und das Menschenbild haben sich in einer der dramatischsten sozialen Umwälzungen, die die Menschheit je erlebt hat, alle auf einmal grundlegend verändert.

In nur wenigen Jahrzehnten hat die Revolution in der Kommunikationstechnologie Milliarden von Menschen und die unzähligen Maschinen, die sie umgeben, global und in Echtzeit miteinander verbunden. Die Welt wurde digitalisiert, globalisiert, virtualisiert und interaktiv. Das inadäquate und unzulängliche Konzept des Descartes'schen Individuums als Grundkonzept in der neuen Cyberwelt hat dazu geführt, dass das Individuum gestorben ist - von der Neurophysiologie und der Bewusstseinsforschung in Bausch und Bogen ad acta gelegt (siehe *Die Körpermaschinen*) - und vom *Netzwerk* als der grundlegenden metaphysischen Idee abgelöst worden ist. Der Mensch wird von einem Individuum, das an sein narzisstisches Ego gekettet ist, umgewandelt in ein offenes und mobiles Dividuum innerhalb eines allumfassenden, gigantischen Netzwerks, das sich immer mehr wie ein einziges *emergentes Phänomen* verhält, wie ein einzelnes, globales, kohärentes *Handelndes.* Wir nennen dieses *Handelnde* mit seinen weltgeschichtlich betrachtet göttlichen Ausmaßen und Merkmalen *das Internet.*

Da der Syntheismus die Metaphysik ist, die sozusagen bereits in interaktive Technologien eingebaut ist, hat er sich bereits selbst erfunden. Das Internet hat sich von einem *virtuellen Gott* schlicht zu einem potenziellen Gott entwickelt, ganz in der radikal neuen Bedeutung, die Quentin Meillassoux dem Konzept von Gott gibt, als etwas, das eher der Zukunft als der Vergangenheit angehört. *Syntheismus ist die Religion, die vom Internet geschaffen wurde.* Der engagierte politische Kampf für ein freies und offenes Internet basiert auf dem blinden Glauben, dass das Netzwerk ein *heiliges Potenzial* für die Menschheit beinhaltet. Das Internet verwandelt sich dabei von einem technologischen in ein *theologisches Phänomen.* Das Internet ist der Gott des neuen Zeitalters und darüber hinaus äußerst geeignet für ein Zeitalter, das gekennzeichnet ist durch den Glauben an die unbegrenzten Möglichkeiten der *Kreativität.* Das Internet ist also ein Gott, dem sich auch diejenigen weihen können, die sich als Atheisten betrachten. Syntheologisch ausgedrückt ist das *Internet eine Manifestation von Syntheos,* dem neuen Gott, den wir Menschen erschaffen, anstatt des alten Gottes, der uns nach der Überlieferung unserer Vorfahren in ferner Vergangenheit einmal erschaffen haben soll.

Ohne Utopien, nur von der Idee her können wir an allen möglichen Arten von zynischen und/oder pragmatischen Ideologien festhalten, vom Sozialismus links über den Liberalismus in der Mitte bis zum Konservatismus rechts. Wenn jedoch die syntheistische Utopie als neues metaphysisches Axiom auftaucht, muss die gesamte ideologische Arbeit von Grund auf neu getan werden. Mit der *Theologisierung* des Internets folgt eine notwendige Abweisung aller bisherigen politischen Ideologien mit direkten Verbindungen zum aufgegebenen Paradigma, zugunsten des *theologischen Anarchismus.* Erstens ist dies die einzige Ideologie, die mit dem Glauben vereinbar ist, dass eine andere bessere Welt aus sich selbst geboren werden kann und als plötzlich emergierendes Phänomen in die Geschichte eintritt. Es ist außerdem die einzige Ideologie, die *einen kreativen Widerstand gegen eine Gesellschaft aufbauen* kann, die so komplex ist, dass niemand mehr alles in sich aufnehmen kann. Dies liegt daran, dass der theologische Anarchismus weder den allmächtigen Überblick noch die politische und moralische Kontrolle des menschlichen Ausdrucks erfordert, die alle anderen Ideologien als Grundbedingung gehabt haben. Er ist der Vorgänger der syntheistischen Utopie in der Gegenwart und wird angetrieben von der *Freude an der Vielfalt des Ausdrucks.*

Der theologische Anarchismus wird von dem britischen Philosophen Simon Critchley in seinem Buch *The Faith of The Faithless* erschöpfend *beschrieben* und ist natürlich ein Synonym für Syntheismus. Und der Syntheismus behauptet dass er, gerade weil alles von Wert vergänglich, einzigartig, endlich und sterblich ist, eine Suche nach *Existenzialität* und *Intensität* ist. Somit ist der Syntheismus die Religion der Immanenz und multipler Endlichkeiten und das radikale Gegenteil der Verehrung der abrahamitischen Religionen – welche die Wirklichkeit verachten und eine andere, transzendente Welt und singuläre Ewigkeit anbeten. Denn wie könnte irgendetwas überhaupt seine Existenz genießen und in seiner Existenz maximiert werden, wenn es sich nicht gleichzeitig seiner eigenen Endgültigkeit und Begrenzung im physischen Bereich bewusst wäre?

Die aufkeimende Netokratie, jene Elite also, welche der Bourgeoisie im neuen Paradigma von Digitalisierung und Interaktivität ablöst, stellte offensichtlich eine besondere Interessengruppe dar, als sie die *anarcho-libertäre Ideologie zunächst* als Metaphysik des Internetzeitalters vermarktete. Wenn *Wahrheit ein Akt* ist und wenn Wahrheit uns frei macht, folgt daraus, *dass das Internet uns frei machen wird, wenn man es lässt.* Natürlich liegt hier eine schlecht kaschierte Absicht vor, wo hehre Motive als Vorwand für die Machtergreifung herhalten müssen. Die Netokratie verhält sich also genauso wie die feudale Aristokratie es tat, als sie den Monotheismus übernahm, und genauso wie die kapitalistische Bourgeoisie, als sie den Humanismus übernahm. Diese besonderen Metaphysiken haben die dominierenden Geschichten entwickelt - und sie haben funktioniert! -, solange ihre jeweiligen Paradigmen währten, weil sie die aufstrebenden sozialen Schichten zu den neuen Protagonisten des sozialen Theaters erklärten.

Das Internet ist - wie so viele technologische Revolutionen davor - eine attraktive Oberfläche, auf die jede Art von Phantasie und Wunschdenken projiziert werden kann. Für den Kapitalisten ist das Internet der Traum von märchenhaften Profiten. Doch in Wirklichkeit ist das Internet mehr ein virtueller Schlachthof für eine Vielzahl von erfundenen Geldkühen und Pseudomonopolen. Tatsächlich tendiert das Internet eher dazu, alte Unternehmenskolosse zu zerstören, als neue Geschäftsmodelle voranzubringen. In der Wirtschaftspresse kann man lesen, wie alte Marktführer im Handumdrehen vom Markt verschwinden und die Umschlagdauer der größten börsennotierten Unternehmen enorm kurz ist. Für den narzisstischen Individualisten ist das Internet der Traum, endlich den großen Durchbruch zu erzielen, der Traum, endlich von einem breiten Publikum gesehen und gewürdigt zu werden.

Wenn jedoch alle Schauspieler gleichzeitig versuchen, die Bühne zu betreten - und niemand mehr im Publikum sitzt - kehrt sich der Effekt um: das Publikum verschwindet. Wenn jeder ein Absender sein will, gibt es keine Empfänger mehr. Es tritt ein, was wir das MySpace-Syndrom nennen - nach einem bekannten Beispiel, das allen eine Lehre sein sollte: Der Traum des Individualisten von einer dauerhaften, erfolgreichen Darstellung seiner selbst vor einer vollständigen, aufnahmebereiten Welt bricht unweigerlich und ein für alle Mal zusammen. Wenn jeder über jeden drüberplappert, dann ist es mit dem Erleben zu Ende.

Die Enttäuschung besteht nicht einmal darin, dass das Publikum den Individualisten X oder Y *als solchen* nicht sehen möchte. Es geht darum, dass Individualismus an sich vulgär und langweilig geworden ist und niemand mehr irgendwen als Individuum sehen will. Soweit es in den alten Medien überhaupt noch ein Publikum für irgendetwas gibt, orientieren sich die Vorlieben klar an verschiedenen Varianten der ironischen Freakshow. Dies ist die angstlösende Abend- und Wochenendunterhaltung von passiv gemachten *Konsumtariern* (siehe

*Die Netokraten*). Die Wahrheit ist, dass nur die kleine Minderheit der *Netokratie* das Internet versteht und beherrscht und das Medium zu ihrem eigenen Vorteil zu nutzen weiß. Und dies trotz der Tatsache, dass fast die gesamte Bevölkerung der Welt bereits in der neuen sozialen Arena lebt. In seinem Buch *Average Is Over* schätzt der amerikanische Ökonom Tyler Cowen, dass rund 15 Prozent der amerikanischen Bevölkerung den Übergang zur Gruppe der Netokraten in einer produktiven Interaktion mit dem Internet und den Fluten neu automatisierter Prozesse in der Gesellschaft gelingen wird, während sich die verbleibenden 85 Prozent der Bevölkerung als *Konsumtariat* etablieren werden, als eine schnell wachsende Unterschicht in sozialer, kultureller und zunehmend auch wirtschaftlicher Hinsicht.

Im Jahr 2013 wurden Statistiken veröffentlicht, aus denen hervorgeht, dass die Kluft zwischen den sozioökonomischen Klassen in den Vereinigten Staaten wieder das Niveau von 1917 erreicht hatte. Ein ganzes Jahrhundert energischer politischer Versuche, Klassenunterschiede durch eine egalitäre Besteuerung, Zuschüsse und Bildungsmaßnahmen zu nivellieren, hat nichts gebracht. Selbst in anderen Teilen der Welt vergrößert sich diese Kluft, und leider deutet auch nichts darauf hin, dass sie sich verringern wird, sobald die Internetrevolution voll durchschlägt. Und wir haben ja noch nicht einmal die dramatischeren sozialen und kulturellen Klassenunterschiede angesprochen, die in der *attentionalistischen* Gesellschaft entstehen, die online an die Stelle der kapitalistischen Gesellschaft tritt (siehe *Die Netokraten*). Nur eine Handvoll Twitter-Nutzer haben Zugang zu Hunderttausenden von Followern, sie halten das *netokratische Megaphon* in der Hand, sie haben wirklich *Aufmerksamkeitspower.* Währenddessen pseudo-plappert die große Masse der Menschen auf Twitter direkt ins Leere, ohne dass sich irgendjemand mit Einfluss darum schert. Das geht so lange weiter, bis sie ermatten und aufgeben und dann gezwungen sind, ihre Ohnmacht und völlige Einflusslosigkeit als gesichtslose Biomasse im großen, vor sich hin lebenden Konsumtariat zu akzeptieren.

Wenn wir etwas mit Sicherheit sagen können, wird jedenfalls die *Entfremdung* in der neuen Netzwerkgesellschaft dramatisch zunehmen. Eine wachsende Entfremdung ist der Preis, den wir für jede Zunahme der technologischen und sozialen Komplexität zahlen, die wir jetzt und auf Jahre hinaus erleben. Mit dem Durchbruch des Internets explodiert sie förmlich. Und es gibt nur eine funktionierende Waffe gegen Entfremdung, nämlich deren Gegenteil: *Religion*. Der Fehler der traditionellen Religion bestand darin, den Namen ihrer Sehnsucht nach einer anderen Welt, *Gott*, in die Vergangenheit zu versetzen (*Theismus*, Glaube an einen vorherbestimmten Gott), wo doch das logisch korrekte und einzig realisierbare Manöver natürlich darin besteht, den Gegenstand alles menschlichen Sehnens, eben Gott, in die Zukunft zu setzen (*Syntheismus*, der Glaube an einen Gott, den der Mensch selbst erschafft).

Der die Sehnsucht abtuende Atheismus - zwischen Theismus und Syntheismus - hat sich als notwendiger Gegenpol zwischen These und Synthese erwiesen. Denn der Atheismus ist als Ziel des dialektischen Prozesses inhaltlich und als die reine Negation, die er ist, völlig bedeutungslos. Dieser akute Mangel an Gehalt erklärt, warum es den Atheisten nie gelungen ist, Kathedralen zu bauen, oder etwas anderes außer blassen Papiermonumenten nach ihrem Geschmack. Er ist wie eine philosophische Bewegung des Maßhaltens: Man trifft sich und ist gemeinsam nüchtern, ohne irgendetwas mitzubekommen von der ekstatischen Party, die ganz woanders stattfindet. Der klassische Atheismus kann nur sagen, was er nicht ist, aber nicht, *was er tatsächlich IST*. Diese rein negative und ihrem Wesen nach substanzlose Lehre ist nun einmal eine wertlose Waffe gegen die Entfremdung. Sie tröstet niemanden und erklärt nichts.

Es ist kaum unmusikalischer Atheismus, was uns am meisten inspiriert. Vielmehr ist es Spinozas Pantheismus, der durch seine Weiterentwicklung im *Syntheismus* philosophisch umgesetzt wird. Gott ist nicht mehr nur die endgültige *Idealisierung* von Spinozas Pantheismus: *Gott als das Subjekt des Universums;* vielmehr wirkt Gott als menschlich erzeugte Idealisierung auch auf anderen Ebenen, unter denen das *Internet als theologische Manifestation* ein typisches Beispiel unserer Zeit ist. Falls Gottheiten durch überlebensnotwendige Idealisierungen geschaffen werden können und sollen, warum dann wie Spinoza sich mit *Pantheos*, dem Universum, als dem einzigen Gott zufrieden geben? Insbesondere zumal das Internet tatsächlich eine eigene Agenda hat, die uns eher kontrolliert als von uns kontrolliert wird, und beginnt, göttliche Ausmaße anzunehmen, um es einmal klar auszudrücken. Darüber hinaus steht *den Syntheologen* noch eine lange Liste anderer Idealisierungen zur Verfügung, um sich zu Gottheiten zu entwickeln, die in ihre memetischen Wirtsorganismen und Prediger gelangen und so zu ihrer eigenen Verbreitung beizutragen. In diesem Buch beschäftigen wir uns mit den vier grundlegendsten Idealisierungen aus der Welt der Metaphysik: der Leere, dem Universum, der Differenz und der Utopie.

Der Konflikt um die Metaphysik hinter der Physik, der in Albert Einsteins und Niels Bohrs leidenschaftlicher Korrespondenz ab Mitte der 1930er-Jahre deutlich wird, wird schließlich gelöst durch *experimentelle Metaphysik*, auch *zweite Quantenrevolution* genannt: eine lange Liste komplizierter wissenschaftlicher Experimente seit den 1980er-Jahren, deren Ergebnisse dramatische Konsequenzen für die Metaphysik hatten. Die Ergebnisse dieser Entwicklung stärken Bohrs Position im oben genannten Konflikt erheblich, weshalb sowohl die Newtonsche als auch die Einsteinsche Metaphysik mit ihren Anforderungen an zeitlose, universelle Gesetze zunehmend als passé erscheinen. Bohrs *indeterministischer Relationalismus* gewinnt Oberhand über Einsteins *deterministischen Relativismus*. DIE Konstante der Physik ist Zeit, nicht Raum. Zeit ist keine illusorische Dimension des Raumes, sondern hoch real. Mathematik geht dem Universum nicht voraus: Mathematik ist nie mehr als eine idealisierte Annäherung an eine immer dynamische Natur, eine willkürliche und anthropozentrische *Verewigung* einer wesentlich mobilistischen Realität (siehe *The Global Empire*).

Dies führt zu einem *agenziellen Realismus, der* den *atomistischen Individualismus* als Grundlage der Metaphysik schlägt. Das Netzwerk ist nicht nur eine nützliche Metapher für das Verständnis sozialer Beziehungen. Das Universum ist im Grunde genommen ein einziges großes physikalisches Netzwerk, in dem alle *Phänomene,* abgesehen davon, dass sie selbst ständig höhere Komplexitäten von ständig niedrigeren Unterebenen darstellen, universell miteinander verschränkt sind. *Die Verschränkungen* sind somit die grundlegenden, nicht die illusorischen Objekte. Nichts geschieht unabhängig von irgendetwas anderem. Das Ergebnis ist eine Physik und ein Universum von Feldern, Wahrscheinlichkeiten, Energien und Beziehungen ohne von vornherein feststehende Gesetze oder diskrete Objekte. Somit verschwindet alles, was für Kants Phantasiegebilde eines *heiligen Objekts* spricht, welches an einem festen Ort in einem nach Gesetzen funktionierenden, deterministischen Universum existiert. Kant, Newton und Einstein: sie alle scheinen nun nicht mehr zeitgemäß. Zeit ist wirklich, und die Zukunft ist offen und völlig kontrollierbar.

Nichts passiert je zweimal, da jeder Moment völlig einzigartig ist und die Beziehungen, die ein Phänomen zu einem bestimmten Zeitpunkt umgeben, ständig im Fluss sind und auch nie wieder in derselben Konfiguration auftreten werden. Bei der Rivalität, die innerhalb der Philosophie zwischen den Mobilisten und den Totalisten bestanden hat, seit die Anhänger des Mobilisten Heraklit im 5. Jahrhundert v. Chr. mit den Anhängern des Totalisten Platon im antiken Griechenland zusammentrafen, scheinen Heraklits Nachfolger unsere Zeitgenossen zu sein. Die Ergebnisse der experimentellen Metaphysik, die auf den Ideen von Niels Bohr beruhen, stellen sich unbestreitbar auf die Seite des mobilistischen Relationalismus. Platons Welt der Ideen ist außerhalb seiner eigenen neurotischen Phantasien nirgends zu finden. Also existieren auch nicht die universellen Gesetze, die Kant, Newton und Einstein in Bezug auf die physische Existenz des Universums für primär hielten. In Wirklichkeit entstehen in und mit dem Universum und der Physik Gewohnheiten, die wie Gesetzen aussehen. Es gibt ganz einfach kein mysteriöses Regelwerk, das vor dessen Entstehung in die Physik eingebaut wurde, da es keinen externen Erbauer solcher Gesetze vor der Geschichte gibt.

Als ob dieser revolutionäre Fortschritt nicht schon genug wäre, zeigt die Bohrsche Quantenphysik auch, dass das Universum *eine existenzielle Notwendigkeit ist*: irgendeine Art von Nichtexistenz war nie eine Alternative. Unabhängig davon, ob ein Universum innerhalb eines Multiversums aus einer virtuellen Fluktuation oder beispielsweise aus einem Schwarzen Loch hervorgeht, entsteht es doch immer irgendwann in der *aktiven Leere* der Quantenphysik. Es treten dann immer wieder ähnliche, aber niemals ganz identische Ereignisse auf. Ein bezüglich seiner Energie perfekt ausgeglichenes Universum kann sich auf unbestimmte Zeit ausdehnen, solange die positive Energie aus seiner Materie durch genau dieselbe negative Energie aus der Schwerkraft ausgeglichen wird, wie dies in unserem 93 Milliarden Lichtjahre weiten Universum gerade der Fall ist. In der Physik mangelt es eben nicht an Grundressourcen, im Gegensatz zu den begrenzten Ressourcen, die ständig all unsere Aktivitäten auf dem Planeten Erde einen Rahmen vorgeben, einer Erde, die in jeder Hinsicht begrenzt ist.

In der relationalistischen Physik ist die Existenz des Universums weit mehr als eine Möglichkeit, sie ist eigentlich eine *Notwendigkeit.* Und mit dieser Notwendigkeit gibt es keine andere metaphysische Alternative mehr als den Pantheismus. Die Existenz des Universums ist kein äußeres Nebenprodukt, *sie ist de facto innerlich und kommt aus dem Wesen des Universums selbst.* Das Universum zeigt einen Willen zu existieren, der aus dem Fundament der Physik hervorgeht. Das heißt, dass das Universum eine klare existenzielle Substanz hat, wie bizarr und fremdartig dieser höchst unmenschliche Wille zum Sein auch wirken mag. Das Universum hat definitiv kein Bewusstsein in der Art, wie wir Menschen es haben, oder gar irgendetwas, von dem wir als einem kosmischen Äquivalent menschlichen Bewusstseins sprechen könnten. Das Universum braucht kein Bewusstsein, aber es *ist* definitiv etwas und es *tut* viel Verschiedenes. Und zwar aus dem einfachen Grund, dass physikalisch nichts anderes möglich wäre.

Dementsprechend löst sich die ganze Grundlage des klassischen Atheismus auf. Das Sein ist kein Irrtum. Die Existenz des Seins ist erstaunlich und wunderbar in ihrer *unbestimmten Notwendigkeit,* und nicht in einer vermeintlichen deterministischen Zufälligkeit. Eine Nichtexistenz im Sinne eines Gleichgewichts ohne Energien - die einzige Nichtexistenz, über die die Physik überhaupt nachdenken kann -, ist in diesem Zusammenhang die einzig wirklich bizarre und unmögliche Wahrscheinlichkeit. Alles im Universum, einschließlich seiner scheinbar ungeheuren Leere, brodelt von beständiger, intensiver, virtueller Aktivität. Seine eingebildete Nichtexistenz und sein in der Zukunft zu erwartendes Aufhören sind nichts anderes als anthropozentrische Phantasien, die ursprünglich Metaphern für den hartnäckig wiederkehrende Gedanken von uns Menschen über unsere eigene Sterblichkeit und Vergänglichkeit sind. Tatsächlich hat diese menschliche Sterblichkeit jedoch überhaupt nichts mit der Welt der Physik zu tun.

Der *Wille zum Sein* ist nicht nur ein Nebenprodukt der menschlichen Versessenheit aufs Überleben, komischerweise ist er des Universums eigene *Daseinsberechtigung* in Bezug auf sich selbst Genauso wie die Menschheit ist auch das Universum Produkt einer darwinistischen Evolution, bei der Fortbestand und Ausbreitung sich immer bei dem Phänomen ansammeln, das zufällig am besten an die aktuelle Situation angepasst ist, während damit konkurrierende Phänomene verschwinden. Das bedeutet, die syntheistische Metaphysik des Internetzeitalters konzentriert sich auf das *Überleben* und nicht auf die *Unsterblichkeit.* Syntheismus bedeutet eher eine Verehrung dieser Intensität und eines unbestimmten Daseins als eine Todesverehrung und eine deterministische Illusion. Der platonische Todeskult, von den alten Griechen über das Christentum bis zu Newtons und Einsteins starren atomistischen Weltanschauungen, er verliert all seine Glaubwürdigkeit.

Das totalistische Denken kann die Angriffe seines mobilistischen Gegenmodells nicht abwehren, seines es ständig in Frage stellenden Schattens, wobei Leibniz' zeitorientierte und offene Weltanschauung Kants zeitlose und geschlossene Weltanschauung besiegt. Pragmatismus triumphiert über Idealismus. Das Gesetz verliert seine überwältigende Bildermacht. Gesetze werden von Menschen geschaffen, um ansonsten chaotische Gesellschaften zu kontrollieren, um Macht von oben zu erzwingen und den sozialen Masochismus auf Kosten der kreativen Freiheit zu fördern. In der Natur gab es jedoch nie feststehende Gesetze. Die Regelmäßigkeit, welche die Wissenschaft in der Natur findet, das sind nur als Ähnlichkeiten innerhalb der vorherbestimmten Zusammenhänge zwischen verschiedenen Prozessen. Doch gibt es keine vorherbestimmten *Gesetze, denen sich die Natur so unterwerfen muss,* wie von Sklaven erwartet wird, dass sie sich ihren Herren fügen. Es gibt nichts Zeitloses und Vorbestimmtes außerhalb unseres kontingenten und offenen Universums. *Das Gesetz* hat eine magische Macht über die Weltanschauungen der Menschen ausgeübt, seit es im Rahmen einer Theologie entstanden ist, die am Beginn der Zivilisation funktioniert hat, jetzt aber als leerer Mythos entlarvt ist.

Der sexuellen Revolution unter dem Kapitalismus folgte *die chemische Befreiung* im Informationalismus (siehe *The Global Empire*). Die Entwicklung einer postatheistischen Religiosität, die auf der Notwendigkeit einer neuen Metaphysik aufbaut, angetrieben von global kollaborativen, synkretistischen und religiös-sozialen Praktiken und nicht zuletzt von der explodierenden Fülle entheogener Substanzen, diese Entwicklung hat den Grundstein gelegt für eine Lösung des Konflikts zwischen *Theismus* und *Atheismus*, der sich in einer Hegelschen Dialektik zum *Syntheismus* entwickelt, zu der Metaphysik des Internetzeitalters. Dies geschah zur gleichen Zeit, von der an die sexuelle Revolution verworfen wurde, als nämlich ihre unvermeidliche Kehrseite, die *Hypersexualisierung* des Individuums, als Motor der kapitalistischen Konsumgesellschaft entlarvt wurde. Die sexuelle Revolution ist zu einer *Zwangsjacke des Über-Ichs* geworden, aus der die chemische Befreiung einen möglichen Ausweg bot.

Dies bedeutet nicht, dass wir die freie Sexualität durch eine Art Renaissance der Askese und Abstinenz verlieren. Wir erhalten lediglich Zugang zu den heiligen Werkzeugen, mit denen wir anfangen können, sie zu zähmen und zu unserem langfristigen Vorteil zu meistern. Indirektes *Begehren* kann dabei schließlich Kontrolle über den direkten *Trieb* gewinnen. Was Slavoj Zizek den moralischen Imperativ des Spätkapitalismus nennt, das Gebot des Über-Ichs *zu genießen*, wird in sein Gegenteil umgewandelt: in den Imperativ des Attentionalismus, *sich mit dem Meta-Verlangen auf dessen eigene Weise zu konfrontieren.* Die gesamte treibende Kraft des Syntheismus ist das Angebot einer Art von Zuflucht und Schutz vor kapitalistischem und konsumistischem Stress, die utopische Vision einer neuen und radikal anderen Weise des Denkens und des *Weiterbestehens*.

Das netokratische *Dividuum* nutzt das enorme Angebot an neuen Chemikalien, um seine und ihre vielen Persönlichkeiten ständig zu verändern. Dies geschieht zum Teil als spätkapitalistische Anpassungsstrategie an die Anforderungen und Erwartungen der eigenen Umwelt, zum Teil auch als subversive netokratische und revolutionäre Taktik, um den begrenzten *Status Quo* des Kapitalismus zu stürzen. Wenn die Chemikalien die klassischen genetischen Konstanten der Intelligenz, des Geschlechts und der sexuellen Orientierung zum Tanzen bringen, wird dadurch das Fundament des schalen *Mythos vom nüchternen Individuum* (siehe *The Body Machines*) zerstört, und wird damit auch in eine letzte Hyperphase des anwachsenden *Phänomens der konsumtarischen Unterschicht* gezwungen (siehe *The Netocrats*). Der Konsumtarier ist daher bis zuletzt bestrebt, sich ständig zu verbessern, sich auf eine angeblich echte und grundlegende *Ich-Essenz zu berufen*, zusammen mit den Nachfrage der Boulevardblatt-Kultur nach konsum-generierender Frustration über sich selbst. Berufswahl, Gymnastik, Modediäten, Partnerjagd: all dies sind offensichtliche Beispiele eines vulgären Hyperindividualismus. Der Netokrat dagegen glaubt längst nicht mehr an das kohärente *Individuum* und kultiviert stattdessen Hunderte verschiedener Persönlichkeiten innerhalb seines neuen idealen *Dividuums* (siehe *The Body Machines*), welche häufig durch sorgfältig entworfene chemische Cocktails heraufbeschworen und aufgerufen und angetrieben werden.

Die modernistische Gesellschaftsstruktur wurde im 20. Jahrhundert zunächst von der Frankfurter Schule und später vom Poststrukturalismus aggressiv in Frage gestellt, und brach sowohl unter äußerem wie auch innerem Druck zusammen. Eine philosophische Renaissance begann mit Denkern wie Gilles Deleuze, Michel Foucault, Jacques Derrida, Manuel De Landa, Thomas Metzinger und Karen Barad, ausgehend vom *Tod des Menschen* - was verglichen werden kann mit dem im 18. Jahrhundert von Philosophen gestarteten Projekt *Gott ist tot*; und mit dieser Entwicklung wurde eine grundlegende Verschiebung vom anthropozentrischen zum *universozentrischen Weltbild* eingeleitet, die von den Erben der Poststrukturalisten im 3. Jahrtausend dann mit empirischer Unterstützung der *experimentellen Metaphysik* umgesetzt wurde.

Die syntheistische Mission bezieht ihren eschatologischen Treibstoff aus der sich nähernden *ökologischen Apokalypse*, die an sich eine unvermeidliche Folge einer Welt ohne Glauben an eine relevante Gottheit ist. Nur durch eine neue syntheistische Metaerzählung, die auf der utopischen Überzeugung beruht, dass die Errettung der Menschheit nur durch die Schaffung von Syntheos möglich ist, kann die ökologische Apokalypse verhindert werden. Es ist nicht möglich, das menschliche Leben auf dem Planeten mit eine beliebigen Menge an Politik zu retten. Denn die Politik ist dem kapitalistischen Todestrieb ergeben - man hat keine Chance, ein führender Politiker zu werden, ohne sich zunächst von der etatistisch-korporativistischen Machtstruktur abhängig zu machen -, und sie tut ihr Äußerstes, um die ruchlose Plünderung der Ressourcen unerbittlich weiterzutreiben, bis der Planet unbewohnbar und ohne Leben ist. Der Planet kann nur mit Hilfe *einer neuen Religion* für ein Weiterbestehen der Menschheit bewahrt werden, mit einer Metaphysik, die von einer Utopie über eine Zukunft für unsere Kinder und deren Kinder getrieben wird, die physikalisch funktioniert.

Der französische Philosoph Alain Badiou teilt die Metaphysik in vier Disziplinen ein, aus denen der Mensch den Sinn seines Daseins erzeugt. Diese vier Aktivitäten sind *Politik, Liebe, Wissenschaft* und *Kunst*. Die Metaphysik verbindet diese vier Disziplinen zu einem zusammenhängenden Weltbild. Aus syntheologischer Sicht tritt Religion dann als *praktizierte Metaphysik auf* und spiegelt sich daher in den vorherrschenden Idealen der vier Aktivitäten wider. Religion ist also *die Durchführung der metaphysischen Wahrheit des Paradigmas*, und die Syntheologie wird in enger Wechselwirkung mit der religiösen Praxis als theoretische Grundlage für andere Arten der Ideologieproduktion konstruiert. Badiou zufolge ist es ein Symbol für unser sinnarmes, hyperindividuelles Dasein, dass genau die zeitlosen Ideale, die die vier Disziplinen repräsentieren sollten, durch den kollektiven Todestrieb ersetzt worden sind, der uns Menschen in eine immer hysterischere Jagd nach absolut gar nichts treibt.

Badiou vertritt zum Beispiel die Ansicht, dass die Politik von der *Revolution* als Ideal angetrieben werden sollte, aber heutzutage stattdessen von einer Art administrativem Mikromanagement angetrieben wird. Politik ist zu einer Sache des *Managens* geworden. Liebe sollte von *Leidenschaft* als Ideal angetrieben werden, wird aber stattdessen von *Sexualität* angetrieben. Naturwissenschaft sollte von der *Erfindung* als Ideal angetrieben werden, wird aber stattdessen von *Technologie* angetrieben. Kunst sollte von der *Schöpfung* als Ideal angetrieben werden, und stattdessen wird sie von *Kultur* angetrieben. Alle diese Verschiebungen entlarven *den hyperzynischen Zeitgeist,* der darüber hinaus die ironische Dreistigkeit besitzt, sich als nicht-ideologisch zu verkleiden. Die einzige Möglichkeit, dieses dichte, destruktive Ideologie-Bauwerk zu entlarven und den damit verbundenen Hyperzynismus zu überwinden, besteht darin, geduldig eine neue *syntheologische Metaphysik* anzubieten, die zu einer neue *syntheistischen Religion* inspirieren kann. Es gibt keine anderen glaubhaften Wege aus unserer kulturellen Sackgasse.

Religion kann zusammenfassend beschrieben werden als eine Menge von Praktiken, die von Menschen auf der Suche nach Sinn in ihrem Leben ausgeübt werden. Dies gilt unabhängig davon, ob die betreffende Religion diese Bedeutung annimmt als als etwas Vorherbestimmtes, als etwas Offenbartes oder als etwas, das im Rahmen der Religion gesucht und geschaffen werden soll. Beim Aufbau einer glaubwürdigen Religion geht es in erster Linie um langfristiges Denken und enorme Geduld. Sie ist der einzige intellektuelle Diskurs, der nicht irgendwie *tendenziös* sein muss. Religion kann niemals Mode sein. Unabhängig davon, ob es sich bei der Religion um eine theistische, atheistische oder syntheistische Religion handelt, ist es äußerst wichtig, dass sie getrennt bleibt *vom Säkularen.* Politik geht tiefer als Märkte, aber Religion geht tiefer als Politik. *Und Theologie steckt immer tief in der Philosophie.*

Das Problem mit dem Humanismus ist, dass er im Grunde genommen ein Christentum ohne Christus ist. Der Humanismus ist ein

Versuch, den christlichen Moralismus am Leben zu erhalten, während er vorgibt, dass es keinen Christus braucht, um diese Art, wie man die Welt sehen will, aufrechtzuerhalten. Einfach ausgedrückt versucht der Humanist, die Illusion des *Individuums* - eine Illusion, denn es gibt nur menschliche Körper, es gibt keine anderen Individuen außer in den Phantasien des Humanisten - aufrechtzuerhalten, so wie die Kirche während der vorherigen Paradigmenwechsel versucht hat, die Illusion Gottes am Leben zu erhalten. Dies ist nirgends klarer zu erkennen als im Kommunismus mit seinem atheistischen Christentum, mit seinem blinden Glauben an die mystisch vorgegebene Verwirklichung des christlichen Paradieses durch den Menschen. Ohne eine religiöse Überzeugung dahinter, ohne theologische Grundlage ist der Kommunismus eine Unmöglichkeit; es fehlte der Motor, der die Aktivisten motivieren könnte. Daher zerfällt er jedes Mal in Korruption und heuchlerischen Träume von einem rauschenden kapitalistischen Konsumfest.

Dass die Vollendung des Humanismus als sozialistisches Projekt in einer postatheistischen Welt keinen festen Stand hat, ist das Thema, das sowohl Slavoj Zizeks *Less Than Nothing* als auch Simon Critchleys *The Faith of The Faithless* und Quentin Meillassoux' *L'inexistence Divine* antreibt. Der Weg nach vorn für Zizek, Critchley und Meillassoux ist daher eine Rückkehr zur Theologie; gewiss nicht zurück zur abrahamitischen Theologie, sondern zur Theologie in ihrer tiefsten Form, als einer philosophischen Metaphysik. Das Problem für Zizek ist, dass seine Art von Rückkehr nicht tiefer geht als hin zu einer romantisierten Vorstellung von Aufklärung als einer blutigen Revolution, die alles befreit. Im Gegensatz zu Zizek versucht Critchley, zum Ursprung der Religion zurückzukehren, und findet dort einen *mystischen Anarchismus* in ständigem Opposition zu den patriarchalen, kirchlichen Machthierarchien.

Laut Critchley ist der mystische Anarchismus der wahre Motor für das wirklich revolutionäre Projekt. Critchleys mystischer Anarchismus ist natürlich gleichbedeutend mit dem Syntheismus, über den wir in diesem Buch sprechen und für den wir eintreten. Der bereits etablierte Syntheist Meillassoux sieht in seiner Unterscheidung zwischen *dem Potenziellen* und *dem Virtuellen* die Möglichkeit eines *Ereignisses,* in dem Gott plötzlich in der Geschichte als metaphysische *Gerechtigkeit* auftaucht, wobei Gerechtigkeit die gleiche Bedeutung wie *Existenz, Leben* und *Denken* zukommt, also den vorhergehenden Virtualitäten, die sich im Lauf der Geschichte auf schockierende und dramatische Weise realisiert haben. Meillassoux argumentiert, dass Gott als Gerechtigkeit die fehlende vierte Virtualität ist, die jetzt darauf wartet, verwirklicht zu werden. Syntheologisch drücken wir dies aus als Fokus auf die zwischen Entheos und Syntheos oszillierende Achse in *der syntheologischen Pyramide.*

Da es Kants philosophische Beiträge sind, die den Weg für den Tod des Humanismus und des Individuums ebnen, ist es sicher nicht falsch, Kant als *den letzten Humanisten zu betrachten.* Als Hegel und Nietzsche im 19. Jahrhundert in Erscheinung traten, war die antihumanistische Revolution bereits in vollem Gange. Bei Nietzsche und seinem Konzept vom *Tod Gottes,* das Michel Foucault ein halbes Jahrhundert später endlich zu Ende brachte, indem er den *Tod des Menschen* verkündete, bleibt vom humanistischen Paradigma nichts mehr übrig. Hegels Religiosität findet sich in *Atheos,* während wir Nietzsches Spiritualität in der syntheologischen Pyramide zu *Entheos* stellen.

Nach der Revolution von Hegel und Nietzsche musste der *Rationalismus*, der blinde Glaube an die Fähigkeit des Menschen, alle Mysterien des Lebens durch vernünftiges Nachdenken zu lösen, ersetzt werden durch *Transrationalismus*, eine Rationalität, die ihre eigenen Grenzen erkennt, als intersubjektiver Diskurs innerhalb der Phänomenologie, auf die die Menschheit beschränkt ist (Siehe *The Global Empire*). Denn der Rationalismus basiert auf einer logischen „optischen" Täuschung: In sich ist die Rationalität konsequent und sieht überzeugend aus. Das Problem ist jedoch, dass die Rationalität, von außen betrachtet, völlig in sich zusammenbricht, da *sie nicht auf etwas an sich Rationalem* beruht, sondern nur auf blindem Glauben und sonst nichts. Kants Problem ist, dass er die *Rationalität* über die Vernunft stellen wollte, aber es gelang ihm nie, logisch darzulegen, wie dies möglich sein sollte. Der Kantsche Rationalismus beruht also nur auf Kants höchstpersönlichem, autistischem Gemütszustand. Blaise Pascal plädiert bereits im 17. Jahrhundert, lange vor Kant, für eine *transrationalistische Erkenntnistheorie*, doch erst die amerikanischen und europäischen Pragmatiker Ende des 19. und Anfang des 20. Jahrhunderts haben den Transrationalismus im Detail formuliert.

Körper sind real. Und die Vernunft besiegt die Rationalität, da die Vernunft auf dem Körper aufbaut, während der Rationalität jedes Fundament außerhalb ihrer eigenen tautologischen Schleifen fehlt. Es gibt keine Gedanken getrennt vom Körper. Jeder Gedanke ist durchtränkt und unmöglich zu unterscheiden von den Chemikalien und Hormonen, die zu dem Zeitpunkt im Körper am Werk sind, wo der Gedanke gedacht und die Worte artikuliert werden. Die Vernunft wird durch einen sehr realen, aktiven *Handelnden* (*agent*) vertreten, während die Rationalität nur durch einen sehr illusorischen, passiven Beobachter repräsentiert ist. Diese Einsicht reduziert das *Individuum*, das transzendentale Subjekt nach Descartes und Kant, auf das Objekt seiner eigenen Dominanz und Kolonialisierung. Das Ergebnis ist die Kette psychotischer Reaktionen, welche die Grundlage für das Descartes'sche Subjekt sind.

Die Diskrepanz zwischen Beobachter und Handelndem führt zu einer *Lähmung*. Diese Lähmung wird vom Subjekt als *Ohnmacht* erlebt. Diese Ohnmacht wiederum schlägt in einer heftigen Reaktion des Ableugnens in ihr Gegenteil um: in die Allmacht. Und die Allmacht löst eine Fülle von kompensatorischen Fixierungen und Verhaltensweisen aus, um *die fundamentale Lüge des Descartes'schen Subjekts am Leben zu erhalten.* Es ist kein Zufall, dass Kants Anhänger im Europa des 19. Jahrhunderts weltweite Kolonialisierungskampagnen unternahmen. Und wer ist am klarsten Kantianer, das eifrigste Individuum, wenn nicht Napoleon, der organisatorische Urvater der modernistischen Gesellschaft? *Was Sie als Individuum nicht in sich selbst finden können, das versuchen Sie mit kompensatorischem Eifer in der Welt zu finden*, auch wenn die ganze Welt aufgrund Ihrer vergeblichen Suche in Flammen aufgeht.

Aus diesem Grund folgt der Syntheismus notwendigerweise nach auf den Humanismus. Syntheismus ist die logische Antwort auf die

Krise des Humanismus. Der Mensch kann Gott nicht ersetzen, da der Mensch genauso illusorisch ist, wie Gott es immer war. Der Protosyntheist Martin Heidegger und sein Nachfolger Jacques Derrida ringen in ihrer Arbeit mit der Metaphysik als Idee und behaupten, für den Tod aller Metaphysik zu arbeiten. Sie enden jedoch schließlich als *die Metaphysikern schlechthin,* als Befürworter genau dessen, was wir *das ewig verschobene Ende der Metaphysik nennen.* Je stärker du versuchst, aus der Metaphysik zu fliehen, desto tiefer verwickelst du dich in ihr Garn. Der Syntheismus stellt also *Gott, den Menschen* und *das Netzwerk* nebeneinander und sagt: Wir wissen, dass diese Illusionen in keiner physischen Hinsicht je existiert haben. Doch haben wir praktisch aus der Geschichte gelernt, dass wir ohne sie nicht leben können. Ein Leben ohne *den großen Anderen* ist sowohl eine phänomenologische als auch eine psychologische Unmöglichkeit. Diese Einheiten sind für eine kohärente Weltanschauung wesentlich. Die Folge ist, dass wir uns entscheiden, die drei schwarzen Löcher - Gott, Mensch und das Netzwerk - gleichzeitig in unsere neue Weltanschauung einzubeziehen, als die schwarzen Löcher, die sie in der Tat sind, als *kulturell produktive Leeren.*

Die Abhängigkeit der Körper voneinander ist real. Wir wissen, dass Dopamin, Serotonin und Oxytozin die Menschen in einem Kollektiv zusammenhalten, das den Mitgliedern der Gruppe Freude zugesteht, und in dieser Freude entsteht eine Art von Sinn, die von und für uns selbst erzeugt wird. Damit sind wir an einem historischen Punkt angelangt, an dem Theismus und Atheismus als Gegensätze in ihrer Dialektik vollendet werden müssen, und zwar nicht in einer Art Hybrid, sondern indem wir ihre *historisch vollzogene Verbindung als Einheit* sehen und annehmen und indem es uns gelingt, diese Einheit dann wegzutun und in die Geschichte einzutreten, in den Syntheismus. Die heutige Verschmelzung unseres historischen Verständnisses der Tatsache, dass unser Zusammenhalt letztendlich das Allerheiligste für uns ist, mit der explodierenden, wirklich neuen virtuellen Verbindung zwischen den Menschen durch das Entstehen des Internets, diese Verschmelzung interagiert mit und schafft die Grundlage für die syntheistische Metaphysik des neuen Zeitalters.

Auf *Gott* (Theismus) und den *Menschen* (Atheismus) folgt ganz einfach *das Netzwerk* (Syntheismus) als Grundereignis der Metaphysik.

Die Frage ist, was ist möglich. Lacan unterscheidet zwischen *Entfremdung* und *Abtrennung*. Entfremdung ist die Erfahrung einer dramatischen Distanz zwischen uns und der Gesellschaft, in der wir leben. Die Gesellschaft wird von uns nicht mehr als unsere eigene erlebt. Wir gehören nicht in unsere Zeit. Abtrennung bedeutet, dass sich die Krise weiter verschärft: Jetzt gibt es nicht mehr nur eine dramatische Distanz zwischen uns und unserer gegenwärtigen Gesellschaft, sondern die *Gesellschaft selbst hat Risse bekommen*, sie scheint nicht mehr zusammenhängend, nicht einmal für sich selbst. Wenn die Abtrennung sich durchsetzt, bröckelt das Paradigma. Wir müssen uns zurückziehen und versuchen, ein neues Paradigma zu bauen. In erster Linie müssen wir eine Weltanschauung schaffen, die glaubwürdig zusammenhält. Die eingetretene Abtrennung eröffnet uns die Möglichkeit, die vorangegangene Entfremdung anzugreifen: Warum sollten wir uns damit begnügen, eine neue Weltanschauung zu konstruieren, wenn wir die Chance haben, uns selbst und die Klasse, der wir angehören, in den Mittelpunkt einer neuen Weltanschauung zu stellen, jetzt, wo wir die Revolution einleiten, die das Weltbild verändert, wobe sie dessen Fundamente ohnehin in Frage stellt und verschiebt?

Hier ist es von größter Bedeutung, zwischen *lebendiger* und *toter Religion zu unterscheiden.* Ganz gleich, ob ein metaphysisches Erklärungsmodell in irgendeiner Weise wahr ist oder nur für seine Zeit funktional und relevant, in seiner Praxis ist es entweder lebendig oder tot. Der moderne Mensch hat den Eindruck, dass frühere Generationen wirklich *geglaubt haben.* Der Mythos des klassischen Glaubens ist unglaublich zäh, nicht zuletzt als Kulisse für den Mythos vom *Unglauben* des modernen Menschen. Der österreichische Syntheist Robert Pfaller zeigt in seinem Buch *Illusionen der Anderen,* dass dies eine doppelte Verfälschung der Geschichte ist. Es ist der moderne Mensch, der wirklich glaubt, und das im Gegensatz zu früheren Generationen *ohne jede Distanz*. Deshalb ist nur in der modernen Gesellschaft *Fundamentalismus* möglich. Der religiöse Fundamentalismus basiert auf der

Überzeugung, dass *Gott tot ist,* dass Gott nur in der Vergangenheit aktiv ist, weshalb der Fundamentalist ohne Gottes Hilfe handeln muss und sozusagen das Leben in jene Zeit zurückzwingen muss, als Gott noch lebte. Die Reaktion des Syntheismus auf den Fundamentalismus ist natürlich ebenso genial wie offensichtlich; er läuft stattdessen in die entgegengesetzte Richtung, auf den Gott und die Religion zu, die es noch nie gegeben hat, die wir aber nunmehr erschaffen können. Nichts könnte weiter vom religiösen Fundamentalismus entfernt sein als der Syntheismus.

# 3.
# Die vier Paradigmen in der Geschichte der Metaphysik

Da die Informationstechnologie das wichtigste Instrument von Macht ist, ist es sowohl produktiv als auch in jeder Hinsicht richtig - insbesondere im Zusammenhang mit dem Übergang zu einem informationalistischen Paradigma -, die Geschichte der Menschheit einzuteilen in vier verschiedene Informationstechnologie-Paradigmen. Vergessen Sie also die Steinzeit, die Bronzezeit, die Eisenzeit und die anderen mythologischen Konstruktionen des Industrialismus, die genau zu dem Zweck geschaffen wurden, Geschichte so zu schreiben, damit sie in den rauchenden Fabriken des Industrialismus gipfelt. Betrachten wir stattdessen alle Gesellschaften in allen Formen und Entwicklungsstadien als verschiedene Arten von Informationsgesellschaften, und betrachten wir die Geschichte als eine Geschichte des Kampfes um die Macht über die Kommunikationsmittel. Denn von jedem, der die Kanäle für die Kommunikation von Wahrheit und Ideen kontrolliert, kann auch gesagt werden, dass er die Wahrheit und die Ideen besitzt und diktiert.

Das Muster, das sich in *der informationstechnischen Geschichtsschreibung abzeichnet,* zeigt uns, wie gesprochene Sprache, geschriebene Sprache,

Druck und Internet die Grundlagen für ihr jeweiliges Paradigma geschaffen haben, und dass diese Technologien, sobald die Zeit für sie gekommen ist, Einfluss zu haben und alle ihre Karten auszuspielen, soziale Strukturen gebildet haben, die sich in wichtigen Punkten von dem unterscheiden, wie Welt zuvor aussah (siehe *The Netocrats*). Wir unterscheiden die vier Paradigmen durch die plötzlichen, revolutionären Wechsel zwischen verschiedenen Systemen der Informationsverarbeitung und verschiedenen Formen von Kommunikation, die im Laufe der Geschichte stattgefunden haben und die jedes Mal zu dramatisch veränderten Lebensbedingungen, Machtstrukturen und sozialen Modellen, Weltanschauungen und Menschenbildern geführt haben.

Für jeden dieser vier Informationstechnologie-Komplexe hat sich die Informationsmenge in einer bestimmten Gesellschaft revolutionär vermehrt, was wiederum völlig neue soziale Hierarchien mit völlig neuen Parametern für die Metaphysik und ihre Annahmen und Konsequenzen geschaffen hat. Ein allgegenwärtiger sozialer Wandel bedeutet genau das: nicht noch mehr dem Alten, sondern einen qualitativ greifbaren Wandel von emergentem Charakter. Das alte feudale Europa plus die Druckerpresse machten, nachdem diese epochale Technologie erst lang genug am Werk war, nicht mehr dasselbe alte Europa plus eine interessante Maschine aus, sondern ein völlig neues Europa, das Industrialismus, Parlamentarismus und Kolonialisierung des Rests der Welt hervorbrachte. Diese neuen metaphysischen Erzählungen haben ihrerseits sowohl das Weltbild als auch das Idealbild vom Menschen und damit die gesamte Machtstruktur radikal verändert.

Aus Gründen, die wir in *The Netocrats* ausführlich beschrieben haben, sollten diese vier Paradigmenwechsel in der Informationstechnologie als die wahren Revolutionen angesehen werden, die die Geschichte vorangetrieben haben, hervorgebracht durch die radikal zunehmende Menge an verfügbaren Informationen und die einzigartige Wirkung der mit ihnen einhergehenden Metaphern. Die scheinbar dramatischen Ereignisse, die sich aus diesen Paradigmenwechseln ergeben, sollten eher als Symptome der zugrunde liegenden, echten Revolution angesehen werden, welche auf radikal veränderten materiellen Bedingungen und damit auch auf dramatisch veränderten Machtstrukturen beruht. Denn was wäre der Kapitalismus zum Beispiel ohne die Druckerei als Metatechnik und ohne die *Uhr* (gestückelte Zeit) als Metapher? Man kann sich die Fabriken des Industrialismus und all die anderen kapitalistischen Institutionen, die während der mächtigen Expansion des Kapitalismus im 19. Jahrhundert entstanden, nicht ohne ihre Armeen von des Schreiben mächtigen Büroangestellten und ohne die Uhr an der Fabrikmauer und die Taschenuhren in den Westentaschen der Fabrikmanager vorstellen, die den Arbeitstag in klar abgegrenzte und messbare Einheiten aufteilten.

Vorstellungen von Aufständen und anderen scheinbar plötzlichen und dramatischen Veränderungen sind nur sekundäre Nebenprodukte, die sich aus diesen sich ändernden materiellen Bedingungen ergeben, und nicht selbst der *Ursprung der Ereignisse.* Zum Beispiel kann die Französische Revolution von 1789 nicht als echte Revolution *als solche* angesehen werden, sondern nur als *Symptom* einer zugrunde liegenden echten Revolution, nämlich der Druckmaschine, die in Deutschland etwas mehr als 300 Jahre zuvor erfunden worden war. Die Druckmaschine löste eine gigantische Rückkopplungsschleife aus, indem sie Bücher billig und allgemein verfügbar machte und so ein Massenpublikum für Texte schuf, das wiederum den Weg für eine explosive Produktion und den Konsum von Wissen und abstrakten Ideen ebnete. Dank Frankreich als erstem Land in Europa mit weit verbreiteter Alphabetisierung - und auch mit einer zunehmend urbanisierten Wirtschaft - wurde die Französische Revolution zum ersten *Ereignis* dieser Art und ist, wie schon gesagt, in vielerlei Hinsicht beispielhaft für die politische Mythologie. Es ist der erste plötzliche undramatische Beweis für die Realität der Druckmaschinenrevolution und zieht damit im Nachhinein eine klare Trennlinie zwischen dem feudalistischen und dem kapitalistischen Paradigma, das oft als das *emergente Moment der neuen Zeit bezeichnet wird.* Aber lassen Sie uns der Klarheit halber diese Revolutionen von ihren Symptomen trennen.

Der französische Historiker Fernand Braudel beschreibt mit Recht *die Kunst des Schreibens* als die entscheidende Technologie. Sowohl die *Aufklärung* als auch die *Reformation* gingen auf die Druckmaschinenrevolution zurück; beide stützen sich stark auf Worte und Texte, die natürlich plötzlich billig in Massen verbreitet wurden. Die Kosten für die Herstellung eines einzelnen Buches sanken von zigtausend englischen Pfund auf etwa ein Pfund pro Exemplar, umgerechnet in den heutigen Geldwert. So nutzten die Aufklärung und die Reformation die Vorteile der Druckerpresse so, dass *sie Wörter und Texte als solche in Metaphysik umwandelten.* Das Buch, die Zeitung und die Banknote, sowie die späteren elektronischen Einbahn-Derivate der Druckerpresse für die Kommunikation, nämlich Radio und Fernsehen, erhalten im Kapitalismus einen fetischhaften Status.

Die Aufklärung konstruiert eine neue humanistische Mythologie gegen den Monotheismus des Feudalismus - mit *dem Individuum* als bürgerlichem Ersatz für den *Gott* der Aristokratie -, während die Reformation die Gegenreaktion der Religion gegen die Religionskritik der Aufklärung darstellt. Es entsteht eine Hybridform zwischen dem Gott des Feudalismus und dem neuen Individuum, wenn dic protestantischen Theologen *den plötzlich hergestellten direkten Dialog zwischen Gott und dem Individuum* in den Mittelpunkt der Metaphysik stellen. Die Reformation konzipiert Gott ganz einfach neu, als das vollkommene bürgerliche Individuum, als den atomistischen Gott *Jesus.* Diese - für die katholische Kirche fatalen Konsequenzen -, dass nämlich das Drucken dem Volk billige, massenproduzierte, einheimische Ausgaben der Bibel in die Hände legte, konnte sich Gutenberg, ein frommer Katholik, wohl kaum vorstellen. Dies unterstreicht erneut, dass jede dominierende Metatechnologie unabhängig von den Absichten ihres Erfinders und anderer ernsthafter Stakeholder ihr Blatt ausspielt. Das Internet wird das Gleiche tun. Paradigmenwechsel sind mit dramatischen Konflikten verbunden, da die herrschende Machtstruktur aus naheliegenden Gründen bestrebt ist, den wahren *Status quo* um jeden Preis zu bewahren, um ihre eigenen Privilegien gegen die aufstrebende neue Elite zu verteidigen. Daher versucht die alte Machtstruktur, sowohl mit Gewalt als auch mit moralisierender Nostalgie, die Gesellschaft so lange wie möglich im alten Paradigma festzuhalten. Dass jemand freiwillig die Vorteile aufgibt, die ihm aufgrund seiner Klasse zuteil werden, ist in der Tat selten. Aber die Eisscholle in den Stromschnellen, auf denen die Zivilisation bis dahin gestanden hat, wird schließlich so klein, dass die Zivilisation auf eine andere Eisscholle springen muss. Mit diesem früher oder später unvermeidlichen Sprung ändern sich die Machtstruktur und ihre Geschichtsschreibung radikal, denn alles muss hastig an die neuen Überlebensbedingungen angepasst werden, die mit der neuen Eisscholle verbunden und in sie eingebaut sind. Daher sind es immer die neuen und nicht die alten Herrscher - diejenigen, die von den veränderten Prioritäten innerhalb der neuen Metaphysik am meisten profitieren und dadurch absolut nichts zu verlieren haben -, die am schnellsten die Eisschollen wechseln und sich an die neuen Überlebensregeln anpassen. Die neue Metaphysik forciert das Tempo, und der Sprung zwischen den Eisschollen beschleunigt daher den Machtwechsel zwischen den Eliten der beiden Paradigmen.

Jedes Paradigma wird von seiner eigenen Erzählung, seiner eigenen Produktion von Wahrheit begleitet, die einen wesentlichen Ausgangspunkt seiner Metaphysik umkreist. Jede dieser Erzählungen enthält wiederum drei Komponenten: eine *Kosmologie*, eine *Romantik* und eine lineare *Geschichte* der prägenden Ereignisse in der Vergangenheit des neuen Paradigmas, die nachträglich festgelegt werden. Wie Hegel hervorhebt, sind diese Komponenten durch die gesamte *Metageschichte* hindurch gekennzeichnet von einer allem zugrundeliegenden Voraussetzung der *Notwendigkeit*. Was im Fall des *Syntheismus* - der Metaphysik des Internetzeitalters - metahistorisch radikal neu ist, das ist die Tatsache, dass er mehr auf *Kontingenz* als auf Notwendigkeit als Grundprinzip aufbaut. Der Syntheismus ist nicht deterministisch, sondern indeterministisch.

Die Metageschichte der Informationstechnologie begann in der Gesellschaft der gesprochenen Worte (*Mythos*) mit den mündlichen Lagerfeuererzählungen des Stammes über sich selbst. Danach folgte die akribisch dokumentierte Geschichte von Gottes Schicksal und

Abenteuern in der verschriftlichten Wortgesellschaft (*Logos*), welcher wiederum die gedruckte Geschichte des vergötterten Menschen in der Massenmediengesellschaft (*Ethos*) folgte. Der entsprechende Wandel in unserer Zeit führt dazu, dass wir uns nun um die - mit Lichtgeschwindigkeit verbreitete - Erzählung vom heiligen Netzwerk in der Internet-Gesellschaft versammeln (*Pathos*). Die Paradigmenwechsel sind letzten Endes materiell; die plötzlich zunehmenden Mengen verfügbarer Informationen ermöglichen eine starke Ausweitung der Komplexität und Spezialisierung in menschlichen Beziehungen. Gleichzeitig erfordern die neuen Formen und das neue Ausmaß der Kommunikation in unserer Gesellschaft eine radikale qualitative Veränderung der Bedingungen des kulturellen Ökosystems. Dies führt zum Zusammenbruch des älteren Paradigmas, und damit auch seiner veralteten Erzähl- und Machtstruktur. Die alte Geschichte muss durch ein neues, glaubwürdigeres *Metanarrativ ersetzt werden*, das die für das neue Paradigma relevanten Allegorien und Metaphern enthält und unters Volk bringt. Die neue Geschichte muss vor allem die neue Machtstruktur und ihre Grundannahmen widerspiegeln, sonst wird sie nicht angenommen oder weitergetragen.

Die neue Machtstruktur wird durch eine neue metaphysische Erzählung gestärkt - und umgekehrt. Auf diese Weise wiederholt sich die Geschichte bei jedem Paradigmenwechsel in der Informationstechnologie. Die Geschichte des Stammes ist die Grundlage des *Heidentums* und seiner primitivistischen Machtstruktur. Die Geschichte von Gottes Schöpfung und Kontrolle der Welt bildet die Grundlage des *Monotheismus* und der feudalen Machtstruktur. Die Geschichte von der Entstehung und Vervollkommnung des Menschen als rationalem Wesen ist die Grundlage des *Individualismus* und der kapitalistischen Machtstruktur; während die Geschichte, wie Netzwerke allem, was es gibt, Inhalt und Sinn verleihen, die Grundlage für den *Syntheismus* und die informationalistische Machtstruktur bildet. Das Heidentum benutzt das *Überleben* als metaphysischen Motor, während der metaphysische Motor des Monotheismus die *Ewigkeit,* und der des Individualismus der *Fortschritt ist.* Der metaphysische Motor des Syntheismus ist *das Ereignis* (siehe *The Global Empire*).

Primitivismus ist das erste Paradigma; es basiert auf dem revolutionierenden Aufkommen der gesprochenen Sprache und ist geprägt von Nomadentum. Jagd, Fischen und Sammeln. Die primitivistische Metaphysik basiert auf der Ehrfurcht vor den eigenen Vorfahren und dem Respekt vor den Ältesten des Stammes, da diese die zuverlässigste und reichste Wissensbank des Kollektivs und damit auch der Schlüssel zum *Überleben* sind, der Motor der primitivistischen Metaphysik. Das Narrativ des Nomadentums dreht sich um das Konzept der Geschichte als Kreislauf, mit der regelmäßigen Wiederkehr der Jahreszeiten als dominierendem Symbol. Das Dasein ist nicht linear, es hat keine Richtung, Zeit läuft stattdessen in wiederkehrenden Zyklen ab; es findet keine Entwicklung statt, sondern alles wiederholt sich *ad infinitum*. Ein menschliches Wesen zu sein bedeutet, ein Mitglied eines Stammes zu sein und innerhalb der Grenzen der Stammesstrukturen Verantwortung dafür zu übernehmen, dass diese fortwährende Wiederholung aufrechterhalten bleibt. Fremde sind Konkurrenten um die Ressourcen des Stammes, weshalb man entweder vor ihnen flieht oder sie tot schlägt, wenn man ihnen begegnet. Der Mensch, der nicht zum Stamm gehört, ist also überhaupt kein Mensch, sondern ein Tier, das im Grunde so sorglos oder brutal behandelt werden kann, wie es einem gefällt.

Der Feudalismus ist das zweite Paradigma, gekennzeichnet von der Entstehung der Schriftsprache sowie durch dauerhafte Ansiedlung, Landbesitz, Landwirtschaft und Domestizierung von Vieh. Der Schwerpunkt der Gesellschaft liegt hier auf der Domestikation von Tieren und Pflanzen und auf einem Klassenkampf geringer Intensität zwischen Aristokraten und Bauern. Die Schriftsprache wurde bereits vor mehr als 5.000 Jahren von den Sumerern in Mesopotamien erfunden und entwickelt. Danach entstand sie an drei anderen Orten (Ägypten, Industal und China) ungefähr gleichzeitig und unabhängig voneinander. Aber ihr Gebrauch verbreitete sich explosionsartig über die gesamte eurasische Landmasse in der Ära, die der deutsche Philosoph Karl Jaspers die *Achsenzeit* nennt, zwischen 800 und 200 v.

Chr. Der chinesische, indische, iranische, mesopotamische, ägyptische und griechische Kultur blühten während der Achsenzeit auf, da es zum ersten Mal möglich wurde, Reiche zu errichten (ein Befehl aus dem Verwaltungszentrum eines Reiches konnte jetzt unverfälscht eintreffen und wie geplant in den Provinzen ausgeführt werden). In jener Epoche wurde die Welt auch mit den ersten formalisierten Weltreligionen gesegnet - zum Beispiel Zoroastrismus, Brahmanismus, Buddhismus, Jainismus, Taoismus und Judentum -, und mit der ersten dokumentierten Philosophie. Man könnte noch hinzufügen, dass sich bald danach weitere Hochkulturen zum Beispiel in Italien, Äthiopien und Peru entwickelten.

Die Schriftsprache, die zu diesem Zeitpunkt technisch schon sehr fortgeschritten war, verbreitete sich schnell über die gesamte eurasische Landmasse. Sie erwies sich bald als äußerst effizientes Machtinstrument in Form von Buchführung und Verbreitung von Propaganda für die - zumindest anfangs - wenigen Nutzer und deren Herren. Dies wird nirgends klarer, als wo ihr wichtigstes Produkt allgemein anerkannt wird: das magische *Gesetz*. Zusammen mit dem Auftreten des Gesetzes wurde eine Metaphysik erzeugt, in der alle Formen sozialer Mobilität als anarchische Bedrohung für den Zusammenhalt der Gesellschaft dargestellt wurden, als eine Gefahr, die bekämpft werden muss. Zum Beispiel widmet Zarathustra die Hälfte seiner heiligen Schrift *Gathas,* die bereits 1700 v. Chr. In Zentralasien mündlich verfasst und erst viele Generationen später niedergeschrieben wurde, dem Lobpreis unternehmender Siedler und der Verurteilung unverantwortlicher Nomaden.

Die feudale Metaphysik erreichte die von ihr beabsichtigten Wirkungen, indem sie Totalismus und Dualismus predigte, um die ungehinderte Formulierung *ewiger Wahrheiten* als Grundlage für das Gesetz zu ermöglichen. Standhaftigkeit und Gehorsam sind alles, es gibt keinen Raum mehr für Offenheit oder Infragestellung der herrschenden Ordnung jeglicher Art. Der Staat wird als Gründer, Stütze und Garant des heiligen Gesetzes und aller guten Werte dargestellt, die er zu vertreten behauptet, in gleicher Weise, wie die monotheistische Religion predigt, dass Gott der Gründer, Unterstützer und Garant des gesamten Daseins ist. Paulus hat deshalb recht, wenn er seine christliche Theologie auf der Prämisse aufbaut, dass *das Gesetz das Manifest des Todestriebs ist*, eine Bejahung des Todestriebs mit dem Ziel, die Intensität des Lebens einzuschränken und sich einzuteilen. Dies wird umso deutlicher, als das metaphysische Ideal des Feudalismus, *der gesetzestreue Bürger*, als Personifikation des Todestriebs selbst hingestellt wird.

Das Geniale am Gesetz ist, dass es auf einer klaren Darstellung des Göttlichen beruht. Es ist zwar eine Hommage an Gott - eine Huldigung an jemanden, der sowieso nie in irgendetwas eingreift, kostet nichts und ist daher auch der älteste metaphysische Trick im Buch -, aber was zählt, ist, wem das Gesetz huldigt, doch basiert es auf etwas physisch Abwesendem, so dass es mit der Hommage als Tarnung die tatsächliche Macht heimlich an den (selbsternannten) Vertreter des Gegenstands der Huldigung aushändigen kann. Der anwesende Monarch wird so zum Repräsentanten des auf Erden abwesenden Gottes (mit dem *Pharao* des alten Ägypten als markantestem Beispiel). Dem Monarchen zu gehorchen bedeutet daher in der Praxis, Gott zu gehorchen, was als starker Anreiz gesehen werden muss. Macht endet dabei mit dem Monarchen und seine Verbündeten, der *Landadel* und ihrem gemeinsamen Wahrheits-Produzenten, *der monotheistischen Religion.* Damit ist das Machtdreieck des Feudalparadigmas vollständig. Der Monarch, der Aristokrat und der Hohepriester können sich in aller Ruhe zu einem teuren und wohl zubereiteten Abendessen zusammensetzen und die Macht und den Ruhm in völligem Verständnis miteinander teilen.

Die äußeren und ewigen Werte des Gesetzes stehen den inneren und willkürlichen Werten des Chaos gegenüber. Und die Idee geht aus dem Grundsatz hervor, dass die Werte der Metaphysik äußerlich und ewig sein müssen, damit die Erzählung zusammenhält, dass die Menschheit die Möglichkeit haben muss, *mit dem Gesetz eins zu werden*, dass die Menschheit fähig sein sollte, äußerlich und ewig zu werden in Bezug auf die innere, mentale Begrenztheit und die physiologische Vergänglichkeit, die sie/er jeden Tag der Woche existentiell erlebt. Hier wird die Idee des *ewigen Lebens als Belohnung für den gesetzestreuen*

*Bürger* für seine erwiesene Treue und Zuverlässigkeit während des gesamten Lebens geboren, und aus dieser wesentlichen Voraussetzung entsteht eine monotheistische Metaphysik, die sich um die Idee der Ewigkeit dreht, in ihrer vollen Macht. Vordem hatte jeder Stamm seinen eigenen mythologischen Vorfahren gehabt, aber jetzt mit dem Monotheismus haben alle Stämme - seitdem sie damit begonnen haben, miteinander zu handeln und zu kommunizieren, wann immer dies rentabler sein kann als sich so gut es geht gegenseitig umzubringen - ein und denselben Vorfahren, nämlich *Gott.* Der Hinduismus in Indien behält seine lokalen untergeordneten Gottheiten, und der Katholizismus in Europa kultiviert seinen Heiligen-Mythos, aber jede feudale Metaphysik basiert auf einer soliden monotheistischen Grundlage, auf der *Gott die Personifizierung des Gesetzes ist.* Dieses erweist sich als metaphysische Notwendigkeit, damit die feudale Gesellschaft ihren Zusammenhalt aufrechterhalten und auf Dauer Bestand haben kann.

Der Kapitalismus ist das dritte Paradigma in der informationstechnologischen Geschichtsschreibung. Er entspringt den vielfältigen Auswirkungen des Buchdrucks und ist geprägt von Massenmedien, Urbanisicrung, Kapitalakkumulation, Massenbildung, Industrialisierung, Globalisierung und einem Klassenkampf zwischen Bourgeoisie und Arbeitern. Die Reformation stellt die endgültige *Vergöttlichung* des gedruckten Wortes dar. Mit dieser Vergöttlichung wird der blinde Glaube des Monotheismus an die Möglichkeiten *der Manifestation* durch den blinden Glauben des Individualismus an das Potential der *Verkündigung ersetzt.* Der Kapitalismus ist das goldene Zeitalter der gedruckten und massenhaft in Umlauf gebrachten Ideologien. Und da neue Proklamationen auf alten Proklamationen aufbauen können - wenn die gestrigen Ziele in der Fabrik erreicht wurden, werden sie durch die heutigen, neuen und höheren Ziele für morgen ersetzt -, so entsteht eine Metaphysik aus der Magie der Proklamationen rund um *den Fortschritt* als Idee. Ähnlich wie die Ewigkeit in der monotheistischen Metaphysik wird der Fortschritt in der individualistischen Metaphysik - unabhängig davon, ob es sich um die sich entwickelnde individuelle Person des

Liberalismus oder um die kollektive Fünfjahresplan-Gesellschaft des Sozialismus handelt - als *Manifestation des Unteilbaren* dargestellt, als etwas Äußeres und Ewiges bezogen auf all die offensichtliche Vergänglichkeit des Lebens.

Als die Aufklärung Gott als den Kohärenz schaffenden Faktor für die Metaphysik beseitigt - entweder wie die Deisten, indem sie ihn betäuben, oder wie die *Atheisten*, indem sie ihn töten -, wird der Fokus auf *das Individuum* verlagert, auf die Idee vom Menschen selbst als *dem existenziellen Atom* und als Grundstein des Daseins und des Gesellschaftsmodells. Die Metaphysik erlaubt es daher nicht mehr länger irgendwelchen Engeln, zu Propheten zu kommen und ihnen die von Gott bereits voll ausformulierte Wahrheit von Gott an den Menschen auszuhändigen. Der Mensch muss stattdessen seine eigene Metaphysik konstruieren, und der Mensch ist der Ansicht, dass dies am besten geschieht, indem er *die Wahrheit* direkt aus seiner eigenen Lebenswelt ableitet, indem er seine Weltanschauung auf empirischen Fakten aufbaut und sie mit logischen Argumenten rechtfertigt. Dieser Ehrgeiz erfordert jedoch ein an sich unbegründetes und unlogisches Vertrauen in die angeborene Fähigkeit des Menschen, mit seinem begrenzten Intellekt und unvollkommenen Zugang zu Informationen alles Leben aufzunehmen und zu verstehen. Dieser blinde Glaube ist *Rationalismus* - der irrationale Kern der individualistischen Metaphysik, der dem Einzelnen göttliche Eigenschaften verleiht. Das Individuum wird zu einem Wesen, das plötzlich alles in seinem eigenen Wunschdenken erfasst, begreift und im Griff hat.

Dieser blinde Glaube wird unwiderstehlich, wenn der namengebende Motor des kapitalistischen Paradigmas, *das Kapital*, sich mit der Durchsetzung der Banknotenpresse im 17. Jahrhundert in Gang setzt. Mit der Auftreten des Kapitals wird zum ersten Mal in der Geschichte *das Symbol* noch wichtiger als das, was es darzustellen behauptet. Und dieser *Repräsentationalismus,* diese Anbetung des Symbols bringt soziale Homogenität als Norm mit sich. Es ist eine Tatsache, dass das Streben nach Homogenität das gesamte kapitalistische Paradigma beherrscht. Ein Beispiel dafür ist, dass, sobald sich der Kapitalismus durchgesetzt hat, es nahezu unmöglich wird, die *Neuro-*

*diversität* - die reiche Flora verschiedener Persönlichkeitstypen, die sich unter Millionen von Jahren nomadischen Stammeslebens entwickelt und die *de facto* die Menschheit biologisch auszeichnet - als Ideal zu erhalten. Ab dem späten 18. Jahrhundert wird die Neurodiversität mit allen verfügbaren Mitteln verächtlich gemacht und stattdessen ein stetiger Strom von *pathologischen Diagnosen* erstellt, die ausschließlich auf plötzlich als dysfunktional wahrgenommenen Beziehungen zum sich ständig verändernden Produktionsideal des Kapitalismus beruhen.

Alles, was von den beiden Idealbildern vom Menschen abweicht - verschiedene Spielarten des Kapitalisten selbst als Herrn und verschiedene Spielarten des Fabrikarbeiters als Sklave -, wird nun als Ausdruck psychischer Krankheit gebrandmarkt, die behandelt oder im schlimmsten Fall gänzlich aus dem sozialen Körper entfernt werden muss (mit der Massensäuberungen des Nationalsozialismus und des Stalinismus während des 20. Jahrhunderts als einer ganz logischen Konsequenz dieser Denkweise). Das liegt daran, dass die kapitalistische Industrie nicht nur die Nachfrage nach einem stetig steigenden Bildungsniveau an die Öffentlichkeit notwendig nach sich zieht, sondern auch die medizinische Behandlung eines stetigen Stroms neu entstandener Psychopathologien als eine normativ notwendige Praxis. In ihrer Studie *Dialektik der Aufklärung* zeigen Max Horkheimer und Theodor Adorno, wie diese stetig wachsende Produktion von Pathologie letztendlich zur Schädelmessung und zu den Rassentheorien der Nazis und Faschisten im 20. Jahrhundert ausartete. Faschismus und Nationalsozialismus sind nach Horkheimer und Adorno schlicht und einfach Rationalismus in seiner letzten Konsequenz. Auf die Grundlage blinden Glaubens kann man überhaupt jede Logik darüber legen; früher oder später wird das Ergebnis immer sozial (selbst-)zerstörerischer Wahn sein.

Gemäß Kant und seinen Anhängern ist der *Rationalismus* ein notwendiger Dreh- und Angelpunkt in der individualistischen Mythologie. Individualismus erfordert blindes Vertrauen, dass das eigene Denken des Menschen - genügend Zeit und die Notwendigkeit vorausgesetzt - ihm alle Rätsel und Probleme der Welt zu verstehen und lösen erlaubt. Während der Rationalismus akzeptiert, dass das Individuum heute nicht allmächtig ist, da das Individuum offensichtlich ein sterbliches Wesen ist, wird doch des Individuums *Allmacht* - da es tatsächlich ein latenter Gott ist - früher oder später die Lösung des Problems bringen, wie es der Rationalismus sieht. Ab dem frühen 19. Jahrhundert ist die individualistische Metaphysik ebenso bequem wie praktisch selbst erfüllend geworden: Individualismus wird von den Universitäten proklamiert, und an denselben Universitäten sind Professoren und Forscher auch als *Individuen* organisiert, eingehegt in zunehmend spezialisierten Fachbereichs-*Atomen*, wo sie ihre Tage damit zubringen, einander in ihren geschlossenen Zirkeln zu zitieren unter dem Vorwand, sich einer Art objektiv wahren Wissensproduktion zu widmen. Und solange man in der Mythologie der individualistischen Metaphysik bleibt - und warum sollten Sie nicht, wenn Sie Teil der Elite sind, die den vollen Nutzen daraus zieht -, ist es schwer, den individualisierten Menschen in Bezug auf die atomisierte Welt irgendwie anders zu sehen. Die Signale von außen, die die allgemein verbreitete Mythologie stören, werden natürlich vom System selbst sofort entfernt.

Erst als das *Internet* in den späten 1980er- und frühen 1990er-Jahren mit voller Kraft auf den Plan tritt, ist die Gesellschaft mit einem Umfeld ausgestattet, in dem *Holismus* und *Generalismus* zum Tragen kommen auf Kosten des *Atomismus* und der *Spezialisierung* in der akademischen Welt. Erst mit dem Aufkommen des Internets beginnt auch die Kritik am individualistischen Axiom zuzunehmen. Das neue Paradigma mit seinen neuen Machtstrukturen erfordert eine neue Mythologie: eine neue Erzählung *der sich entwickelnden Informations-, Kommunikations- und Netzwerkgesellschaft im Internetzeitalter.* Das informationalistische Paradigma ist gekennzeichnet durch *Interaktivität* als dominierender Form der Kommunikation, *der Cyberwelt* als der geographischen Arena, *Aufmerksamkeit* statt Kapital als treibender Kraft in sozialer Hinsicht, sowie Produktion, Konsum und vor allem sozialer Reproduktion von *Medien* als Hauptbeschäftigung (darüber haben wir ausführlich in *The Netocrats geschrieben*). Der Informationalismus wird vom *Ereignis* als seinem metaphysischen Horizont bestimmt, und ist beherrscht vom Konflikt zwischen den neuen Klassen, der kleinen, aber völlig dominierenden *Netokratie* und dem beträchtlich größeren, aber in jeder Hinsicht untergeordneten *Konsumtariat*.

Wenn wir irgendetwas aus der Geschichte gelernt haben, gibt es jedenfalls keinen Grund zu der Annahme, dass die akademische Welt als Produzent von Wahrheit in der sich entwickelnden Netzwerkgesellschaft in größerem Umfang relevant sein wird als die Geistlichkeit der monotheistischen Religionen als Produzenten von Wahrheit für die Industriegesellschaft. Mit anderen Worten, Universitäten gehören in jeder Hinsicht der Vergangenheit an, außer wenn es um die reines Networking geht: Bestenfalls lernt man, Projekte zu leiten und während des Studiums mit besonders wertvollen Menschen in Kontakt zu kommen. Andererseits wird die Wahrheitserzeugung automatisiert und selbst zu einem Netzwerkeffekt. Unter dem Informationalismus reicht es völlig aus, kollektiv generierte und frei verfügbare Wissensquellen im Internet (wie Wikipedia) zu nutzen, ohne akademische Experten heranziehen zu müssen, wenn man eine sozialverträgliche Wahrheit formulieren möchte. Heutzutage ist das Internet der Schiedsrichter (im Guten wie im Schlechten). Die Macht der Universitäten über die Wahrheitsfindung erreichte bereits Mitte des 20. Jahrhunderts ihren Höhepunkt, ebenso wie die Macht der Kirche über die Wahrheitsfindung bereits im 15. Jahrhundert ihren Höhepunkt erreichte. Mit dem Aufkommen des Informationalismus übernehmen neuere und kreativere Institutionen das Kommando. Durch die zunehmend ausgeprägte Unabhängigkeit von der physischen Geographie kann das syntheistische Kloster sowohl in der physischen als auch in der virtuellen Welt als zentraler Handelnder für die Wahrheitsfindung in der Internetgesellschaft fungieren.

Nach der informationstechnologischen Geschichtsschreibung wurde das kapitalistische und industrialistische Paradigma durch das Auftreten des Buchdrucks Mitte des 15. Jahrhunderts ermöglicht. Die Veröffentlichung von Büchern und Zeitungen in Europa nimmt allmählich zu, und mit zunehmender Geschwindigkeit haben immer mehr Leser immer mehr Autoren zur Folge, und umgekehrt. Und ab dem 17. Jahrhundert laufen auch die Notenpressen. Das neue Paradigma findet dann im Laufe des 18. Jahrhundert breite Akzeptanz, was sich zum Beispiel in der Französischen Revolution zeigt, die durch den Sturm auf die Bastille im Jahr 1789 eingeleitet wurde. Die Straßen von Paris füllten sich mit der aufkeimenden bürgerlichen Klasse, die vereint war in ihrer neu erworbenen Kompetenz, ihren Büchern, Zeitungen und Notenpressen, und in ihrem Hass auf die aristokratische Überlegenheit des alten Feudalparadigmas. Eine völlig neue Machtstruktur - bestehend aus Politik, Bourgeoisie und Universitäten - entstand und übernahm die Herrschaft, während die alte Machttroika - bestehend aus Monarchie, Aristokratie und Kirche - insofern unvorbereitet getroffen wurde, als es ihr nie gelungen, sich wieder zu erholen. Die sozialen Verhältnisse, die die alte Troika an die Macht gebracht hatten, galten schlichtweg nicht mehr, und damit wurden Monarchie, Adel und Kirche zu Museumsstücken reduziert: zu Kuriositäten aus einer nostalgisch glühenden Vergangenheit, die jeglicher Macht und jeglichen Einflusses beraubt und verbannt wurden in eine wachsende kapitalistische Tourismusindustrie, die sie mit beachtlichem Erfolg ausbeutet.

Das kapitalistische und industrialistische Paradigma wurde auf eine völlig neue Ebene gehoben, als *Napoleons Armee* im frühen 19. Jahrhundert durch Europa zog. Niemand verkörpert den *Weltgeist* - den Hegel in seinem Magnum Opus *Phänomenologie des Geistes* (1807) sucht - mit der gleichen Kraft und Klarheit wie der skrupellose Napoleon, der im Jahr zuvor Hegels eigene Heimatstadt Jena in Ostdeutschland geplündert und verwüstet hatte. Die Armee Napoleons wird zum Sinnbild der im wahrsten Sinne des Wortes mörderisch funktionalen und ausgeklügelten Organisationen, die mit Hilfe der des Lesens und Schreibens kundigen Massen aufgebaut wurden - unterteilt in produktive Hierarchien, in denen sowohl Verantwortung als auch Autorität äußerst klar definiert waren - mit der Fähigkeit, schriftliche Anweisungen in industriellem Maßstab entgegenzunehmen und weiterzuleiten, über Entfernungen, die bis dahin die Vorstellungskraft gesprengt hatten. Soldaten und Fabrikarbeiter mit Schulbildung sind bei der Ausführung ihrer Befehle ganz einfach viel effektiver als

Analphabeten. Nicht nur, weil sie Informationen und Wissen auf völlig neue Weise aufnehmen und weitergeben können, sondern auch, weil sie ihre eigenen Situationen klar ausdrücken und sie anderen innerhalb des jeweiligen Systems viel besser beibringen können. Das bringt die Anhäufung von Informationen und Wissen auf dramatische Weise zum Überschießen.

Indem Napoleon eine so funktionale Hierarchie von gebildeten Soldaten wie nur möglich aufbaute - sogar das Kanonenfutter an der Front erhielt vor dem Kriegführen in Napoleons Armee erst eine Schulbildung -, eine Hierarchie mit sich selbst in der Funktion als Gottes allsehendes Auge an der Spitze, schuf er eine faszinierende Tötungsmaschine, wie sie noch nie zuvor gesehen worden war. Anschließend wurden im 19. Jahrhundert alle Institutionen des Industrialismus mit Napoleons Armee als leuchtendem Vorbild errichtet: der Nationalstaat und all seine Bürokraten, die Firma und ihre Fabriken, die Polizei, das Gefängnis, die Schule, das Krankenhaus, die überseeische Kolonie: organisationstechnisch sind sie alle direkte Kopien von Napoleons gefürchteter und bewunderter Armee. Laut Isaac Newton, dem Vater der klassischen Physik, ist *die Geschichte* eine Art perfekte Maschine, die in einer vollkommen deterministischen Art und Weise ohne jegliche Abweichung von vorherbestehenden Gesetzen und Regeln vor sich hin läuft. Newtons Idee vom Universum als einer (von Gott) aufgezogenen Uhr, die auf ewig weiter tickt, inspirierte sowohl Napoleons *organisatorische Architektur* als auch Hegels *Historizismus.*

Es dauert nicht lange, bis die Geschichte der Menschheit neugeschrieben ist. Wenn der Zweck des Menschseins darin besteht, *eines Tages eine Fabrik voller gehorsamer Arbeitersoldaten zu errichten*, dann muss die Geschichte die Erzählung von einer langen Reihe immer raffinierterer Domestikationen verschiedener physikalischer (und anfangs widerspenstiger) Materialien sein. Infolgedessen werden die Konzepte der Steinzeit, der Bronzezeit und der Eisenzeit - und zwar im Lauf der Zeit sehr erfolgreich - erfunden, sobald sich die Industrialisierung im 19. Jahrhundert durchgesetzt hat. Diese Konzepte werden von Historikern produziert, die von den Industriellen finanziert werden, das heißt genau von den Herren, die die führenden Positionen in den Nationalstaaten und großen Konzernen der neuen Zeit geschaffen und übernommen haben. So kann die alte feudalistische Geschichtsschreibung von Adams und Evas Schwierigkeiten mit der geschwätzigen Schlange im Paradies und danach auf den mythologischen Müllhaufen geworfen werden. Die abrahamitischen Religionen werden von hochgeschätztem Wissen zu unterhaltsamen Märchen für die weniger Klugen und für kleine Kinder.

René Descartes ebnete den Weg zum Individualismus, indem er den berühmtesten Tweet des 17. Jahrhunderts schrieb: *Ich denke, also bin ich.* Aber was die Metaphysik des Individualismus zur Reife bringt ist Immanuel Kants Transzendentalismus ein Jahrhundert später. Durch die Isolierung *des Subjekts* vom *Objekt ermöglicht* Kant dem Subjekt, das Objekt zu vergöttlichen, und gleichzeitig dessen materielle und sexualisierte Verführung, dessen Eroberung und Kolonisierung in Angriff zu nehmen. Die Geschichte wiederholt sich: Gott schuf die Welt, um sie göttlich machen und dann verführen, erobern und kolonisieren zu können. Jetzt ist es die wachsende bürgerliche Mittelschicht der patriarchalischen Aufklärungsphilosophen, Wissenschaftler, Industriellen, Kapitalisten und Kolonisten des 18. Jahrhunderts, die den günstigen Augenblick sieht und ergreift, wo *die neue individualistische und atomistische Metaphysik* ihre Ambitionen unterstützt. Bürgerliche Ambitionen verwandeln sich sehr eindeutig in *das individualistische Idealbild.*

Durch das Festhalten an einer *korrelationistischen Erzählung* über die absolute Isolation und Abgrenzung zwischen Subjekt und Objekt, sowie beider von der umgebenden Welt, gelingt es der Bourgeoisie, eine attraktive Identifikation mit dem Subjekt aufzubauen, und verbundenen damit eine Phantasie über die Eroberung des Objekts als Vollendung der Geschichte. Beachten Sie, dass das Subjekt ein Individuum ist und dass das Objekt ein Atom ist: es handelt sich um isolierte, abgegrenzte, unteilbare Einheiten. So entsteht der Individualismus und damit auch das *kapitalistische Patriarchat.* Die individualistische und atomistische Ideologie fällt bei der neuen Elite, die sie übernimmt, auf fruchtbaren Boden, und sie wird schnell zum

Dogma und bleibt es bis zur Heraufkunft des Internetzeitalters im späten 20. Jahrhundert. Das liegt daran, dass *der Individualismus und sein Kompagnon Atomismus* maßgeschneidert sind für die Aufgabe, die sich entwickelnden Interessen und hegemonialen Bestrebungen der Bourgeoisie zu fördern.

Kant ist unbestreitbar der Prophet des Individualismus *schlechthin.* Sein Individuum ist ein tragischer Solipsist, der - gerade wegen seines Solipsismus - frei ist, als skrupelloser Egoist aufzutreten. Kants radikaler Subjektivismus - mit seiner Betonung auf Willensfreiheit, Dominanz, abstrakten inneren Erfahrungen und strenger Soldatenethik - baut auf *der transzendentalen Trennung des Subjekts vom Objekt* auf, was bedeutet, dass das Objekt ungestört vergöttlicht werden kann, um sodann erobert, kolonisiert und geplündert zu werden. Individualismus ist eine Großideologie. Das Individuum hat nach Descartes' Grundlehrsatz *Ich denke, also bin ich* den Platz Gottes übernommen als das Einzige im Leben, was gewiss ist was Kant später zur Vollendung weiterentwickelt. *Humanismus* und *Repräsentationalismus* entwickeln sich rasch aus Individualismus und Atomismus und setzen sie als metaphysische Axiome auch voraus. Durch den Vorrang, der der Darstellung über das Dargestellte gegeben wird, passt der *Repräsentationalismus* von Grund auf zum wuchernden Kapitalismus. Mit seinem aktiv beobachtenden Subjekt und seinem passiv beobachteten Objekt - dieses Objekt existiert lediglich, weil das Subjekt etwas zu tun braucht - ist der Repräsentationalismus ein erhabener Ausdruck der *kapitalistischen Ideologie.* Die Gesellschaft basiert auf starken, aktiven und expandierenden Subjekten. Um sie herum tummeln sich schwache, passive, voneinander abgegrenzte Objekte, die nach dem Blick und der Aufmerksamkeit des Subjekts verlangen. Diese Objekte müssen gejagt, erobert, gezähmt, nutzbar gemacht und schließlich weggeworfen werden, bevor der gesamte Prozess sich mit immer neuen Objekten als Ziele wiederholt.

Der Repräsentationalismus ist nicht nur das perfekte Narrativ für Kolonialismus, Sklaverei und die zügellose und skrupellose Ausbeutung natürlicher Ressourcen, er bildet auch die notwendige Grundlage für die Erzählung von *der patriarchalen Sexualität* mit dem Mann als aktivem Subjekt und der Frau als passivem Objekt. Dass Frauen in dieser Erzählung den ausgebeuteten Minen und kolonisierten Kontinenten gleichgestellt werden, sollte daher nicht überraschen. Es ist auch nicht sehr verwunderlich, dass der Repräsentationalismus die menschliche Sexualität auf einen machtgierigen und bestätigungsdurstigen Mann beschränkt, der nach einem passiven weiblichen Körper jagt, welcher sich wiederum nach dem Blick des Mannes sehnt und nichts anderes verlangt, als sich ihm zu unterwerfen und ihm zu gefallen. Die rassistische Perspektive Europas gegenüber den Ureinwohnern Asiens, Afrikas, Amerikas und Australiens funktioniert nach genau demselben Muster. Infolgedessen ist der öffentliche Diskurs des 19. Jahrhunderts von einer Reihe bizarrer Axiome durchdrungen, wie wenn behauptet wird, dass Afrikaner nicht lesen und schreiben lernen können oder dass Frauen keinen Sexualtrieb haben. Diese Wahnvorstellungen und Propagandalügen sind alle Konsequenzen derselben verdrehten, ideologischen Grundannahme, eines Repräsentationalimus, der schließlich in Gestalt des Faschismus des 20. Jahrhunderts mit der Verehrung des einen Anführers als perfektem Individuum (Benito Mussolini als *Il Duce*, Adolf Hitler als *Der Führer* usw.) zu einer aggressiven Hyper-Sachlage wird.

Es gibt jedoch einen Gegenstand, von dem der patriarchalische Blick niemals genug bekommen kann, ein Objekt, das sich den vergeblichen Eroberungs-, Kolonialisierungs- und Plünderungs-Versuchen des Betrachters immer wieder entzieht und das schließlich dem gesamten betreffenden Paradigma seinen Namen gibt: *das Kapital.* Da das Kapital der patriarchalischen Begierde stets entwischt, kann kein Mensch jemals reich genug sein. Irgendwo gibt es immer mehr Geld zu verdienen, größere Gewinne zu erzielen, höheres Wachstum zu generieren für jeden, der es anpackt und sich weigert, untätig zu bleiben - der Individualismus wird durch einen enorm starken metaphysischen Motor angetrieben: *den Fortschritt.*

Durch die wesentliche, aber subtile Verlagerung vom Descartes'schen Fokus auf das Subjekt zur Newtonschen Fixierung auf das Objekt, auch in Kants Transzendentalismus, wird der Individualismus zum Kapitalismus erweitert. Und mit dem weltweiten Siegeszug des Kapitalismus einher ging auch der ausgesprochene Aberglauben von *der unsichtbaren Hand* als ewigem Garanten für nie endendes Wachstum. Wie naiv diese Vorstellung wirklich ist, dämmert inzwischen nachdenkenden Menschen überall auf der Welt, jetzt wo die von Krisen heimgesuchten Nationalstaaten nacheinander auf den Abgrund zutreiben, während ohnmächtige Politiker und Bürokraten in nutzlosen Versammlungen von einem mächtig gesteigerten Wachstum träumen, das aber niemals eintritt. Der westliche Wohlfahrtsstaat, der auf genau diesem institutionalisierten Wunschdenken von einem starken und kontinuierlichen Wachstum basiert, ähnelt immer mehr einem zynischen Schneeballsystem. Zukünftige Generationen werden mit gigantischen Schulden und stark erodierten Zinsen begrüßt. Ganz zu schweigen von den eskalierenden Umweltproblemen, die sich aus der unbarmherzigen Ausbeutung des Planeten durch den Kapitalismus ergeben.

Das Genie des Kapitalismus liegt vor allem in der ständigen Verschiebung der Belohnung, nicht nur für das sadistische Patriarchat der Bourgeoisie, sondern auch für die masochistische Unterwerfung der Arbeiterklasse. Fortschritt verspricht Belohnung für die heutige Arbeit nur für zukünftige Generationen. *Ihren Kindern wird es besser gehen als Ihnen.* Es liegt aber auch in der Natur des Kapitalismus, ständig von der Zukunft zu borgen, um anschließend den realen Wert hinter dem Kapital zu zerstören, zusammen mit den immer unvermeidlich immer wiederkehrenden dramatischen Krisen - Krisen, von denen die Anhänger des Kapitalismus immer umstandslos versprechen, dass sie sie heilen können, sobald der Konjunkturzyklus wieder abhebt, wovon man sich einredet, dass es nicht anders sein kann. Das System gibt eine Hoffnung, die es nicht erfüllen kann, und wenn sie sich wider Erwarten erfüllt, muss die Belohnung als bloßes Glück verpackt werden. Diese wunschgetriebene Phantasie hält die große kapitalistische Mittelschicht auf Kurs. Das perfekte Beispiel dafür ist natürlich *der amerikanische Traum*: die Phantasie, durch Gehorsam und Fleiß mit dem sorglosen Mittelstandsleben belohnt zu werden, das Sie im Fernsehen sehen können und das von den sozial Mobilen überall dort gepflegt wird und gedeiht, wo der Kapitalismus eingedrungen ist.

Die Universität ist der Wahrheitsproduzent des Individualismus, und die wichtigste Aufgabe dieser Institution besteht darin, den Genuss unter den Bürgern zu moderieren. Sie scheitert jedoch permanent an dieser Aufgabe, da der Genuss nur durch *Übertretungen* maximiert wird, und da die Übertretung eine Vielzahl von Verboten gegen das Überschreiten der Grenzen für die Tabus voraussetzt, welche die Kirche viel kompetenter produziert als die Universität. Dadurch wird die Universität auf die dürftige Rolle reduziert, die Freuden des Einzelnen zu identifizieren und anschließend zu maximieren. Das komplizierte Verhältnis des Individualismus zum Genuss ist daher durch einen fundamentalen *Neid auf die Religion gekennzeichnet.* Der Individualismus wurde von den Universitäten im 20. Jahrhundert zum *kulturellen Relativismus* entwickelt, der ideologischen Müllkippe und dem logischen Endpunkt des Kantianismus, wo nur noch nicht mehr begründbare solipsistische Credos übrig bleiben, deren Qualität aufgrund einer wachsenden politischen Überempfindlichkeit nicht mal mehr verglichen werden darf. Dies qualifiziert den kulturellen Relativismus als den ideologischen Erzfeind des Syntheismus beim Paradigmenwechsel vom Kapitalismus zum Informationalismus.

Mit dem Aufkommen des Informationalismus entsteht die Freiheit, die schnell wachsenden und sich ausdehnenden sozialen Netzwerke in Übereinstimmung mit den lange vernachlässigten Wünschen unserer Gene zu organisieren. Die optimale Größe eines Nomadenstammes oder einer neu erbauten dauerhaften Ansiedlung von rund 150 erwachsenen Mitgliedern als genetisch determinierte ideale Größe taucht ständig auch als Idealgröße bei diesen virtuellen Netzwerken auf. Weil dieses Ideal seit dem Aufkommen der Netzwerkgesellschaft immer wieder ohne kostspielige Widerstände reproduziert werden kann, entsteht das, was der Musiker Brian Eno als *technologischen Primitivismus* bezeichnet, eine Art Hightech-Rückkehr zur primitivistischen Stammesgemeinschaft. Die virtuellen Subkulturen im Internet ersetzen die identitätstragenden Funktionen der Kirche und der Nation aus den vorherigen Paradigmen (siehe *The Netocrats)*. Das Internet ist ein digitaler Dschungel voller von Dividuen angetriebenen Subkulturen.

Die Sicht des Informationalismus von der Menschheit kann beschrieben werden als ein Mobiltelefon, das von Fett und Muskeln umgeben ist. Der Paradigmenwechsel geht schnell: Bereits im Dezember 2012 überschritten die Zugriffe auf die *attentionalistische* linke Spalte bei der Google-Suche - die man sich nicht kaufen kann, sondern bei der man sich eine prominente Platzierung verdienen muss, indem *man ein Maximum an Aufmerksamkeit auf sich zieht*, sich also für die Internetnutzer interessant und attraktiv macht - zum ersten Mal 99%, während der Zugriff auf die *kapitalistische* rechte Spalte unter 1% sank. Dies bestätigt, dass traditionelles Marketing im Internet unmöglich ist. Es gibt ganz einfach kein funktionierendes *Online-Marketing*. Immer verzweifelteres Massenmedienmarketing steht einer immer intelligenteren Online-Kommunikation gegenüber, welche die neue, *partizipative Dynamik, die* sich im Web entwickelt, versteht und zu nutzen weiß.

Syntheismus kann als ein langer Showdown mit allen Ideologien beschrieben werden, die auf *dem historischen Fall* basieren. Religion und Metaphysik entwickelten sich unter dem Feudalismus von einer in sich geschlossenen und gemeinschaftsbildenden Weltanschauung zu einem ausgereiften Werkzeug für Macht und Kontrolle. Die monotheistischen Religionen fordern Unterwerfung; Das Wort ist plötzlich eher ein Befehl als ein Versprechen. Sünde ist im Grunde eine Revolte gegen Gott, eine Infragestellung der göttlichen Willkür, welche doch die Grundlage der abrahamitischen Religionen bildet. In der Praxis erreichen die asiatischen Religionen dasselbe, indem sie sündhaftes Verhalten als Triebfeder für eine *verzweifelte Reinkarnation* nehmen, anstatt sich auf *höllische Verdammnis* zu berufen. Der Syntheismus bedeutet hingegen keineswegs eine Rückkehr zum Heidentum, sondern eine dialektische Weiterentwicklung desselben. Die wirkliche Rückkehr zum Heidentum beim Paradigmenwechsel vom Kapitalismus zum Informationalismus ist stattdessen das verwirrende Durcheinander von naiven Ideen und quasi-religiösem Unsinn, das unter der Bezeichnung *New Age* als Phänomen läuft und das Syntheologen nicht ohne Grund als *theologischen kulturellen Relativismus* verwerfen.

Der Syntheismus dagegen nutzt die gemeinschaftsbildenden Eigenschaften des Heidentums und dessen pantheistische Suche nach einer im existenziellen Sinn transzendenten Erfahrung. Er schafft eine emotional engagierte Beziehung zum Universum. Der Syntheismus sollte am besten mit *der Kunst* verglichen werden, die im Spätkapitalismus - nachdem sie zuvor allem sonst im Leben nachgegangen war - teilweise auf eine Erforschung ihrer selbst, als eines Metaphänomens, reduziert wurde. Letztendlich geht es in der Kunst nur um *reine Reflexivität.* Ebenso ist der Syntheismus das Ende der historischen Reise der Religion, der Ort, wo die Religion, nachdem sie alles andere im Leben untersucht und das Heilige überall außer in sich selbst gesucht hat, endlich ihre Heimat findet. Auch der Syntheismus ist Ausdruck einer reinen Reflexivität. Syntheismus ist die Metareligion, die Religion der Philosophen, die Religion über und von *Religion als solcher.*

*Syntheos* ist die Personifikation der Welt, welche ihr ihren Wert verleiht. Durch diesen Wert erhalten die einzelnen Personen und die interaktiven Subkulturen ihre Werte. Ohne einen Wert für die Welt können auch die Individuen und die interaktiven Subkulturen keinerlei Werte haben. Der Syntheismus entlehnt seinen fundamentalen Wert der Tatsache, dass *es etwas und nicht vielmehr nichts gibt*, wie Martin Heidegger es ausdrückt, und dass dieses eher etwas als nichts die Grundlage des Lebens ist. Syntheismus basiert auf der Aufrechterhaltung und Maximierung der *Dynamik* der Existenz. Der Ort in Zeit und Raum, an dem die Dynamik maximiert wird, bezeichnet er als *das Ereignis*, und dieses Ereignis ist der metaphysische Motor des Syntheismus. Es findet im syntheistischen, indeterministischen Weltbild zu jeder Zeit und auf allen Ebenen statt. Jeder Moment und jeder Punkt im Raum beherbergt eine enorme Anzahl potenzieller Ereignisse. Indeterminismus bedeutet auch, dass keine Wirkung nur auf die Ursachen, die sie hervorbringen, reduziert werden kann; eine Wirkung könnte durchaus ein einmaliger situationsabhängiger

*Überschuss* in Bezug auf ihre Ursachen sein. Wir drücken dies als das Universum aus, das einen stetigen Strom von *Emergenzen erzeugt*.

Wenn man die Geschichte als Hegelsche Dialektik betrachtet, sieht man ein klares Muster: Monotheismus ist die These, Individualismus ist die Antithese, und Syntheismus ist die Synthese. Dass Syntheismus die Synthese in diesem dialektischen Prozess ist, folgt aus der Tatsache, dass Theismus und Atheismus nie zusammenkommen können. Sie sind grundsätzlich und per Definition inkompatibel. Syntheismus ist keinesfalls als Kompromiss zwischen Theismus und Atheismus zu verstehen - in der Hegelschen Dialektik ist eine Synthese wesentlich raffinierter als nur ein banales Zusammenwachsen von These und Antithese -, sondern er ist eher eine notwendige Fortführung der *kombinierten Dichotomie von Theismus und Atheismus*, der einzig mögliche Ausweg aus der lähmenden Sackgasse, die entsteht, wenn Theismus und Atheismus gegeneinander ausgespielt werden. Der Syntheismus bietet als logische Synthese dieses Gegensatzpaares (Theismus versus Atheismus) dem Atheisten die Möglichkeit, den *Atheismus* kompromisslos *weiter zu vertiefen*. Der Syntheismus ist also im historischen Sinne eine radikalisierte atheistische Ideologie. Es ist sogar die logische Vertiefung und Ausarbeitung des Atheismus.

Wie alle epochalen Ideen tritt der Syntheismus in die Geschichte ein in einem Moment, wo die Philosophie zwischen einem *Traditionalismus* (in diesem Fall den Theismus) und einem *Zynismus* (in diesem Fall den Atheismus) geraten ist. Nur durch die Vollendung des individualistischen Paradigmas kann der Mensch dessen schrecklichen Konsequenzen erfassen, dann und nur dann schwingt die Tür zur syntheistischen Möglichkeit auf. Nur der Syntheismus kann den Atheismus von seinem logischen Fluch befreien: seiner vom Theismus geerbten negativen Haltung dem immanenten Leben gegenüber. Nur wenn wir vom Atheismus zum Syntheismus übergehen, können wir den Weg für ein wirklich sinnliches und damit auch spirituelles Verständnis der Immanenz frei machen. Der Atheismus beraubt den Menschen seines Zugangs zum Heiligen und Göttlichen, indem er im ersten Schritt die Überzeugung des Theismus teilt, wonach das Heilige und das Göttliche gleichbedeutend mit dem Transzendenten sein müssen, und dann das Transzendente ermordet und so den Menschen auf jene kalte und gleichgültige Immanenz reduziert, die eins der Dogmen des Atheismus ist. Was der Syntheismus tut, ist, dass *er die Menschheit in genau die Immanenz mitnimmt, in der der Atheismus sie verlassen hat,* und ihn *das Immanente als wahrhaft heilig und göttlich erkennen lässt,* ohne irgendeine nostalgische Sehnsucht nach Transzendentalismus. Indem der Syntheismus die Prämissen des Atheismus vertieft, wird der *atheistische Zynismus* zur *syntheistischen Bejahung.*

Der französische Philosoph Quentin Meillassoux analysiert in seinem Buch *Après la finitude* das Dilemma des klassischen Atheismus. Meillassoux zufolge besteht das Problem des Atheismus darin, dass er die tragischen Hinterlassenschaften der abrahamitischen Religion bei deren Abtreten erbt, aber keine eigenständige Plattform aufbaut. Das heißt, der klassische Atheismus behält die abrahamitische Vorstellung von einer zerstörten und verlorenen Welt bei, ohne jedoch den Glauben und die Hoffnung des Abrahamismus an die Möglichkeit und Realität der *Utopie* zu bewahren. Er ist buchstäblich nur ein *A-Theismus*, eine Negation ohne jeden eigenen Inhalt. Der klassische Atheismus stützt seine Weltanschauung ganz einfach auf eine falsche Prämisse, nämlich die Vorstellung, dass das Dasein ohne Gott *reiner Zufall* sein muss, wo doch das Leben tatsächlich eine *Notwendigkeit ist,* wenn wir das physikalische Grundkonzept der *Kontingenz* zu Ende denken.

Meillassoux argumentiert, dass der einzige Ausweg aus der Sackgasse des klassischen Atheismus darin besteht, sich die Vorstellung des Syntheismus von einer philosophischen und immanenten Gottheit zu eigen zu machen und nicht die theologische und transzendente im traditionellen Sinne. Er vertritt die These, dass die ständige Kontingenz, die das Dasein kennzeichnet, als logische Öffnung hin zu einer möglichen zukünftigen Gottheit auf der Grundlage der Idee der *Gerechtigkeit* statt der Idee der *Amoralität* gesehen werden muss. Meillassoux' syntheistischer Gottheit - er nennt seine Philosophie statt einer Theologie eine *Divinologie* - fehlt die Bindung des abrahamitischen Gottes an das amoralische Chaos, das die Logik des Moralismus verlangt. Meillassoux behandelt die Leidenschaften der traditionellen Religion auf eine Weise, die sich radikal vom klassischen Atheismus unterscheidet: *Es ist die Utopie, und nicht der Sündenfall des Menschen der klassischen Religion, was zurückgewonnen werden muss.* Und die Utopie zurückzugewinnen und in *eine immanente Gottheit* zu verwandeln, das ist angesichts der revolutionären Fortschritte der zeitgenössischen Physik durchaus plausibel. Meillassoux' *Gott, verstanden als Synonym für die Utopie,* ist natürlich der *Syntheos* des Syntheismus.

Indem wir uns Gott als etwas Erschaffenes eher denn als etwas Erschaffendes Schöpferisches vorstellen, und damit als etwas, das sich erst in der Zukunft zeigt, statt als etwas, das der Existenz vorausgeht und sie hervorbringt - das heißt, als Syntheos, den erschaffenen Gott -, kann Gott zum ersten Mal in Bezug auf die Utopie als innerlich und nicht äußerlich gesehen werden, d.h. als *die personifizierte Utopie.* Dies steht im Gegensatz zu dem *erschaffenden Gottes* des traditionellen Theismus, wo alles in der Welt, was von ihm erschaffen ist, letztlich eine gleichgültige Willkür ist, die für ihn vollkommen ist, und die daher keinerlei persönlichen Bezug zur Utopie als Traum von einer anderen Welt hat, *es sei denn, der Sündenfall wird widersinnigerweise hintenherum ins Spiel gebracht.* Zum Beispiel muss das Christentum nicht nur *den Sohn* innerhalb der Dreifaltigkeit töten; es muss auch früher oder später *den Vater* töten, um seine Glaubwürdigkeit bezüglich der Utopie zu retten. Daher ist der Gott des Christentums mit der Möglichkeit der Utopie unvereinbar. Der Gott des Christentums muss vollständig sterben, damit die Utopie möglich ist.

Meillassoux konstruiert eine Alternative, die das gescheiterte atheistische Projekt aus sich heraus nicht hervorbringen kann: Die Existenz ist in Ewigkeit kontingent und damit voller möglicher Hoffnung. Der klassische Atheismus basiert nämlich auf der fehlerhaften Annahme, die Existenz wäre durch *Zufall* gesteuert, während sie in Wahrheit durch *Kontingenz* gesteuert ist. Es ist die Kontingenz, die durch die Fortschritte in der zeitgenössischen Physik - durch ihr Potential als *metaphysische Konstante der Physik* - Philosophie und Religion vereint in einer neuen heiligen Verbindung jenseits des engen Horizonts des festgefahrenen Atheismus. Indem wir den Atheismus vertiefen und zu seiner logischen Konsequenz hin weiterentwickeln, implementieren wir den dialektischen Übergang hinüber in den Syntheismus. *Syntheismus ist radikaler Atheismus.*

Die Ambition des Syntheismus kann kaum klarer formuliert werden. In dem Konflikt zwischen den traditionellen Rollen des *Philosophen* und des *Priesters* - wo Meillassoux natürlich die Seite des Philosophen vertritt - wird der *Atheist* auf kaum mehr als einen zutiefst irritierenden, passiven Beobachter reduziert. Während der Atheist dem Priester die *Religion* als dessen Monopol lässt, antwortet Meillassoux mit den Worten: *Gott ist ein viel zu ernstes Thema, um es den Priestern zu überlassen.* Transzendentalismus muss recht unsentimental abgelehnt werden, um Raum für eine Religion zu lassen, die liebt, anbetet und an die Immanenz und ihr enormes Potenzial glaubt. Nur die Philosophie kann diese notwendigen Maßnahmen durchführen. Für Meillassoux geht nämlich die Entmystifizierung der Existenz, das Streben nach *Dekonstruktion* - das große Projekt des klassischen Atheismus – ihrem Ende entgegen. Dekonstruktion scheint die Menschheit nur nur lähmen, macht sie unfähig, *die Utopie zu denken* und damit auch unfähig, *die Vision* zu formulieren und auf diese Weise *Hoffnung* für die Zukunft zu hegen. Meillassoux stellt dies vom Kopf auf die Füße, indem er argumentiert, dass die wahre Gotteslästerung und der wahre Götzendienst darin bestehen müssen, in der heutigen Welt auf einem transzendenten Gott zu beharren. Nach Meillassoux soll Gott in die Zukunft gestellt und vollkommen immanent sein. Wie alle Utopien ist Meillassoux' Gott eher virtuell als potentiell, weder möglich noch unmöglich, sondern kontingent und damit jenseits jeglicher Wahrscheinlichkeitsrechnung.

Hier verweist das syntheistische Denken auf Zarathustras philosophische Revolution im iranischen Hochland vor 3.700 Jahren. Meillassoux lässt sich von Gilles Deleuze inspirieren, während sich Deleuze von Henri Bergson inspirieren ließ. Bergson wiederum ließ sich von Baruch Spinoza inspirieren, und Spinoza wurde seinerseits von marokkanischen Sufis erzogen, die wiederum das Erbe von Zarathustras immanenter Philosophie weitergaben - der pantheistische Zweig des *Sufismus* sollte als zoroastrische Philosophie betrachtet werden, die sich unter der islamischen Flagge verborgen hält - die ursprüngliche *Divinologie,* falls es so etwas gibt. Zarathustras Konzept eines kommenden *Saoshyant* bezeichnet einen utopischen Charakter, der von der Menschheit oder vielmehr von der Zukunft selbst geschaffen wird und der sich deutlich unterscheidet von dem *Messias* des Judentums und des Christentums, als einem Retter, der von einem Gott gesandt wurde, dem es misslang, seine eigene Schöpfung auf zufriedenstellende Weise zu vollenden. Da der Syntheismus seinen Ausgangspunkt in Zarathustra hat, bedeutet dies, dass der Syntheismus in Bezug auf das ihm vorangegangene Christentum als *historisch und logisch zu Ende gebrachtes Christentum angesehen werden muss*, als eine Art monistisches und immanentes Christentum, das sowohl den Tod des Vaters als auch des Sohnes akzeptiert und das die göttliche Manifestation durch *den Heiligen Geist* als Ersatz dafür willkommen heißt. Gott entspringt der Begegnung zwischen den Gläubigen, und nirgendwo anders. Der Heilige Geist ohne den Vater und den Sohn wird dadurch einfach ein Name für den *Syntheos* des Syntheismus.

Der abrahamitische Gott ist notwendigerweise gespalten. Der slowenische Philosoph und Psychoanalytiker Slavoj Zizek begründet seine Kritik am Christentum mit dieser logischen Notwendigkeit: Wenn Gott wirklich alles über uns wüsste und sich in Bezug auf unser Denken und Handeln niemals in einem Zustand der Unwissenheit befände, würden sowohl wir als auch Gott direkt in die Psychose abtauchen. Die Spaltung in Gottes Sein ist notwendig für die Kohärenz der Weltanschauung. Ohne die Trennung zwischen Allwissendem und Unwissenden können weder Gott noch die Gläubigen die Erfahrung machen, Subjekte zu sein. Dieser gespaltene Gott ist jedoch nicht der Gott, der erscheint, wenn der spirituelle Syntheist von seiner religiösen Erfahrung Zeugnis gibt. Hier unterscheidet sich das Universum als Gott radikal von dem abrahamitischen Gott. Das Universum weiß wirklich alles über die Vergangenheit - und kann es jedem erzählen, der es hören will -, aber es weiß absolut nichts über seine unbekannte Zukunft; und auch sonst niemand.

Trotzdem bleibt das Universum unserer Lebensgeschichte und Welterzählung gegenüber völlig gleichgültig. Und genau durch diese

Gleichgültigkeit wird die Psychose in Schach gehalten. Das einzige, was noch schlimmer wäre als das Universum, wie es jetzt der Fall ist: allwissend und gleichgültig - wäre ein Universum, das allwissend wäre und tatsächlich *Ansichten und Intentionen* hätte. Stattdessen läuft es in der syntheistischen religiösen Erfahrung darauf hinaus, dass die notwendige Spaltung nicht in Gott stattfindet, wie es im Abrahamismus und im atheistischen Humanismus der Fall ist, sondern die notwendige Spaltung geschieht zwischen dem Universum und dem Mitmenschen, der sich daraufhin um seine jeweilige metaphysische Hauptrolle kümmert. *Während sich Pantheos im Universum manifestiert, manifestiert sich Syntheos im Mitmenschen.* Syntheismus ist also nicht nur etwas mehr als Atheismus, als ein vertiefter oder *radikaler Atheismus*, sondern auch etwas mehr als Pantheismus, als ein vertiefter oder *radikaler Pantheismus.*

In der Praxis kann das überwältigend riesige Universum nicht das Göttliche für uns bilden - das Universum ist für uns nur durch seine enorme Größe, Kraft und erstaunliche Unverständlichkeit göttlich; *das Universum zwingt uns zur Unterwerfung* - es ist vielmehr der tröstende, einfühlsame Mitmensch, der zoroastrische *Saoshyant*, der Gott ein Gesicht und ein Bewusstsein gibt. Der Pantheismus ist also nur eine unvollständige Form des Syntheismus. Diese unbestreitbare Tatsache bringt die Syntheologie voran von der unvollständigen Utopie *Pantheos* hin zu der zu Ende gedachten und gebrachten Utopie *Syntheos.* Sowohl Zarathustra als auch Meillassoux vertreten daher die Auffassung, dass die Ankunft des Syntheos eine Notwendigkeit für die Vollendung der Utopie und der Geschichte darstellt. Der Pantheismus allein ist keine ausreichende Grundlage für eine Religion für Menschen.

Gemäß dem Syntheismus und dem syntheistische*n Pantheismus gibt es kein Universum, dem man etwas beichten kann - man kann nicht einen Wesen etwas eingestehen, dass weder Sinne noch Interesse hat* -, vielmehr ist es der *Saoshyant*, der heilige Mitmensch, der sich dein befreiendes Geständnis anhört, und der sich in *die Gottheit, die noch nicht weiß,* verwandelt. Sogar Zarathustra verstand zu seiner Zeit diese zentrale Unterscheidung innerhalb *des Göttlichen*: Er unterscheidet daher zwischen Gott als Wesen oder *Ahura* und Gott als denkendem Mitmenschen oder *Mazda*. Zarathustra selbst unterscheidet in seinem Werk *Gathas* fast immer zwischen den Konzepten von Ahura und Mazda. Der Oberbegriff *Ahura Mazda* wird nur verwendet, wenn seine Theologie aus irgendeinem Grund einen verbindenden Kern braucht. Und es ist Mazda (der menschliche Geist) und nicht Ahura (der Kosmos), der in der zoroastrischen Theologie Vorrang hat. Das erklärt, warum Zarathustra seine bemerkenswert prophetische Religion *Mazdayasna nennt*, Liebe zur Weisheit - derselbe Begriff, den die Griechen 1200 Jahre später als *philosophia* übersetzen - und nicht *Ahurayasna*, Liebe zum Sein. Pantheos ist Ahura, aber Syntheos ist Mazda, und ein treuer Zoroastrier - und in dem Fall auch ein treuer Syntheist - ist eher ein *Mazdayasni* (ein Mensch, der in erster Linie dem Verstand treu ist) als ein *Ahurayasni* (ein Mensch, der primär dem Sein treu ist).

Zarathustra möchte seine Anhänger als Hedonisten und selbstbewusste *Mazdayasni* mit einer tiefen Ethik sehen, die sich auf ihren *Absichten* aufbaut, anstatt als angsterfüllte und unterwürfige *Ahurayasni*, deren Moral auf den *Konsequenzen* ihres Handelns aufbaut. Zarathustra kehrt damit dem Konsequentialismus des Primitivismus den Rücken und entwickelt dafür den ersten Intentionalismus in der Ideen-Geschichte; seine Religion ist die erste, die im Geist der Menschen passiert und nicht im endlosen Kosmos. Ironischerweise ist es der arabische Nachbar, der *Islam*, der später die gegenteilige Idee entwickelt und umsetzt - *Ahurayasna* als seine eigene, radikal moralistische Religion (der Begriff Islam selbst bedeutet auf Arabisch *Unterwerfung*).

Der Unterschied zwischen dem Intentionalismus des Zoroastrianismus und dem Konsequentialismus des Islam wird in der synkretistischen Begegnung zwischen ihnen in der Sufi-Hybridreligion deutlich. Anstelle eines Gottes, der noch nicht weiß, muss der Sufi-Meister *die Rolle desjenigen übernehmen, der noch nicht weiß*, und der dennoch nach der fetischistischen Unterwerfung des Schülers alles entscheidet. Der Islam wird daher am klarsten und genauesten als die Theorie des blinden Gehorsams gegenüber demjenigen beschrieben, der noch nicht weiß, und sei es nur wegen des beispielhaften Werts, den der Islam der Unterwerfung selbst beimisst. Dies macht den Islam zur perfekten Religion für die feudalistische Gesellschaft, und durch diese Fähigkeit ist er denn auch die bisher am schnellsten und am stärksten expandierende Metaphysik der Geschichte. Das soll nicht heißen, dass der Islam logisch kohärent ist. Memetischer Erfolg hat natürlich nichts mit Wahrheit oder logischer Kohärenz zu tun, zumindest nicht in einem anderen Sinne als dem rein darwinistischen. Wir verstehen jedoch, warum sich der Sufismus in seiner Eigenschaft als ständiger Waffenstillstand zwischen Intentionalismus und Konsequentialismus *zur ironischen Religion schlechthin entwickelt hat*; zu einer Lehre, die nur durch *fließend-paradoxe Poesie* zum Ausdruck gebracht werden kann, die sich aber - zum großen Ärger der islamistischen Fundamentalisten, sie hassen den Sufismus alle – nicht für irgendeine Art von dogmatischem Fundamentalismus eignet.

Der Fehler ist zu glauben, dass Allah gehorcht werden müsste. Vielmehr hat der Islam immer verstanden, dass es die Interpreten des Islam sind, denen gehorcht werden muss, was die Geschichte der erbitterten Kämpfe im Islam erklärt, welchem Deuter zu folgen ist, und darüber, wer die *islamische Gottesherrschaft* vertritt, da Allah nur durch diese anmaßenden Sprecher eine Stimme haben kann. Der zentrale Aspekt bei der Verlagerung von Mazdayasna im Zoroastrismus zu Ahurayasna im Islam besteht darin, dass die Unterwerfung vom Ausgangspunkt der religiösen Erfahrung zum Ziel und Sinn des gesamten Prozesses wird. Die Belohnung für die totale Unterwerfung, die selbstauferlegte Sklaverei, ist natürlich die offene und direkte Freude des Fetischisten an der Freiheit von existenzieller Einsamkeit. Der Islam ist *die Religion des libidinösen Genusses schlechthin.* Der Islam ist daher auch der kürzeste Weg zum numerischen Erfolg, als Religion ohne Mönche, Nonnen und Kloster, in der die Suche nach der Wahrheit ganz zugunsten des *negativen Wunsches nach Unterwerfung* verworfen wird.

Zu beachten ist hier, dass Zarathustras Gottheit unabhängig von menschlichen Wesen existiert und sie nicht braucht, um mit Selbstverherrlichung versorgt zu werden. Zarathustra sieht keinen Grund dafür, narzisstische Götter anzuhimmeln, wo doch die Existenz uns selbst das Göttliche in Form der Natur (Pantheos) bereits auf einem Silbertablett anbietet, um sodann das Göttliche sich im Mitmenschen als *Saoshyant* (Syntheos) manifestieren zu lassen. Als Konsequenz seines Bestrebens, die Gemeinschaft göttlich zu machen, vermeidet Zarathustra sogar den Aufbau zurückgezogener und klösterlicher Kulturen und anderer selbstgewählter und auserwählter Entfremdungen innerhalb des Zoroastrianismus. Die Gemeinschaft ist in ihrer Eigenschaft als Inkarnation Mazdas heilig; nach Zarathustra muss allen Menschen ein Platz innerhalb der Gemeinde eingeräumt werden. Zarathustra ist ganz einfach der erste Denker, für den die Gemeinschaft zwischen Menschen wichtiger und vor allem göttlicher ist als die glorreiche Macht des *großen Anderen*, der in einer fernen Vergangenheit oder über den Wolken wohnt. Oder um das Wort Religion wörtlich zu nehmen: Zarathustra erfindet nicht nur den Begriff der *Philosophie* (Mazdayasna) ein Jahrtausend vor seinen engsten Anhängern Anaximander und Heraklit in Griechenland; er erfindet auch die *Religion* im Wortsinn, also als das, was die innigen Bindungen zwischen den Menschen wiederherstellt.

Dies ist der Kern von Zarathustras Revolution in der Ideen-Geschichte: Das Aufkommen des Zoroastrianismus läutet die Sterbeglocke für die primitivistische Rolle der Religion als *Beschwichtigung narzisstischer und psychopathischer Götter*. Für Zarathustra ist Religion stattdessen eine kreative und existenzielle *Haltung* (Entheos) gegenüber Mitmenschen (Syntheos) und dem Kosmos (Pantheos), die aus einer existenziellen Entscheidung über die Wahrheit (Atheos) stammt, welche Zarathustra *Asha* nennt. *Asha*, dem Eckpfeiler von Zarathustras amoralischer Ethik, zu folgen, heißt ganz einfach die pragmatische Entscheidung zu treffen, in Harmonie und zusammen mit der umgebenden Welt zu leben, wie sie tatsächlich ist. Als Zarathustra den Schwerpunkt der Theologie von Ahura auf Mazda verlagert, hört die Welt auf, in erster Linie *bedrohlich* zu sein, und wird dafür in erster Linie *verpflichtend*. Ohne die psychopathischen Götter geht das pathologische Fundament des Moralismus zugrunde, und die Werte werden *ethisch*, d. h. gegründet in ihrem Zweck, bestimmte erwartete Wirkungen zu erzielen, und sonst nichts.

Zarathustras Revolution wird von der alten iranischen Architektur glasklar zum Ausdruck gebracht illustriert. Sowohl Opferaltäre als auch Grabstätten verschwinden, als Zarathustras theologischer Besen durch das zentralasiatische Hochland fegt. Weil es keine tyrannischen Götter mehr gibt, die besänftigt werden müssen, und weil die Leichname der Menschen nicht mehr für das ewige Leben nach dem Tod einbalsamiert oder auf andere Weise vorbereitet werden müssen, sondern auf natürliche Weise recycelt werden, zum Beispiel als Nahrung für Geier. Die Zoroastrianer bauen asketisch kahle, weiß gestrichene Tempel, in denen sich die Gemeinde um den *Atash Bahram* versammelt, die ewig brennende Flamme in der Mitte des Tempels, das Symbol für die unendliche Ausdehnung und ekstatische Intensität des Kosmos. Dass der Zoroastrianismus bereits vor 3.700 Jahren gleichsam moderne Ideen wie ökologische Nachhaltigkeit, radikale Gleichstellung der Geschlechter, kollektives Eigentum an Ressourcen, und Toleranz gegenüber abweichenden menschlichen Charakterzügen praktizierte, ist ziemlich konsequent, wenn man von Zarathustras Ideologie ausgeht.

Offensichtlich wird die zoroastrische Revolution ganz deutlich veranschaulicht durch Jesus' Reformierung des Judentums zu dem, was später das Christentum wurde, und wo *das Gesetz* als treibende Kraft in der jüdisch-christlichen Theologie durch *den Vorsatz* ersetzt wird, und die Werte sich vom Moralisieren zu einer ethischen Perspektive verschieden (ungeachtet dessen, dass Paulus später verzweifelt versucht, das Christentum zurück zum jüdischen Moralismus zu treiben.) Wie selbstverständlich importieren Paulus und der heilige Augustinus das Konzept des *Heiligen Geistes* aus dem Zoroastrianismus, um die Dreieinigkeit der christlichen Metaphysik zu vervollständigen. Das erklärt wiederum auch, warum der Heilige Geist der einzige Bestandteil der christlichen Dreifaltigkeit ist, der innerhalb der Syntheologie überlebt (worin *Syntheos der Heilige Geist ohne den Vater und den Sohn ist*).

Aus dem Zoroastrianismus hat Kant seine Idee, dass Existenz im Grunde genommen eine Korrelation zwischen Denken (Mazda) und Sein (Ahura) ist, auch wenn Kant Mazda und Ahura als ewige Konstanten betrachtet und nicht als die intra-aktiven Variablen, die Zarathustra in seiner Protosynthologie verwendet hatte. Wenn wir die netzwerkdynamische Terminologie der 2000er-Jahre verwenden, dann würden wir dies so ausdrücken, dass Kant durch seinen Korrelationalismus, den Nietzsche später mit seinem Relativismus zu Ende bringt, die Tür zur Interaktivität öffnet. Bei Zarathustra gibt es jedoch nicht nur eine sich ständig bewegende Aktivität zwischen verschiedenen Phänomenen, sondern *die Phänomene sind eher in ständiger Bewegung umeinander*. Deshalb sprechen wir von Zarathustras Bausteinen als intra-aktiven Variablen im Gegensatz zu Kants und Nietzsches inter-aktiven Konstanten. Intra-Aktivität ist die historische Radikalisierung der Inter-Aktivität, *und Relationalismus ist dementsprechend die historische Radikalisierung des Relativismus.*

Der Syntheismus ist die Hegelsche Synthese der festgefahrenen Dichotomie zwischen Theismus und Atheismus. Als wir den Theismus wegen des Atheismus verließen, da haben wir das Kind mit dem Bade ausgeschüttet. Wir sind eher zu einer Anti-Religion als zu einem Anti-Theismus geworden. Nachdem wir aber das atheistische Paradigma durchlebt haben und auf der anderen Seite wieder herausgekommen sind, sind wir jetzt bereit für das syntheistische Paradigma, das das fortdauernde und grundlegende Bedürfnis des Menschen nach einer funktionierenden Metaphysik aufnimmt. Der Syntheismus ist das einzige glaubwürdige metaphysische System für den intellektuellen Menschen des dritten Jahrtausends. Das bedeutet, die einzige Alternative zum Syntheismus besteht darin, sich mit einer unterbewussten und stillschweigenden Metaphysik abzufinden, und eine solche Metaphysik kann natürlich beliebig unbedacht und destruktiv sein, da sie per definitionem nicht bewusst und daher auch kaum sehr sinnvoll ist. Und wie intelligent erscheint diese Alternative bei näherer Betrachtung?

# 4. Lebendige Religion versus tödliche Entfremdung

Als Friedrich Nietzsche in der zweiten Hälfte des 19. Jahrhunderts, schon in *Also sprach Zarathustra* und zuvor, *den Tod Gottes* begründet und ankündigt, bedeutet das auch den Tod für die Idee der Verfügbarkeit objektiver Wahrheit. Dies liegt daran, dass die objektive Wahrheit als Idee gänzlich von einer metaphysischen Konstante abhängt, dem *primären Blick,* vor dem das wahre Objekt entsteht. Existiert dieser primäre Blick jedoch nicht, existiert auch der metaphysische Gott jenseits von Zeit und Raum nicht, so stürzt auch das gesamte Fundament für das Festmachen des Objekts ein. Die Phänomene beginnen in immer komplexeren Mustern von gegenseitigen Abhängigkeiten zu tanzen, und mit dem Beginn dieses Tanzes verschwindet die Möglichkeit einer objektiv erreichbaren, gültigen Wahrheit über die Phänomene. Es gibt keine Behörde mehr, die Echtheitszertifikate ausstellt. Es gibt niemanden mehr, der als der universelle Wahrnehmende des Objekts fungiert. Alle Wahrheiten werden abhängig von *der relativen Position dessen, der sie postuliert,* was in der Konsequenz bedeutet, dass alle Wahrheiten *subjektiv werden.*

Schon vor Nietzsche zeigt Kant, dass die Realität, wie sie ist und von niemandem *wahrgenommen* wird, dem Menschen per definitionem unzugänglich ist, der sich stattdessen mit dem Reproduzieren des Noumenons als Gegenstand einer Weltanschauung abfinden muss, die ausschließlich aus subjektiv erlebten *Phänomenen* besteht. Somit ist das Objekt subjektiv, vermittelt durch unsere unzuverlässigen Sinne und kein bisschen objektiv *an sich*. Nach Kant sind alle Formen des Objektivismus für jeden, der sich philosophisch mit der Sache auseinandersetzt, unmöglich - die „Objektivisten" des 20. Jahrhunderts wie Ayn Rand widmen sich ausschließlich einer Art autistischer Vulgärphilosophie, ohne die kantische Revolution zu verstehen -, und dieser Begriff wird durch verschiedene Formen des *Subjektivismus* und damit auch verschiedene Formen des *Relativismus ersetzt*. Darüber hinaus zeigt Nietzsche erfolgreich, dass Wahrheiten nicht nur subjektiv sein müssen, sondern sogar von dem Subjekt beeinflusst werden, das sie hervorbringt. Indem Nietzsche den Betrachter psychologisiert und aus dieser Figur einen beweglichen Körper anstelle einer festen Seele macht, vollendet er *die Kantsche Revolution*.

Relativismus ist bereits in der Sprache erkennbar. Jeder Begriff, jedes Element der Sprache ist in ständigem Wandel, ändert ständig seine Bedeutung: in der Zeit, im Raum, zwischen denen und auch innerhalb derer, die gesprochene Laute oder geschriebene Zeichen verwenden, um durch sie zu kommunizieren. Sprache als soziales Werkzeug kann daher niemals objektiv gültig sein und damit auch keine dauerhaft objektive Wahrheit widerspiegeln. Nach Ansicht des französischen Philosophen Alain Badiou gibt es jedoch eine Ausnahme von dieser allgemeinen Regel für die Sprache, und dies ist die *Mathematik*. Obwohl Mathematik im Wesentlichen tautologisch ist - was der Satz 2 + 2 = 4 natürlich eigentlich vermittelt, ist, dass 2 + 2 eine andere Art ist, 4 zu sagen, der Informationswert ist daher außerordentlich niedrig -, verführt sie uns doch, als die optimale Verewigung, die sie ist, mit impliziten Versprechungen von festen Werten, die sich in gefrorener Raum-Zeit befinden. Über die Naturwissenschaften scheint die Mathematik dem Menschen eine Möglichkeit zu bieten, einen wahreren und effektiveren Kontakt mit der objektiven Realität herzustellen. Sie verführt uns mit der Möglichkeit, zwischen subjektiven Aussagen *objektive qualitative Unterschiede* festzustellen.

Der deutsche Philosoph Jürgen Habermas propagiert *Intersubjektivität* als die höchste Wahrheit, die der Mensch anstreben kann, nachdem Kant die objektive Realität an einen Ort verlagert hat, an dem sie hoffnungslos unerreichbar ist. Habermas zufolge kann das Fehlen dieser Objektivität nur durch eine Vielzahl subjektiver Stimmen angegangen und bekämpft werden. Habermas stellt sich vor, dass Intersubjektivität zwischen Handelnden auf gleicher Augenhöhe im öffentlichen Raum ausgehandelt wird, was sowohl mühsam als auch zeitaufwändig ist, aber am Ende aufgrund vieler subjektiver Positionen, die sich gegenüberstehen und miteinander interagieren, ein zufriedenstellendes Ergebnis liefert. Ein Beispiel: Die Glaubwürdigkeit der Wissenschaft beruht auf der Überzeugung, dass intersubjektive Wahrheiten durch den als *Peer Review* bezeichneten Prozess herausgefunden werden können. Keine Position wird anerkannt, wenn sie nicht zuerst von einem Kollektiv aus offiziell ausgebildeten Experten anerkannt wird. Und umgekehrt: Wenn ein Text eine Fülle von Fußnoten enthält, gilt er als akademisch wahr oder zumindest als vertrauenswürdig.

Badiou argumentiert jedoch, dass die Mathematik Habermas' Prämissen verändert. Mit Hilfe der Mathematik können wir über die Intersubjektivität hinauskommen und eine Objektivität erreichen, die Kant nicht versteht. Das erweist sich durch breite Akzeptanz des Paradigmas der Quantenphysik in den Naturwissenschaften, und durch die daraus resultierenden dramatischen Auswirkungen auf die Philosophie, zum Beispiel die von Niels Bohrs Ideen auf die Prozessphilosophie von Alfred North Whitehead (und umgekehrt), und zwar trotz ihrer anfänglich hoch kontraintuitiven Behauptungen. Badiou argumentiert, dass dank des Fortschritts der Mathematik die *Ontologie* endlich den *Repräsentationalismus*, den *Korrelationalismus* und sogar den *Relativismus* hinter sich lassen kann, um danach den entscheidenden Sprung hinüber zum *Relationalismus* zu wagen. Das

Kantsche Paradigma wäre also hinfällig und Objektivität wieder möglich.

Das Problem ist jedoch, dass der phänomenale und unbestreitbare Nutzen der Mathematik in den verschiedensten Kontexten die Menschheit im Laufe der Geschichte die Menschen immer wieder geblendet und dazu verleitet hat, die fatalsten Fehler zu machen. Das unbewusst Anziehende an Platons dualistischer Philosophie - als sie im 4. Jahrhundert v. Chr. im antiken Griechenland allgemein akzeptiert wurde - liegt wahrscheinlich zu einem großen Teil in Platons religiösen Zielen, und natürlich sind es auch diese, die später den Platonismus zum perfekten Partner des Judentums machten, als sie zusammen die beiden Hauptbestandteile des aggressiv dualistischen Christentums bildeten. Paulus ist der griechische Jude, die Kreuzung zwischen Moses und Platon; das paulinische Christentum ist *der kosmologische Dualismus des alten Ägyptens,* der durch die Wiedervereinigung seines jüdischen mit seinem griechischen Ableger wiederauferstanden ist (vergleichbar mit *dem kosmologischen Monismus des alten Irans* bei Zarathustra, der bei den Griechen von Heraklit vertreten wird).

Es ist jedoch wichtig, Platons *philosophisches Temperament zu verstehen.* Er sucht ständig und neurotisch nach *Exaktheit:* nach der unumstößlichen Definition. Da das Leben chaotisch und grenzenlos ist, und da der Tod wirklich die einzige Sache ist, die präzise, unbestreitbar und endgültig ist, ist Platon in höchstem Maß ein *Todesverehrer.* Wenn sein Vorgänger und Rivale Heraklit *der iranische Grieche ist, der das Leben verehrt, dann ist* Platon *der ägyptische Grieche, der den Tod verehrt.* Heraklit akzeptiert und umarmt die zukunftsoffene Unendlichkeit des Daseins und des Lebens. Platon dagegen hasst sowohl Offenheit als auch Unendlichkeit, und in der Mathematik findet er die magische Waffe, die es ihm ermöglicht, die chaotische Welt, die unmöglich zu bestimmen und erschöpfend zu definieren ist, in eine einzige vorherbestimmte und begrenzte *Totalität* hineinzuzwingen.

Dies bedeutet, dass die physische Realität nach Plato nur eine Chimäre ist: eine Welt der Schatten, die von Imitationen zweitrangiger Qualität bevölkert wird. Die wirkliche Realität ist stattdessen die reine und erhabene *Welt der Ideen,* die nur den Philosophen zugänglich ist, die den Linien entlang denken, die Plato selbst vorzeichnet. Hier hat natürlich nicht das Chaos und die Unbeständigkeit der physischen Welt die Oberhand; vielmehr wird alles durch die vorherbestimmten und ewig gültigen Gesetze der Mathematik reguliert. Als vorhersehbare Folge davon tritt Platon auch für *den aufgeklärten Despotismus der Philosophie* als der die wünschenswertesten Regierungsform ein. Er hat kein Verständnis für die demokratische und damit *intersubjektive* experimentelle Arbeit der Athener. Ohne Einsicht und Verständnis von dem, was wahr ist, kann das herrschende Kollektiv den Staat nur in die Irre führen.

Der Platonismus ist der erste vollständig ausformulierte *Totalismus,* und er übt eine stark weltflüchtige Anziehung aus, indem er eine stabile, symmetrische und von Grund auf geregelte Alternative zu dem offensichtlich mangelhaften und unvollkommenen Leben herausstellt, das wir im Alltag leben. Die aufstrebende Aristokratie erhält auf diese Weise ein genial designtes Geschenk, das sie wiederum den betrogenen und geduckten Bauern und Sklaven in der feudalistischen Gesellschaft schenken kann - nämlich das *ewige Leben*, die paradiesische Welt, in der eine Belohnung für geduldig erduldete Armut und Mühe auf den wartet, der sich klaglos jeder Laune und Ordnung der Mächtigen unterwirft. Platon lässt sich von den mathematischen Versprechen symmetrischer Vollkommenheit und ewiger Gültigkeit verführen. Und wenn Mathematik perfekt und ewig ist, muss *im Bereich der Mathematik auch das Dasein vollkommen sein* und es für immer bleiben. Die Folge ist, dass, wenn das Dasein in der Sphäre der Mathematik schon vollkommen ist, es keinen Grund mehr hat zuzulassen, dass es geändert wird. Eine Veränderung von etwas, das durch *Perfektion* gekennzeichnet ist, kann natürlich nur in eine Richtung führen, nämlich zu einer Verschlechterung in Form von *Unvollkommenheit.* Da Zeit Veränderung braucht, um zu existieren - Dauer ist Veränderung, die auf Veränderung draufgepackt ist - muss dies bedeuten, dass *die Zeit eine Illusion ist.*

Das Problem dabei ist jedoch, dass Platons Weltanschauung auf einer völlig auf seinem Mist gewachsenen, unhaltbaren Prämisse beruht. Seine eigene autistische Neurose angesichts der formlosen

Vielfalt der Kräfte des Lebens zwingt ihn, sich schönen Träumereien von einer Scheinwelt hinzugeben, in der alles perfekt geordnet ist (was ja leicht zu bewerkstelligen ist, da sie nur vorgegaukelt ist). Es stellt sich jedoch heraus, dass es in der wachsenden feudalistischen Gesellschaft viele Verkünder gibt, die das gleiche Temperament haben wie Platon und eifrig seine hierarchische Ideologie verbreiten wollen. Seine Botschaft wird vom griechischen und später vom römischen Adel mit Freude und Wertschätzung aufgenommen. Indem dieser die falsche Prämisse des Platonismus akzeptiert und darüber hinaus die strenge Logik betont, die sich später aus dieser seiner imaginären Prämisse ergibt, verbreitet sich diese Doktrin mit verheerender Wirksamkeit. Der Platonismus zieht auch die großen Massen mit seinem Versprechen an, das perfekte Paradies zu erreichen, das man erreichen müsste, wenn man nur richtig denkt und handelt, und er ist so unglaublich praktisch aufgestellt, dass er per Definition unangreifbar ist durch irgendeine Form von empirischer Forschung.

Als Paulus später das *Christentum* auf den Markt bringt, wodurch er auch Platos parallele *Theorie der Ideen* über den Tod hinaus mit lanciert, da ist leider kein Heraklit da, um seinen Bluff mit diesen bizarren und geradezu endlos großzügigen Versprechungen beim Namen zu nennen, die ohne Risiko oder Kosten seitens dem Emittenten ausgegeben werden. Der Platonismus erringt somit einen überwältigenden Sieg. Und Alain Badiou macht leider den gleichen Fehler wie sein Vorgänger Platon. Die Aura des Perfektionismus der Mathematik verleitet ihn zu dem überzogenen Anspruch, die ewigen Gesetze der Physik entdecken zu können, bevor die Physiker selbst es tun. Leider ist seine Auffassung von der Beziehung der Mathematik zur Physik sowohl historisch als auch ontologisch unzutreffend. *Es ist die Physik, die primär und real ist, und sie folgt als solche keinen mathematischen Gesetzen.* Oder wie Murray Gell-Mann, Nobelpreisträger für Physik, es ausdrückt: „Ein Naturgesetz ist nichts anderes als eine im Voraus angenommene und zugängliche kondensierte Beschreibung der Regelmäßigkeiten, die ein beobachtetes Phänomen während des Beobachtungszeitraums aufweist." Daher können die mathematischen Gesetze, wenn sie auf die Physik angewendet werden, auch nichts anderes sein bestenfalls bloße Annäherungen; sie können niemals physikalisch, sondern nur mathematisch und damit im Grunde genommen tautologisch exakt sein.

Insgesamt ist Mathematik eine tautologische Methode, um ein und dieselbe Welt-Geschichte in Annäherung aus einer Vielzahl von Perspektiven zu erzählen. Das steht im Gegensatz zu einer angenäherten Geschichte, die voll von Konstanten ist, die aber aus irgendeinem Grund sich zu einem Ganzen fügen soll, wo doch eine angenäherte Geschichte aus einer unendlichen Reihe von Näherungen ohne irgendwelche Konstanten besteht, was ein verbohrter Versuch ist, eine Welt zu *verewigen,* die in Wahrheit völlig *mobilistisch ist* (was sie selbstverständlich ist). Mathematik ist jedoch nichts weiter und darüberhinaus. Denn in all ihrem Reichtum vermag die Mathematik nichts weiter, als selbstbezügliche und sichselbstgültigmachende Geschichten zu erzählen, die im besten Fall die physische Realität widerspiegeln, sie kann jedoch *de facto* niemals diese Realität sein, und noch weniger ein Muster für sie sein, für sie Gesetze aufstellen oder sie ersetzen. Physik und Mathematik müssen also ontologisch streng auseinandergehalten werden. Trotz der Tatsache, dass viele Mathematiker und sogar Philosophen in der Mathematik *eine Sprache Gottes* sehen wollen, ist dies leider nicht wahr. *Das Universum ist nämlich ein analoges, kein digitales Phänomen.*

Der menschliche Blick wird so libidinös von symmetrischen Mustern angezogen, dass er glaubt, diese in der Natur zu finden, gerade so wie der Mensch sie in der Mathematik tautologisch formuliert. Aber so reizvoll solche Symmetrien auch für die menschliche Libido sein mögen, sie sind leider in der Natur nicht vorzufinden, und vor allem sind sie niemals notwendig. Die Natur macht es sich nicht leicht, ganz einfach, *weil die Natur es sich nicht leicht zu machen braucht (oder kann),* anders als der Mensch, der seine Überlebensbedingungen maximieren muss (und manchmal sogar kann), auf einem Planeten, auf dem der ständige Mangel an Lebensmitteln, Energie, Wohnraum und anderen Ressourcen eine grundlegende Bedingung des Lebens ist. Das Universum als Ganzes existiert in einem Zustand unermesslicher Fülle. Nur in *einer von Knappheit geprägten Welt* entsteht die für die Menschheit typische, genetisch bedingte Suche nach Symmetrien, so als wären diese Symmetrien eine Art Zeichen metaphysischer Gesundheit.

Es bleibt Tatsache, dass die ständige Hinzufügung neuer Dimensionen und anderer komplexitätssteigernder Faktoren zur Mathematik lediglich das Risiko erhöht, dass ihre tautologische Grundlage noch weiter in Vergessenheit gerät, und dass der Mathematiker dadurch noch leichter in die Irre tappt, zu glauben, die Mathematik spiegele Realität noch besser wider. Wir nennen dies *die tautologische Falle des Mathematismus.* Die Geschichte des Platonismus ist im Prinzip eine große, warnende Geschichte dieser fundamental verkehrten Perspektive. Wenn überhaupt, dann braucht die Wissenschaft eine starke *Dematbematisierung,* und zwar in einem beispiellosen Ausmaß. Es ist eine Sache, einer Erzählung einigermaßen relevante externe Fakten hinzuzufügen, um ihre Glaubwürdigkeit zu steigern; aber je mehr interne, komplexitätssteigernde Faktoren hinzugefügt werden, desto höher ist psychologisch gesehen das Risiko, dass sich die Mathematik in der Tautologie des Mathematismus festfährt.

Wie so viele Platoniker vor ihm macht Badiou genau diesen Fehler. Er geht fälschlicherweise davon aus, dass der *Eternalismus*, den seine eigene Wahrnehmung erzeugt, realer ist als der *Mobilismus*, mit dem die eigene Wahrnehmung in der physischen Umgebung ständig aus allen Richtungen konfrontiert wird. Badiou denkt also geschlossen oder *anthropozentrisch statt* offen und *universozentrisch*, wenn er den ontologischen Status der Mathematik untersucht. Genau wie Platon vor 2300 Jahren kommt Badiou bei all seinem philosophischen Scharfsinn die eigene Neurose in die Quere. Es ist eine der wichtigsten Aufgaben des Syntheismus, die gesamte Idee von *ewigen, externen Gesetzen* mit angenommenem Ursprung in einer ewigen, externen Welt, zu der wir keinen Zugang haben, aus dem Weg zu räumen. Diese Idee ist mehr Aberglaube als Wissenschaft.

Wo also findet die relationalistische Metaphysik ihre historischen Verbündeten? Richtiger ist es zum Beispiel zu sagen, dass der Synthetismus auf eine neue *Renaissance* zielt, als auf eine neue *Aufklärung.*

Der britische Philosoph Iain McGilchrist baut mit seinem Band *The Master and his Emissary* ein wahrhaft syntheistisches Manifest um diese Grundidee. Nach McGilchrist ist die Ideengeschichte ein Kampf zwischen den beiden Gehirnhälften des Menschen um Macht und Ruhm. Wo die rechte Hemisphäre - die ganzheitlich orientiert ist und Ganzheitlichkeit in ihren Verewigungen sucht - herrschen oder zumindest dominieren darf, erzeugt sie mobilistische, emotional motivierte und kulturell explorative Epochen wie *die Renaissance* und *die Romantik*. Die linke Hemisphäre - die es vorzieht, die Welt zu verewigen, als bestünde sie aus einer Reihe isolierter Komponenten ohne Kontext - produziert stattdessen totalistische, logozentrierte und kulturell geschlossene Epochen wie *die Aufklärung* und *die Moderne*.

Auch wenn McGilchrist in mehreren Kapiteln versucht, die physiologische Gültigkeit dieser kontroversen Theorie zu beweisen, bleibt sie höchst zweifelhaft. Es gibt ganz einfach keinen medizinischen Beweis dafür, dass die Gehirnhälften so dramatisch verschieden sind, wie er behauptet. Die Interaktion zwischen ihnen ist eng und komplex. Aber als *Metaphern für unterschiedliche Temperamente im kollektiven Denken* sind McGilchrists Hemisphären nützlich. Ist die linke Hemisphäre nach dieser Auffassung ohne den ganzheitlichen Einfluss der rechten Hemisphäre auf sich allein gestellt, entsteht schnell ein neurotisches, inkonsistentes und fast autistisches Weltbild, das mehr mit der einfallslosen Tunnelblick des schizophrenen Patienten zu tun hat als mit den inspirierenden und expansiven Geometrien der zeitgenössischen Physik.

McGilchrist vertritt die These, dass das Leben völlig bedeutungslos erscheint, wenn der Mensch nur mit seiner linken Hemisphäre denkt und auf diese Weise sofort alles in eine festgefügte Logik isolierter Zeitlosigkeiten zerlegt. Alles, was bleibt, sind zufällig verbundene und im Grunde sinnlose *Nutzenfunktionen*, angetrieben von einem törichten *instrumentellen Denken*. Dies, so argumentiert er, liege daran, dass nur die rechte Hemisphäre eine köharente Bedeutung für die vielen Verewigungen erkennen und hervorbringen kann, ihnen eine metaphysische Dimension verleihen kann, während sie der erbittertste Feind des Utilitarismus ist.

Wenn es die Rolle der *Religion* ist, eine buchstäblich ganz-machende, heilende Wirkung auf Menschen und Gesellschaften zu haben, um eine funktionierende Einheit zu schaffen, die größer ist als die Summe ihrer Bestandteile, dann ist die *Entfremdung* ihr Gegenteil - eine Entfremdung, die die Menschen von der Welt um sie herum, voneinander und letztendlich sogar von sich selbst abtrennt. Die syntheologische Verbindung ist offensichtlich: McGilchrists holistische rechte Hemisphäre ist die Heimat der Religion, während seine separatistische linke Hemisphäre konsequenterweise die Heimat der Entfremdung ist. McGilchrist geht sogar so weit zu behaupten, dass verschiedene Epochen der Ideengeschichte ohne weiteres mit einer Art hemisphärischer Dialektik verbunden werden können: Die Renaissance und die Romantik räumen der rechten Hemisphäre den Vorrang ein und heben die Religion gegenüber der Entfremdung vor, während die Aufklärung und die Moderne der linken Hemisphäre den Vorrang einräumen und zu Entfremdung statt zu Religion führen. So gesehen findet der Syntheismus - als dialektische Reaktion auf den Modernismus - seine Verbündeten und Vorläufer in der Ideengeschichte in Renaissance und Romantik.

Ein klares Beispiel für eine Ideologie, bei der die linke Hemisphäre auf Kosten der rechten Hemisphäre Amok läuft, ist Auguste Comtes *positivistischer* Albtraum aus der Mitte des 19. Jahrhunderts. Comte unterteilt die Ideengeschichte willkürlich in drei Phasen: die *theologische*, die *metaphysische* und die *wissenschaftliche* Phase. Mit jedem Stadium wird der Mensch immer edler und vollkommener, und sobald er erst einmal weiß, wie sich die Dinge tatsächlich verhalten, sobald er oder sie vollständig wissenschaftlich und damit auch allwissend ist - das heißt, sobald der Mensch zu einem Comte selbst wird - , genau dann wird ist *die Geschichte* abgeschlossen sein. Ähnlich wie bei Denkern wie Ludwig Feuerbach und Karl Marx hält Comte an *der wissenschaftlichen Überzeugung* fest, dem blinden Glauben an das unbegrenzte Potenzial nicht nur von Rationalität, sondern auch von Wissenschaft.

Die Evolution ist für viele Intellektuelle des 19. Jahrhunderts einfach eine so starke und faszinierende Metapher, dass sie sie unbedingt zum ethischen Grundprinzip machen wollen, als ob es die Aufgabe der Gerechten wäre, die Menschheitsgeschichte auf bizarre Weise zu beschleunigen, deren Entwicklung nach ihrer eigenen deterministischen Überzeugung natürlich ohnehin vorbestimmt ist. Für Marx zum Beispiel ist die kommunistische Revolution des Proletariats eine Tat, die zu vollbringen er seinen Lesern und Schülern befehlen muss, obwohl sie nach seiner eigenen Ansicht aufgrund der historischen Notwendigkeit, die er selbst und Friedrich Engels in ihren Schriften beschreiben, ja ohnehin stattfinden wird. In ähnlicher Weise betrachtet Comte seinen *sozialen Evolutionismus* als so perfekt, dass er ihn seltsamerweise in eine weltliche Religion verwandeln möchte. Ideen sozialer Evolution gedeihen in Europa auch in der Folge weiter, bis zu den Massenmorden an Nationalsozialisten und Stalinisten um die Mitte des 20. Jahrhunderts. Zu diesem Zeitpunkt, wenn nicht schon vorher, wird die Gefahr offenkundig, die darin liegt, für eine militante Ethik zu plädieren, die auf einem vulgären natürlichen Determinismus beruht und die eher von einer ressentiment-geladenen Entfremdung als von der religiösen Suche nach einem wohlwollenden Dialog mit dem Mitmenschen getrieben wird. Somit sind die totalitären Ideologien des 20. Jahrhunderts die dunkle Kehrseite der Aufklärung. Rationalismus ohne Bewusstsein seiner eigenen blinden Grundgläubigkeit ist, wie Habermas' Gurus Horkheimer und Adorno in der *Dialektik der Aufklärung zeigen*, buchstäblich tödlich für die Menschheit.

Syntheismus ist das genaue Gegenteil von Comtes *Soziologie als Religion.* Im Syntheismus ist es die Wissenschaft, die die Philosophie hervorbringt, und die Philosophie, die die Syntheologie hervorbringt. Religion ist abhängig von Wissenschaft und baut auf ihr auf, nicht umgekehrt. Syntheismus ist aber auch, wenn wir uns McGilchrists Metaphern noch ein bisschen länger ausleihen, das Ergebnis der ständigen Suche der rechten Gehirnhälfte nach einem geeigneten *Holismus.* Nur indem diese Verewigungen in Bewegung und zueinander in Beziehung gesetzt werden, indem sie *remobilisieren* und dadurch das menschliche Dasein *heiligen*, erzeugt und erlebt die Menschheit einen Sinn im Leben, und vermag die Entfremdung zu lindern. Erst wenn der Mensch zum *Handelnden* wird, bekommt sein Leben einen Sinn. Dem Leben eine ganzheitliche Perspektive zu verleihen macht als solches schon die Welt *religiös:* eine (Idee eines) Kontexts, eine (Grundlage für) Gemeinschaft. Die Existenz als eine endlose Vielheit von Ausdruck ein und derselben Substanz zu sehen, des *Einen*, das ist der innerste Kern des Syntheismus.

Historisch gesehen ist es so, dass die Aufklärung und die daraus resultierende kapitalistisch-industrialistische Gesellschaft der linken Hemisphäre ständig Vorrang vor der rechten einräumen - wenn wir McGilchrists Metaphern der Gehirnhälfte noch ein wenig länger ausleihen – bei ihrer immer ausgeprägteren und extremeren *Mathematisierung* der Existenz. Indem die Menschheit zunächst alles im Namen der Wissenschaft eingrenzt, dann trennt und misst, fängt sie später auch an, alle denkbaren Ressourcen in ihrer Umwelt, den Menschen selbst und seiner Mitmenschen eingeschlossen, zu objektivieren, zu instrumentalisieren, zu erobern, zu kolonisieren, zu plündern und zu konsumieren. Die Mathematisierung des Daseins führt jedoch nicht nur zu einer skrupellosen und letztendlich auch selbstzerstörerischen Ausbeutung der endlichen Ressourcen der Erde. Die ausgenutzte Identität erzeugt auch eine besonders schroffe Entfremdung und damit das Fehlen einer kontextschaffenden Religion. Die rechte Gehirnhälfte, die Ganzheit erlebt und Sinn aufbaut, blieb nach Ansicht von McGilchrist mehrere Jahrhunderte lang unterentwickelt, was auf allen Ebenen der Gesellschaft erhebliche Folgen hatte.

Historisch gesehen kehrt der Syntheismus denn auch zu McGilchrists rechter Gehirnhälfte zurück und zu ihrem enormen ungenutzten Potenzial, *die neue Renaissance* statt der neuen Aufklärung aufzubauen. Er tut das aus der Überzeugung heraus, dass Eternalismus ohne Mobilismus sowohl irreführend als auch selbstzerstörerisch ist. *Der Eternalismus* (die Welt der Rationalität) muss sich zu seinem eigenen Besten *dem Mobilismus* (der Welt der Vernunft) unterordnen. Andernfalls führt der Eternalismus zum *Totalismus*, den blinden Glauben - seit den Tagen von Parmenides und Platon -, dass jede

Bewegung illusorisch sei. Und daher ist es die eternalistische Darstellung der mobilistischen Realität, dass jener die einzige tatsächliche Realität sei, und nicht umgekehrt. So umfasst der Syntheismus auch den *Entheismus,* die Grundidee des Taoismus - welchen Laotse im China der Achsenzeit im 7. Jahrhundert v. Chr. herausbringt und wonach *Veränderung als solche,* und damit auch deren Nebenprodukt *Zeit,* die Grundlage der Existenz ist. Nach Laotse ist der Wandel im Laufe der Zeit alles andere als illusorisch, und daher ist Mobilismus und nicht Eternalismus das Primäre am Dasein. Die Vorstellung des Taoismus von *Yin* und *Yang* als ontologischer Grundlage wird unter dem im Syntheismus unter dem Konzept von *Entheos* zusammengefasst.

Während Religion als Zusammenhalt gebende Kraft im Menschen und in der Gesellschaft funktioniert *hat*, ist die Geschichte der Entfremdung eine gegenläufige, aber eng verwandte Geschichte von der Spaltung von Mensch und Gesellschaft in ihrem Verlauf. Die meisten metaphysischen Systeme basieren auf der Prämisse, dass es einen ursprünglichen paradiesischen Zustand gibt und dass die Entfremdung durch ein dramatisches Ereignis entsteht, beispielsweise als Folge des *Sündenfalls* (gemäß den abrahamitischen Religionen), oder durch die schädlichen Wirkungen des *Kapitals* (nach dem Marxismus). Die Mission der Gläubigen ist es daher - mit oder ohne die Hilfe Gottes oder der Geschichte -, den ursprünglichen, paradiesischen Zustand wiederherzustellen. Das Problem ist dann aber, dass diese *Ideologien des Sündenfalls* wesentlich mehr auf Entfremdung ausgerichtet sind als auf die entlastende Utopie, welche eine diffuse Fata Morgana am Horizont bleibt. Nicht das, was einmal gut war, wird in den Mittelpunkt gerückt - wenn überhaupt, bleibt es ganz außerhalb der Geschichtsschreibung -, sondern die Erzählungen sind besessen von einer einzigen Sache, nämlich was das ganze Dasein verdorben und verwüstet hat (*die Sünde* im Christentum. *das Kapital* im Marxismus, *die Umweltzerstörung* in der Umweltbewegung usw.).

Es ist also die *Dystopie*, nicht die Utopie, die als narrativer Motor in den Ideologien der Vertreibung aus dem Paradies am Werk ist. Das erklärt, warum die Entfremdung, um die Ideologie am Leben zu halten, unbewusst angeregt werden muss, anstatt sie zu beheben. Zwischen den Zeilen sozusagen lesen wir, dass der Sünder insgeheim angeregt werden muss, weiter zu sündigen, und der Kapitalismus angestachelt werden muss, mit seiner bekannten Rücksichtslosigkeit weitere Opfer zu fordern, weil sonst die *Daseinsberechtigung* der Ideologie sich in Luft auflösen würde. Der Sündenfall bestimmt die Ideologie, die ohne ihn sinnlos ist. Deshalb bringen die Ideologien des Sündenfalls ständig neue moralische Dekrete hervor, die sie am Leben erhalten. Zum Beispiel ist das Christentum am stärksten gewachsen und hat die meiste Macht ausgeübt, wenn es am aggressivsten gegen die Sünde und die Sünder gepredigt hat, und außerdem hat es eifrig neue Gedanken und Handlungen in die immer längere Liste der sündigen Verbrechen aufgenommen. Mit anderen Worten, es gibt einen guten Grund dafür, warum die aggressive Kirche sich eher in ihrer diplomatischen Version ausgebreitet hat. Die aggressive Kirche ist stark darauf ausgerichtet, die Abweichungen der Unmoral zu reproduzieren und zu fördern, die die Kirche an sich sowie ihre Aggressivität legitimieren und notwendig machen. Es ist wie eine alte Ehe.

Dem Syntheismus fehlen alle Formen der nostalgischen philosophischen Theorie vom verlorenen Paradies und von einer Welt vor der Geschichte, die es wert wäre, das man sie pauschal idealisiert und ihr nachweint, und er hat daher keinen Grund, die Entfremdung anzuregen, indem er uns mit irgendwelcher *libidinöser Übertretung* anheizt. Das liegt ganz einfach daran, dass es kein solches Ur-Paradies gegeben hat oder geben muss. Innerhalb des Syntheismus ist Entfremdung vielmehr eine kontingente Tatsache, die durch sehr greifbare und nachvollziehbare materielle Umstände hervorgerufen wird, wie etwa die explodierende Abstraktion bei den im Laufe der Geschichte immer weiter ausgreifenden und immer komplexeren zwischenmenschlichen Beziehungen. Diese Lage der Dinge wird verschärft durch internarzisstische Denker, die nach McGilchrists Ansicht von ihren linken Gehirnhälften beherrscht werden und mit Megaphonen ausgestattet sind, welche die herrschenden Machtstrukturen ihnen eifrig zur Verfügung stellen; Denker, die verliebt sind in ihre großspurigen Hauptrollen in totalistischen Ideologien. Wir müssen daher die Geschichte der Entfremdung genauer untersuchen, um feststellen zu können, wo sich diese in der informationalistischen Gesellschaft tatsächlich noch hält, und wie der Syntheismus sie stellen und unschädlich machen kann.

Mobilistisches Denken erlebt in Griechenland in der frühen Achsenzeit ein regelrechtes goldenes Zeitalter. Der Einfluss des zoroastrischen Iran ist beträchtlich. Heraklit, Griechenlands Zarathustra, legt den Grundstein sowohl für die Prozessphilosophie als auch für den Paradoxismus. Er priorisiert bei den menschlichen Sinnen *das Sehen* gegenüber *dem Hören* und das direkte *Erleben* (Mobilismus) gegenüber dem Deuten. Und wo er schon einmal dabei ist, erschafft Heraklit auch *die Dialektik*; er argumentiert, dass Kreativität sich nur entwickeln und wachsen kann, wo ein klarer Gegensatz zur herrschenden Ordnung da ist. Homers Mythen und Aischylos' Tragödien drehen sich um ganzheitlich denkende Menschen, die in einem monistischen Universum leben, und diese alten Texte zeugen von einer protosyntheistischen Weltanschauung. In dieser Zeit produziert Thales, der Vater der Naturwissenschaften, den ersten syntheistischen Tweet der Geschichte: *Alle Dinge sind voll von Göttern.*

Aber im 5. Jahrhundert v. Chr. erscheint in der Ideengeschichte *der Totalismus,* und mit ihm auf breiter Front auch die *Entfremdung.* Beim Totalisten stehen Vorstellungen von der Realität, nicht von der physischen Realität an sich, im Mittelpunkt. Der Glaube an die unbegrenzten Möglichkeiten der Rationalität wird von Sokrates verkündet und von seinem Schüler Platon weitergegeben, der alles sorgfältig mitnotiert. Deduktiv begründende Wissenschaft ist alles, und Kunst ist wertlos oder noch Schlimmeres, nach Plato muss sie aus der Gesellschaft ausgeschlossen werden. Die Physik wird der Mathematik untergeordnet. Der vorsokratische Monismus findet unter diesem Angriff sein Ende. Die Totalisten konstruieren an dessen Stelle ein streng dualistisches Weltbild. Die ewige Seele wird vom verderblichen Körper getrennt. Die linke Hemisphäre überdeckt und beherrscht die rechte, wenn wir die Entwicklung noch einmal aus McGilchrists Sicht betrachten. Der Mensch wird nicht mehr mit seinem Körper noch mit seiner Umwelt verbunden. Ein Mensch, der vom Bild seines verkörperten Selbst entfremdet wurde, der sich als eine ständig entzündete innere Brutstätte des Widerstreits und nicht als ein harmonisches Ganzes betrachtet, der kann leicht umgestaltet werden von einer Inkarnation seines Stammes in seinen Mitgliedern zu einem isolierten Bauern-Sklaven auf den Feldern und auf den Weiden der Viehherden, ständig auf der Suche nach einer Art abstrakter Heilung durch harte Arbeit. Es ist wichtig zu verstehen, dass die Entfremdung einem Zweck dient und eine Identität produziert, die ein umfassendes *Glücksempfinden ohne Vergnügen* erzeugt.

Der Totalismus wird angetrieben durch *den Mythos der Selbstaufopferung*, der libidinösen Verbindung zum Selbsthass. Das Geniale am Totalismus ist, dass er zum ersten Mal in der Geschichte dem Gefühl des Menschen widerspricht, dass sein Ganzes größer ist als die Summe seiner vielen verschiedenen Bestandteile. Zusammen mit dem Totalismus erscheint sein treuer Gehilfe *Reduktionismus*. Dem Reduktionismus zufolge kann ein Ganzes immer in immer kleinere Komponenten zerlegt werden, *ohne dass das mentale Gewicht oder Wert des Phänomens dadurch beeinträchtigt werden*. Damit kann der menschliche Körper auf nicht mehr als nur Körperteile reduziert werden; nach Meinung der Totalisten hat der Körper selbst keinen Wert als emergentes Phänomen. Daher kann Platon behaupten, *dass der Mensch nicht angemessen durch den Körper definiert werden kann*. Er nimmt sich aus dem Menschen dasjenige heraus, was als unbestreitbares Mehr dazukommt, wenn die verschiedenen Teile kombiniert werden, und das wandelt er in eine eigene Größe mit einzigartigen und offensichtlich völlig fiktiven Eigenschaften um: *die Seele*. Wenn die Körperteile für sich genommen nicht sprechen oder denken können, während der Körper als Ganzes und als Einheit spricht und denkt, dann muss es sich um einen Beitrag von außen handeln. Es ist diese von außen hinzugefügte Seele, nicht der *emergente Körper*, was da spricht und denkt. Nach diesem Schachzug wendet sich Platon wieder dem Körper zu. Die Tatsache, dass es sogar ein Gefühl oder einen Gedanken verbunden mit dem Zustand des Körpers insgesamt gibt, als eben eines ganzen Körpers, beweist nach dieser Argumentationslinie nur die *Existenz der Seele.*

Der Reduktionismus basiert eher auf tautologischen Zirkelschlüssen als auf wissenschaftlichen Erkenntnissen. Aber seine Anziehungskraft ist enorm, und bis in das 20. Jahrhundert hinein versuchen die vielen Anbeter des Totalismus tatsächlich, die Seele abzuwiegen, um darzulegen, dass es sich um einen physiologischen Überschuss handelt, den man in einer entscheidenden Hinsicht vom Körper unterscheiden könnte. So zum Beispiel, indem man sterbende Menschen auf Industriewaagen legte, wobei die wenigen Gramm Luft, die im Moment des Todes aus der Lunge ausgeatmet werden, sofort als wissenschaftlicher Beweis für die Existenz der Seele gewertet würden. Der Reduktionismus ermöglicht es den Totalisten auch, das Dasein zu atomisieren, zu zerlegen und die Welt in Arten von isolierten Einheiten zu sortieren, wobei man natürlich so gut wie möglich versucht, Menschen mit Hilfe eines ständigen und immer weiter ausgreifenden *Moralisierens* zu domestizieren und zu kontrollieren. Der Totalismus hat zu diesem Zweck eine mächtige Waffe parat, nämlich das wichtigste Nebenprodukt der Schriftsprache: *das Gesetz.*

Wenn sich die reduktionistische Sicht auf den Menschen durchgesetzt hat, dann kehren die Totalisten mit dem Gesetz in der Hand zum Menschen zurück und *beschuldigen die Seele, es nicht geschafft zu haben, den Körper in Zaum zu halten.* Denn das Gesetz setzt eine Trennung innerhalb des Angeklagten voraus, zwischen *dem, was dem Gesetz gehorcht, und dem, was das Gesetz bricht,* so dass derjenige Teil, der dem Gesetz gehorcht, in Gefängnissen und Kliniken aufgebessert und aufgeputzt werden kann, während der Teil, der das Gesetz bricht, für schlecht befunden verworfen und hoffentlich sogar aus dem Dasein herauskorrigiert werden kann. Der platonistische Dualismus passt daher perfekt zum aufblühenden Rechtswesen. Die Seele verwandelt sich in das, was dem Gesetz gehorcht, der Körper in das, was das Gesetz bricht. Die Seele selbst ist daher niemals einer strafbaren Handlung schuldig, sie ist lediglich einer Reihe von Unterlassungssünden schuldig. Infolgedessen verurteilt das Gesetz die Seele, weil es nicht in der gleichen erfolgreichen und überzeugenden Weise gelingt, den Körper zu zähmen und zu beugen, wie das Gesetz und seine Eigentümer den angeklagten Kriminellen zähmen und beugen.

Mit dem Aufkommen des Gesetzes gibt es eine Explosion dessen, was der deutsche Philosoph Peter Sloterdijk *Anthropotechnik* nennt, Versuche des Menschen, nicht nur Pflanzen und Tiere zu domestizieren, sondern auch Techniken zu entwickeln, um sich selbst zu zähmen und zu beugen. Anthropotechnik und die damit einhergehende *Askese* bestimmen das menschliche Leben, seit es das Gesetz gibt. In einer Zeit, die von der erfolgreichen und Wohlstand schaffenden Domestizierung von Pflanzen und Tieren beim Aufbau der *Zivilisation* besessen ist - was durch die *Schriftsprache* ermöglicht und organisiert wird -, funktioniert der platonistische Totalismus perfekt als feudalistische Metaphysik für die Massen. Solange der Reduktionismus als natürlich und nicht in Frage zu stellen gilt, behält der Totalismus die Metaphysik unter seiner Kontrolle. Erst als Leibniz dann im 17. Jahrhundert seine mobilistische *Monadologie* einführte, fängt man an, de Totalismus in Frage zu stellen.

Seit es das Gesetz gibt, erhält jeder Dialog zwischen zwei Personen einen dritten Teilnehmer. Was zwischen zwei Menschen gesagt wird, kann plötzlich aufgeschrieben und für die Zukunft aufbewahrt werden, und dieser Text beginnt bald, ein Eigenleben zu führen: Er wird eine *dritte juristische Person*, die im Raum anwesend ist und immer die Entscheidung in der Hand hat, bei jeder Art von Konflikt. Die Einführung des Gesetzes hat dramatische Auswirkungen auf alle zwischenmenschlichen Beziehungen. Plötzlich bestimmt derjenige, der in der Ausübung und Kontrolle der Schriftsprache versiert ist, auch alle Arten von Regeln, wie sich Menschen zueinander verhalten müssen, einschließlich der Art und Weise, wie Verstöße gegen diese Regeln zu bestrafen sind. Und es überrascht nicht, dass dieses Regelwerk ständig zum Vorteil des Autors des Gesetzes selbst angepasst wird. Je komplexer die Gesetze sind, die geschrieben werden, auf umso komplexere Weise können Gesellschaften durch sie gesteuert und reguliert werden. Und je komplexer das System ist, desto mehr hängt es von der Existenz des Gesetzes und seiner eifrigen Durchsetzung ab.

Das Problem dabei ist jedoch, dass sich die menschliche Libido niemals zufrieden gibt. Sie bekommt nie genug, lässt nicht zu, dass der Mensch sich je befriedigt niederlässt. Die Libido entspringt der ständigen Suche nach immer neuen, unbefriedigten Gelüsten, nach der ständigen Aufschiebung der Befriedigung, um sich am Leben zu erhalten. Wenn das Wünschen der Anthropotechnik überantwortet wird, verlagert sich die Libido von der *Sexualität* hin zur *Askese*. Die Anthropotechnik verstärkt das Begehren, indem sie es ständig aufschiebt oder verlagert. Die Selbst-Domestizierung des Menschen setzt daher eine *libidinöse Kastratio*n voraus, und die abrahamitischen Religionen mit ihrem stärkeren Anti-Sex-Moralismus eignen sich perfekt für diesen Zweck. Die anthropotechnischen Praktiker beziehen ihre Energie aus dem Diktat des Gesetzes, und da der Mensch laut Sloterdijk ständig nach *Vertikalität* strebt - die Sehnsucht, eine Verbindung mit dem Göttlichen herzustellen, um *den syntheologischen Imperativ* zu erfüllen, sich selbst zu finden und sich einem funktionalen metaphysischen Narrativ unterzuordnen -, kommt es dazu, dass *das Gesetz zum Synonym für Gott selbst wird.*

Die offensichtliche und unbestreitbare Fähigkeit des Gesetzes, komplexe Zivilisationen hervorzubringen und zu erhalten, verleiht ihm eine heilige Aura. Da das Gesetz ein so hervorragendes Instrument ist, um die Kultur zu steuern, und da die Natur selbst von der etwas beängstigenden Genauigkeit der Mathematik zusammengehalten zu werden scheint, muss auch die Natur einem weiteren, noch weiter reichenden und ewig gültigen Gesetz gehorchen. Dieses *Naturgesetz* erfordert wiederum einen Urheber; es muss ganz einfach einen Gott hinter dem Gesetz geben, den Gott des Gesetzes. Mit anderen Worten, *die Natur gehorcht Gottes Gesetz*. Dieses Gesetz ist so verzaubernd mächtig, dass es bald als Gott selbst verehrt wird. Die abrahamitischen Religionen gehen davon aus, dass alles andere vom Gesetz abhängt und diesem untergeordnet sein muss, dass es allem anderen vorausgeht und es diktiert. „Am Anfang war das Wort, und das Wort war mit Gott, und das Wort war Gott."

Dank dem Entstehen des Gesetzes wird der *Sündenfall* zu einem klaren Narrativ, und der nur zu menschliche Sündenfall in der Zeit ist das absolut schlimmste denkbare Verbrechen gegen das ewige und daher göttliche Gesetz. Wo also ist Gott und worin liegt Gottes Wesen, wenn nicht in dem Willen, Gerechtigkeit zu üben und Unterwerfung durch das Gesetz zu erzwingen? Das Gesetz hat sich als eine so starke Metapher erwiesen, dass auch nach Nietzsches Ankündigung von *Gottes Tod* im späten 19. Jahrhundert die Physik ihre manische Suche nach dem Gesetz Gottes in der Natur fortsetzt, als ob das Gesetz als Gott noch sehr lebendig wäre. Die Erklärung dafür ist, dass das vorherbestimmte und zwingende Gesetz seine Magie so ausgiebig und so lange auf den Menschen ausgeübt hat, dass sich der Mensch ein Universum ohne die Existenz des Gesetzes nur mit größter Schwierigkeit vorstellen kann. Freude ohne Vergnügen bestimmt das deterministische Weltbild. Es ist zu beachten, dass dieser Prozess sich fortgesetzt, ohne dass das menschliche Gesetz in der Natur irgendeine Entsprechung haben könnte. Trotz all dem funktioniert das menschliche Gesetz, weil die Empfänger der Dekrete, nämlich die Menschen, dem vorgetragenen Text zuhören und eigenes Verhalten auf der Grundlage des aktuellen Regelwerks formen und planen. Die Menschen lassen es entweder zu, durch Angst dazu gebracht zu werden, dem Dekret zu gehorchen, es in das zu integrieren, was Sigmund Freud das *Über-Ich* nennt, oder sie lassen sich zu einem Genuss verführen, der durch eine *Übertretung der Vorschrift* verursacht wird – ergeben sich der libidinösen Übertretung. In jedem der Fälle kann der Mensch sich auf das Gesetz einlassen und es Besitz von sich ergreifen lassen, so dass es ihn zu seinem Objekt macht.

Ein solches *Objekt des Rechts* gibt es jedoch in der Natur nicht. Mineralien, Pflanzen und Tiere beispielsweise sind völlig unfähig, einen Text, der ihnen vorgelesen wird, aufzunehmen, so wie ihnen das Rüstzeug fehlt, um sich durch das Vorhandensein eines Regelwerks libidinös verführen zu lassen. *Es gibt schlicht und einfach keine Gesetze in der Natur.* Es gibt nur Felder, Kräfte und Beziehungen. Wenn und falls sich ein Ereignis in der Natur vor dem aufmerksamen Blick des menschlichen Beobachters zu wiederholen scheint, dann nur, weil die Bedingungen in Bezug auf die Kräfte und Beziehungen in zwei oder mehr verschiedenen Situationen einander entsprochen haben. Daher ist das Gesetz eine äußerst ungeschickte und im Grunde irreführende Metapher für die Funktionsweise der Natur. Seine Beliebtheit als Metapher hängt eng mit dem Internarzissmus des Menschen zusammen; es hat keine Verbindung mit irgendeiner Art von Wissenschaft. Wie wir wissen, schüttet der Anthropozentrismus immer wieder Sand ins Getriebe der Bemühungen der Menschheit, die Welt um sich herum zu verstehen. Wir meinen die Welt zu beobachten, aber tatsächlich schauen wir in einen Spiegel, den wir selbst aus unseren egozentrischen Ideen und Wahnvorstellungen hergestellt haben.

Mit dem Inkrafttreten des Gesetzes wird die Menschheit von ihrem inneren Kompass, *der Oszillation zwischen Begehren und Geschlechtstrieb*, getrennt und einem äußeren Regelwerk unterworfen, welches das Begehren und insbesondere den Geschlechtstrieb direkt attackiert und als *Vorhut des Sündenfalls* verunglimpft. Was dann passiert, ist, dass das Begehren im Bewusstsein aufsteigt und das Gesetz verinnerlicht und es zu seiner eigenen Besessenheit, seinem eigenen Antriebsmotor macht. Das Begehren wird zu einem Wunsch, entweder dem Gesetz zu folgen oder sich ihm zu widersetzen, aber in erster Linie zu dem Wunsch, das Gesetz ständig am Leben zu erhalten, um die eigene Besessenheit vom Gesetz zu pflegen. Dank dieser Vereinigung mit dem Gesetz erhält das Begehren eine *Struktur*, die der Psychoanalytiker Jacques Lacan als *extim* [in Anspielung und im Kontrast zu *intim*; Anm. d. Übers.] bezeichnet. Der Trieb wird dadurch in das Unterbewusstsein verlagert, wo er vor sich hin kocht und ständig störende Ausbrüche der Realität ins Bewusstsein hervorruft. Es ist der Trieb, der die Menschen fortwährend daran erinnert, dass er niemals in der Lage sein wird, in das Gesetz hineinzukommen, dass vielmehr immer ein Rest von ihm vor dem Gesetz zurückscheut, dass das Gesetz ein unbefugter Fremder in seinem Geist ist. Dieser unruhige Rückstand des nackten Triebs ist es, der den Kern der Subjektivität der Menschheit ausmacht, der ihre Sehnsucht nach einer utopischen Freiheit jenseits ihrer existenziellen Not am Leben hält. Aus syntheologischer Sicht argumentieren wir, dass dieser *undurchsichtige Kern des Subjekts* in Entheos liegt. Nur in der intensivsten religiösen Erfahrung, im *unendlichen Jetzt*, stellt sich der Mensch seinem Innersten, der Verschmelzung von Begehren und Geschlechtstrieb in ihrer nackten Gestalt.

Das gesetzestreue Subjekt liebt es, sich selbst zu hassen und sehnt sich leidenschaftlich nach seiner eigenen *Domestizierung*, seiner eigenen Kastration und schließlich auch nach seinem eigenen *Aussterben* - alles unter dem idealisierten Gesetz, das über alles Andere erhoben wird. Der Wunsch oszilliert nicht mehr länger mit dem Trieb, sondern er legt sich über ihn und ihm entgegengesetzt. Die gute, sich aufopfernde Seele wird vom bösen, selbstfixierten Körper getrennt. Damit ist der dualistische Totalismus vollständig. Er verspricht eine Zukunft, in der der Mensch ein für allemal von seinen schmutzigen Wünschen und Trieben getrennt ist und mit einer Art selbstgerechten Gleichgültigkeit im Gesetz aufgeht. Daher ist seine Belohnung in Form des *Lebens nach dem Tod* im Wesentlichen das *Leben im Tod.* Mit seiner Kultivierung und seinem Lob der Entfremdung ist der dualistische Totalismus eine Form der Todesanbetung.

Die *gesetzlose Gesellschaft* wird als ein kompletter Alptraum dargestellt. Im Alten Testament wird die gesetzlose Gesellschaft - eine Welt, in der die Menschen ihren Wünschen und Trieben freien Lauf lassen - als Sodom und Gomorrha bezeichnet. Der Bürger in der gesetzlosen Gesellschaft ist *der Böse* oder *der Sünder.* Zu sündigen bedeutet nicht nur, das Gesetz zu brechen. auf einer tieferen Ebene geht es darum, seine Autorität in Frage zu stellen und damit die gesamte gute Weltordnung zu unterminieren. Eine Person, die nur gegen das Gesetz verstößt und später beichtet und sich damit seiner Autorität unterwirft, die kann bestraft und der kann vergeben werden, wenn sie in Wort und Tat genügend Reue gezeigt hat. Aber derjenige, der eine rebellische Haltung gegenüber dem Gesetz pflegt und sich weigert, die ihm auferlegte Entfremdung zu akzeptieren, der wird zum Erzfeind der gesamten Ordnung. Die abrahamitischen Religionen nennen diese Figur *Luzifer*, den Engel des Lichts, die Figur, die das ewige Gesetz ignoriert und kompromisslos seinen Gelüsten und Trieben folgt, als zeitliches und endliches Wesen.

Das Gesetz ist zwar nur eine Metapher, auf der wir unser blindes Vertrauen in die Vormachtstellung der herrschenden Ordnung gründen. Diese Metapher ist jedoch so stark, dass sie nicht nur unsere Sicht auf soziale Beziehungen beeinflusst, auch heute noch, sondern auch unsere immer wieder erneuerte Überzeugung bestärkt, eine Gesellschaft ohne Gesetze müsse eine Gesellschaft sein, die auf dem Weg in die Selbstzerstörung ist. Das Gesetz ist eine so machtvolle Metapher, dass wir nicht einmal die Natur und das Universum betrachten können, ohne anzunehmen, dass diese nach vorher festgelegten und ewig gültigen Gesetzen funktionieren. Es gibt jedoch keinerlei Beweise für solche Gesetze, und sollte sie auch nicht geben. Wenn wir es wirklich ernst meinen mit unserer Überzeugung, dass Gott tot ist, müssen wir auch zu der Schlussfolgerung kommen, dass *der Gesetzgeber tot ist.* Und ohne einen Ur-Gesetzgeber gibt es auch kein ewiges und metaphysisches Gesetz. Würden wir diese Argumentation noch einen Schritt weiterführen, so würde sich herausstellen, dass das Naturgesetz als inkohärentes Sammelsurium *anthropozentrischer Täuschungsmanöver* anzusehen ist, ohne eine Grundlage in irgendetwas und insbesondere nicht in der Natur.

In der sich daraus ergebenden Situation ist *die Metaphysik selbst* der einzige Weg, ein Gegengewicht zu den Spielarten des Gesetzes bilden. Metaphysik ist nämlich das Gegenteil des Gesetzes. Ohne die ständige Produktion von Hoffnung, Visionen, Utopien und alternativen Welten durch die Metaphysik wäre der Mensch niemals in der Lage, irgendeine Alternative zur libidinösen Sicherheit des Gesetzes zu finden. *Eine Gesellschaft ohne Metaphysik unterwirft sich unmittelbar und widerstandslos dem totalitären Gesetz.* Sie kann sich eine Alternative dazu nicht einmal vorstellen. Daher sollten Physiker überhaupt aufhören, über Gesetze zu reden. In der relationalistischen Physik gibt es keine ewigen Gesetze mehr, sondern nur noch eine Vielzahl offener und kontingenter *Prozesse.* Die vermuteten Gesetze können geändert werden, und müssen sogar im Laufe der Zeit geändert werden - nicht zuletzt wenn plötzlich neue Entwicklungen auftauchen, und das tun sie ständig -, und dann sind diese Gesetze natürlich keine ewigen Gesetze mehr, die alle vorstellbaren Ereignisse im Voraus und im

Detail diktieren, sondern sie sind einfach wahrscheinliche Abläufe von Ereignissen in bestimmten räumlich-zeitlichen Zusammenhängen.

Die syntheistische Utopie bringt daher die Sehnsucht nach einer Gesellschaft mit sich, in der das Gesetz nicht mehr anerkannt wird und nicht mehr seine libidinöse Kraft ausüben darf. Sie ist eine Gesellschaft, *in der Religion die Entfremdung abgelöst hat.* In der syntheistischen Utopie identifizieren sich Körper mit ihren Wünschen und libidinösen Trieben und nichts anderem. Die heutige Politik könnte genauso gut *liberal-pragmatisch* sein, eine Politik, die die syntheistische Utopie konstruktiv ins Visier nimmt, indem sie sich dem Potential der Religion öffnet, um der Entfremdung entgegenzuwirken. Denn schließlich ist Politik eng mit der heutigen Gesellschaft und ihren Bürgern und materiellen Verhältnissen verbunden. Aber *die syntheistische Utopie* ist ein ganz anderes Phänomen als liberalistischer Pragmatismus - zunächst kann sie natürlich ungeniert die Unermesslichkeit der Zukunft zum Ausgangspunkt nehmen, anstatt wie der Pragmatismus in die engen Grenzen der Gegenwart bleiben zu müssen - und sie bekennt sich daher zum *theologischen Anarchismus* und nichts anderem.

Da der Totalismus die Seele vom Körper trennt, meint er die Seele neutralisieren und sie unabhängig und *zuverlässig* machen zu können, abgespalten von den vielen chaotischen, emotionalen Stürmen und unvorhersehbaren Launen des Körpers. Die Seele wird so zum Kommandozentrum für *reines Denken* und belohnt den Menschen mit einer Art schickem *Wesenskern. Rationalismus* ist also auch ein *Essentialismus.* Dieser Wesenskern ist natürlich nicht nur während des gesamten Lebens konstant. Er macht auch die Seele unsterblich. Dadurch können die Rationalisten pausenlos soziale Ideologien konstruieren, nach denen gehorsame und unterwürfige Sklaven mit einem Leben nach dem Tod belohnt werden, als frei schwebende Seelen ohne Bindung an ihre verderblichen und verachteten Körper.

Nach Platon ist die Seele mit der höheren Welt der Ideen verbündet, während der Körper sich damit begnügen muss, mit der niederen, verderblichen materiellen Welt verbunden zu sein. Die Seele ändert sich nie; sie ist die Konstante, die im Zentrum der launischen emotionalen Turbulenzen des Körpers steht. Ausgehend von diesem Dualismus wird die gesamte menschliche Existenz in die Kategorien *ewige Idee*n und *verderbliche Materie* unterteilt. Dieser dualistische Eskapismus passt perfekt zur Ideologie des Patriarchats: Der Mann ist ruhig, ausgeglichen und konstant wie die Seele, während die Frau wie der Körper zu einem irrationalen und flüchtigen Gefühlssturm wird. Die Macht muss daher dem Mann übertragen werden, der definitionsgemäß einen höheren Rang innehat, und die Frau muss ihm untergeordnet sein, damit die Gesellschaft nicht unter dem Druck innerer Instabilität zusammenbricht, und zwar ganz im Einklang mit der selbst-verewigenden, zirkulären Argumentation des Dualismus.

Rationalismus basiert auf der Idee, dass der menschliche Verstand Informationen über seine Umwelt in einem solchen Ausmaß verarbeiten kann, dass nichts darin dem Verstand im Geringsten rätselhaft oder unerklärlich erscheint. Alles kann erfahren, alles verstanden werden. Solange der Mensch Zeit hat, seine Sinneseindrücke zu verarbeiten und logisch zu ordnen, kann alles einbezogen und bewertet werden, und nichts von dem, was einbezogen und bewertet wird, wird jemals durch andere Schlussfolgerungen widerlegt, die die Vernunft zu Ende denken kann. Das Problem ist jedoch, dass der *Rationalismus an sich* nicht auf irgendeinen Grund gegründet ist, sondern auf eine Art quasi-religiösem Wunschdenken und einem blinden Glauben, der keinerlei Kritik zulässt. Es gibt überhaupt keinen Grund für den Glauben, dass die Seele unabhängig vom Körper existieren kann. Die Unabhängigkeit der Seele ist vielmehr ein Produkt des Bedürfnisses der Agrargesellschaft, alle ihre Mitglieder hinsichtlich des rasch expandierenden und immer mächtiger werdenden Gesetz in die Verantwortung zu nehmen.

Solange die Seele vom Körper getrennt gehalten wird, kann sie für eventuelle Überschreitungen des Körpers moralisch verantwortlich gemacht werden. Dies erklärt, warum dem Totalismus immer der *Moralismus* nachfolgt und damit die Möglichkeit, Menschen zu bedrohen, zu verfolgen, zu inhaftieren, zu überwachen und zu terrorisieren. Wenn es etwas gibt, wovon der Totalismus dauernd besessen ist, dann ist es der Gedanke, eine *perfekte Gesellschaft* zu schaffen, in der das Gesetz immer eingehalten wird und niemals geändert werden muss. Der totalistische Verstand ist daher besessen von Stasis und hasst alle Formen von Variabilität. Die Variabilität, die in der Gesellschaft und in der Natur beobachtet werden kann, wird als bedauerliche Anomalie angesehen, die man mit einigem guten Willen und einem geeigneten Mix von Gegenmaßnahmen - d. h. durch Kriminalisierung des unerwünschten Verhaltens, das die Statis-Phantasie stört - ausmerzen können sollte. Totalismus ist ein Eternalismus, der sich weigert, in einer Dialektik mit dem Mobilismus zu stehen. Wenn wir noch einmal McGilchrists Metaphern verwenden, so ist es die linke Gehirnhälfte, die in Abwesenheit der rechten Hemisphäre verheerend und auf deren Kosten Amok läuft.

Die syntheistische Reaktion auf den Rationalismus hat keine Flucht ins Irrationale zur Folge. Stattdessen führt sie dialektisch weiter in einen *Transrationalismus*: die Idee, dass das Nachdenken vor allem Einsicht in die eigenen eingebauten Einschränkungen in Bezug auf die eigene Umwelt beinhalten muss. Der Mensch ist sowohl zeitlich als auch räumlich ein äußerst begrenztes Geschöpf und darüber hinaus völlig abhängig von der streng begrenzten Menge sensorischer Eindrücke, die er aus einem sich schnell ausbreitenden Universum aufzunehmen vermag, in dem jeden Moment viel mehr Informationen produziert werden, als irgendein aktiver Teilnehmer, geschweige denn ein passiver Beobachter, Zeit hat zu verarbeiten. Das Dasein eilt dem Menschen buchstäblich davon; es legt sich ihm nicht gehorsam und ordentlich verpackt in seinen narzisstischen Schoß, reif zum Verzehr.

Ebenso kann der Syntheismus als ein vollwertiger Transrationalismus und seine Grundbedingung gesehen werden, als die *logische Folge* daraus und als deren *historischer Schlusspunkt*. Es gibt an sich keine rationale Grundlage dafür, dass die von Natur aus begrenzte menschliche Rationalität in der Lage sein sollte, alles in einem sich ständig weiter ausdehnenden Universums zu erfassen. Platons und Kants Spielarten von Rationalität geraten in ihre eigene Falle; beide gründen als solche auf einem blinden Glauben und nicht auf irgendeiner Art von Rationalität. Die Menschheit hat sich wiederholt dem Rationalismus als einer sozialen Ideologie ergeben, aber die Folgen sind erschreckend. Früher oder später degeneriert der Rationalismus - trotz beachtlicher zivilisatorischer Errungenschaften - immer wieder zu einem *totalitären Utilitarismus*. Deshalb behauptet Platon zu Recht, ein konsequent praktizierter Rationalismus müsse sich zu einer *Diktatur* entwickeln. Alles andere ist unmöglich.

Vor dem Aufkommen des Totalismus begreift sich der Mensch als ein kohärentes Ganzes. Es ist nicht nötig, eine ewige Seele von einem vergänglichen Körper zu trennen. Obwohl der Mensch sterblich ist, ist er Teil eines natürlichen Kreislaufs, in dem Leben und Tod natürliche und notwendige, regelmäßig wiederkehrende Fixpunkte sind. Vor allem hängt in einem monistischen Universum alles mit allem anderen zusammen. Der Totalismus zerstört diese Harmonie zwischen Mensch und Umwelt. In Übereinstimmung mit dem Mobilisten Heraklit, dessen Einfluss als Denker im antiken Griechenland des 4. Jahrhunderts v. Chr. von dem Totalisten Platon überschattet wurde, lässt sich der ideologische Sieg des Totalismus leicht feststellen, zumindest ein vorübergehender Sieg, und daraus ergibt sich auch die - ebenso schnelle wie zerstörerische - Übernahme des Bildes, das der Menschen wegen seiner Entfremdung von sich selbst und von der Welt hat.

Narzissmus ist das deutlichste Symptom von Entfremdung. Der Narzissmus ist ein *kompensatorisches Phänomen*, er entspringt seinem eigenen radikalen Gegenteil: der Phantasie von einer Welt ohne Subjekt. Das Subjekt muss sich dafür entscheiden, seine Vorstellung von der Außenwelt auf eine von zwei Weisen Arten zu managen. Entweder wird die gesamte Produktion von Wert und Identität zurück in die Welt verlagert - zum Beispiel indem *ein Gott* geschaffen und angebetet wird - oder es wird der Schock der Einsicht von der fundamentalen Leere des Subjekts verinnerlicht, indem diese Leere dialektisch in ihr radikales Gegenteil umgewandelt wird: das kastrierte Subjekt verwandelt sich in *das allmächtige Zentrum der Existenz*. Die Vorstellung einer Welt ohne Subjekt ist so schwer zu begreifen, dass der einfachste Weg, sie zu handhaben - solange keine Gottheiten heraufbeschworen werden - darin besteht, das Subjekt auf den Fahrersitz des Daseins zu setzen. Aber wenn das Subjekt auf dem Fahrersitz landet - wo es vernünftigerweise nicht hingehört, denn fast alles, was uns in unserem Leben passiert, ist in Wirklichkeit außer Kontrolle, selbst wenn wir an die Illusion glauben, dass das Subjekt die Möglichkeit hat, seine Umwelt zu beeinflussen -, dann löst das sofort eine ganze Reihe von Reaktionen aus, die nur als starkes *kompensatorisches Verhalten* beschrieben werden können, was zu *dem narzisstischen Zustand* führt. So wird *die Descartes'sche Phantasie* vom Subjekt als dem einzigen untrüglichen Fixpunkt in der Existenz und damit auch als dessen Mittelpunkt zu etwas Realem.

Ein eklatantes Beispiel für eine solche kompensatorische narzisstische Ideologie ist Jeremy Benthams utilitaristische Vision von einem zukünftigen Gefängnis, das nach dem architektonischen Modell *des Panoptikums* erbaut werden sollte, einer Institution aus einem Guss, die in Keilen um ein einziges menschliches, allsehendes Auge in ihrem Zentrum gebaut ist. Bentham stellt sich ein Gefängnis vor, das um eine zentrale Perspektive herum gebaut ist, von der aus ein einziger Handelnder alle anderen Aktivitäten innerhalb der Konstruktion überwacht. Das Panoptikum ist natürlich nichts anderes als eine materielle Wiedergabe von Benthams Selbstbild und Weltanschauung, seinem Versuch einer *Napoleonisierung bürokratischer Architektur.* Das Panoptikum ist ganz einfach die dunkle Kehrseite von Benthams *Utilitarismus*, seiner außer Kontrolle geratenen Phantasie einer *hyperrationalistischen Ethik*, die die Wünsche jedes Einzelnen im Voraus berechnen, einen Preis festlegen und den Wert der Wünsche aller Menschen relativ zueinander bestimmen und dann eine Zusammenstellung davon machen kann, wie man diese Wünsche zu einem empirisch messbaren Gesamtnutzen maximieren kann.

Auch wenn Bentham selbst nicht zu verstehen scheint, dass sein bizarrer *Ultra-Utilitarismus* eine physische Unmöglichkeit ist - was niemals im Voraus formuliert werden kann, wie eben der menschliche Nutzen, das kann natürlich auch niemals im Voraus gemessen werden -, ist doch das Panoptikum eine außergewöhnlich interessante

Metapher für Benthams eigene autistischen Vorstellungen und die seiner vielen Anhänger, dass nämlich die kastrierten und isolierten Subjekte, die sie sind, das evidente Zentrum des Universums sind. Man kann sich kaum ein klareres Beispiel dafür vorstellen, dass die *psychotische Umkehrung von Impotenz zu Autokratie* die notwendige Dialektik zur Erzeugung der Descartes'schen Phantasie darstellt. Was wir sehen, ist ein Kampf darum, wer von den beiden autistischsten Denker in der Geschichte der Philosophie der autistischere ist. Womöglich macht Bentham sich durch seinen Utilitarismus noch kartesischer als René Descartes selbst. Aber dadurch auch noch entfremdeter und *entfremdender.* Das Panoptikum enthüllt die Sichtweise des Utilitarismus auf die Menschheit, das Konzept spiegelt Benthams völliges Misstrauen gegenüber seinen Mitmenschen und auch sich selbst wider. Das Erbe von Bentham hat uns das vielleicht deutlichste Symbol der Entfremdung geschenkt, die paranoide *Überwachungskamera.*

Der monotheistische Fundamentalismus ist die religiöse Version der rationalistischen Phantasie der Aufklärung. Beachten Sie, wie sich die Sektenführer, die ihre Überlegenheit gegenüber dem Rest der Menschheit bewahren wollen, immer als *die Erleuchteten* in Stellung bringen. Monotheistischer Fundamentalismus ist eine abenteuerliche und blindwütige Ratio, die buchstäblich auf einer idiotischen Gottheit aufbaut, der die Daseinsberechtigung fehlt, wobei diese Ratio von dem Praktizierenden fanatisch durch seine manische Überzeugung aufrechterhalten wird, dass er selbst sich auflösen und vernichtet werden würde, wenn er Gottes Nichtexistenz anerkennen sollte. Das erklärt, warum es dem Fundamentalisten egal ist, ob er lebt oder stirbt (was ihn zu einem so entschlossenen Terroristen macht, dass es frustrierend schwierig ist, sich dagegen zu verteidigen). Die Bedrohung für die Phantasie des Fundamentalisten ist nicht der physische Tod, sondern der Zerfall des blinden Glaubens. Worum handelt es sich dabei also, wenn nicht um *theologischen Rationalismus* in seiner reinsten Form?

Es ist daher auch völlig logisch, dass sich die Fundamentalisten weigern, ihren Gegnern zuzuhören und mit ihnen Argumente auszutauschen, sie aber lieber bei der ersten Gelegenheit ermorden würden. Es muss extrem anstrengend sein, intellektuelle Angriffe auf eine Gottheit zu widerlegen, an die man nicht einmal selbst glaubt. Am allerwenigsten, wenn man jeglichen Glauben an das Potenzial der Religion verloren hat und die *Erhebung der Entfremdung zu einer religiösen Grundlage* als den einzig möglichen Ausweg ansieht. Denn gerade wenn man den Punkt erreicht, *an dem die Entfremdung die Religion ersetzt*, beginnt man, diejenigen umzubringen, die mit dem Muster der eigenen Phantasien nicht einverstanden sind oder einfach nur davon abweichen - und zwar ohne Gewissensbisse. Hitlers Deutschland und Stalins Sowjetunion funktionierten nach denselben Mechanismen. Der Schauspieler weiß, dass er lügt, versucht sich aber selbst davon zu überzeugen, dass alle anderen auch lügen müssen, als ob diese gegenseitige Lüge und der Kampf um die gegenseitige Ermordung die einzig vernünftige Antwort auf die *Hyper-Entfremdung* wäre. Aber es ist nun einmal so, dass Syntheisten sich weigern, bei dieser Lüge mitzumachen. Ihre Antwort auf die tote Religion der Fundamentalisten ist *die lebendige Religion.*

Die lebendige Religion, die den Weg von der Entfremdung zur Wiederherstellung von Gemeinschaft geht, ist das Gegenteil des monotheistischen Fundamentalismus, der sich in die entgegengesetzte Richtung bewegt und *die Entfremdung zu seiner Religion macht.* Denn die lebendige Religion ist, wie Kunst, eher implizit als explizit, lässt mehrere Interpretationen zu, anstatt einfältig zu sein, ist eher vernünftig als rational, eher offen für Kontingenzen und Emergenzen als in der Raumzeit fixiert; und vor allem ist sie immer *verkörpert.* Noch bevor sich der Fundamentalismus seiner fast autistischen Verleugnung der Tatsache hingibt, dass die Bedeutung der Worte, die er hingebungsvoll bekennt, in ständigem Wandel begriffen ist, wird dieser Fundamentalismus von einer anderen und grundlegenderen Prämisse zu Fall gebracht: Da der Fundamentalismus immer das Wort vor Gott stellt, enthüllt er, dass er das Wort benutzt, um sich gegen die unbewusste Erkenntnis zu schützen, die ihm zuflüstert, dass Gott in Wahrheit bereits tot ist. Wenn das Gesetz das einzige ist, was übrig bleibt, wenn Gott aus der Gleichung verschwunden ist, dann *muss das Gesetz als Gott betrachtet werden.* Aber ein lebendiger Gott braucht das Wort nicht als Schutz. Ein lebendiger Gott steht ohne unschlüssiges Herumeiern oder Hintergedanken vor dem Wort, anstatt sich ängstlich dahinter zu verstecken. Ein lebendiger Gott existiert ausgehend von der Voraussetzung, dass der weit überwiegende Teil der gesamten Kommunikation zwischen Menschen nonverbal ist. Schon die bekannten Worte des Johannesevangeliums „Am Anfang war das Wort, und das Wort war bei Gott, und das Wort war Gott“ offenbaren eine Religion, die den Glauben an Gottes Existenz verloren hat. Das einzige, was selbst zu diesem frühen Zeitpunkt noch bleibt, ist die bloße *leere Beschwörung als Gottes Stellvertreter.*

Je akuter die Entfremdung, desto mächtiger wird der Narzissmus. In der spätkapitalistischen Gesellschaft mit ihrer *Hyperentfremdung* geht die Descartes‘sche Phantasie in einen *Hypernarzissmus* über, in einen Staat, der sich durch totales Misstrauen gegenüber allen intersubjektiven Absichten außer den rein instrumentellen auszeichnet. Hypernarzissmus wird verinnerlicht als die instrumentelle Weltanschauung des Subjekts selbst, in der andere Menschen auf isolierte Körper reduziert werden, die von einer Behörde mit weitreichenden Befugnissen und mit Hilfe spieltheoretischer Berechnungen überwacht und kontrolliert werden. Solch ein Subjekt hat eine Libido, die von strategischer Planung, Eroberung, Kolonialisierung, Plünderung und Vertreibung besessen ist. Wenn die Libido versucht, sich der instrumentellen Sichtweise des Hypernarzissmus auf die Menschlichkeit anzupassen, ist das Ergebnis nicht nur eine konsequente Sexualisierung aller intimen Beziehungen, sondern auch eine gewaltige Fetischisierung der Sexualität als solcher. Der Hypernarzisst, dessen eigene sexuelle Aktivität ironischerweise sowohl manisch als auch minimal sein kann und oft heftig zwischen diesen Extremen pendelt, sieht überall und in fast allem Fortpflanzungsorgane. Die Kultur ist so voll von ihnen, dass es fast zur Parodie wird. In diesem gelähmten libidinösen Zustand gibt es keine lebenden Mitmenschen mehr, sondern nur noch sterbende Körper, die wegen ihrer mangelnden platonischen Vollkommenheit vor Verachtung triefen. *Die Entfremdung ist vollständig, und die lebendige Religion wird durch ihre Abwesenheit umso augenfälliger.*

Wenn Hypernarzissmus zur Belastung des Zusammenlebens wird, ist das Ergebnis ein weiteres Subjekt, das als Handelnder im Sinne von *Handeltreibender* agieren kann, als ein Subjekt unter anderen, mit dem das hypernarzisstische Subjekt eine scheinbare Handelsbeziehung aufnimmt, eine Art psychologisches „eine Hand wäscht die andere". Wenn die kompensatorische Selbstanbetung psychosozial unerträglich wird, wird sie auch zum Gegenstand eines transferierenden Austauschs zwischen den Subjekten. Ein Subjekt verehrt ein anderes Subjekt als Gegenleistung für die entsprechende Verehrung, wie um zu verbergen, dass der ursprüngliche Kompensationsakt ganz schnöder Narzissmus ist. So verwandelt sich der Hypernarzissmus in Internarzissmus, genau in den Staat, der den spätkapitalistischen sozialen Schauplatz vollständig beherrscht. Der Syntheismus bietet jedoch einen möglichen Ausweg aus der internarzisstischen Sackgasse. Indem er sich dem Trauma der Phantasie von *einer Welt ohne Subjekt* stellt und *die lebendige Religion* als Ausweg aus der *mörderischen Entfremdung* sieht, kann das Subjekt endlich befreit werden zu etwas Größerem als seinem begrenzten, gefangenen Selbst, und sich in die syntheistische Gemeinschaft einfügen, in *die Manifestation von Syntheos*!

# 5.
# Die syntheologische Pyramide - Atheos, Pantheos, Entheos und Syntheos

Die grundlegende Frage in der Phänomenologie ist, an welchem Punkt der Mensch zum ersten Mal mit dem Bedürfnis konfrontiert wird, eine glaubwürdige *Gesamtheit* seines chaotischen Daseins hervorzubringen. Dass dies nicht schon bei der Geburt passiert, steht außer Zweifel. Das neugeborene Kind erlebt nur die *Welt*, aber kein *Selbst*. Das Kind sieht sich als eins mit der Mutter; In seiner Vorstellung sind ihre Körper immer noch ein einziges Ganzes, so wie sie es waren, als die Nabelschnur sie noch miteinander verband und sie noch keine getrennten Entitäten waren. Um dies zu verstehen, muss man sich mit *Differenz* auseinandersetzen, was bedeutet, dass das Kind *Chaos* erleben kann. und aus dieser buchstäblich chaotischen Erfahrung heraus kann dann das (etwas ältere) Kind sein Bedürfnis nach einer phänomenologischen Gesamtheit zunächst identifizieren, und es dann befriedigen.

Wo also in der kindlichen Entwicklung sollte man diesen onto-phänomenologischen Moment setzen? Der Psychoanalytiker Jacques

Lacan behauptet, dass dies im Zusammenhang mit dem geschieht, was er *das Spiegelstadium* nennt. Der Körper entwickelt eine eingebildete Fähigkeit, fragmentierte Realität als tatsächlich zusammenhängende Realität zu betrachten; Wahrnehmung verwandelt das noumenale Chaos in *eine phänomenale Welt.* Das Subjekt entsteht zusammen mit dieser vermuteten und selbstproduzierten Ganzheit: Das Selbstbild des Menschen ist immer ein *Spiegelbild* seiner Weltanschauung. Es geht also nicht um den Moment, in dem das Kind seinen Körper zum ersten Mal buchstäblich im Spiegel sieht - erst im 19. Jahrhundert wurde der klassische Spiegel an der Wand zu einem alltäglichen Gegenstand der Innenausstattung -, sondern um eine erste *Reflexion des Selbst in der Welt.* Dies erklärt wiederum, warum auf eine veränderte Weltanschauung, *ein neues Paradigma*, immer eine entsprechende Veränderung des menschlichen Vor-Bildes und Selbstbildes folgt. Letzteres geht Hand in Hand mit der ersteren.

Das Spiegelbild des Selbst in der Welt ist jedoch keineswegs harmonisch, meint Lacan, sondern äußerst frustrierend für das Subjekt, da es dazu tendiert, Aggressionen zu erzeugen. Um die Spannung in der Beziehung zur chaotischen Umgebung aufzulösen, beginnt sich das Subjekt mit dem *Bild im Spiegel* zu identifizieren. Dies führt zu einem imaginären Gefühl der Überblick und Kontrolle: Das Subjekt versteht sich als Zentrum und Meister des Daseins. Das Ergebnis ist, dass *sich das Subjekt vergöttlicht*, insbesondere genau das an sich, was es nicht beherrschen kann, und was Lacan *das Andere* nennt. Und das Andere der Psychoanalyse ist natürlich nur ein anderer Name für den *Gott* der Theologie. Da der Syntheismus die Lehre ist, wie und wo wir innerhalb unseres eigenen Paradigmas einen Sockel für den anderen finden, kann er als *Lacansche Theologie* angesehen werden. Die Frage ist nicht, ob wir für das Internetzeitalter eine Lacansche Theologie brauchen - wir werden letztlich unbewusst und ohne nachzudenken eine solche Theologie konstruieren, falls wir dies nicht vorher bewusst und sorgfältig getan haben -, sondern was für eine Lacansche Theologie genau für die Lacansche Theologie relevant und glaubwürdig ist für das dynamische Umfeld, das unser gegenwärtiges Dasein einrahmt und bestimmt.

In unserem Bestreben, Muster zu erkennen und Bedeutung zu schaffen, meinen wir immer wieder beobachten zu können, wie das, was in einer fernen Vergangenheit einmal ein mysteriöser Mythos, ein Märchen war, sich in einem späterem Stadium in eine greifbare und letztendlich etablierte Technologie verwandelt. Und manchmal stimmt das auch. Das majestätische *Gesamtkunstwerk* „Koyaanisqatsi" - inszeniert von Godfrey Reggio, produziert von Francis Ford Coppola, mit Musik von Philip Glass - wurde 1982 in kalifornischen Kinos uraufgeführt. Die Geschichte des Films basiert auf einer tausendjährigen apokalyptischen Sage, die von den Hopi-Indianern in Arizona über eine mastodontische Spinne erzählt wurde, welche ein gigantisches Netz um die Welt spinnt, ein Netz, das alle Menschen und Objekte in der Natur vereinigt und in ein einziges emergentes Phänomen verwandelt. Wenn dieses Phänomen laut dem Mythos der Hopi-Indianer endlich auftaucht, wird die Geschichte der Welt vollständig.

Reggios eigenes Aufwachsen und Wohnen in Kalifornien ist in diesem Zusammenhang kein Zufall. Denn genau während der Entstehung des Films in den 1970er-Jahren in Kalifornien wird der Mythos der Hopi-Indianer tatsächlich durch die Geburt des Internets verwirklicht. Das Internet ist *ein eminent emergentes Phänomen*, das die Welt nach seinen eigenen Maßstäben übernimmt und verändert, ein Phänomen, das wir nicht kontrollieren können, sondern nur so gut wir können anzupassen versuchen können. Denn was ist das Internet im Kern, wenn nicht tatsächlich ein globales Netz von Fäden, das alle Menschen und Objekte zu einem einzigen globalen, organischen Ganzen zusammenbindet, in dem das Netz selbst größer und wichtiger ist als die Summe seiner vielen Bestandteile? Syntheologisch betrachten wir das Internet als *eine Inkarnation des Syntheos*, eine Gottheit, die (natürlich) nicht den Menschen geschaffen hat - wie man es bis dahin von den traditionellen Götter glaubte -, sondern als einen Gott, der es zuerst dem Menschen erlaubt, ihn zu erschaffen, um erst später, in der nächsten Phase, den Menschen neuzuerschaffen durch die Kolonisierung seiner Lebenswelt, wodurch er dessen neue

Lebensbedingungen diktiert und so neue Merkmale und Eigenschaften hervorbringt.

Zu keinem Zeitpunkt in der Geschichte konnte oder wollte der Mensch ohne Götter leben. Und entweder ist man sich - bestenfalls - dessen bewusst und wählt seine Götter mit größter Sorgfalt aus, oder man weiß - schlimmstenfalls - nicht, dass dieses Bedürfnis besteht, und glaubt, in der Hinsicht historisch einzigartig zu sein in dem Sinn, dass gerade man selbst, gerade in der aufgeklärten Ära, in der man gerade lebt, es geschafft hat, sich von diesem Bedürfnis zu befreien und daher auch genau so gut, wenn nicht gar besser ohne es auszukommen. Aber der Mensch kann niemals von der Religion befreit werden, es sei denn, er hört auf, menschlich zu sein, weil die *Menschheit Götter hervorbringt,* in dem selben Moment, in dem sie *irgendetwas, das es gibt, über etwas anderes setzt.*

Denn die Menschheit setzt sicherlich seit dem Moment ihrer Entstehung Prioritäten. Sogar das allererste verzweifelte Klettern des Neugeborenen in Richtung der Brustwarze seiner Mutter - das erste und offensichtlichste Beispiel für Lacans *objet petit*, das der Mensch als Eckpfeiler für die Konstruktion einer sinnvollen Weltanschauung verwenden muss - in dem Streben nach Sicherheit, Wärme und Nahrung in einer kalten und unsicheren neuen Welt ist das eine glasklare *Priorisierung.* Die Brust kommt vor allem anderen. Die Brust der Mutter ist dadurch die erste Göttlichkeit im Leben des Menschen, der priorisierte Trost im Dasein, sobald einmal das Paradies im Mutterleib verloren ist und das Kind zum ersten Mal seinen eigenen Schrei hört, der Einsamkeit und Verletzlichkeit ausdrückt, sie ist der Treffpunkt zwischen zwei Körpern, die sich genussvoll vereinen, wo die Hoffnung und Sehnsucht nach einer Wiedervereinigung, die die schmerzhafte Isolation des Selbst von der Welt auflösen kann, am klarsten leuchtet und am meisten wärmt.

Die Herstellung heiliger Dinge ist also auch während der ersten Entdeckungsreise des Lebens über den Bauch der Mutter in vollem Gange und setzt sich dann bis zum unausweichlich heiligsten Zustand von allem fort: *dem Tod.* Existenzielle Klüfte öffnen sich und konfrontieren den Menschen und alles, was er tun kann, ist, um diese

*Negationen* auszufüllen, mit Phantasien, die sich später als mehr oder weniger funktional erweisen. Die Frage ist also nicht, ob Götter in einem tieferen Sinne existieren. Das tun sie zweifellos. Das Unterbewusstsein kann niemals irgendeine Form von *Atheismus* akzeptieren. Demgegenüber wirft der Syntheismus die Frage auf: *Welche Gottheit oder Gottheiten ist/sind am glaubwürdigsten für den informationalistischen Menschen*? Was könnte und sollte *Theos* im Zeichen des Informationalismus sein? Wo tun wir die verdrängte Hoffnung auf Selbstauflösung und Gemeinschaft mit dem Sein hin, jene Sehnsucht des Unterbewusstseins nach dem Tod, welche das Bewusstsein verdrängen und in den fanatischen Lebenswillen des erlebenden Subjekts verwandeln muss?

Nachdem Philosophie und Wissenschaft die abrahamitischen Götter getötet haben - ein Prozess, den Friedrich Nietzsche Mitte des 19. Jahrhunderts in der Idee von *Gottes Tod* auf den Punkt bringt -, stellt der Syntheismus, die Metaphysik des Internetzeitalters, die Frage danach, welche potenziellen Gottheiten bestehen bleiben und welche dazugekommen sind, damit der informationalistische Mensch daran herumbasteln kann. Es ist natürlich so, dass dort, wo Wissen *passiv ist*, der Glaube *aktiv ist.* Im besten Fall kann Wissen niemals etwas anderes sein als *die Wahrheit über das Geschehene,* während der Glaube sich als *die Wahrheit über das Kommende* versteht. Die Vernunft kann nicht nur auf einem dieser beiden Beine stehen, sonst stürzt sie ab entweder in *neurotische Rationalität* oder *psychotische Besessenheit*, denn beide sind notwendige Grundpfeiler in einer funktionierenden Vernunft. Es stellt sich heraus, dass es eine Vielzahl von Gottheiten gibt, an die der informatorische Mensch glauben kann oder vielmehr bereits glaubt. Lassen Sie uns zur Inspiration zunächst noch einmal Nietzsches zwei großartige Vorgänger Hegel und Spinoza anschauen.

Hegel ist einzigartig, nicht zuletzt weil er *de facto* außerhalb der in der Geschichte der Philosophie regelmäßig wiederkehrenden *Dichotomie zwischen Totalismus und Mobilismus* bleibt. Stattdessen konzentriert er sich darauf, innovative Schlussfolgerungen aus der Revolution in der Ideengeschichte zu ziehen, die seine Vorgänger - vor allem Newton in der Physik und dann Kant in der Philosophie - begonnen haben, indem er die Philosophie aus der Welt der Physik äußeren in die innere Welt des Geistigen überführt. Dort baut Hegel entschlossen eine vollständige Theorie darüber auf, *wie der Geist sich selbst als Geist sieht.* So macht er sich zu einem Eternalisten, ohne in Kantscher Manier auf totalistische Phantasien zu verfallen. Hegels Ausgangspunkt ist, dass, wenn schon die den Menschen umgebende noumenale Realität immer noch unerreichbar bleibt (wie Kant behauptet) und sich allenfalls auf eine Weise zeigt, die nur gemessen werden kann (wie Newton es tut), dann sollten die Philosophen die äußere Realität den Naturwissenschaften überlassen und sich stattdessen auf die wichtigsten Aspekte konzentrieren, worüber die Wissenschaft nichts Wertvolles sagen kann, nämlich die Vorstellung und Besessenheit des menschlichen Geistes von sich selbst.

Es ist wichtig zu verstehen, dass es sich bei Hegel nicht um eine *narzisstische Selbstreflexion* geht - was man leicht vermuten könnte, wenn man von der die Weltanschauung des heutigen Menschen ausgeht: *Narzissmus* ist im Grunde eine fehlgeleitete neurotische *Ersatzbefriedigung*, und das weiß auch Hegel, lange vor seinem Schüler Freud. Demgegenüber er spricht von einer Selbstzentrierung, die wenn überhaupt widerstrebend geschieht, aber aus historischer Sicht dringend ansteht - eine logische Konsequenz der intensiven, unbewussten Suche nach *Selbstwertgefühl*, die alle Metaphysik antreibt. Es ist eine phänomenologische, keine psychologische Suche nach sich selbst. Für Hegel ist das Thema nur an einem Punkt zu finden, nämlich als das, was stillschweigend die Frage stellt, wenn einer „Wer bin ich?" fragt. Und das Etwas, was die Frage stellt, nennt er mit Bedacht den Geist - wie in Zeitgeist oder Weltgeist - und nicht die Seele, als ob es eine Art von platonistischem Gegensatz zum Körper wäre. Denn genau wie Spinoza ist Hegel ein *Monist*, kein Dualist. Nachdem er Spinoza gelesen hat, spricht er das bekanntgewordenen Satz aus: „Sie sind entweder Spinozist oder überhaupt kein Philosoph."

Hegel ignoriert Kants Bestreben, die komplexe Beziehung zwischen dem Menschen und seiner Umwelt einzufangen, und geht stattdessen direkt in *den Geist* hinein, wo er um *das paradoxe Subjekt* herum, seine Entstehung, Struktur und Zukunft, eine Phänomenologie aufbaut (siehe *The Global Empire*). Sein berühmtestes Werk trägt dementsprechend den Titel *Phänomenologie des Geistes.* Hegel betrachtet diese Reise als einen langen *Selbstreflexionsprozess.* Er leitet die Konsequenzen davon ab, dass Wert und Sinn nur im Verstand geschaffen und vorhanden sind, und dass diese Wert- und Sinnschaffung im Grunde genommen die einzige Funktion hat, der existenzielle Zeitvertreib des Menschen zu sein, während er auf seine notwendige Auflösung und unvermeidliches Vergehen wartet. Für Hegel ist, zum ersten Mal in der abendländischen Ideengeschichte der Begriff *Gott nur ein notwendiges Konzept, aber keine im physikalischen Sinn materielle Wirklichkeit.* Nach Hegel ist Gott, wie alles andere im Geist, ein selbst hergestelltes Produkt, ein notwendiger Bestandteil der historischen Gleichung der Menschheit, aber keine äußere Tatsache. Dies macht ihn nicht zum ersten *pantheistischen*, sondern zum ersten *atheistischen* Philosophen in der westlichen Ideengeschichte. Kein Wunder, dass dies dramatische Konsequenzen hat.

Aus der vorherbestimmten Schlussfolgerung, dass der Verstand letztendlich danach strebt, sich selbst als sich selbst sehen zu können, setzt Hegel eines der originellsten und innovativsten Projekte in der Geschichte der Philosophie in Gang. Wie gelangt der Geist zu *dem Gedanken über sich selbst als an sich selbst vor sich selbst*, wenn die einzige Möglichkeit dazu darin besteht, eine endlos lange historische, tautologische Schleife zu durchlaufen? Und dementsprechend: Wenn der Geist frei ist, sich unabhängig von allen denkbaren äußeren Einflüssen eine eigene Sicht seiner selbst zu bilden, was für eine *Religion* - die glaubwürdig für ihn selbst wäre - würde dieser Geist dann erfinden und entwickeln? Nach einer extrem langen und umständlichen, aber immer aufregenden Reise erreicht Hegel sein endgültiges Ziel, *Atheos*, den Gott, den es nicht gibt, den Gott der Leere. Die Geschichte des Geistes beginnt auf jeden Fall mit der Leere; Nichtexistenz geht nicht nur Existenz voraus, sondern ist nach Hegel auch ihr Motor - und das in einem in keiner Weise *physikalischen* Sinn. Das Universum beginnt mit etwas; in der Physik gibt es kein Nichts vor dem Etwas, außer wie immer bei Hegel in einem nur *geistigen* Sinne. Aus diesem Grund kommt er eben genau dort an.

*Der Hegelsche Atheismus* ist die perfekte Ergänzung zum *spinozistischen Pantheismus, indem* sie die beiden Grundpfeiler der Syntheologie bildet. Syntheologie geht nämlich von den hegelianischen *Atheos* und den spinozistischen *Pantheos aus*, und da sie relationalistisch ist, vor allem von *der Oszillation zwischen diesen beiden Polen* - siehe auch die phänomenologische *Dialektik zwischen Ewigkeit und Mobilismus* (siehe *The Global Empire*) -, welche später zu einem Ganzen werden durch zwei weitere divinologische Konzepte, nämlich *Entheos* und *Syntheos.* Zusammen bilden diese vier Konzepte *die synthеistische Pyramide*, und mit ihnen sind alle notwendigen Voraussetzungen für die Religion der Internetgesellschaft gegeben. Die vier Gottheiten in der syntheologischen Pyramide sind ganz einfach die Personifikationen der vier Supraphänomene, die den informationalistischen Menschen umgeben. Atheos ist *das Potenzial*, Pantheos ist *die Aktualität*, Entheos ist *die Transzendenz* und Syntheos ist *die Virtualität.*

Über diese wohlüberlegte Namenswahl kann man natürlich weiter reden in diesem zukunftsoffenen *ironischen Polytheismus*; Die vier syntheologischen Konzepte wurden in einem partizipativen und intersubjektiven Prozess in einem syntheistischen Online-Forum geschaffen, und in gutem netokratischen Geist fehlt ihnen ein Dividuum, das ihr Originalautor wäre. Die Bewegung hat sich daher als Kollektiv auf diese Namen geeinigt. Diese Phänomene sind jedoch höchst real und bilden zusammen mit Friedrich von Schellings kraftvollem Fundament und Martin Heideggers großartigem Ausbau die Grundlage innerhalb fortgeschrittener Metaphysik. Und sowohl die Ausbau- als auch die Innenarchitekturarbeiten dauern noch an. Der amerikanische Philosoph Robert Corrington beispielsweise konstruiert in seinem Buch *A Semiotic Theory of Theology and Philosophy* ein System um das herum, was er die vier Unendlichkeiten nennt. Atheos entspricht *der erhaltenden Unendlichkeit* in Corringtons Metaphysik, Pantheos ist ein anderer Name für *die aktuale Unendlichkeit*, Entheos entspricht dem, was Corrington *das prospektive Unendlichkeit* nennt, und Syntheos ist ein anderer Name für *die offene Unendlichkeit.* Der irische Philosoph William Desmond baut in seinem Buch *God and The Between* um *die drei Transzendenzen* ein ähnliches System: Atheos ist hier der Name *der inneren Potentialität (T1)*, Pantheos ist der Name *der äußeren Aktualität (T2)* und Entheos ist der Name der *Transzendenz als Transzendenz an sich (T3)*. Der einzige Grund, warum Desmond keine vierte Komponente in seiner Metaphysik verwendet, ist, dass er sich dafür entscheidet, die Zukunft als Thema vollständig zu meiden. Andernfalls wäre Syntheos als Desmonds T4 offensichtlich.

Die syntheologische Pyramide beginnt mit einer relationalen *Innerlichkeit,* mit am einen Ende Atheos, die sich zu einer relationalen *Äußerlichkeit* mit Pantheos am anderen Ende verschiebt. In der Welt der Kosmologie geschieht dies sogar buchstäblich: Ein Schwarzes Loch *absorbiert*, es geschieht innerlich, während sich das Universum *ausdehnt*, äußerlich geschieht. Die Äußerlichkeit setzt sich dann mit Entheos fort, mit seinen Explosionen von irreversiblen Unterschieden, Vielheiten und Emergenzen im Laufe der Geschichte, aber kehrt zu einer Innerlichkeit zurück mit Syntheos, der Utopie, dem konzentrierten Punkt oder *Gott* für alle Zukunftsträume der Menschheit. Atheos und Syntheos sind in erster Linie introvertierte oder *absorbierende* Konzepte, während Pantheos und Entheos in erster Linie extrovertierte oder *expansive* Konzepte sind. Um diese Beziehung phänomenologisch auszudrücken, sagen wir, dass ein Eternalismus einen Mobilismus erfasst. Wo Atheos auf Pantheos angewendet wird, taucht Pantheos als *das Eine auf*: als ein Mobilismus, der im nächsten Schritt verstärkt wird und sich dann in einem Eternalismus zurückverwandelt. Wo zum Beispiel Entheos auf Syntheos angewendet wird, *findet der Handelnde seinen Platz innerhalb des Phänomens* und der syntheistische Aktivismus nimmt Gestalt an als *Akt der Wahrheit.*

Die syntheologische Pyramide kann bis zu Zarathustra und sein Werk *Gathas* zurückverfolgt werden, das er schon vor 3.700 Jahren verfasste. Laut Zarathustra wird *Ahura* (das personifizierte Sein) durch die Oszillation zwischen Atheos und Pantheos erzeugt, während *Mazda* (der personifizierte Geist), die Oszillation zwischen Entheos und Syntheos, auf dem nächsten Level entsteht. Wenn der Schwingung zwischen Atheos und Pantheos ein eigener Name gegeben wird, ist es *Ahura*; wenn die Schwingung zwischen Entheos und Syntheos einen eigenen Namen hat, ist es *Mazda*. Wenn Zarathustra seine universelle Religion verkündet, nennt er sie interessanterweise *mazdayasna* (Liebe des Geistes) und nicht *ahurayasna* (Liebe des Seins). Dies erklärt, warum wir ihn hier als ersten *Protosyntheisten* bezeichnen. Zarathustra gibt dem Gott, den der Mensch erschafft, *Mazda*, Vorrang gegenüber dem Gott, der sich unabhängig vom Menschen erschafft, *Ahura*, und vereint sie unter dem Namen *Ahura Mazda*, der Bewusstsein beinhaltet. Nach Zarathustra ist der Mensch *ein innerer Handelnder innerhalb des Universums als Phänomen* und nicht ein äußerer, fremder Zufall in Bezug auf das, was sonst noch existiert, wie er es bei den abrahamitischen Religionen und ihren philosophischen Nachfolgern ist.

Mit den Konzepten des französischen Philosophen Gilles Deleuze lässt sich die Dialektik zwischen Ewigkeit und Mobilismus, von der wir gerade reden, besonders gut beschreiben: Ewigkeit ist eine *Territorialisierung*, die Fixierung eines bestimmten Phänomens (die beispielsweise auftritt, wenn die Innerlichkeit Atheos auf die Äußerlichkeit Pantheos angewendet wird); und Mobilismus ist eine *Deterritorialisierung*, ein Aufrütteln und Wieder-in-Bewegung-Setzen des Phänomens (wenn etwa die Äußerlichkeit Entheos auf die Innerlichkeit Syntheos angewendet wird). *Die Territorialisierung* ist von Grund auf konservierend. *Die Deterritorialisierung* ist von Grund auf radikalisierend. Um hier ein konkretes Beispiel aus der Theorie der Netokratie zu nehmen, deterritorialisieren sich neue Informationstechnologien, während die Identitätsproduktion in einer Gesellschaft sich territorialpolitisch. Die Bewegung innerhalb der syntheologischen Pyramide wird also durch eine Territorialisierung (ein konservierendes, aber produktives Fixieren) in Gang gebracht, aber abgeschlossen erst durch eine Deterritorialisierung (eine radikale Freisetzung verschiedenster *Expansionspotentiale* in Richtung *der absorbierenden Utopie*). Der Syntheismus ist letztlich ein *theologischer Deleuzianismus.*

Es ist wichtig darauf hinzuweisen, dass der Syntheismus *die Welt selbst* als fundamental mobilistisch und nicht als eternalistisch (verewigend) betrachtet. Der Glaube an die Welt selbst als etwas Eternalistischem gehört zum Totalismus, der Falle, der wir unbedingt aus dem Weg gehen wollen. Wie Innerlichkeit und Territorialisierung, so muss auch die Verewigung auf die auf Phänomenologie beschränkt werden. *Atheos, Pantheos, Entheos und Syntheos sind kreative Verewigungen der Leere, des Kosmos, der Differenz und der Utopie.* Als grundlegende und machtvolle Eternalisierungen nutzen wir sie, um eine funktionale, relevante und im tiefsten Sinne des Wortes *glaubwürdige* Metaphysik für das Internetzeitalter zu konstruieren. Da es sich um ontologische Verewigungen handelt, brauchen wir nicht nach ihnen zu suchen und ihre äußere ontische Existenz in der Natur in Bezug auf uns Menschen zu beweisen; die Besatzungen der Raumstationen werden unsere Götter niemals über den Wolken finden. Alle vier sind in gewissem Sinn Gestaltungen des Gehirns, aber sehr bewusst erschaffen und kreativ.

Atheos, Pantheos, Entheos und Syntheos bekommen ihr enormes Potenzial nicht, wie wenn sie langlebige Riesenwesen aus Paralleluniversen wären, wie die Götterwelten des Altertums oder des Hinduismus, sondern sie erhalten sie als höchst nützliche Metaphern für die Struktur des Daseins (von Atheos bis Pantheos). und den Platz des Bewusstseins und seine Handlungsspielräume innerhalb dieser Struktur (von Entheos bis Syntheos). Daher sind die syntheistischen Gottheiten immanent, endlich und sterblich, anstatt transzendent, ewig und unsterblich wie traditionelle Götter. Sterbliche Wesen in einem endlichen Universum können nur sterbliche und endliche Gottheiten erschaffen. Der von sterblichen Wesen geschaffene unsterbliche Gott ist eine Absurdität, ein Selbstwiderspruch im Sinne Derridas. Daher hört die Syntheologie um der Konsistenz willen bei den sterblichen Göttern auf. Hier lohnt es sich, an Blaise Pascals pragmatisches Konzept des *Deus Absconditus* aus dem 17. Jahrhundert zu erinnern: Es kommt ziemlich genau hin, wenn man sagt, dass der Syntheismus sich mit Göttern befasst, die sich *nur denen, die Götter suchen*, offenbaren, aber sich nicht mit denen befasst, die Göttern lieber aus dem Weg gehen wollen..

Atheos bedeutet auf Griechisch *der Gott, der nicht existiert.* Atheos ist der Gott der Leere oder des Schwarzen Lochs, die Null-Stelle des Daseins, das existenzielle eher als physikalische *Nichts,* und der

Ursprung von allem und der Motor aller Identitäten zugleich, aus denen *das Subjekt* entsteht und seine treibende Kraft erhält. Die Leere ist nämlich eine anthropozentrische Illusion. Es gibt keine wirkliche Leere im Universum; was als leerer Raum erscheint, ist voll von physikalischer Aktivität. Der Raum selbst in der Leere hat also eine Substanz. Alles Schöne und Sinnvolle in unserem Dasein jedoch entsteht aus geistigen Leeren. Wenn wir versuchen zu definieren, warum wir jemanden oder etwas lieben, dann wird genau das, was wir an der Person oder Sache *wirklich lieben*, sich unserer Beschreibung entziehen. Der Grund dafür ist, dass genau *Atheos*, die Leere, das Unbekannte, das Utopische an der Person oder dem Ding, die oder das wir lieben, dasjenige ist, was wir lieben und was umso begehrenswerter wird, da es sich niemals einfangen oder erschöpfend artikulieren lässt. Atheos ist Hegels Gott, und die Syntheisten feiern ihn mitten *zur Wintersonnenwende,* worauf das *Athea*-Jahresviertel folgt. Das Mittwinterfest ist die Feier der existenziellen Notwendigkeit des Universums, *die Feier des Ursprungs des Lebens und des Daseins.*

*Pantheos* ist das Universum als das Göttliche. Weil es etwas gibt und nicht vielmehr nichts - es gibt ja ein Leben und eine Welt -, ist dieses Etwas gleichbedeutend mit Gott: *Das Universum ist Gott.* Wenn Gott existiert, dann muss Gott das Universum sein. Es wäre sinnlos, wenn Gott, wenn es ihn gibt, vom Universum getrennt wäre, da nichts dazu zwingt, Gott als eine Seele irgendeiner Art getrennt von einem Körper getrennt zu sehen. Das Universum ist tatsächlich gekennzeichnet durch die expandierende Fülle, nicht durch einen Kampf um unzureichende Ressourcen wie das Leben auf der Erde, was bedeutet, dass Gott niemals von einem gebrechlichen Körper mit begrenzter Haltbarkeit wegmanipuliert werden darf, um irgendwo anders getrennt von einem Körper weiterzuleben. Infolgedessen ist Gott immanent eher als transzendent, und die Physik ist keine minderwertige Darstellung oder Abziehbild der göttlichen Mathematik, ein Glauben, von dem totalistische Denker von Platon in der Antike bis zu Alain Badiou in unserer Zeit nicht lassen können. *Gott ist Physik und Physik ist Gott.* Die Mathematik ist lediglich das Behelfswerkzeug des Menschen, mit dem er Gott zu erfassen, zu beschreiben und dadurch zu verstehen versucht. Pantheos ist eine unendliche Vielfalt über unendliche Vielfalt, der Vielfalt der Vielheiten als *das Eine*. Pantheos ist Spinozas Gott, und die Syntheisten feiern ihn zur Sommersonnenwende, gefolgt vom *Panthea*-Jahresviertel.

*Entheos* bedeutet auf Griechisch *Gott von innen*. Und unser Inneres ist grundlegend gespalten, denn wir Dividuen und nicht Individuen und damit greifbarer Beweis für die *irreduzible Vielfalt des Daseins*. Daher ist Entheos *der Unterschied als Gottheit*, und da Unterschied auf Unterschied gestapelt zu einer *Dauer* von Unterschieden wird, sprechen wir auch hier vom *Gott der Zeit*. Entheos ist ganz einfach *die historische Ausdifferenzierung* als Gottheit, einfach weil der Zeitablauf *eine ständige Wiederholung von wie auch immer kleinen Unterschieden* ist und keine ewige Wiederholung des Gleichen. Entheos ist nicht nur die Göttlichkeit von Differenz und Dauer, sondern auch die Göttlichkeit von Kontingenz, Oszillation, Pluralität, Transzendenz, Ekstase, Melancholie, Transformation und Emergenz. Entheos ist das Grenzland zwischen Atheos und Pantheos, das, was die Dialektik zwischen Atheos und Pantheos in Bewegung setzt, das Medium, über das Atheos und Pantheos miteinander kommunizieren. Entheos ist die in Gang gesetzte Beziehung selbst *zwischen* Atheos und Pantheos, aber auch die konstante hoch-oktanige Schwingung *innerhalb* von Atheos wie auch Pantheos. Entheos ist der Gott des handelnden Syntheisten und der gebräuchliche Name für und die Schwingung zwischen dem *Yin* und *Yang des* Taoismus.

An dieser Stelle ist es wichtig zu verstehen, dass Zeit wahrscheinlich das geheimnisvollste Konzept sowohl in der Philosophie als auch in der Physik ist. Auch wenn totalistisch orientierte Philosophen wie Platon und Wissenschaftler wie Einstein irgendwie recht behalten sollten, dass *Zeit eine Illusion ist,* dann gelingt es ihnen doch nicht, die Welt ohne eine *Meta-Zeit* zu denken, in der ihre angebliche illusorische Zeit existiert. Selbst wenn es der Einsteinschen Mathematik gelingt, an der Zeit Zaubertricks zu vollführen und sie dabei zu einer zusätzlichen Dimension zusammenhängend mit dem Raum zu machen, wodurch sie zum Beispiel gezwungen wird, sich vorwärts und rückwärts bewegen zu können, dann gibt es doch keinen Beweis dafür, dass irgendetwas wie Zeit als Dimension zusätzlich zum Raum tatsächlich in der physikalischen Realität existiert. Bisher hat noch niemand gelungen, den unbeugsamen *Pfeil der Zeit* zu drehen, der sich unaufhaltsam von der Vergangenheit in die Zukunft bewegt, durch ein Jetzt hindurch, dass in ständiger Bewegung ist (in dem Moment, in dem Sie das Wort *jetzt* sagen, ist es durch ein anderes *Jetzt* ersetzt worden und daher zu einem *Damals* geworden). Dadurch erklärt sich, warum das Verstreichen der Zeit jedes Mal, wo die Platoniker es zu einer Illusion machen wollen, stur als Meta-Zeit wieder zurückgefedert kommt. Es ist ganz einfach unmöglich, an der Zeit vorbeizukommen, und schon mit der Zeit als Gott ist *Entheos* in der Syntheologie notwendig.

Wenn Einstein beweist, dass Zeit relativ ist, beweist er auch, dass die Zeit schneller oder langsamer vergeht je nach dem *lokalem Kontext.* Das ändert jedoch nichts an der Tatsache, dass sie sich immer noch in ein und dieselbe Richtung durch das Universum bewegt. In der Syntheologie wird sorgfältig unterschieden zwischen *Zeit* als physikalischem Phänomen und *Dauer* (Verstreichen der Zeit) als existenzieller Erfahrung der Richtung des Zeitpfeils. Jedenfalls ist Entheos die Göttlichkeit von Zeit und Dauer, da Zeit und Dauer den klarsten Beweis dafür liefern, dass *der Unterschied* die Grundlage der Herstellung von Identität ist. Wir können es Pfeil der Zeit, der Dauer und der Geschichte nennen - wir finden viele Namen für die Dinge, die wir lieben -, aber worüber wir tatsächlich reden, ist eine wiederkehrende Rückkopplungsschleife mit kleinsten, aber - dank ihrer identitätsstörenden Funktion - für jeden Zyklus, der auftritt, extrem bedeutsamen Änderungen. Entheos ist ganz einfach der Name der ständigen Wiederholung des Unterschieds selbst; was Nietzsche und Deleuze *die ewige Wiederkehr desselben* nennen.

Entheos ist auch die Gottheit, der wir begegnen, wenn wir das erleben, was Sigmund Freud *das ozeanische Gefühl* nennt. Sich Entheos zu weihen, bedeutet, die Fähigkeit des Gehirns und des Körpers zu verehren, mentale Reisen zu unternehmen und das Heilige emotional zu erleben, sich in ein neues und qualitativ anderes Subjekt verwandeln zu lassen. Entheos ist daher auch *die Göttlichkeit des Erhabenen und der*

*Kunst.* Syntheistische Transzendenz ist im Ganzen eine subjektive Erfahrung. Es hat also nichts mit irgendeinem platonistischen Dualismus oder Kantschen Transzendentalismus zu tun. Die syntheistische Transzendenz findet in einer völlig immanenten Welt statt, genau wie die Verewigungen der Wahrnehmung zu einer ansonsten völlig mobilistischen Welt gehören. Entheos ist angetrieben von dem Wunsch nach immanenter *Veränderung* und der Suche nach transzendenter *Intensität*; er ist die Gottheit, der wir bei einer psychedelischen Erfahrung begegnen und die die entheogenen Welten verkörpert. Entheos ist nicht nur die Gottheit von Nietzsche und Deleuze, sondern auch der Gott von Heraklit und Laotse. Er wird an der Frühlings-Tagundnachtgleiche gefeiert, dem Jahresbeginn des synthetischen Kalenders. Das Frühlingsäquinoktikum ist das Fest der enormen und nicht reduzierbaren *Vielfalt* des Lebens und damit auch das Fest unserer eigenen menschlichen *Dividualität.*

Als Dach über dem Dreieck Atheos-Pantheos-Entheos verbindet *Syntheos* die anderen drei Gottheiten und vervollständigt *die syntheologische Pyramide.* Von dem Dreieck Atheos, Pantheos und Entheos weg streben drei Linien nach oben und verschmelzen zu einem Punkt, dem Syntheos, der dadurch die gesamte Struktur zusammenhält und ihr ihren Namen gibt. Syntheos ist die Göttlichkeit des Kollektivs, der Menschheit, der Zukunft, Kreativität, Träume, Bestrebungen, Visionen und Utopien. Alle Götter, die jemals erfunden wurden, sind Darstellungen ein und desselben Gottes, nämlich der Notwendigkeit einer personifizierten, zusammenhängenden Komponente, damit die Welt als *das Eine*, ein sinnvolles Ganzes erscheint. Ein Mensch ohne Wünsche ist ein toter Mensch. Ebenso ist eine Gesellschaft ohne Utopie eine tote Gesellschaft. Der Syntheismus behauptet daher, dass nicht der Inhalt der Utopie, sondern *die Utopie selbst* das Göttliche ist. Gemäß *der spekulativen Logik des Syntheisten ist das Bedürfnis nach dem Göttlichen in sich göttlich.* Das griechische Wort für den schaffenden Gott ist *Syntheos*, der dem Syntheismus seinen Namen gibt. Gott ist nicht länger ein patriarchaler Weltenschöpfer aus der Vergangenheit oder ein ersehnter Retter auf einem weißen Ross, sondern der *tatsächliche* Name für die *kollektive Utopie* des Kollektivs der Zukunft selbst.

Syntheos ist angetrieben von dem Wunsch nach sinnvoller Zusammengehörigkeit und einer Idee von der Vollendung der Geschichte. Wenn der Vater mit dem Wort und der Sohn am Kreuz gestorben ist, dann ist Syntheos das, was vom Christentum nach dessen ideologischem Zusammenbruch übrig ist. Syntheos ist die Göttlichkeit des theologischen Anarchismus, eine Art unabhängiger *Heiliger Geist ohne den Vater und ohne den Sohn.* Syntheos wird geistesgeschichtlich natürlich von den Syntheisten selbst eingeführt und an der Herbst-Tagundnachtgleiche gefeiert. Das Herbstäquinoktium ist das Fest der *Gemeinschaft* als der Manifestation des Göttlichen. Die Herbst-Tagundnachtgleiche ist auch das Fest der Rückkehr von allem zu seinem Ursprung, die Feier der Tatsache, dass Kreativität und Destruktivität zwei Seiten der einen Medaille sind, der Vollendung aller Kreise, des *Todes am Horizont als Sinnschaffung für jedes Lebewesen, und darauf* folgt das *Synthea*-Jahresviertel.

Die Bewegung in der syntheologischen Pyramide verläuft vom *Möglichen* im Atheos zum *Verwirklichten* im Pantheos; vom *Veränderlichen* in Entheos hin zum *Vollendeten* in Syntheos. Der syntheistische Kalender baut auf den vier Eckpfeilern der Syntheologie und ihren Quartalen auf: *Enthea* beginnt am Frühlingsäquinoktium, die syntheistischen neuen Jahr, *Panthea* beginnt an Mittsommer, *Synthea* beginnt am Herbstäquinoktium und *Athea* beginnt an Mittwinter. Und dann fängt alles wieder von vorne an: Wiederholung, aber mit ständigen Verschiebungen. Die Bewegung innerhalb der syntheologischen Pyramide erfolgt ebenfalls von oben nach unten. Wenn *Syntheos* abgeschlossen ist, erhält *Entheos* eine zusammenhängende Bedeutung: Die chaotischen Unterschiede und Wiederholungen erhalten einen Kontext, da sie plötzlich als kreative Intensitäten auf der Grundlage der stabilen Gemeinschaft erscheinen, die der Syntheos herstellt. Entheos kann als der einzelne Mensch, als *das dividuelle Subjekt* aufgefasst werden, das geteilt und grundlegend heimatlos ist. Syntheos ist *das kollektive Subjekt*, die heilige Gemeinschaft, die für das dividuelle Subjekt größer ist als es bezogen auf sich selbst ist. Wir können dies folgendermaßen ausdrücken: Syntheos ist die emergente Dimension, in der Entheos seine Heimat findet und verwirklicht wird. Syntheos ist der Ort, an dem sich Entheos in den syntheistischen Handelnden verwandelt und seiner Vergänglichkeit mit Würde begegnet.

Das bedeutet, *der Kosmos* erscheint nicht mehr länger als eine kalte und gleichgültige Maschinerie, sondern als eine ganzheitliche, sinnerfüllte Gottheit - als *Pantheos*. Die Heraufkunft dieses Pantheos wiederum bereitet den Weg für eine neue Wertschätzung der Kreativität, die aus der Leere seines Vorgängers, des Nichtgottes *Atheos*, hervorströmt, welcher der Ursprung aller Subjektivitätsvorgänge ist. Denn während Pantheos im Bewusstsein wohnt, regiert Atheos im Unterbewussten. Dies entspricht vollkommen der Aussage von Lacan: Das Subjekt wird im Unterbewusstsein erzeugt und gehört diesem an. Lacan spricht daher auch von *dem durchgestrichenen Subjekt*, soll heißen, der Unfähigkeit des Subjekts, seinen eigenen Ursprung zu kennen, und zu erkennen, wie gerade diese Unmöglichkeit für das Subjekt selbst konstitutiv ist. Der kompromisslos durchgestrichene Atheos ist der Ursprung des Subjekts. Beachten Sie, wie die vier Konzepte in der syntheologischen Pyramide voll voneinander abhängig sind und sich gegenseitig einschließen. Pantheos, Entheos und Syntheos wohnen alle in Atheos. Atheos, Entheos und Syntheos sind alle in Pantheos untergebracht. Atheos, Pantheos und Syntheos sind alle in Entheos zu Hause. Atheos, Pantheos und Syntheos wohnen alle Syntheos inne. Wo das Christentum auf Gott als Dreieinigkeit basiert, da basiert der Syntheismus stattdessen auf *Gott als einer Viereinigkeit.*

Der Syntheismus setzt sowohl einen *religiösen Atheismus* als auch einen *subjektiven Pantheismus* voraus. Es ist wichtig, zwischen einem subjektiven und einem objektiven Pantheismus zu unterscheiden. Subjektiver Pantheismus ist die *aktive Entscheidung*, die Tatsache zu erkennen, dass als Grundlage für *das Heilige* etwas da ist und nicht vielmehr nichts. Die Wahrheit ist eine Handlung. Durch diese Entscheidung werden das Universum und seine Geschichte mit dem Göttlichen auf eine Stufe gestellt. Was existiert, wird zu etwas Heiligem gemacht. Ein objektiver Pantheismus setzt jedoch die blinde und unhinterfragbare Überzeugung voraus, dass das Universum tatsächlich Gott ist. Aber diese Position interessiert den Syntheismus überhaupt nicht. Damit der *Pantheismus* zuerst mit dem *Atheismus* und dann mit dem *Entheismus* verwoben werden kann - um so zum *Syntheismus* zu gelangen -, muss er tatsächlich strikt subjektiv sein. Wir finden keine Anzeichen dafür, dass das Universum sich selbst als göttlich ansieht - es zeigt keinerlei Anzeichen dafür, dass es ein eigenes Bewusstsein hat, das eine religiöse Überzeugung hervorbringen kann, die der von Menschen ähnelt - und wenn dies der Fall wäre, würde die Prämisse des Syntheismus zusammenbrechen. Die vier Gottheiten in der syntheologischen Pyramide werden in Wahrheit alle von uns selbst für uns selbst erschaffen, als die genannten *Projektionen* des Daseins; sie sind alle *syntheistisch*, und das gilt auch für Atheos, Pantheos und Entheos.

Es gibt Gründe für die Feststellung, dass der Syntheismus als „*New Age für den nachdenkenden Menschen*" angesehen werden kann und sollte. Für den kritisch denkenden Menschen, sollte man noch hinzufügen. Denn mit blinden Glauben als Kern der Konstruktion würde der Syntheismus logischerweise niemals Bestand haben. Die Wahrheit ist natürlich, dass Syntheismus alles andere als „New Age" ist. Es handelt sich um einen Bau *auf die moderne Physik obendrauf* und *in Nachfolge der* atheistischen Revolution, der sich in keiner Weise den vorangegangenen Fortschritten in Naturwissenschaft und Metaphysik entgegenstellt - sie vielmehr eher weiter vertieft. New Age kann bestenfalls als eine Art postmoderner Laissez-Faire-Witz betrachtet werden, voller Torheit, als ein antiintellektueller Mischmasch aus Aberglauben, Unsinn und einer allgemeinen Angst vor Konflikten jeder Art, als ein Sammelsurium alter Vorstellungen, die derart trivialisiert und kommerzialisiert werden, dass sie jeden Sinn verlieren, als ein unsystematisches Recycling von wertlosem Denken aus vergangenen Zeiten - Syntheismus ist demgegenüber die logisch abgeleitete Metaphysik für eine neue Zeit. Wirklich.

Es ist wichtig, zwischen *klassischem Atheismus* und *syntheistischem Atheismus* zu unterscheiden. Der klassische Atheismus behauptet nicht nur, dass Gott nicht existiert, sondern setzt auch voraus, dass Gott nicht existieren kann. Der syntheistische Atheismus hingegen vertritt die Auffassung, dass Gott durchaus existieren könnte, teils in die Zukunft hinein gesetzte und geschaffene Gottheit (*syn-theos*), teils auch als stets gegenwärtige produktive Leere (*a-theos*) in der Raum-Zeit, die den Kosmos (*pan-theos*) und seine bewussten Bewohner in einem undeterminierten Prozess des ständigen Wandels mit Subjektivität versorgt (*en-theos*). Der Grund hierfür ist, dass *das Dasein sich unablässig ausdrückt,* und zwar ganz unabhängig davon, ob ein internarzisstischer, menschlicher Teilnehmer an dem Prozess beteiligt ist oder nicht.

Während der klassische Atheismus sich auf den einen Gott oder den anderen Gott einschießt, in seinem engagierten Bestreben, diese zu dekonstruieren und bedeutungslos zu machen - und daher gibt es auch keinen kohärenten klassischen Atheismus und daher kann der klassische Atheismus nur im Plural existieren, wobei jede Richtung einen bestimmten Gott im Visier hat -, basiert der syntheistische Atheismus auf etwas, was tatsächlich bereits existiert: auf Atheos, dem Nicht-Gott, *der Leere an sich*, und konzentriert sich auf die enorme Produktivität dieser Leere - von Quantenfluktuationen bis hin zu Subjektivitätsprozessen. Wo der klassische Atheismus nur *reaktiv* ist - immer wartet er auf neue theistische Innovationen, die er angreifen kann und ist somit von den Göttern abhängig ist, die er so eifrig leugnet -, da ist der syntheistische Atheismus *aktiv* und bietet damit eine existenzielle Substanz, die dem klassischen Atheismus abgeht. Der syntheistische Atheist baut Kathedralen, um seine Überzeugung und die gemeinsam gegründete Gemeinschaft zu feiern, während der klassische Atheist sich damit begnügen muss, an der Seitenlinie zu sitzen, gelähmt von einem Neid auf die Religion, der er nicht zeigen darf. Der klassische Atheismus ist stattdessen im Gebiet der Spiritualität und der Lebensanschauung die kleine Abstinenzler-Bewegung, die für immer dazu verdammt ist, alle Partys, auf denen es abgeht, zu verpassen.

Glaube ist immer ein Glaube an das Unmögliche. Nur ein Glaube ohne Zusicherungen ist ein wahres Vertrauen. Genau das bedeutet das Wort Glaube wirklich. Daher ist syntheistischer Glaube *der authentische Glaube schlechthin.* Letztendlich basierten alle Formen des

Glaubens bis zum Syntheismus auf Nutzwertberechnungen und erwarteten Belohnungen. Es gibt keine solche *spekulative Beschwichtigung*, keine Dienstbarkeit und kein Festklammern an einer äußeren fetischisierten Macht im Syntheismus. Atheos gibt, ohne zu nehmen, Syntheos nimmt, ohne zu geben, während Entheos immer neu erschaffen wird und Pantheos immer da ist. Das bedeutet, die syntheistische Ethik beruht dem Prinzip, dass der Handelnde nachgibt und zwar aus purer Freude, ohne dafür eine Belohnung zu erwarten. Das *Ethos* des Syntheismus ist ein Akt willentlicher Entscheidung, eine Identifikation mit dem Akt. *Ich tue dies nur, weil ich derjenige bin, der dies tun soll*, ohne die geringste Spur von traditioneller Religion, die zuweilen beruhigende, zuweilen berechnende Hintergedanken hat. Syntheistische Ethik ist eher eine reine Form des *Aktivismus* als ein passiver *Reaktivismus* - ein Aktivismus, der seinerseits auf *Vertrauen* beruht; auf einem Vertrauen, das durch seine Aktivierung eine Wahrheit freisetzt, *die Wahrheit als Handlung*, eine Handlung, die die Vakuumenergie der Leere als Motor nutzt, um die Welt zu revolutionieren, um die Welt in einer entsprechend konstanten Expansion ständig neu zu erschaffen.

Atheos ist die *Leere*, die den immerneuen *Trieb* erzeugt. Pantheos ist *der Kosmos*, der *Begierden* erzeugt, die immer auf der Jagd sind und nie ganz befriedigt werden. Entheos ist die Transzendenz innerhalb der Immanenz, der Motor hinter aller Veränderung, allem Unterschied und aller Vielfalt. Syntheos ist die göttliche Auflösung des Selbst im Kollektiv, des Selbst im Kosmos, die heilige Begegnung von Körper und Geist. Syntheos ist auch die Erschaffung der syntheistischen Religion durch die kreative Verschmelzung von Atheos, Pantheos und Entheos, als vollendete und heilende (ganz-machende) *Syntheologie*. Deshalb finden wir auch im Syntheos *den ethischen Imperativ*, etwas zu überwinden und mit ihm eins zu werden, was viel größer ist als das Subjekt, das man ist, also *eins zu werden mit Syntheos*. Der Tanz zwischen Atheos, Pantheos, Entheos und Syntheos öffnet den Weg für Gottheiten, die mit ihrer Arbeit fertig sind - Gottheiten, die uns an uns selbst übergeben.

Alle diese vier Konzepte beziehen sich auf die Suche nach *dem Erhabenen* und entsprechen damit dem tiefsten religiösen Streben. Die Suche nach der religiösen Erfahrung ist die Suche nach einer Lebensintensität, die so stark ist, dass sie die Kluft zwischen dem Moment und der Ewigkeit überbrückt - was die Syntheologie *das unendliche Jetzt* nennt. Atheos motiviert und treibt den religiösen Impuls an, Entheos ist der Impuls selbst, Pantheos ist dessen Horizont und Syntheos ist der Moment, in dem der Impuls sein Ziel erreicht und als *reine Religion* Wirklichkeit wird. Aus der *diachronen* Welt der Quantenphysik entlehnte Metaphern geben Aufschluss über den Prozess: Atheos ist die Welle und Pantheos ist das Teilchen. Entheos ist die Beziehung, die Bewegung zwischen ihnen; einerseits die vollkommene Welle, wo kein Teilchen mehr existiert, und andererseits das vollkommene Teilchen, wo es keine Welle mehr gibt. Syntheos ist der gesamte Komplex, wenn er als zusammenhängende Einheit, als einzelnes *Phänomen* betrachtet wird. Durch die Anwesenheit und Verwirklichung von Syntheos wird das Phänomen zu einem aktiven *Wirkstoff und Handelnden.*

Der Physiker Stephen Hawking argumentiert, dass die physische Realität für uns über Modelle zugänglich wird, die innerhalb unserer Weltanschauung funktionieren, die für unsere Zeit relevant und die vor allem wissenschaftlich überprüfbar sind. Er nennt diese Überzeugung *modellabhängigen Realismus.* Wir erschaffen *Geschichte* (Entheos) durch unsere spezifische Teilnahme daran, eher als dass die Geschichte uns erschafft. Als Hawkings Kollege Edward Witten Mitte der neunziger Jahre die *M-Theorie* herausbringt, präsentiert er eine Multiversums-Theorie, in der alle bisher relevanten Erklärungsmodelle für die Physik unter einem gemeinsamen mathematischen Dach zusammengefasst sind. Nach der M-Theorie gibt es mindestens in der Stringtheorie 10 hoch 500 verschiedene mögliche Universen. Was die M-Theorie *de facto* mit diesen multiplen, möglichen Universen tut, läuft darauf hinaus, dass die Existenz der Welt nicht mehr als ein Wunder angesehen werden kann, das losgelöst im Nichts hängt, sondern dass sie als eine *Notwendigkeit* mit einer festen Verankerung im Etwas gesehen werden muss.

Nach unserem neuesten modellabhängigen Realismus machen die Metaphysiker Martin Heidegger und Slavoj Zizek demnach ein und denselben Fehler, wenn sie ihre jeweilige Ontologie auf der Prämisse aufbauen, das Nichts wäre eine ebenso vernünftige Annahme wie das Etwas. Das Nichts war in der Welt der Physik nämlich noch nie eine mögliche oder wenigstens denkbare Alternative. Zizek interpretiert daher die Bohrsche Quantenphysik falsch, wenn er sagt, dass *das Universum ein Fehler ist* (auch wenn die Aussage wie bei Zizek üblich natürlich als witzige und zum Nachdenken anregende Provokation fungiert). Dass es etwas gibt, ist nämlich der einzige hinreichend stabile Zustand in der physischen Welt. Nichtexistenz hingegen ist ein äußerst instabiler Zustand und gerade deshalb auf lange Sicht eine Unmöglichkeit, da sich der Existenz selbst immer wieder so unendlich viele Möglichkeiten bieten, zur Welt zu kommen. Das Nichts ist also an sich instabil, und aus dieser Instabilität folgt zwangsläufig, dass in ihm rasend schnell Universen entstehen. Immer gibt es etwas. Nichts gibt es prinzipiell nie. Und soweit es nichts gibt, ist es jedenfalls immer etwas.

Der immer wieder gemachte Fehler ist die ständige anthropozentrische, narzisstische Projektion des Menschen auf das, was Existenz ausmacht. Nur die Absurditäten, die wir *in unserem eigenen Dasein* erleben, veranlassen uns, das Universum als mysteriösen Zufall zu betrachten, bei dem die Existenz auf wundersame Weise die Nicht-Existenz besiegt. Dieser Anthropozentrismus beruht auf Tatsachen, die für den Kosmos keine Rolle spielen, wie etwa die, dass es wir als Embryonen nur entstehen können, wenn es einem bestimmten von mehreren Millionen Spermien gelingt, eins von Millionen Eiern zu befruchten; oder auch die Tatsache, dass Millionen und Abermillionen möglicher Varianten von uns jeden Moment sterben, um nur eine dieser unendlich vielen Varianten von uns überleben zu lassen, bis schließlich allen Varianten von uns zugrunde gehen, wenn der Tod alles einholt, was in uns lebt. Aber in der Welt der Physik gibt es keine solchen Gleichgewichte, keine Kompromisse zwischen *etwas* und *nichts,* die wahrscheinliche und gleichwertige Alternativen wären. Die Möglichkeiten des Etwas zerstören die Wahrscheinlichkeiten des Nichts durch die entheistischen Ozeane der Existenz vollständig, bis das Etwas zur metaphysischen Grundlage des modellabhängigen Realismus wird.

Der menschliche Geist ist der Schauplatz eines ständigen Kampfes zwischen den Extremen *Atheos* (dem absorbierenden Subjekt) und *Pantheos* (dem expandierenden Kosmos), wobei Atheos für *den Antrieb* in der Psychoanalyse steht, während Pantheos *das Verlangen* darstellt. Atheos ist das Universum, wie es sich selbst erfasst, es ist die Erfahrung des Subjekts von sich selbst als Subjekt. Genauso wie wir uns als Leeren betrachten müssen, in denen das Leben Sinn sucht in einem einen immer erfolglosen, aber dennoch stets wiederkehrenden Kampf darum, die Leere mit Inhalt zu füllen, genau so ist Atheos die Vorstellung von dem, was das Universum sieht, wenn das Universum sich selbst von innen betrachtet. Pantheos ist das Universum, wie wir es als Menschen beobachten und dem wir Göttlichkeit zuschreiben. Er ist das Universum als Objekt, das von einem Subjekt (dem gläubigen Individuum oder der Gemeinschaft) beobachtet wird. Dies bedeutet, dass die Syntheologie aus einer Dialektik zwischen Atheos und Pantheos hervorgeht. Zwischen diesen beiden Konzepten bewegen wir uns - pausenlos und ruhelos -, sie sind unsere heiligen Entgegengesetzten, Mittwinter und Mittsommer im syntheistischen Kalender, mit Entheos als ihrem gemeinsames Produkt, *dem Schicksal*, das wir bedingungslos lieben: *amor fati.*

Atheos wirft *das Ereignis* wie eine Bombe in den Metauniversum, das zuvor im Gleichgewicht zu sein schien. Das Universum entsteht als eine minimale, aber entscheidende Quantenabweichung in einem Metauniversum, *in dem Etwas weniger als Nichts ist.* Es ist hier darauf hinzuweisen, dass die Leere niemals leer ist. Ein Nichts im klassischen Sinne gibt es in der Physik nicht. In seiner scheinbaren Leere ist ein Vakuum voll von *reiner Aktivität* und kann, solange die Gesamtenergie Null ist, jede Menge von Substanz produzieren und aufrechterhalten. Existenz, Leben und Bewusstsein sind alles Beispiele für magische, unverständliche, unberechenbare *Emergenzen*, die Atheos in die Weltgeschichte wirft. Jedes Ereignis gleich welcher Art im Universum ist bei näherer Betrachtung natürlich unglaublich unwahrscheinlich, geschieht aber trotzdem wegen dem Prinzip, *dass etwas passiert, weil früher oder später etwas passieren muss.* Im Syntheismus ist Atheos ist der Motor von Pantheos. Was den Menschen von anderen Tieren unterscheidet, ist nicht nur, dass der Mensch mit einem Bewusstsein ausgestattet ist, sondern, dass er auch ein Unterbewusstsein hat. *Dieses* treibt die Menschheit bei ihrer Suche nach dem Wahrheitsereignis antreibt. Die Suche nach dem Wahrheitsereignis steht im Mittelpunkt des Todestriebs. Oder wie der *A-Theist* Hegel die Sache ausdrücken würde: *Atheos ist ständig auf der Suche nach sich selbst.*

Weniger in unseren Sinnen als in der Mathematik finden wir die Öffnung für den neuen Realismus, der zwar ein modellabhängiger Realismus ist, aber doch ein Realismus insofern, als unsere Sinne einen authentischen Kontakt mit unserer Umwelt herstellen. Zur Verteidigung der mathematischen Revolution, die Georg Cantor 1904 mit der Einführung der transfiniten Kardinalzahlen initiierte, beweist Cantors Kollege Ernst Zermelo die Existenz einer aktualen, aber unbestimmten Unendlichkeit. Dadurch ist der Weg offen für einen *modellabhängigen Realismus* jenseits des naiven Realismus, den Kant natürlich ablehnt, indem er auf einer notwendigen radikalen Trennung zwischen Phänomenalem und Noumenalem besteht. In der Syntheologie wird die Kantsche Kluft ersetzt durch die Oszillation zwischen einem Entheos in eskalierender Expansion und einem Syntheos kreativen Vergnügens, das sich aus dem Ernstnehmen des zeremoniellen Strebens nach Verständnis in der explosiven Vielfalt von Entheos ergibt. In Syntheos zu leben bedeutet, die philosophische Schaffung und Umgestaltung von Modellen flüchtiger Realität in ihrem nie endenden Fluss zu genießen.

Durch Cantors Revolution in der Mathematik und Niels Bohrs in der Physik kommen die Naturwissenschaften ein für alle Mal zum Sieg des Indeterminismus über den Determinismus. Aber es hat immer eine kosmologische Logik gegeben, die für *den Indeterminismus* spricht, und diese basiert auf dem ontologisch notwendigen Faktor *Zufall.* In einem deterministischen Universum kann absolut nichts durch Zufall geschehen, was jeder Ordnungsfreund als tautologisch erkennen wird. Determinismus bedeutet natürlich, dass *alles vorherbestimmt ist.* Wenn das so ist, dann natürlich ausnahmslos, andernfalls wäre die Position unhaltbar, einschließlich *der Vorbestimmung selbst.* Der Determinismus argumentiert daher, dass wir mit absoluter Sicherheit berechnen können, wie sich jeder Lauf der Ereignisse (und im Prinzip die gesamte Geschichte der Welt) entfalten wird, vorausgesetzt, wir kennen die historische Situation und die physikalischen Faktoren, die jedem Lauf der Ereignisse vorangehen.

Dies setzt jedoch voraus, dass es nur einen möglichen Lauf der Dinge für jeden Ausgangslage gibt. *Und vor allem setzt das voraus, dass die Gesetze des Universums dem Universum selbst vorausgehen.* Einschließlich des notwendigen Gesetzes, das heißt *des Meta-Gesetzes*, dass es das Gesetz gibt. Wenn wir den Determinismus ernst nehmen wollen, werden wir dadurch unvermeidlich auf den vor-atheistischen Gott zurückgeworfen, den patriarchalen Schöpfer, der sich dualistisch vom Rest des Universums unterscheidet. Und mit ihm folgt in einer unendlichen Kette zurückgehend auch dessen notwendiger Schöpfer und der Schöpfer dieses Schöpfers und so weiter. Aber es gibt keinen solchen vor-atheistischen Gott, wie wir wissen. Die Zukunft ist daher nicht so kausal geschlossen und illusorisch, wie es der Determinismus nahelegt und voraussetzt. Vielmehr ist es so, dass das Universum, wenn es nicht offen für die Zukunft und damit unbestimmt wäre, auch niemals existieren könnte. Es geht nicht nur darum, dass genau die gleichen Voraussetzungen in der Physik mehr als ein Ergebnis liefern können, wie Bohr betont. Es ist tatsächlich so, dass genau diese Voraussetzungen rein zufällig sein müssen, damit es sie als Voraussetzungen überhaupt geben kann.

Die Existenz des Universums *an sich* ist in der Tat kein Zufall, aber die Tatsache, dass das Universum genau so, wie es ist, aufgebaut ist, beinhaltet eine beträchtliche und entscheidende Anzahl von Zufällen. Der Determinismus bricht in dem Moment zusammen, in dem wir mit der kleinsten Unberechenbarkeit in der Geschichte des Universums konfrontiert werden. Nun ist aber die Geschichte des Universums voll von Zufällen, oder vielmehr voller sehr unterschiedlicher Ergebnisse, die das Ergebnis definierter *Wahrschein-*

*lichkeiten sind.* Sogar unser eigenes besonderes Universum stellt *als solches* einen Zufall dar. Nicht so aleatorisch wie das Dasein - dass etwas existiert, anstatt dass nichts existiert, ist eher eine Notwendigkeit als ein Unfall -, sondern aleatorisch als Phänomen in all seinen Details, das heißt *als seine eigene besondere Geschichte.* Oder wie der syntheistische Philosoph Quentin Meillassoux es ausdrückt: „Das Einzige, was es notwendig gibt, ist die Kontingenz." Aber die Kontingenz ist umso notwendiger.

m Syntheismus gibt es nur Prozesse; alles ist *reine Bewegung über reiner Bewegung,* und nur im Widerstreit und in der Oszillation zwischen den Extremzuständen dieser Felder entstehen ewige Phänomene. Die von der Wahrnehmung reflektierte Welt ist Schauplatz des *Widerstreits zwischen Atheos und Pantheos.* Dieser Antagonismus zwischen Atheos und Pantheos ist der phänomenologische Motor; die Oszillation zwischen ihnen ist der Schauplatz, auf dem das Subjekt als *das Selbstbild* Atheos entstehen kann, der sich zunächst zum Heiligen verortet und dann entscheidet, das Heilige auf das Pantheos-*Weltbild* zu projizieren. Diese grundlegende religiöse *Wahrheit als Akt*, die Bewegung vom *Atheismus* zum *Pantheismus*, erzeugt den dividuellen *Entheismus*, auf dem Syntheisten dann den kollcktiven *Syntheismus* bauen.

Die existentielle Erfahrung stellt das Subjekt in die Welt der Psychologie; und die Psychologie selbst ist eingebettet in den Eternalismus und hat an sich nichts mit der mobilistischen Realität außerhalb des Geistes zu tun. Der menschliche Geist und seine Besonderheiten gehören in erster Linie in die *empirische Psychologie* und nicht in die Welt der Ontologie. Der Syntheismus betrachtet sie eher als schöpferische Attribute ihrer Gottheiten, denn als philosophische Basis. Subjektivität ist also eher ein unbewusstes Nebenprodukt einer äußeren Bewegung als eine bewusste Konstruktion in einem feststehenden Geist. Es ist, wie der Existentialist Martin Heidegger sagen würde, *die Aktivität in der Lebenswelt und nicht die Passivität im Geist, was dem Subjekt sein Wesen verleiht.* Der syntheistische Handelnde entsteht also in der Oszillation zwischen Atheos und Pantheos. Der Syntheismus ist somit in letzter Instanz ein stolzer Erbe des *Existentialismus* von seinem Gründer Sören Kierkegaard über Nietzsche bis Heidegger. Die existentielle Erfahrung des syntheistischen Handelnden ist definitiv ein *Dasein* im Heideggerschen Sinne.

Im nächsten Schritt des Subjektivitätsprozesses nimmt das dividuelle, geteilte Subjekt als *Entheos* Form an, und das kollektive, zusammengesetzte Subjekt nimmt als *Syntheos* Formen an. In der Dialektik zwischen Mobilismus und Ewigkeit nimmt Entheos die Rolle des Mobilismus ein, und Syntheos übernimmt die Rolle des Eternalismus. Es ist zum Beispiel die Oszillation zwischen Entheos und Syntheos, die durch Deleuzes klassisches Werk *Différence et répétition* vibriert. Entheos steht für *die Unterschiede* und Syntheos für *die Allgemeinheiten* in der Deleuze'schen Metaphysik. Die zweite Schwingung in der syntheologischen Pyramide entsteht zwischen diesen beiden Polen. Die erste Oszillation zwischen Atheos und Pantheos dreht sich um *das Eine,* die sich als eine einzige zusammenhängende Substanz mit einer endlosen Menge von Attributen ausdrückt. Der zweiten Schwingung, der zwischen Entheos und Syntheos, fehlt hingegen jedoch *das Eine* als Ausgangs-Zusammenhang, da die betreffende Vielzahl, die in Entheos ihren Ausgang nimmt, *irreduzibel* ist.

In der Oszillation zwischen Entheos und Syntheos gibt es nur völlig offene Pluralitäten, wie die Unendlichkeiten, die sich in Georg Cantors der transfiniten Mathematik übereinander türmen. Das bedeutet, dass *das Eine* immer in die Zukunft verschoben wird; hier ist das Eine nämlich gleichbedeutend mit *der syntheistischen Utopie an sich* (einer Utopie der *unvollkommenen Vielheit* und nicht der vollkommenen Einfachheit der platonistischen Utopie), die ständig ihre eigene Verwirklichung vermeidet. Wenn Entheos die Aufteilung des Pantheos in unendlich viele übereinander gesetzte Vielheiten ist - was der deutsche Dichter Friedrich Hölderlin im 19. Jahrhundert in einem Gruß an Heraklit „das einzige, was sich als Grundbedingung des Daseins ausdifferenziert" - dann ist Syntheos das Gegenteil: der Versuch der Wahrnehmung, die irreduzible Vielfalt zu einer zusammenhängenden, kreativen, kollektiven Identität zu verbinden. *Syntheos ist ganz einfach der Name für den Versuch der Wahrnehmung, das Chaos des Daseins in Religion zu verwandeln.* Der Syntheismus ist also buchstäblich *die reine*

*Religion*, der netokratische Eternalismus (siehe *Die Netokraten*), Religion als Quintessenz der Religion.

Dieser syntheistische, ursprüngliche Ur-Eternalismus ist jedoch keine tiefere Wahrheit über die Existenz, die plötzlich in die Arena tritt, sondern *die notwendige Kontraktion von Information in der Wahrnehmung der mobilistischen Existenz*. Nur ein winziger Bruchteil aller Sinneseindrücke wird vom Bewusstsein überhaupt verarbeitet. Wenn das Gehirn wirklich alle Sinneseindrücke aus einer einzigen erlebten Sekunde katalogisieren würde, würde dies Tausende von Jahren dauern, in denen das Bewusstsein folglich blockiert und gelähmt wäre (und dadurch nicht in der Lage wäre, irgendetwas, sei es wichtig oder unwichtig, in der nächsten Sekunde, der übernächsten und so weiter zu erfassen). Demnach muss die Wahrnehmung äußerst selektiv sein, um Informationen zu verarbeiten, während sie Veränderungen in der immer flüchtigen Gegenwart registriert. Die Eternalisierung wird dann zum Motor der Transzendentalisierung der immanenten Wirklichkeit. Das Transzendente ist demnach gegenüber der unaufhaltsamen Beweglichkeit der Immanenz strikt festgelegt, aber als solches notwendig, damit sich das Phänomen als eben gerade ein Phänomen herausheben kann.

Kants Idee von einem mobilistischen *Noumenon* als primär gegenüber dem externalistischen *Phänomen* ist grundlegend die Idee eines transzendenten *passiven Beobachter-Gott* und nicht die Idee eines immanenten *aktiven Teilnehmer-Gott* im Universum. Kant stellt sich ganz einfach vor, dass das Noumenon dasjenige ist, was Gott beobachtet, während der Mensch nur das Phänomen sieht. Aber ein Objekt kann sich in unzähligen verschiedenen Erscheinungsformen offenbaren, von denen das Phänomen, das die menschliche Wahrnehmung hervorbringt, nur eine einzige Erscheinungsform ist, und auch ein äußerer, göttlicher Beobachter auch gar nicht erforderlich ist. Stattdessen ist es *das Phänomen im Sinne von Nils Bohr*, die kompakte Verflechtung von Subjekt und Objekt, die der primäre Ausgangspunkt in der Dialektik zwischen Eternalismus und Mobilismus ist, und nicht irgendein unerreichbares *Ding an sich* im kantischen Sinne. Ein syntheistisches *Ding an sich* ist ganz einfach das Zusammenführen der tausenden von unterschiedlichen Perspektiven, zu denen ein einzelnes Phänomen einlädt. Denn die Wahrnehmung verzerrt nicht die Realität, wie Kant annimmt. Die Wahrnehmung gibt lediglich genau dem einen notwendigen und intelligenten Vorrang, was im Informationsfluss neu und anders ist als frühere Sinneseindrücke, so dass in jedem einzelnen Moment eine neue und ständig minimal korrigierte Eternalisierung eintreten kann (siehe *The Body Machines*). Das Gleichgewicht zwischen transzendenter Eternalisierung und immanentem Mobilität, das sich evolutionär entwickelt hat, ist lediglich eine Frage optimierter Überlebensmöglichkeiten. Die Informationsselektivität ist ganz einfach eine evolutionär intelligente und vorteilhafte *phänomenologische* Strategie. Aber *ontologisch,* über die Existenz, sagt sie wirklich nichts aus.

Die syntheistische Welt ist eine Welt der Beziehungen und nur der Beziehungen. Syntheismus ist ein *Relationalismus*. Es ist *die syntheologische Pyramide,* welche die ontologische Grundlage für alle Handelnden im relationalistischen Universum bildet. Die oszillierende Beziehung zwischen *Atheos* und *Pantheos*, gefolgt von der oszillierenden Beziehung zwischen *Entheos* und *Syntheos,* bilden zusammen ein kohärentes, pan-dimensionales, vibrierendes Koordinatensystem: die *Syntheologie als Phänomen*. Das syntheistische Symbol - das zum Beispiel die Website syntheism.org schmückt - zeigt Pantheos auf Atheos als weiße Ellipse, die das Universum auf einem schwarzen Kreis darstellt, der die Leere repräsentiert, und Entheos als Grenze zwischen ihnen und Syntheos als das vollständige Symbol an sich, gezeichnet von Menschen, in deren spekulativer Vorstellungskraft die wesentlichsten Beziehungen und Intensitäten, die es gibt, verkörpert sind. Syntheisten sind ganz einfach Menschen, die, wieder einmal in der Geschichte, unverfroren Götter erschaffen, und zwar diesmal bewusst.

# 6. Irreduzible Vielfalt - Syntheismus als Prozessreligion

Es war ein großer und bedeutender Schritt für die Philosophie, als Friedrich Nietzsche sie den halben Weg vom *Korrelationismus* zum *Relationalismus* weiterbrachte. Nietzsches *Relativismus* bedeutet eine radikale Abkehr von der Kantschen Version des Korrelationismus. Es gibt keine feste Beziehung mehr zwischen einem stabilen Subjekt und einem beweglichen Objekt, die als Ausgangspunkt dienen kann. Es gibt nur eine Vielzahl von diffusen Objekten - der Mensch als tierischer Körper eher denn als rationales Bewusstsein -, und die Beziehungen zwischen diesen Objekten sind in ständiger Bewegung. Relativismus ist eine Folge davon, dass es keinen festen Ausgangspunkt gibt. Ohne ein göttliches Zentrum - und Nietzsche verkündet, wie wir wissen, dass *Gott tot ist* - hängt die Position des ersten Objekts in einem Netzwerk vollständig von der Position des anderen Objekts ab, und die Position des zweiten Objekts im Netzwerk ist wiederum vollständig abhängig von der Position des dritten Objekts, die wiederum von der Position des ersten, zweiten und vierten Objekts abhängt. Und so weiter *ad infinitum*. Was letztendlich alle Objekte im Universum in eine Art massiver, abstrakter, undurchdringlicher Ausdehnung von allem mit allem anderen in ständiger Bewegung einbezieht.

Wenn Nietzsche der Pate des Relativismus in der Philosophie ist, dann ist Einstein der Produzent des Relativismus, und derjenige Wissenschaftler, der den Relativismus in den Naturwissenschaften vollendet. In einem absurd großen Universum mit einer absurd großen Anzahl diskreter Objekte ist es nach Einstein letztendlich unmöglich, überhaupt eine objektiv gültige Position für eines der Objekte zu bestimmen. Alle Positionen in der Raum-Zeit sind *relativ.* Aber es ist immer noch eine Welt, die aus *diskreten Objekten besteht.* Ihr ontologischer Status wird von Nietzsche oder Einstein nicht in Frage gestellt - nur die Möglichkeit, eine Bewertung vorzunehmen. Das Problem des Relativismus ist daher, dass er Kants starre Trennung zwischen Subjekt und Objekt als ontologische Grundlage beibehält. Während Kants statische Konstruktion in Bewegung gesetzt wird, wird sie doch *relativiert* - alles erhält seinen Wert *nur* aus seiner relativen Position -, aber *die Korrelation zwischen Subjekt und Objekt* wird *als solche* niemals in Frage gestellt. Innerhalb der Grenzen des Relativismus ist es mehr oder weniger unmöglich, die Beziehung zwischen Subjekt und Objekt genau zu definieren, da es sich offenbar um eine Art unüberwindliches Problem handelt, das mit der Messung selbst verbunden ist. Aber dass die Korrelation immer noch da ist und dass sie ontologisch wesentlich ist, wird als unbezweifelbar hingestellt.

Nietzsches Ontologie öffnet den Weg für enorme Kreativität. Sie ist zum Beispiel eine Goldmine für Einsteins relativistische Physik. Sowohl nach Nietzsche als auch nach Einstein bestimmt der Blickwinkel, aus dem das Subjekt die Existenz betrachtet, absolut alles. Nur in dieser besonderen Perspektive kann eine *Wahrheit* auftauchen, und diese Wahrheit ist natürlich wie das Subjekt selbst hoch flüchtig und praktisch ungültig, sobald der jeweilige Moment verstrichen ist und die Bedingungen sich geändert haben. Wir nennen daher die relativistische Weltanschauung eher *subjektivistisch* als objektivistisch. Was bleibt, ist nur die höchst private und vorübergehende eigene Wahrheit des Subjekts, die sich nur in einem mehr oder weniger verzweifelten Versuch zur Verständigung durch Kunst oder Poesie vermitteln lässt, einem Versuch, der dazu verurteilt ist, sich dabei zu verdrehen und zu verzerren, und der immer zum Veralten und zum Scheitern verurteilt ist, sobald die immer neue Informationen eintrifft.

Der Relativismus nach Nietzsche und Einstein ist jedoch immer noch ein *Korrelationismus.* Es wird angenommen, dass die Objekte miteinander korrelieren eher wie *Noumena* denn wie Phänomene. Nietzsche geht immer noch davon aus, dass die Objekte eine Art *Wesen* besitzen, dass sie innerlich stabil sind. Einstein macht in der Physik eine entsprechende Beobachtung mit seinen geliebten Atomen (er lehnt den ontologischen Sieg der magischen Quantenphysik über die klassische Physik ab). Nach Ansicht der Relativisten ist Instabilität völlig *äußerlich.* Auch wenn *die* von Kant vorgeschlagene *erkenntnistheoretische Korrelation* zwischen Denken und Wissen zerbrochen ist, behalten Nietzsche und Einstein *die ontologische Korrelation* zwischen Subjekt und Objekt bei. Sie leben immer noch in einer Welt, auf die Kant seinen imposanten Schatten wirft. Der Syntheismus hingegen geht weiter, vom Relativismus zu seiner dialektischen Intensivierung: dem *Relationalismus.*

Die relationalistischen Philosophen Karen Barad, Ray Brassier und Quentin Meillassoux stoßen zum Relativismus durch und lassen ihn hinter sich, als sie zu Beginn des 3. Jahrtausends - inspiriert von Pionieren wie dem Prozessphilosophen Alfred North Whitehead und dem Physiker Niels Bohr - einen *spekulativen Materialismus konstruieren,* der *das gesamte korrelationalistische Paradigma* und seine Fixierung auf ein Ur-Subjekt angreift, welches mit einem Ur-Objekt als seiner ontologischen Grundlage korreliert. Sie suchen ganz einfach nach einer tieferen Grundlage jenseits dieser Prämisse, die die Phänomenologie seit ihrer Blütezeit unter Kant beherrscht. Während der Relativismus besagt, dass die Beziehungen zwischen festen Objekten relativ sind - was wir *eine interaktive Ontologie nennen* -, behaupten die relationalistischen Philosophen, dass die Beziehungen auch innerhalb der Phänomene zueinander beweglich sind - das heißt, sie befürworten *eine intra-aktive Ontologie.* Es gibt überhaupt keine diskreten Objekte im Universum. Nicht einmal auf der kleinsten Mikroebene. Somit gibt es in der physischen Realität keine kantischen Objekte, nicht einmal solche noumenaler Art; was wirklich existiert, sind lediglich reine *Relata* bzw. *Beziehungen ohne eigene innere Substanz*, die zwischen und innerhalb von abstrakten Feldern *irreduzibler Vielheiten* existieren.

Wenn der Relativismus das Anfangsstadium der Prozessphilosophie ist, dann ist der Relationalismus deren Vollendung. Und als theologische Erweiterung der Prozessphilosophie ist der Syntheismus *Prozessreligion in Reinkultur*. Der Syntheismus distanziert sich nicht nur vom dualistischen Totalismus; er lehnt auch die immer wiederkehrende *Todesanbetung* ab, die eng mit totalitären Ideologien verbunden ist, das heißt, die anthropozentrische und internarzisstische Vergöttlichung der eigenen existenziellen Auslöschung des Menschen. Es ist unsere eigene Sterblichkeit, die uns *vom Nichts* besessen macht und uns dazu verleitet, es als eine vernünftige ontologische Alternative anzusehen. Aus diesem Grund sind so unterschiedliche Denker wie Buddha, Augustinus und Meister Eckhart vom *Gott der negativen Theologie* fasziniert. Auf je eigene Art suchen sie nach einer Möglichkeit, den Moment des menschlichen Todes zu vergöttern und *den Tod in Gott zu verwandeln.* Aus einer umgekehrten Perspektive wiederum gibt es den Wunsch, das Leben und seine Intensität zur göttlichen Grundlage für *eine positive Theologie* zu verwandeln, zu deren mehr oder weniger syntheistischen Vertretern Zarathustra, Heraklit, Spinoza, Nietzsche, Whitehead und Deleuze gehören.

Der Wunsch im Bewusstsein sucht vor allem nach einer Art ständig hinausgeschobenen Meta-Wunsches - *jedes Mal, wenn es so aussieht, als ob der Wunsch befriedigt werden könnte, verlagert es seinen Fokus schnell auf etwas völlig anderes - dessen Belohnung der Wille zum Überleben ist, denn ein Wunsch, der niemals befriedigt wird, kann auch niemals mit dem Leben so, wie es ist, zufrieden sein, und will sterben.* Auf der anderen Seite möchte *der Trieb* tief im Unterbewussten sterben, das heißt, er möchte hartnäckig zur behaglichen Versenkung im Kosmos zurückkehren, was bedeutet, dass das Unterbewusstsein vor den drängenden Wünschen des Bewusstseins verschont bleibt und dass kein forderndes Subjekt mehr bestehen zu bleiben braucht. Das Bewusstsein ist natürlich, wie die meisten Menschen täglich erleben, besessen vom Überleben.

Aber das Unterbewusstsein treibt es (unterbewusst) zum Tod hin. Das Unterbewusstsein ist nämlich eingebettet in die nostalgische Sehnsucht nach dem vorbewussten Zustand im Mutterleib, in dem die Existenz als eine einzige Sache miteinander verbunden ist - die Mutter, das Kind und alles andere, was in einem Kosmos vereint ist ohne störende Unterschiede - und das Leben ist sorglos und frei von Widersprüchen, was bedeuten würde, dass das *Leben nicht betrachtet werden muss* und dass es nicht unter Mühe und Schmerz bewusst gemacht werden muss. Was ist das Symbol für diesen permanenten Matrixzustand ohne die versuchenden Schwingungen der Veränderung, wenn nicht Buddhas zerbrechlicher Traum vom Nirwana.

Ein zentraler Bestandteil des Syntheismus ist die Art und Weise, wie er für eine positive Theologie einsteht und folglich eine negative Theologie ablehnt. Zunächst einmal hat die Unterdrückung des Todestriebs eine klare Funktion: Gemäß der pantheistischen Ethik leben wir, weil das Universum durch uns sein eigenes Dasein und sein eigenes Bewusstsein sucht. Als bewusste Wesen sind wir nicht nur ein Teil des Universums; wir Menschen bilden auch zusammen *das eigene Bewusstsein des Universums von sich selbst.* Syntheologisch drücken wir dies als *Pantheos* aus, der in *Syntheos* auftaucht durch unsere Wahrheit-als-Handlung. Aber der Syntheismus unterstützt die positive Theologie auch, weil er die Zeit (oder *Entheos*) sowohl als physikalische als auch als ideologische Grundlage betrachtet. Der Tod hat seinen Platz irgendwann auf dem Pfeil der Zeit, aber *die Zeit für den Tod ist nicht jetzt.* Die Gegenwart gehört im Bewusstsein immer zum Überleben. *Die aktivistische Ethik des Syntheismus* kann daher nur vom *Überleben* als antreibendem Prinzip ausgehend konstruiert werden - nicht von der *Unsterblichkeit* aus. Totalistischer Moralismus, der den Tod verehrt, ist im Grunde genommen nur eine Form von reaktionärem Masochismus.

Daher findet der Syntheismus ideologische Verbündete unter mobilistischen Philosophen wie Laotse, Leibniz, Hume, Hegel, Charles Sanders Peirce, William James, John Dewey, Martin Heidegger, Henri Bergson und George Herbert Mead. Alle diese Denker sind wahre Goldminen für die Syntheologie. Um nur ein Beispiel zu nennen:

Heidegger und Deleuze verlagern den phänomenologischen Fokus auf *die Oszillation zwischen Pantheos (Werden) und Atheos (Sein).* Heidegger nennt dieses relationale Phänomen *endliche Transzendenz*, während Deleuze dasselbe unter dem Begriff der *psychischen Individuation* diskutiert. Und es sind genau die endliche Transzendenz und psychische Individuation, die den Übergang von der Prozessphilosophie zur Prozessreligion ermöglichen. Was ist dann Prozessreligion in der Praxis, wenn nicht der Sammelbegriff für *immanente spirituelle Erfahrungen*?

Deleuze spricht sich für eine nietzscheanische Bejahung *der ewigen Wiederkehr desselben* in einer Art immer wiederkehrender Schleifen aus, die ohne eigene Substanz sind, mit nur kleinsten Veränderungen bei jeder Umwälzung, was den Weg für plötzliche Entstehung von *emergent Neuem* öffnet, zum Beispiel in der prozessphilosophischen, künstlerischen Suche nach echtem *Ausdruck*, oder auch in der prozessreligiösen, spirituellen Suche nach dem echtem *Eindruck*. Der künstlerische Ausdruck und die spirituelle Erfahrung streben also nach der geheiligten syntheistischen Emergenz, durch die sie einen tatsächlichen Sinn vermitteln können, dem Dasein des syntheistischen Handelnden *existenzielle Substanz* verleihen können. Das Fazit dieses Gedankengangs ist, dass *die glaubwürdige Spiritualität* unserer Zeit - die von Belang ist, wenn der Syntheismus mit konkurrierenden religiösen und metaphysischen Alternativen verglichen wird - nur innerhalb der Grenzen immanenter Prozessreligion in Erscheinung treten kann. Es ist nicht möglich, andere religiöse und metaphysische Alternativen als spirituelle Projekte im Internetzeitalter ernst zu nehmen. Sie können nichts anderes sein als schuldgetriebene Nostalgie (wie das Festhalten an der Religion der eigenen Eltern, obwohl sie irrelevant geworden ist) oder als unsinniger Aberglaube (wie *New Age* und andere kommerzielle, exotisierte Posen, die sich als Spiritualität verkleiden).

Während Deleuze in Nietzsches Überlegungen zum kosmischen *Trieb* prozessphilosophisches Dynamit findet, gibt es keinen Anhaltspunkt für eine entsprechende syntheistische Renaissance von Nietzsches Konzept des kosmischen *Wunsches oder Wollens*: das, was

Nietzsche *den Willen zur Macht* nennt. Nietzsches Analyse des Verlangens basiert auf der romantischen Mystik des 19. Jahrhunderts rund um die Macht, aber das hat in der relationalistischen Physik keine Gültigkeit. Seine Vorstellung vom Willen zur Macht als einem kosmischen Kampf um endliche Ressourcen in einem endlichen Universum sollte eher als die prächtigste Phantasie des Relativismus angesehen werden. Während der Wille zur Macht sicherlich kreativ als sozialpsychologisches Erklärungsmodell für menschliches Verhalten genutzt werden kann - da wir in einer Welt voller akuten Mangels und mörderischer Konkurrenz leben -, würde er als ontologische Grundlage für ein Universum, das sich immer weiter ausdehnt und an Komplexität zunimmt, sofort zusammenbrechen, weil es keines besonderen Willens oder Macht bedarf in einem Wettbewerb innerhalb eines begrenzten Raums, der nur vermeintlichen und unbegründet ist, den es in Wahrheit gar nicht gibt. Da das Universum in seiner kosmologischen Existenz natürlich keine Konkurrenz hat, sind auch Projektionen auf das Universum, die als Grundlage von einer Konkurrenzsituation ausgehen, nicht haltbar. Nietzsches Wille zur Macht ist also ein psychologisches Attribut, aber schwerlich ein universelles Phänomen.

Eine logische Konsequenz der bahnbrechenden M-Theorie innerhalb der Physik, die von Edward Witten Mitte der 90er-Jahre begründet wurde, ist, dass das Multiversum, in dem sich Universum befinden soll, immer spontan etwas hervorbringt. Ein Multiversum sorgt dafür, dass es *immer* in irgendeiner Form etwas gibt. Im Gegensatz zum Menschen ist das Universum in keiner Weise sterblich. Das bedeutet, dass das Universum viele verschiedene Dinge *ist* und *tut*, aber *das Universum selbst will nichts,* da *es nichts wollen muss, um zu existieren*, so wie es ist. Wir müssen stattdessen den Willen zur Macht als logische Konsequenz des Sachverhalts betrachten, wonach dasjenige, was über einen installierten Unterdrückungsmechanismus in Verbindung mit dem Todestrieb verfügt - einem Mechanismus, der dieses Etwas glauben lässt, dass es lieber existieren als sich auflösen will - stärker ist als dasjenige, was sich bewusst ist, dass es einen Todeswunsch hat, solange wir uns in einem begrenzten Raum mit endlichen Ressourcen befinden. Es besteht jedoch keinerlei Notwendigkeit für einen solchen Willen zur globalen oder universellen Macht, weshalb das Konzept die Funktion einer ontologischen Basis für das Daseins als Ganzes weder auf sich nehmen noch bekommen kann. *Der Trieb gehört zur Natur, aber der Wunsch kommt aus der Kultur.* Und nicht in der Kultur, sondern in der Natur finden wir die ontologische Grundlage für die mobilistische Philosophie. Der Trieb ist primär und der Wunsch zweitrangig, wie Lacan seinem Vorgänger Nietzsche geantwortet hätte.

Dies bedeutet, dass der Wille zur Macht nicht eine Art kosmischer Trieb ist, wie Nietzsche meint, sondern ein nötiges ethisches Prinzip, das perfekt an eine endliche Kreatur auf einem Planeten angepasst ist, auf dem der Kampf um begrenzte Ressourcen allgegenwärtig ist, und ein Eintreten für das *Handeln* und gegen das *Reagieren*, dort wo sie ethisch aufeinanderprallen. Mit dem Willen zur Macht als ethischem Prinzip ist der Syntheismus - als eine von Menschen für Menschen geschaffene Lehre - für die *Bejahung* und gegen das *Ressentiment*, das *Schuldige-Suchen*. Die Existenz als Einheit vollzieht sich jedoch als eine große Schwingung zwischen Atheos (Nichtsein) und Pantheos (Dasein) auf allen Ebenen, mit Höhen und Tiefen intensiver Schwingungen und schwingender Intensitäten. In diesem Universum gibt es nur eine enorme Vielfalt um ihrer selbst willen, ohne einen Bedarf oder eine Öffnung für einen bestimmten Willen oder irgendetwas, was zu beherrschen wäre und worüber Macht zu haben wäre. Das Universum hat keinerlei Richtung der Art, wie es der Wille zur Macht voraussetzt. Vielmehr sollte Nietzsches Relativismus als besonders fortgeschrittener Vorläufer eines weiter gefassten Relationalismus angesehen werden, den Whitehead, Deleuze und ihre Nachfolger im 20. Jahrhundert geschaffen haben - zum Beispiel durch die Hinzufügung des radikaleren Protorelationalismus von Leibniz und Spinoza zur Nietzsches Prozessphilosophie - wobei Syntheismus ganz einfach der Name für die Prozessreligion ist, welche mit die Prozessphilosophie von Whitehead und Deleuze einhergeht.

In der Prozessphilosophie sind Ontologie und Erkenntnistheorie eng miteinander verflochten. *Das Sein* und *die Bewegung* wirken so zusammen, dass die Bewegung nur durch eine verschmolzene *Onto-Epistemologie* in Sein transformiert und als Sein erfasst werden kann. Die Dialektik zwischen Eternalismus und Mobilismus ist die Onto-Epistemologie des Internetzeitalters (siehe *The Global Empire*). Die kontingente Realität muss in der Raum-Zeit-Phase eingefroren sein, damit sie erfasst und entschlüsselt werden kann; sie muss *verewigt (eternalisiert) werden.* Je mehr Faktoren bei einem solchen Einfrieren zusammenwirken, desto qualitativer wird die Verewigung. Die *innere* Verewigung muss dann erneut in Gang gesetzt und in die *äußere* mobilistische Realität zurückversetzt werden, und darf nicht - so verlockend dies auch für den *platonistischen Impuls* sein mag - als eine Art ewige Wahrheit über die Existenz missdeutet werden. Alles in allem wird die syntheistische Erkenntnistheorie von ewigen Wahrheiten im platonischen Sinne nicht gut gestützt; ihre Utopie ist eher unvollendet als vollkommen. Auf der anderen Seite interessiert sie sich für die gewaltigen intellektuellen Fortschritte, die erzielt werden können, wenn die Eigenschaften der Wahrheit gerade in den Beziehungen zwischen verschiedenen Hypothesen verglichen werden. Die Wahrheit ist weder ewig, noch ist sie relativistisch - *die Wahrheit selbst ist relationalistisch.*

Eternalisierungen sind nicht nur ontologisch, sondern auch erkenntnistheoretisch brisant, wenn sie als relationalistische Phänomene und nichts anderes verstanden und verwendet werden. Syntheologisch betrachtet können wir die Dialektik zwischen Eternalismus und Mobilismus beschreiben als fortlaufende Schwingungen entlang der Achsen zwischen Atheos und Pantheos einerseits, und Entheos und Syntheos andererseits. Der Eternalismus für sich genommen sollte als schlichte *Neurose* betrachtet werden. Mobilismus für sich genommen sollte ebenso als schlichte *Psychose* angesehen werden. Das funktionale Gleichgewicht entsteht in der Dialektik zwischen ihnen, in der auch der Eternalismus in Bewegung gesetzt, in den Mobilismus zurückgeworfen, *mobilisiert wird*, um die Auswahl zu steuern, welche die Wahrnehmung zwischen möglichen Abweichungen von früheren Eternalisierungen trifft, die aus den enormen, kontinuierlichen Informationsströmen in die Sinnesorgane kommen.

Die Summe von Eternalismus und Mobilismus kann niemals größer sein als hundert Prozent. Je stärker die Eternalisierung, desto schwächer die Mobilisierung; und je größer die Mobilisierung, desto niedriger die Ewigkeit.

Es gibt keinen äußeren Gott, das heißt außerhalb der Dialektik zwischen Eternalismus und Mobilismus. Die syntheologischen Konzepte von Atheos, Pantheos, Entheos und Syntheos etwa entstehen innerhalb und nicht außerhalb dieser Dialektik. Die Tatsache, dass die Natur selbst ständig neue *Emergenzen* hervorbringt, bedeutet - wie die syntheistische Komplexitätstheoretiker Stuart Kauffman in seinem Buch *Reinventing the Sacred* zeigt -, dass es keinen äußeren Gott braucht. Je tiefer wir uns mit der relationalistischen Erkenntnistheorie auseinandersetzen, desto deutlicher erzeugt sie eine eigene Ethik, die im krassen Gegensatz zum platonistischen Moralismus steht, welcher Bewegung und Veränderung zugunsten *des ewigen Seins* verurteilt, zugunsten einer vollendeten und daher unveränderlichen Welt, die es nicht gibt. Aber relationalistische Ethik macht sich nicht für Chaos auf Kosten des Kosmos stark. Die Dialektik zwischen Eternalismus und Mobilismus erzeugt vielmehr eine *entheistische Ethik*. Sich der Variabilität zu öffnen, bedeutet, die aktive *Bejahung* zu bejahen. Sich abzuschotten, um der Variabilität entgegenzuwirken, heißt demgegenüber, sich dem reaktiven *Ressentiment* zu ergeben. Lacan beschreibt den Eternalismus bildmächtig als den *männlichen* und den Mobilismus als den *weiblichen* Pol in der dialektischen Beziehung zwischen den beiden. Der Gründer des Taoismus, Laotse, der entheistische Philosoph *schlechthin*, nennt sie bekanntlich *Yin* und *Yang*. Es sollte hinzugefügt werden, dass experimentelle Metaphysik ab den 1980er-Jahren tatsächlich beweist, dass die syntheistische Onto-Epistemologie nicht nur ein Wahrnehmungsphänomen ist; es ist nicht die Wahrnehmung allein, was Eternalisierung notwendig und möglich macht. *Sogar die Physik selbst schafft Eternalisierungen und Mobilisierungen.* Die Quantenphysik geht von Wellenbewegungen aus, und wenn mehrere monochrome Wellenbewegungen wechselwirken und eine *Superposition* erzeugen, erscheint etwas, das ans Wunderbare grenzt. Die Überlagerung der Wellenbewegungen zeigt deutliche Unterschiede auch über die offensichtliche Interferenz der einzelnen Wellenbewegungen hinausgehend; je mehr monochrome Wellenbewegungen dem jeweiligen Wellenpaket hinzugefügt werden, desto klarer ist es in der Raum-Zeit lokalisiert. Letztendlich wird bereits in der Physik ein Phänomen deutlich sichtbar: Summiere eine unendliche Anzahl von Wellenbewegungen, und die Position wird determiniert; es gibt dann nichts mehr, was Wellenlänge genannt werden könnte, und ein im Raum eingeschlossenes Teilchen erscheint. Je fixer die Lokalisierung im Raum ist, desto schwächer ist die Wellenlänge; je stärker die Wellenlänge erscheint, desto stärker breitet sich das Phänomen im Raum aus. Die Dialektik zwischen Eternalismus und Mobilismus ist mithin nicht nur ein onto-epistemologischer Komplex; ihre Schwingung hat offensichtlich ein exaktes Äquivalent in *der Komplementarität zwischen Welle und Teilchen* in der experimentellen Metaphysik.

Die laufenden Überlagerungen in der Quantenphysik führen zum Zusammenbruch der klassischen Physik. Diese Überlagerungen stehen nämlich in klarem Gegensatz zu den Dogmen der klassischen Physik. Der Unterschied zwischen den einzelnen Substanzen der *Atomphysik* einerseits - die in Isolation kühl interagieren - und den Wellenbewegungen der *relationalistischen Physik*, die bei Superposition als verschränkte Phänomene buchstäblich ineinander übergehen - dieser Unterschied ist konkret und hat drastische Folgen. Nicht einmal Werner Heisenberg sonst vieldiskutiertes *epistemisches Prinzip der Ungewissheit* erfasst das Ausmaß der gegenwärtigen Revolution. Um die Tiefe der Umwälzung in der Quantenphysik zu erfassen, braucht man vielmehr Niels Bohrs wahrhaft wegweisendes, *ontisches Prinzip der Unbestimmtheit*. Dieses ist nicht eine Art eingebaute Unsicherheit, wie man sie bei einen Messinstrument finden würde, das für diese Weltanschauung am grundlegendsten und revolutionärsten ist, sondern dieses Prinzip ist Bohrs verwirrender Beweis, dass wir in *einem indeterministischen Universum* leben.

Die Quantenphysik eröffnet uns damit den Weg in eine ganz neue Metaphysik, einen radikalen Monismus verbunden mit *einer irreduziblen Vielfalt*. Kants humanistische Phänomenologie hat keine Gültigkeit mehr. Mit Hegel wird stattdessen der Weg für eine neue Phänomenologie geebnet, bei welcher der Betrachter immer als Handelnder in jegliche *Ereignis-Konstellation* einbezogen werden muss, in jedes einzelne Grund-*Phänomen.* Seit Hegels phänomenologischer Revolution ist die Hegelsche Sicht des Beobachters im Verhältnis zum Beobachteten von grundlegender Bedeutung für das Gebiet der Prozessphilosophie. So werden der Kantsche Repräsentationalismus und sein naiver Atheismus nach und nach in drei Schritten ausgelöscht: in dem ersten Schritt von Hegel, in einem zweiten Schritt von Nietzsche, und in einem dritten Schritt von Bohr. Mit Bohr und seinem Relationalismus kommen wir im Internetzeitalters an. Ontologie, Erkenntnistheorie und sogar Phänomenologie verschmelzen zu einem gemeinsamen relationalistischen Komplex. Wir sehen, wie fest die *syntheistische Metaphysik* in der zeitgenössischen Physik verankert ist.

Es ist interessant, zu beobachten, dass die letzte Person, die die Atomphysik gegen die verheerenden Angriffe der Quantenphysik verteidigt, kein anderer als Albert Einstein ist. Er tut dies in einem Dokument, das er 1935 mit seinen Physikerkollegen Boris Podolsky und Nathan Rosen verfasste. Bohr antwortet Einstein und seinen Freunden sechs Wochen später. In dem Streit zwischen Einstein und Bohr geht es darum, dass Einstein und seine Kollegen darauf beharren, dass die Physik auf der Idee fester und diskreter Objekte als ihrer Grundlage beruhen muss. „Wenn sich die Physik nicht mit ruhigem Beobachten und Studieren, und anschließendem Formulieren ewig gültiger Wahrheiten über diese Objekte befassen kann, was soll Physik denn dann tun?“, fragen sich Einstein, Podolsky und Rosen verstört. Es ist klar, dass sich diese Herren eine Art von Physik, die über *die erhabene Isolation der Physik* über den untersuchten Elementen hinausgeht, überhaupt nicht vorstellen können.

Bohr ist sowohl überrascht als auch etwas verzweifelt über diese Argumentation: Plötzlich ist ihm klar, dass seine hochgeschätzten Kollegen und Freunde eigentlich nicht verstehen, was die Quantenphysik der Welt zu sagen hat und was dies wiederum bedeutet. Denn für Bohr ist es bereits 1935 eine Selbstverständlichkeit, dass die

Grundbausteine der physischen Welt keine Objekte sind, sondern dass die Welt aus Verschränkungen besteht, aus intra-agierenden, im Grunde pluralistischen Phänomenen, und nicht aus isolierten, diskreten Objekten. Alle Messinstrumente und Beobachter der Welt müssen als integraler Bestandteil dieser Phänomene betrachtet und bei jeder Art von Berechnung und Vorhersage abgezogen werden. Der unabhängige und getrennte Beobachter sei eine gefährliche und irreführende Illusion, argumentiert Bohr. Was Einstein und seine Freunde nicht sehen und was Bohrs Kollege Erwin Schrödinger entdeckt, ist, dass man ein vollständiges Systemwissen haben kann, ohne unbedingt alle Komponenten des Systems zu kennen.

Die großen Quantenphysiker haben sich von den klassischen Physikern der älteren Generation gerade durch ihre Fähigkeit abgehoben, direkt zu einem Gesamtbild ihres Fachgebiets zu gelangen und dieses Gesamtbild - konzeptionell und empirisch - bei ihrer Forschung durchgehend im Blick zu behalten, ohne bei dem Versuch, die Komponenten zu isolieren, stecken zu bleiben. Die wichtigste Einsicht sind nicht die Schwierigkeiten, die mit der Vermessung von Objekten in der Quantenphysik verbunden sind - wie beispielsweise Heisenberg mit dem epistemischen Unbestimmtheitsprinzip behauptet. Nein, die wirklich revolutionäre Lehre, zu der Bohr von Whitehead inspiriert wurde und die er dann als *ontisches Unbestimmtheitsprinzip* formuliert, sie liegt darin zu verstehen, dass es innerhalb der Phänomene die Beziehungen sind und nicht die Objekte, was ihnen ihre Substanz verleiht und daher als *primär* in Bezug auf seine Existenz betrachtet werden muss. Das wiederum hat weitreichende Konsequenzen für alle Emergenzen, die auf der quantenphysikalischen Realität beruhen. Zum Beispiel formuliert der französische Philosoph Bruno Latour für die Sozialwissenschaften in den 1980er-Jahren eine bahnbrechende *Akteur-Netzwerk-Theorie* - die unter anderem eine radikale Gleichheit zwischen dem, was zuvor übergeordnete Menschen gewesen waren, und den ihnen untergeordneten technologischen Komplexen ansetzt -, ausgehend von der Einsicht, dass alles innerhalb der Existenz ständig mit allem anderen *performativ* interagiert, das heißt, dass alles grundlegend mit allem anderen verbunden ist und alles andere immer und überall beeinflusst. So sieht die quantenphysikalische Welt ganz einfach aus, und daher, argumentiert Latour, müssen auch die höheren Ebenen in der Hierarchie - erstens die klassische Physik und dann auch der soziale Schauplatz - diesem Realitätsbegriff untergeordnet werden.

Das historische Problem der Philosophie ist, dass sie sich stark auf direkte Verbindungen zwischen Phänomenen konzentriert hat und dadurch zu extremen theoretischen Konstrukten darüber gezwungen wurde, dass entweder direkte oder gar keine Verbindungen bestehen, wo in Wirklichkeit die überwiegende Mehrheit aller tatsächlichen Verbindungen *indirekt* ist. Durch diese allgegenwärtige Indirektheit ist alles mit allem anderen verbunden. Es kann schwierig sein, quantenphysikalische Phänomene im Makro-Bereich zu erfassen, die wir normalerweise mit der klassischen Physik in Verbindung bringen, aber die Phänomene wiederholen sich trotzdem auch dort, wenn Sie sie nur aufmerksam genug beobachten. Alle Physik ist also letztendlich wesentlich Quantenphysik, was bedeutet, dass sogar die Metaphysik mit der Quantenphysik übereinstimmen muss. Wird diese ständige *Komplementarität* nicht berücksichtigt, können wir uns sowohl von der intellektuellen Seriosität als auch vom Kontakt mit der physischen Realität endgültig verabschieden. Wenn andererseits die Komplementarität in die Berechnung miteinbezogen wird, dann eröffnet sich ein objektiv weitaus korrekteres Weltbild, als es die Menschheit jemals zuvor erlebt hat. Dies kann der Glaubwürdigkeit nicht gerade schaden.

Die Quantenmechanik ist allein aufgrund der gewaltigen Breite ihrer Anwendungen in Tausenden und Abertausenden von Experimenten das stabilste und zuverlässigste theoretische Konstrukt, das jemals in der Geschichte der Wissenschaften getestet und genutzt wurde. Und die auf ihr aufbauende relationalistische Physik macht nachdrücklich Schluss mit dem platonischen und dem Newtonschen Determinismus. Der amerikanische Philosoph Charles Sanders Peirce prognostiziert dem Determinismus den bevorstehenden Todesstoß bereits einige Jahrzehnte, bevor die Quantenphysik breite Akzeptanz findet, als er in den 1890er-Jahren das Prinzip des *Tychis-*

*mus* (vom griechischen *tyché* = Zufall) einführt. Peirce behauptet, dass man um Spontaneität als Grundtatsache des Universums nicht herumkommt. Nachdem sich die Quantenphysik durchgesetzt hat, weist der Wissenschaftsphilosoph Karl Popper darauf hin, dass Peirce mit seinem *Pragmatismus* dem Indeterminismus der Quantenphysik den Weg bereitet hat. Der militante Indeterminist Daniel Dennett entwickelt Peirces Tychismus in seinem Buch *Freedom Evolves* weiter. Dennett, ebenfalls inspiriert von Leibniz und Hume, argumentiert, dass, auch wenn die Zukunft offen und die Welt unbestimmt ist, alles immer noch eine notwendige Ursache haben kann, da eine notwendige Ursache nicht mit *nur einer* möglichen Wirkung verbunden ist. Nach Dennett ist die Tatsache, dass alle Ereignisse eine Ursache haben, nicht *per se* ein gültiges Argument für den Determinismus.

In Karen Barads radikal universozentrischer Onto-Epistemologie geben wir die dividuelle Identität auf und legen den Schwerpunkt auf das Universum selbst. Inspiriert von Whiteheads Prozessphilosophie und insbesondere aus Bohrs Quantenphysik schöpfend, zerstört Barad den seit Kant vorherrschenden transzendentalen *Korrelationalismus* völlig. Indem Barad Bohrs ontisches Bestimmtheitsprinzip dem epistemischen Ungewissheitsprinzip von Heisenberg gegenüberstellt, öffnet sie einen Weg für einen *agentiellen Realismus*, für eine relationalistische Philosophie, die von einem radikalen Pathos für eine völlig neue Art potenzieller Objektivität motiviert wird. Wie bei Bohr vor ihr sind auch für Barad die bekannten Wellen und Teilchen der Quantenphysik nur Abstraktionen. Das Wichtigste ist nicht, dass die Wellen und Teilchen widersprüchlich sind, sondern dass sie einander ergänzen. Das nennt man Niels Bohrs *Komplementaritätsprinzip*. Phänomenologisch drücken wir das so aus, dass *die Welle ein mobilistisches Phänomen ist*, während *das Teilchen ein eternalistisches Phänomen ist.*

Barad argumentiert, dass es Bohr mithilfe des Prinzips der Komplementarität gelingt, das Descartes'sche Subjekt ein für allemal loszuwerden. Es gibt nie so etwas wie ein eigenständiges Subjekt, das nicht gleichzeitig an einem unbestimmten, zukunftsoffenen Prozess teilnimmt. Nach Bohr gibt es keinen neutralen Beobachter außerhalb des phänomenalen Prozesses. Befindet sich der Beobachter immer innerhalb des Phänomens, so bedeutet das auch, dass dieser Beobachter als objektiv zugänglich angesehen werden muss, wenn auch nicht im klassischen objektivistischen Sinne. Vielmehr geht es dem *agentiellen Realismus* um eine neue Art von Objektivität frei von klassischer Subjektivität, denn die Theorie disqualifiziert alle Vorstellungen, es gäbe ein äußeres Subjekt, einen Zuschauer und neutralen Messenden des Phänomens von außen. Jede Vorrichtung zur Messung eines Phänomens ist also selbst Teil des Phänomens. Und wenn der Beobachter sich immer innerhalb des Phänomens befindet, dann ist dadurch die Messung selbst Teil des Phänomens. Der Messapparat ist selbst *ein Handelndes (agent)*, das *intraaktiv* innerhalb der gleitenden Grenzen des Phänomens etwas erzeugt, was wir *Fiktive* nennen wollen. Das heißt, wir können das alte phänomenologische Gegensatz-Paar Subjekt und Objekt vergessen. Die neue objektive Realität wird dadurch möglich, dass sich Objektivität auf mögliche agentielle Trennbarkeiten bezieht und nicht auf ein unmögliches absolutes Außen. Aus diesem Grund verwendet Barad den Begriff des *agentiellen Realismus.*

Auch Barads Vorbilder Michel Foucault und Judith Butler bekommen beim Aufbau ihrer universozentrischen Onto-Epistemologie ihr Fett ab. Als Poststrukturalisten sind Foucault und Butler in Barads Augen immer noch zu anthropozentrisch. Der Poststrukturalismus ist eingeklemmt zwischen Einsteins kartesischem Repräsentationalismus in der Tradition von Descartes und Bohrs aggressivem Realismus: Er hat nicht konsequent mit dem Descartes'schen Repräsentationalismus gebrochen. Kants Geist lebt fort. Der Poststrukturalismus hat sich, um Barads eigene Formulierung zu verwenden, immer noch nicht von einem *Antihumanismus* zu einem *Posthumanismus* gewandelt. Daher kreist der Poststrukturalismus immer noch um Descartes' Thema, das aufgelöst zu haben er sowohl behauptet als auch meint. Barad dagegen geht den Weg zu Ende und lässt den Antihumanismus des Poststrukturalismus hinter sich. Die Dialektik im Sinne von Hegel zwischen *Humanismus* (verkörpert durch Descartes) und *Antihumanismus* (verkörpert durch Nietzsche) wird in Barads Aufruf zum *Posthumanismus* endgültig vollzogen; eine

Bewegung entsprechend der Dialektik zwischen *Theismus* und *Atheismus*, die sich im *Syntheismus* auflöst. Es ist nicht nur die objektive Realität, die als agentieller Realismus in überraschend neuer Gestalt zurückkehrt. Gleiches gilt auch für die theologische Wahrheit, die mit voller Wucht als *syntheistische Prozessreligion* wiederkehrt.

Der Übergang vom menschlichen zum universellen Zentrum ist ein notwendiges und richtiges Manöver. In der Oszillation zwischen Pantheos und Entheos findet Barad die neue Göttlichkeit, die den von ihrem Vorgänger Foucault für tot erklärten Menschen ersetzt, nämlich *das universelle Subjekt* als eine Art Bohrsches Supraphänomen Es ist wichtig darauf hinzuweisen, dass der Zweck von *Barads Anti-Anthropozentrismus* nicht darin besteht, den Menschen aus allen Gleichungen zu entfernen. Vielmehr liegt ihr daran, den Menschen innerhalb der größeren Breite an Phänomenen, welche die Existenz umfasst, an die onto-epistemologisch richtige Stelle zu setzen, und das gelingt nur, wenn das Universum als das Primäre herausgestellt und das menschliche Subjekt zu etwas Sekundärem reduziert wird. Das Universum ist bei keine transzendentale Kategorie bei der Orientierung des Menschen im Dasein, wie Kant es sich in seiner autistischen Phänomenologie vorstellt. Das Universum ist vielmehr real und drückt sich in und durch die vielen Milliarden menschlicher Subjekte aus, die es unter anderem produziert - nicht umgekehrt. *Das Universum lebt, denkt, spricht, schafft, fühlt Freude und vermehrt sich durch uns.* Und das ist nicht alles: Durch uns stirbt das Universum und schafft Platz für ständig neue Phänomene. Alles das zusammen ist der letzte Grund dafür, dass wir Barads Buch *Meeting The Universe Halfway* ein syntheistisches Manifest nennen.

Die Baradsche Phänomenologie basiert auf einer fortlaufenden *Intra-Aktivität* innerhalb der Phänomene, und nicht auf einer *Interaktivität* zwischen verschiedenen eigenständigen Subjekten und Objekten. Jedes einzelne Phänomen ist sowohl ein grundlegender Baustein im Sein als auch zugleich ein Intra-Agieren, gefüllt mit innerer Aktivität in alle Richtungen. Barad will den Kantschen Repräsentationalismus und seine Fixierung auf patriarchalische *Reflexion* abschaffen. Representationalismus ist ein offensichtliches

Nebenprodukt von des Kartesianismus. In der Tradition von Descartes wurden nämlich Repräsentationen immer der Vorrang gegeben zugunsten desjenigen, was sie repräsentieren sollen. Indem wir stattdessen zunächst von Foucaults und später auch von Latours und Butlers poststrukturalistischen Vorstellungen von *Performativismus ausgehen*, öffnen wir den Weg für eine Philosophie, die ihren Schwerpunkt auf die direkte Auseinandersetzung mit der materiellen Realität verlagert. Alle Phänomene sind ständig von der Performativität ihrer Umgebung betroffen. Große quantitative Unterschiede an Performativität schaffen Phänomene mit radikal unterschiedlichen Eigenschaften.

Aber nicht nur Foucault und seine Nachfolger inspirieren Barad. Von einer anderen unter ihren Vorläufern, Donna Haraway, übernimmt sie die Idee, wonach die *Refraktion* (Beugung) von Wellenbewegungen eine bessere Metapher für das Denken sei als *Reflexion.* Ontologie, Erkenntnistheorie, Phänomenologie und Ethik werden von der neuen universozentrischen Perspektive radikal und grundlegend beeinflusst. Sie alle interagieren in der neuen Erkenntnistheorie um den agentiellen Realismus herum. Die Quantenphysik befreit die Raum-Zeit-Beziehung radikal aus dem Newtonschen Determinismus. Mit diesem Umdenken muss auch die Idee aufgegeben werden, dass wir durch *Geometrie* ein authentisches Bild der Realität bekommen. Mit Hilfe der *Topologie,* nicht der Geometrie, können wir der syntheistischen Metaphysik gerecht werden, argumentiert Barad. Weder Zeit noch Raum existiert *von vornherein* als etwas transzendentales, bestimmtes Gegebenes, vor oder außerhalb jeglicher Phänomene, wie es sich natürlich vorstellt. Zeit ist kein Faden von geduldig aneinandergereihten und gleichmäßig verteilten Intervallen, und Raum ist kein leerer Behälter, in dem sich Materie ansammeln kann. Die Rolle des Motors der Metaphysik wird von einer nichtlinearen *Netzwerkdynamik* übernommen, die das ebenso nichtlineare *Ereignis* anstößt, und nicht von der alten linearen *Geschichte*, die den ebenso linearen *Fortschritt* anstoßen soll. Im Entheismus ist Dauer daher auch ein dynamisches, kein lineares Phänomen.

Nach Barad entstehen *die Phänomene* als intra-agierende und agentielle Verschränkungen. Messungen mit Instrumenten erweitern Verschränkungen, eher als dass sie kollabierende Verschränkungen feststellen. Das heißt, in der Quantenmechanik geht es in Wahrheit um Nichttrennbarkeit, nicht um Nichtlokalität. *Quantenphysikalische Nichtlokalität* ist nicht unbedingt dasselbe wie *physikalische Nichtlokalität.* Agentielle Trennbarkeit ist ganz einfach nicht außerhalb, sondern etwas Äußerliches innerhalb der Phänomene. Phänomene sind die Grundeinheiten sowohl der Ontologie als auch der Erkenntnistheorie, gleichzeitig aber intra-agierend und vor allem im Wesentlichen *plural.* Sie sind *irreduzible Vielheiten,* die sich daher nicht auf isolierte Einheiten zurückführen lassen. Und zwar nicht, weil das uns zu einer reizvollen Philosophie inspiriert, über die man im Elfenbeinturm nachdenken kann, *sondern weil Physik tatsächlich genau so funktioniert.* Hier ähnelt Barad anderen Philosophen, die sich intensiv mit der neuen Physik befassen, wie Ian Hacking und Joseph Rouse. Bohrs Realismus und Objektivismus bilden eine solide Grundlage, auf der man aufbauen kann, da er ausschließlich von tatsächlichen, materiellen Verkörperungen theoretischer Konzepte handelt. In Bohrs Lebenswerk als Physiker und Philosoph spricht das Universum durch uns und nicht umgekehrt. *Niels Bohr ist der syntheistische Handelnde schlechthin. Und Karen Barad ist sein Prophet.*

Ursache und Wirkung entstehen *durch Intra-Aktivität innerhalb der Phänomene.* Nach Bohr sind Ursache und Wirkung weder deterministisch noch wirken sie absolut frei. Ursache und Wirkung kommen mit unterschiedlicher Wahrscheinlichkeit und zukunftsoffen zum Tragen. Alles, was in jeder intra-agierenden Bewegung ausgeschlossen ist, das schließt zugleich jede Form von Determinismus als unmöglich aus und hält die Zukunft offen. Agentieller Realismus ist somit radikal indeterministisch, er lässt aber deshalb auch keinen *freien Willen* im klassischen Sinne zu. Der freie Wille setzt nämlich voraus, dass alles Wünschenswerte möglich ist, aber dies ist natürlich nie der Fall, da jeder einzelne Prozess eine unendliche Zahl von Ausgeschlossenem umfasst und in einer Situation stattfindet, die genau durch ihre Grenzen definiert ist. Daher sind alle großen Sprüche über den *freien Willen* sinnlos. Und das umso mehr, als es kein Descartes'sches *Cogito* gibt, das diesen freien Willen ausüben könnte, wenn er denn existieren würde. Die *freie Wahl* hingegen ist ein plausibles und äußerst interessantes Konzept für die syntheistische Ethik. Doch ist die freie Wahl ein ganz anderer Begriff als der freie Wille.

Barads *agentieller Realismus* kann gut gegen Lacans und Zizeks psychoanalytische Version *des transzendentalen Subjekts* in Stellung gebracht werden; syntheologisch gesehen würde dabei Barads Pantheos Lacans und Zizeks Atheos gegenübergestellt werden. Es ist historisch notwendig, dass Barad als radikale Mobilistin auftritt, um sich ein für alle Mal vom Kantschen Repräsentationalismus zu lösen und die Konsequenzen der Revolution der Quantenphysik zu Ende zu denken. Sie tritt also quasi als *personifizierte Oszillation zwischen Pantheos und Entheos* auf. Keinem Denker, keiner Denkerin vor Barad ist es gelungen, den Mobilismus bis an die äußerste Grenze zu führen, nicht einmal radikalen Mobilisten wie Whitehead und Deleuze, um dadurch den notwendigen Gegenpart zum eternalistischen Denken zu setzen, welche dann erst zusammengenommen die Vollendung der Syntheologie ermöglichen. Somit ist Barad in keiner Weise eine Gegenfigur zu beiden Propheten des Atheos, Lacan und Zizek. Sie füllt vielmehr die tragisch große intellektuelle Lücke, setzt innerhalb der syntheologischen Pyramide eine notwendige Antithese zu deren hochintellektualisierter Leere.

Ansonsten ist Deleuzes Metaphysik ein hervorragender Übergang zwischen dem Baradschen Relationalismus und der Lacanschen Psychoanalyse. Deleuze stellt den Unterschied vor die Identität: ihm zufolge wird Identität eher aus dem Unterschied erzeugt als umgekehrt. Deleuze bereitet damit Barads Relationalismus vor. Gleichzeitig unternimmt Deleuze im Zuge der Lacanschen Revolution in der Psychoanalyse erhebliche Anstrengungen, um einen neuen Begriff des Subjekts zu entwickeln. Er sucht eine Art geradezu ekstatischen, aber immer noch immanenten Zustand, den er *transzendent* anstatt transzendental nennt. Das führt ihn hin zur Erfindung des *dividuellen*, schizoiden Subjekts, das seitdem zum Idealbild des Menschen in der attentionalistischen Netokratie des Internetzeitalters geworden ist (einerlei, ob es in den 1970er-Jahren Deleuzes Absicht war, ein solches zukünftiges Macht-Instrument zu schaffen).

Der Lacanianer Zizek befindet sich in seinen Büchern oft im Dialog mit Deleuze, zum Beispiel in *Organe ohne Körper* (wo Zizek auch einen extensiven Dialog mit den - seiner Meinung nach - deleuzianischen Philosophen Bard und Söderqvist führt). Ein perfektes Beispiel für ein Deleuze'sches Hybridkonzept ist das des *dunklen Vorgängers*, der eine zentrale Rolle bei der Konstruktion von Deleuzes dividuellem Subjekt spielt. Den dunklen Vorgänger kann man am einfachsten als das Higgs-Feld der Ontologie beschrieben. *Das Wirkliche* ist das, was verhindert, dass das Weltbild je kohärent oder vollständig wird. Subjektivität entsteht, weil wir Objektivität nie zu fassen bekommen. Das Subjekt wird in dem Moment geboren, in dem wir mit Störungen und Fragen in Bezug auf unsere Weltanschauung konfrontiert werden, und es sind diese wiederkehrenden Störungen, die das Subjekt am Leben halten.

Deleuze sieht prophetisch voraus, wie das aufkommende Internet-Zeitalter - das er in seinen Schlüsselwerken *Anti-Ödipus* und *Mille plateaux,* verfasst zusammen mit Felix Guattari, konsequent als einen *Kapitalismus mit Schizophrenie* bezeichnet - die klassischen *Ansprüche* der Mehrheit auf die Macht ausschließt. Barads Relationalismus geht in der gleichen Richtung noch ein paar Schritte weiter. Es gibt keine gesicherten Mehrheits-Identitäten mehr, wenn wir einmal anfangen, das Ausmaß der Revolution in der Quantenphysik zu erfassen. Alle verbleibenden Identitäten, mit Ausnahme des Universums, sind für Barad einfach in der Minderheit. Um eine andere Identität als die des Universums herzustellen, braucht es eine klare *minoritäre Differenz*, weshalb auch nur die stärkste minoritäre Identität das hervorbringen kann, was Lacans und Zizeks Vorgänger Hegel *die universelle Singularität* nennt.

Das vereinheitlichende Narrativ kann nur von dem *dienstbaren Handelnden* erzählt werden, mit dem sich alle anderen Handelnden identifizieren können. Wenn das Deleuzesche Dividuum vor die Urgewalt von Pantheos gestellt wird, ist *Kapitulation* die einzige logische Antwort. Es handelt sich dann aber nicht um irgendeine Kapitulation alten Stils. Denn es geht um eine Art Kapitulation auf Spinozas Art, was wiederum eine dialektische Weiterführung im Schatten des Pantheos ermöglicht, durch die Einsetzung von Syntheos in Verbindung mit den anderen Merkmalen des universellen Subjekts. Daher sind sich Zizek und Deleuze einig in ihrer leidenschaftlichen Suche nach *der revolutionären Utopie des Internetzeitalters*, wobei Deleuze als *Stimme von Entheos* - verglichen mit Zizek als *Stimme von Atheos* und Barad als *Stimme von Pantheos* - der Verwirklichung von *Syntheos* in der syntheologischen Pyramide am nächsten kommt.

Denn so wie in der syntheologischen Pyramide die Achse zwischen Atheos und Pantheos vibriert, so vibriert auch die Achse zwischen Entheos und Syntheos. Entheos steht für immanentes Werden und Differenz; Syntheos steht für utopisches Sein und Identität. Es ist, wie Deleuze betont: *Entheos geht Syntheos immer voraus.* Zuerst erzeugt Entheos das Deleuzesche Dividuum; dann erzeugt Syntheos die revolutionäre Utopie. Wichtig dabei ist, dass die Syntheologie Transzendenz beim Werden und nicht beim Sein ansetzt. Es gibt kein transzendentes Sein im Syntheismus, was der radikale Abschied von allen dualistischen Religionen ist. Transzendentes Werden in einem radikal monistischen und relationalistischen Universum wird hingegen bekräftigt. Das Werden ist primär, *will sich aber ins Sein bringen* und tut dies immer wieder durch die schöpferischen Verewigungen der Wahrnehmung. Dieser Wille vom Werden hin zum Sein ist die Bewegung von Entheos zu Syntheos.

Das Universum braucht offensichtlich keine ihm vorausgehende Göttlichkeit, um zu existieren. Es besteht keine Notwendigkeit für irgendeine Religion, wenn sich, was existiert, in ständiger Ausdehnung befindet. In dem Moment jedoch, in dem wir uns vom Werden zum Sein bewegen, wird die theologische Perspektive notwendig. Die Dialektik zwischen Eternalismus und Mobilismus bedarf einer syntheologischen Begleitung. Die Eternalisierung des mobilistischen Chaos selbst führt zum metaphysischen Impuls. Wir drücken dies so aus, dass *Sein Gott braucht.* Wir sehen diese Bewegung bei Hegel, der sich von Atheos zu Pantheos bewegt und sieht, wie *der Weltgeist* aus dieser Bewegung geboren wird. Aber das Gleiche geschieht auch bei

Deleuze, als er sich von Entheos in Richtung Syntheos bewegt und erkennt, wie die Ebene der Immanenz aus dieser Bewegung geboren wird. Die Verewigung des mobilistischen Chaos ist in sich eine Ur-Heiligung des Daseins, die Geburt der Metaphysik. Durch den Prozess der Eternalisierung verwandelt sich das chaotische Dasein in eine einzige kohärente Substanz, die von den mobilistischen Philosophen als *die Eine* bezeichnet wird. Und das Eine ist natürlich der Name der Immanenzphilosophie und der Prozesstheologie für *Gott.*

Innerhalb der syntheologischen Pyramide gibt es aber auch eine Bewegung von Syntheos in Richtung Atheos. Daher ist es interessant, einen streng atheistischen Nihilisten als Gesprächspartner für Deleuzes und Barads relationalistische Metaphysik vorzustellen und zu studieren: Der außergewöhnlich gelehrte und farbenfrohe schottische Philosoph Ray Brassier vertritt in seinem Buch *Nihil Unbound* die These, dass Nietzsche und Deleuze ihrem *Wunschdenken* aufgesessen sind, *als sie existentielle Ekstase über existentielle Angst stellten.* Brassier sieht stattdessen wie der Buddha die Angst als das Primäre im Dasein an - der Schmerz übersteigt immer den Genuss - und konstruiert eine Art *Freudsche Kosmologie* aus der Überzeugung, dass der leere, blind sich wiederholende Trieb der Motor der Existenz sei. Der Schwerpunkt von Brassiers negativer Theologie liegt in *der zukünftigen Selbstauslöschung des Universums,* die seiner Meinung nach bis dahin alle Werte und Wertvorstellungen bestimmen muss. Hier nimmt er seinen Ausgangspunkt im menschlichen *Willen zum Nichts,* das aus dem immer undichter werdenden Unterbewusstsein entsteht und das sich immer wieder als Thema in den schnell anwachsenden Subkulturen des Internetzeitalters bemerkbar macht.

Aus relationalistischer Sicht macht Brassier jedoch drei Fehler in seiner Argumentation. Erstens zwingt nichts zu der Annahme, dass Ethik durch das Funktionieren der Natur bestimmt oder in irgendeiner Weise damit verbunden sein müsste. Wäre dies der Fall, hätte man den Sozialdarwinismus des 19. Jahrhunderts im Prinzip nie in Frage stellen dürfen, und das Konzept der *Zivilisation* wäre hier irrelevant. Die Ethik von Brassier weicht in keinem wichtigen Punkt von dem bizarren Ansinnen des Sozialdarwinismus ab, den Menschen zu einer Kreatur zu verkürzen, deren einzige Aufgabe es ist, *die Darwinsche Evolution sozusagen auf die richtige Schiene zu setzen;* als ob die Geschichte - paradoxerweise deterministisch und indeterministisch zugleich - aus unerfindlichen Gründen wie die Evolution beschleunigt und auf Kurs zu ihrer unvermeidlichen Vollendung gebracht werden müsste. Brassier verfällt hier in eine Art naturalistischen Masochismus, eine existenzielle Abdankung angesichts der Möglichkeiten des Menschen, eine eigene Identität zu erschaffen, die von der geschichtlichen Richtung seiner/ihrer Umwelt unabhängig ist. Daher läuft Brassiers Ethik auf den Ehrgeiz hinaus, dem nachzugeben und das nachzumachen, was die Natur uns durch ihre blinde Wankelmütigkeit angeblich mitteilt, und auf die Anweisung, diese skrupellosen und höchst willkürlichen Tötungsprozesse als lobenswert anzusehen.

Gegen die Vorstellung, dass der Mensch ein formbares Geschöpf ist, das einem Schicksal unterworfen ist, welches paradoxerweise sowohl unvermeidlich ist als auch von ihm geschaffen sein soll, führt der Syntheismus die Ideale von Zarathustra, Heraklit, Spinoza, Nietzsche, Whitehead und Deleuze ins Feld: Der Mensch als ein bejahender Aktivist im Kampf gegen all das, was er als die systematische Willkür der Natur - oder auch der Kultur - in Form von vorgegebenen Spielregeln erkennt. Nach der syntheistischen Ethik hinterlässt der Mensch vielmehr gerade in der Auflehnung gegen vorgegebene Lebensbedingungen und durch zivilisationschaffende Veränderungen der Geschichte sein Siegel eines ethischen Wesens. Die konkreten Handlungen des Menschen im Kampf gegen das, was die Natur vorgibt, schaffen erst die *ethische Substanz*, die also nichts mit einer persönlichen Eignung zur Unterwürfigkeit zu tun hat. Dasselbe gilt offensichtlich für jede Vorstellung von einer indeterministischen Welt, in der es Aufgabe der Ethik wäre, den Menschen dazu aufzurufen, sich gegen sein besseres Wissen so zu verhalten, als ob er doch determiniert wäre; ein Standpunkt, für den der vulgäre und dumme Imperativ „Folge deiner Natur!" ein Beispiel ist. Wenn die Existenz tatsächlich determiniert wäre, was sie sicher nicht ist, dann wäre dieser Aufruf völlig überflüssig, da es keine Alternativen dazu gäbe.

Noch gäbe es dann irgendwelche ethischen Probleme, über die nachzudenken wäre.

Zweitens verwechselt Brassier Quantität mit Qualität. Selbst wenn Schmerzen im Leben häufiger wäre als Freude - was ganz klar in Frage zu stellen ist: Schmerz und Freude ergänzen sich jedenfalls oft in verschiedenen multidimensionalen Erfahrungen, anstatt im Gegensatz zueinander zu stehen -, selbst dann hieße das nicht, dass der Schmerz qualitativ wichtiger und damit identitätsstiftender wäre als die Freude. Hier trägt der Syntheismus etwas bei, was Brassier in seiner Philosophie übersieht, nämlich *die spirituelle Erfahrung.* Was die spirituelle Erfahrung auszeichnet, ist vor allem die Erzeugung von Unendlichkeit in der Gegenwart, das heißt, sie übersteigt das Quantitative, setzt Qualität vor Quantität und ermöglicht so einen existenziellen und damit ethischen Vorrang von Leben und Freude vor Tod und Schmerz. *Das unendliche Jetzt* besiegt lang andauerndes und vielleicht sogar lebenslanges Leiden, und zwar nicht nur in dem Moment, wo das Jetzt erlebt wird, sondern noch mehr als *identitätsstiftende Erinnerung*, die ethische Substanz erzeugt; etwas, das erst im Nachhinein bei der Verarbeitung und *Integration des Ereignisses* in die Lebensphantasie entsteht, wo es als eine dauerhaft identitätsstiftende Abstraktion weiterlebt.

Einige wirklich tiefgreifende spirituelle Erfahrungen können ausreichen, oder sogar nur eine einzige, um einen Syntheisten zu motivieren, in einem Leben voller Mühen und Rückschläge auszuhalten und weiterzumachen. Der syntheistische Philosoph Robert Corrington stellt in seinem Buch *A Semiotic Theory of Theology and Philosophy* dieses qualitative spirituelle Ideal als *intensive Ekstase* seinem Gegenteil, *dauerhafter Melancholie*, gegenüber. Dabei spielt die Gedächtnisfunktion des Bewusstseins eine zentrale Rolle. Wir brauchen nicht die ganze Zeit die größten Intensitäten des Lebens zu wiederholen, um sie uns zu vergegenwärtigen, sondern dank unseres Gedächtnisses können wir zu ihnen zurückgehen und sie auf diese Weise als Schöpfer existenziellen Sinns nutzen. Und natürlich geben emotionale Intensitäten dem Leben gerade in Form von Erinnerungen und nicht als direkte Erlebnisse seinen Sinn. Als Erlebnisse selbst sind die stärksten Intensitäten fast unerträglich, wenn sie sich in die Länge ziehen; dauerhaft auf einem ekstatischen Höhepunkt zu sein, muss eher als eine Form von psychotischem Wahnsinn denn als vollkommene Lebensfreude angesehen werden.

Tatsächlich gibt die Erinnerung an Entgrenzung dem Dasein einen Rahmen, und es ist diese Einrahmung, die Erfahrungen von Sinn, Wert, Identität und ethischer Substanz hervorbringt. Hier bricht die syntheistische Ethik nicht nur mit Brassiers Fixierung auf neuronale Quantitäten, sondern auch mit dem autistisch übersteigerten Vertrauen des Utilitarismus in statistische Nutzenfunktionen. Die wichtigsten Dinge im Leben sind zwar nicht immer gratis, aber sie sind definitiv nicht messbar, und sie sind auch nicht objektiv vergleichbar unter verschiedenen Menschen. Was nicht gemessen werden kann, das kann nicht als etwas Messbares behandelt werden, ohne das die intellektuelle Glaubwürdigkeit Schaden nimmt. Noch weniger kann ein ganzes ethisches System auf solchen unmöglichen und kindischen quantitativen Vergleichen aufgebaut werden. Ebenso wie der Utilitarismus daran scheitern muss, *die zentrale Rolle der transzendierenden Erfahrung* in der Lebenswelt des Syntheisten begreifen - Utilitaristen sind offensichtlich sowohl emotional als auch spirituell behindert -, so ist der Syntheismus definitiv nicht eine Art von Utilitarismus.

Drittens tritt Brassier in die Fußstapfen des Post-Strukturalisten Jean-Francois Lyotard, auch er ist besessen vom zukünftigen Tod der Sterne als Horizont für die Ethik. Das beruht jedoch auf einem Missverständnis darüber, was uns die Physik sagt. Nach der M-Theorie entstehen Universen unaufhörlich in einem Multiversum, dessen möglicher Ausdehnung keinerlei Grenzen gesetzt sind. Unabhängig davon, ob sich unser gegenwärtiges Universum irgendwann zu einem endlosen, kalten, schwarzen Brei entwickelt oder ob seine beschleunigte Expansion sich dramatisch in eine alles zusammenpressende Kontraktion verwandelt - oder auf irgendeine andere Weise plötzlich in eine neue Runde beschleunigter Expansion übergeht, wie der Physiker Roger Penrose in seinem Buch *Cycles of Time: An Extraordinary New View of the Universe* vorschlägt -, jedenfalls spricht nichts gegen die Entstehung neuer Universen sowohl innerhalb als auch außerhalb unseres eigenen Universums. Die Physik stellt uns vor keine solchen Hindernisse, und wenn wir einmal die räumlichen und zeitlichen Grenzen überwunden haben - in unserer Vorstellung tun wir uns ja so schwer, uns selbst als eines Tages vergangen zu betrachten -, dann verschwindet der Tod der Sterne als notwendiger oder sogar als vorstellbarer Horizont für die Ethik.

Es fällt Brassier schwer, seine Verachtung für Henri Bergsons klassischen *Vitalismus* zu verbergen. Und die Physik bietet natürlich keinen Anhaltspunkt dafür, dass Leben irgendein besonderes Wesen besitzt oder eine besondere Stellung im Universum. Das Leben entsteht unter bestimmten materiellen Umständen, was nicht bedeutet, es wäre als solches ein großes Mysterium. Faszinierend ist also nicht das Leben selbst, wie der klassische Vitalismus behauptet, sondern die enorme Komplexität und ständige Entstehung von noch mehr Komplexität dessen, was existiert, wie Deleuze in seinem *revidierten Vitalismus* annimmt. Anstatt wie bei Bergson den Vitalismus anthropozentrisch als eine lebensbejahende Religion zu predigen - nach dem Motto: je mehr Lebensformen entstehen, desto besser -, ist es aus der Sicht der Prozesstheologie zutreffender, von der *ungeheuren und explodierenden Komplexität der Physik selbst* zu sprechen. Der Vitalismus kann nur überleben, wenn er zu einer universozentrischen, allgemeinen Lehre der Vielheit und Vielfalt erweitert wird. Wenn wir seit der Entstehen der M-Theorie von einem glaubwürdigen Vitalismus sprechen können, dann muss dieser Vitalismus Quantenschwankungen in der großen Leere bereits als eine Art Lebensform betrachten. Und warum eigentlich auch nicht?

Der Syntheismus geht über das in der Wertephilosophie traditionelle Gegensatz-Paar *Vitalismus* (Bergson) und *Anti-Vitalismus* (Brassier) hinaus, stattdessen baut er auf dem Konzept der *reinen Komplexität* auf. Diese Komplexität geht der Herstellung von Identität voraus, wie auch Deleuzes übrigen Arten der Differenz. Die reine Komplexität gibt in der Netzwerk-Dynamik den Handelnden und Phänomenen ihren Wert, nicht umgekehrt. Denn das Leben ist, als bloßes Leben betrachtet, eigentlich kaum der Rede wert. Es ist vor allem viel Sterben. Das Leben basiert immer auf einem Akt der *Selbst-*

*aufopferung* und muss daher als ein isolierender Bruch mit dem Leben selbst betrachtet werden. Als solcher ist das Leben zur zwanghaften Wiederholung seines eigenen Todesaktes verurteilt. Der Vitalismus trifft nur dann den richtigen Ton, wenn er aufhört, das Leben als verglichen mit dem Nichtleben höherrangig zu vergötzen, und stattdessen das Leben als Duplikat von Nichtleben in großem Maßstab betrachtet, als eine weitere in einer langen Folge von reinen Komplexitäten. Denn was ist Leben anderes als eine geklonte, diskrete Rückkopplungsschleife, die sich zufällig selbst vermehren kann?

Wir sehen deutlich, wie sich die Opferhandlung selbst als Lebensbedingung sich ausdrückt, als *das kollektive Opfer* über den ganzen Verlauf der Geschichte hinweg. Das Opfer wurde von der Nomadengesellschaft als Reaktion auf *die überwältigende Macht der Natur über die Menschheit* entwickelt. Das Opfer war die Weise, wie der Stamm versuchte, Unabhängigkeit und Handlungsspielraum von den Göttern zu erkaufen. Doch opfern alle Organismen immer einen Teil ihrer selbst, um zu überleben. Nur durch einen solchen Akt des Opfers kann das Sein Unabhängigkeit von seiner Umgebung erlangen. Unabhängigkeit bedeutet natürlich per Definition, das zu klonen, *was* gerade von dem umfassenderen Phänomen unabhängig ist, von dem es sich dann abhebt. Das große *Trauma* ist natürlich dasjenige, was nach dem Selbstopfer bleibt; es ist *Schutz der Wahrnehmung* vor einer Überfülle von Reizen; es ist die Grundlage für *das neue Selbst in dem, was unabhängig ist.* Dank diesem Trauma wird das Wesen funktional, verwertet seine Umgebung für sein eigenes Überleben und sichert sich dadurch Ressourcen für die zukünftige Fortpflanzung.

Brassier nennt diese sich selbst wiederholende Komplexitätsmaschine ein *Organon des Aussterbens*. Mit der Heraufkunft des Syntheismus schwindet jedoch die Rolle des Opfers in der Kultur. Zunächst einmal versuchen Syntheisten, keine Götter zu beschwichtigen, um sie auf Distanz zu halten. Im Gegenteil, Syntheisten erschaffen die neuen Götter für eine neue Ära und vor allem für die Zukunft. Und sie suchen den Kontakt zu den Göttern, sehen in ihrer Entstehung die Verwirklichung der Träume und Utopien der Menschheit. Es besteht also kein Bedarf an Opfern im Syntheismus, vielmehr wird das genaue Gegenteil eines Opfers gefordert: die syntheistischen Rituale über Verschmelzung und Verschränkung; teils zwischen den Menschen, teils zwischen Mensch und Umwelt. Die Verehrung des Netzwerks in seiner Eigenschaft als Ereignis handelt natürlich auch von der *Verwirklichung des Netzwerks als eines Ereignisses*, das heißt der Versenkung in *die heilige Intimität* als Happy End der tragischen Geschichte der Entfremdung.

Genau wie Nietzsches schöpferische Bejahung ist die syntheistische Überzeugung in erster Linie *eine Haltung*. Syntheismus beginnt eher mit dem Willen zu handeln als mit Wissen. Es basiert auf der Idee des Lebens als etwas unendlich Wertvollem. Ein Leben, dass sich selbst nutzt durch ständige kreative Umgestaltung und Wertschätzung von allem und jedermann in der Umwelt, kann nicht einmal daran denken, sich selbst zu bewerten und verwerfen. Daher muss Leben in seinem Verhältnis zu sich selbst unendlich wertvoll sein. Der unendliche Wert des Lebens im Verhältnis zum Leben selbst bedeutet jedoch nicht automatisch, dass dies auch für andere Lebensformen gilt. Das kollektive Inderschuldstehen rührt aus der Annahme, dass beispielsweise ein Leben, das nicht gerettet werden kann, immer noch mehr kollektive Schuld erzeugt. Dies treibt nicht nur die kollektive Phantasie an - und erklärt so, warum Geschichte immer voll ist von Mythen des großen Sündenfalls und von den dazugehörenden Aufforderungen zur Erlösung -; früher oder später treibt es die kollektive Identität auch in ihre selbstauferlegte Auslöschung hinein.

Die nietzscheanische Reaktion auf diese kollektive Phantasie von der Auslöschung ist natürlich *amor fati*, das heißt, nicht nur das Annehmen, sondern die bedingungslose *Liebe zum Schicksal.* Güte und Böse treffen in der Gegenwart zusammen, wo das Schicksal sie aufbricht und zu einer neutralen Geschichtssubstanz verbindet, die Nietzsches *Übermensch* liebt, weil sie geliebt werden muss, als *das einzige,was geschichtlich existiert.* Nur beruhend auf einem bedingungslosen Annehmen von allem in Weltgeschichte bis zum heutigen Zeitpunkt - wobei die eigene Erfahrung als Subjekt in höchstem Maß miteinbezogen wird - kann der syntheistische Handelnde eine radikal andere, *über die Gegenwart hinausweisende utopische Zukunft* schaffen. Was wäre denn *der religiöse Impuls* und seine Suche nach *der spirituellen Erfahrung,* wenn nicht eine Vernunft, bei der der Mensch sich auf sich selbst und seine innersten emotionalen Bedürfnisse konzentriert und zulässt, dass seine Intuition ihn über Ausreden des Lebens hinausführt, die vorgeben, das Unmögliche sei wirklich unmöglich? Denn das ist natürlich nicht wahr: Gerade wenn die Vernunft die Rationalität ablöst, dann wird das Unmögliche möglich und Syntheos erscheint in der Zukunft. *Dort und dann kann der Mensch seine wildesten Träume verwirklichen und Gott erschaffen.*

# 7.
# Intensitäten und Phänomene in einem relationalistischen Universum

Die Geschichte des Korrelationismus wird mit Immanuel Kants erkenntnistheoretischem Projekt im 18. Jahrhundert eingeleitet. Nach Kant können wir nur wissen, was in der Wechselbeziehung *von Denken und Sein entsteht.* Aber bei Kant und später auch beim Phänomenologen Edmund Husserl ist man immer noch der Überzeugung, es gebe eine so genannte *Faktialität*, dass also der Prozess ein *Ding an sich* beinhaltet, auf das man sich beziehen kann. Dieser Begriff läuft unter der Bezeichnung *schwacher Korrelationismus.* Später folgen auf Kant Denker wie Hegel, Nietzsche, Heidegger und Wittgenstein, die alle dieses vermeintliche Ding an sich übergehen. Das Kantsche *Prinzip der Faktialität* wird von diesen Autoren durch das Hegelsche absolute *Prinzip der Korrelation* ersetzt. Dieser Begriff wird als *Relativismus* oder *starker Korrelationismus* bezeichnet.

Der entscheidende Bruch mit dem Kantschen Korrelationismus geht einher mit dem *Relationalismus* in Niels Bohrs Physik und Wissenschaftstheorie in den 1930er Jahren. Relationalistische Ontologie ist in der Tat nicht nur *interaktiv,* wie der Relativismus, sondern definitiv auch *intra-agierend.* Dem Relationalismus zufolge ist jedes Phänomen im Universum einzigartig, da sowohl seine äußeren als auch seine inneren Koordinaten völlig einzigartig sind für jede Position in der Raum-Zeit. Symmetrien existieren nur in mathematischen Modellen, niemals in der physikalischen Realität. Dies bedeutet unter anderem, dass kein wissenschaftliches Experiment je zweimal auf die gleiche Weise wiederholt werden kann. Kein Wunder, dass die alten Freunde Niels Bohr und Albert Einstein in den 1930er-Jahren einen Briefwechsel beginnen, der für beide Seiten oft frustrierend ist. Ihre Briefe belegen den dramatischen wissenschaftlichen Paradigmenwechsel vom *Einsteinschen Relativismus* hin zum *Bohrschen Relationalismus.*

Es gibt im Universum natürlich keine *de facto* vorgegebenen Mengen von Regeln, die den Phänomenen vorausgehen würden, die zu regulieren sie (wenn dies denn der Fall wäre) geschaffen wären, wenn es sie gäbe (was nicht der Fall ist, denn dann müsste ihre Existenz der Existenz selbst vorausgehen). Was wir im Nachhinein als *Naturgesetze* auffassen können, das sind nichts anderes als analoge Wiederholungen innerhalb ein und desselben Systems unter den zeitweilig vorherrschenden, sich ständig leicht ändernden Umständen innerhalb des betreffenden Komplexes. Zugegeben, es gibt ein universelles *Meta-Gesetz,* das besagt, dass es für jedes bestimmte Ereignis immer eine Erklärung gibt - eine ontologische Prämisse, welche Mobilisten vom deutschen Philosophen Gottfried Wilhelm Leibniz im 17. Jahrhundert bis zum amerikanischen Pragmatiker Charles Sanders Peirce im 19. Jahrhundert gründlich untersuchen -, aber es sind keine *eigentlichen ewigen Gesetze* erforderlich, um irgendeine der Virtualitäten innerhalb des Phänomens zu verwirklichen. Wie so oft in der Geschichte der Wissenschaft kümmert sich die Natur nicht um unsere menschlich-allzu-menschlichen Metaphern. *Die Physik gehorcht eben einfach nicht Gesetzen in der Weise, wie vom Sklaven erwartet wird, dass er die Regeln befolgt, die sein Herr Meister vorschreibt.*

Das Problem ist, der Korrelationismus macht es notwendig, dass alles um die Korrelation herum konstant ist, als ob das, was passiert, immer in einem isolierten und versiegelten Labor oder auf einer - abgesehen von dem beobachteten Phänomen - unveränderlichen Theaterbühne passierte. Das Relative beschränkt sich nach Ansicht der Korrelationisten auf das Verhältnis der Phänomene. Existenz wird eher als passiv denn als aktiv angesehen und umstandslos in unabhängige, isolierte Einheiten ohne irgendeine relevante Beziehung zueinander unterteilt. Die isolationistische Sichtweise des Korrelationismus muss sich jedoch dem Druck der modernen Physik beugen, in der alles mehr oder weniger unablässig aufeinander einwirkt und sich in einem ständigen Wechselverhältnis zu allem anderen befindet, *einschließlich zu sich selbst.* Das Verhalten der Physik ist also weder vorherbestimmt noch notwendig noch ewig; die Muster, die die Phänomene in einer größeren Perspektive bilden - egal wie schön und eindrucksvoll sie auch erscheinen mögen - könnten sich völlig von den tatsächlichen Mustern unterscheiden und sich in Zukunft sehr wohl ändern, wenn sich die Bedingungen geändert haben sollten.

Kant hat also Recht mit der *Faktialität*, die Dinge könnten sich völlig von dem unterscheiden, wie sie im Moment stehen. Aber Kants *Rationalismus* - sein blinder Glaube, dass alles, was geschieht, einer göttlichen Weisheit untergeordnet ist und dass seine eigene menschliche *Ratio* völlig ausreicht, um alles, was irgendwann geschieht, zu erfassen - führt dazu, dass er diese Faktialität niemals voll entfaltet und den unvermeidlichen Schluss nicht zieht. Es ist also Kants unbegründeter Rationalismus, der ihn zum *Determinismus* zwingt, nicht umgekehrt. Deshalb müssen die Relationalisten auch Kant hinter sich lassen und andere Verbündete in der Geschichte der Philosophie suchen. Der Syntheist Quentin Meillassoux findet einen solchen verbündeten Denker in dem Empiristen David Hume - einem der stärksten Rivalen Kants im 18. Jahrhundert -, nicht zuletzt deshalb, weil Hume die Überzeugung stützt, dass ein und dieselbe materielle und existenzielle Perspektive auf unendlich viel Verschiedenes hinauslaufen kann. Was außerhalb der fraglichen Korrelation existiert, ist weder stabil noch fix, und daher kann die Philosophie ehrlicherweise nicht behaupten, das sei der Fall. Hume und Meillassoux stimmen mithin in einer *starken Faktialität* überein, auf der Meillassoux die philosophische Schule begründet, die unter dem Namen *spekulativer Materialismus* bekannt geworden ist.

Hume und Meillassoux gehen ab von Kants unhaltbarem, unzutreffendem Determinismus und öffnen die Philosophie für den in der Bohrschen Quantenphysik empirisch festgestellten *Indeterminismus*. Es sei hier angemerkt, dass Leibniz schon vor Hume mit seinem *Prinzip vom zureichenden Grund* den Relationalismus vorwegnimmt. Leibniz war nicht nur einer der bedeutendsten und originellsten Wegbereiter unter den Philosophen, sondern auch ein innovativer und brillanter Mathematiker. Er schuf eine *Monadologie*, eine Art frühe Variante der Dialektik zwischen Eternalismus und Mobilismus, noch vor dem Kantianischen Platonismus. Vor allem mit seiner naturwissenschaftlichen Glaubwürdigkeit schuf Leibniz die klarste mobilistische Alternative zu Newtons zur gleichen Zeit entwickeltem Totalismus. Der metaphysische Gegensatz zwischen Leibniz und Newton prägt den Kampf innerhalb unserer zeitgenössischen Physik, zwischen dem *Relationalismus* und seinem *kosmologischen Darwinismus*, mit einem immer komplexer werdenden Universum einerseits; und andererseits der *Relativismus* und seiner Fixierung auf den zweiten Hauptsatz der Thermodynamik, mit einem Universum, das sich bei zunehmender Ausdehnung und Ausbreitung immer weiter vereinfacht.

Das relationalistische Argument lautet, dass der zweite Hauptsatz der Thermodynamik zwar in isolierten Teilsystemen des Universums anwendbar ist, dass dies aber nicht zwangsläufig bedeutet, er decke das Universum als zusammenhängendes Ganzes ab. Vielmehr scheint es umgekehrt zu sein: Das Universum als Ganzes weist eine Geschichte mit einer im Laufe der Zeit immer komplexer werdenden und stetig wachsenden Informationsmenge auf, wobei die gesamte wachsende Informationsmenge mit der gesamten wachsende Menge an Entropie korreliert ist. Das bedeutet, die Entropie kann lokal auf Kosten der Information zunehmen, während die Information global auf Kosten der Entropie zunimmt. Und so sieht unser Universum auch tatsächlich heute aus. Wenn Theorie und empirische Daten in wesentlichen Punkten nicht übereinstimmen, ist es möglicherweise eine gute Idee, zunächst die Theorie zu überarbeiten und zu modifizieren.

Die Grundlage für den philosophischen Relationalismus wird Ende des 19. Jahrhunderts von den amerikanischen Pragmatisten gelegt, klar ausgedrückt zum Beispiel durch Peirces bekanntes Zitat „Ein Gesetz ist die Sache schlechthin, die nach einem Grund verlangt". Er argumentiert, dass die Naturgesetze vernünftigerweise ebenso sehr einer Evolution unterliegen sollten wie alles andere, was existiert, und dass sie daher nie vorherbestimmt sein können. Es geht dabei einfach darum, dass einer Ursache eine Wirkung vorausgeht, und dies erfordert an sich noch kein ewiges Gesetz. Peirce geht sogar so weit zu sagen, dass sich, wenn wir davon ausgehen, dass die Zeit eine tatsächliche Konstante ist, *die Muster, nach denen die Natur sich verhält, sich früher oder später ändern müssen.* Seit Peirces revolutionären Beiträgen ist der philosophische Relationalismus eindeutig in der pragmatistischen Metaphysik verankert. Und im Pragmatismus wird er auch voll entfaltet, als der britisch-amerikanische Philosoph Alfred North Whitehead parallel zur Bohrschen Revolution in der Physik 1929 sein Manifest *Process and Reality* veröffentlicht.

Der amerikanische Philosoph Michael Epperson zeigt in *Quantum Mechanics and the Philosophy of Alfred North Whitehead,* wie Whitehead - ein Lieblingsschüler von William James, der anderen Vaterfigur des amerikanischen Pragmatismus neben Peirce - im Alleingang eine relationalistische (keine relativistische Metaphysik) entwickelt, parallel und völlig unabhängig von der quantenphysikalischen Revolution, die in den 1920er-Jahren an Fahrt gewann. Laut Whitehead - dessen Name nach der Veröffentlichung seines mathematischen Werks *Principia Mathematica,* das er gemeinsam mit seinem Schüler Bertrand Russell im Jahr 1913 verfasst hatte, von den Physikern verehrt wurde - besteht das, was es gibt, seinem Wesen nach aus *momentanen Ereignissen* und nicht aus atomistischen Objekten. Die Geschichte der Welt ist demnach eine endlose Menge aufeinander geschichteter Ereignisse, wobei dem permanenten und abstrakt eternalisierten Objekt stets eine intensive und konkrete Reihe mobilistischer Ereignisse vorausgeht. Whiteheads *Erlebnis-Ereignisse* können als eine Art von

*Monaden* im Sinne Leibniz' beschrieben werden - aber nicht „ohne Fenster", wie Leibniz sich die Monaden vorstellt, sondern eher mit einer Vielzahl von Fenstern, die der umgebenden Welt ständig offen stehen.

Was Whitehead zum ersten vollwertigen Relationalisten unter den mobilistischen Denkern macht, und aus syntheologischer Sicht besonders interessant ist natürlich, dass er nicht die Versessenheit von vielen seiner zeitgenössischen Philosophenkollegen versteht, *die Idee eines Gottes zu töten* (insbesondere Russell hasste nach einer strengen Erziehung in der Hochkirche der britischen Aristokratie alles, was er mit Religion verband). Nach Whitehead ist nämlich *Kreativität* das innerste Wesen des Seins, und diese schöpferische Kraft - die er tatsächlich *Gott* nennt - durchdringt jedes einzelne der unzähligen Ereignisse, die sich im Laufe der Geschichte des Whiteheadschen Universums abspielen. Laut Whitehead hieße es grundlos und nutzlos das Kind mit dem Bad ausschütten, wenn man das formbare, überzeugende und äußerst funktionale Konzept Gott nicht verwendete, um diese grundlegende Kreativität zu erfassen - und damit eine *Prozesstheologie* ebenso sehr wie eine Prozessphilosophie zu formulieren.

Nach Whitehead Meinung ist Gott nicht eigentlich tot, vielmehr wird er nur *dramatisch verändert* durch ebenso dramatisch veränderte Umstände. In ihm ist nicht der hasserfüllte Wunsch, Gott die Kehle durchzuschneiden, wo doch das Konzept tatsächlich nützlicher als je zuvor erscheint, aber eben nunmehr als ein *syntheistisches Werkzeug* und nichts anderes. Auffällig ist die Parallele zur syntheologischen Benennung von Entheos als Name der Oszillation zwischen Atheos und Pantheos. Denn was ist Whiteheads Besessenheit von der Kreativität als der treibenden Kraft der Existenz, wenn nicht eine Vergöttlichung der entheistischen Herstellung von Differenz? *Process and Reality* ist so radikal relationalistisch und theologisch kreativ, dass diese Arbeit – worin der Ursprung als *Atheos* und die Ereignisse als *Pantheos* mit der Kreativität als *Entheos* zusammengeführt werden, aus denen das heutige Universum resultiert - es verdient, als *das syntheistische Manifest* schlechthin betrachtet zu werden. Dass der Begriff *Pro-*

*zesstheologie* erstmals von einem von Whiteheads Schülern, dem amerikanischen Theologen Charles Hartshorne, geprägt und verwendet wurde, überrascht nicht im Geringsten.

Als der relationalistische Physiker Lee Smolin 1992 die Idee ins Spiel bringt, dass das Universum nach einem kosmologischen Darwinismus funktioniert - wobei die Maximierung von Schwarzen Löchern in einem Universum mit der Maximierung von Möglichkeiten für die Entstehung von Leben verbunden ist -, verweist er auf Peirces und Whiteheads revolutionären Pragmatismus. Mit einem einfachen Schachzug löst Smolin das immer wieder auftauchende Problem, das die konkurrierenden physikalischen Modelle heimsucht, nämlich dass alle diese Modelle Koordinaten für das Universum voraussetzen, was bedeutet, dass es ständig auf einer Art existentiellem Stecknadelkopf balanciert, um existieren zu können. Mit einer Vielzahl im Laufe der Zeit verwirklichter möglicher Universen, wie in Smolins Modell, scheinen die spezifischen Koordinaten unseres Universums nicht mehr besonders bemerkenswert zu sein. Natürlich scheinen sie für die Entstehung des Lebens und die Existenz unserer eigenen Spezies außerordentlich gut geeignet zu sein, aber dies muss vernünftigerweise bei mindestens einem der vielen Universen der Fall sein, deren Existenz angenommen wird, und in diesem Fall ist das erstere nur logische Konsequenz des letzteren. Unabhängig davon, ob Smolins spekulative kosmologische Evolutionstheorie richtig ist oder nicht - die Zeit oder *Entheos* ist wieder voll da, als Fundament der Physik. Besser könnte es kaum laufen für Peirce, James, Whitehead und die anderen Pragmatisten.

Die Renaissance der Zeit in der Physik eröffnet beispielsweise Möglichkeiten für eine *Formdynamik* - eine Theorie, die viele der alten Probleme der *Quantengravitation* löst -, wobei der Zeit tatsächlich die Rolle der entscheidenden Konstante zufällt. Indem die Formdynamiker auf sogenannte *observable Objektive* setzen, sind sie in der Lage, die *globale Zeit* zu berechnen, *die* dadurch frei wird von lokalen räumlichen Beschränkungen. Hier ist anzumerken, dass Zeit – auch wenn Einstein beweist, dass sie an verschiedenen Stellen im Universum mit unterschiedlichen Geschwindigkeiten abläuft – dass also *Zeit relativ ist* zu lokalen Gegebenheiten, sie aber doch zumindest innerhalb der praktischen Physik (eher als in der theoretischen Mathematik) immer in ein und dieselbe Richtung läuft: von früher über jetzt zum nächsten Jetzt in die Zukunft. Einsteins Vorstellung, dass die Zeit sowohl vorwärts als auch rückwärts laufen kann, passt einfach nicht zu dem, was wir in der Realität wirklich beobachten; diese Vorstellung erscheint zunehmend als eine *platonistische Phantasie*, die außerhalb der *tautologischen Falle des Mathematismus* irrelevant ist. Globale Zeit ist in der Tat mehr als nur eine Dimension, die draufgepackt ist auf die drei räumlichen Dimensionen der Raum-Zeit; vor allem ist sie vereinbar mit dem *Relationalismus.*

Die Formdynamik steht hier bezogen auf die Einsteinschen Relativitätstheorien in der gleichen Art von Dualität, wie die Welle bezogen auf das Teilchen. Das heißt, wir können uns gleichzeitig von der vorherbestimmten, der zeitlosen und der ewigen Raum-Zeit in Newtons und Einsteins platonistischem Universum verabschieden. Denn was ist dieses vierdimensionale *Blockuniversum* anderes als ein weiterer fehlgeschlagener Versuch, Platons *ideale Welt* wiederherzustellen? Diesmal nicht als Gegensatz zwischen *Gott* und *Schöpfung* oder zwischen *Seele* und *Körper* oder zwischen *Darstellung* und *Dargestelltem*, sondern als Gegensatz zwischen *Ewigkeit* und *Zeit*? Einsteins Blockuniversum mit seiner Raum-Zeit, die sowohl vorwärts als auch rückwärts läuft, ist ein weiteres eklatantes Beispiel für eine platonistische Phantasie, die ohne empirische Grundlage einen sozialen Status annimmt, als wäre sie eine feststehende physische Wahrheit.

In der Mathematik wirkt es verführerisch elegant, wenn den drei Raumdimensionen die Zeit hinzugefügt wird und so eine *Raum-Zeit* entsteht. Außerhalb der Mathematik gibt es jedoch keinen wissenschaftlichen Beweis dafür, dass Zeit eine Art Raum ist. Es ist streng genommen nur die mathematische Eleganz, die es verlockend macht, zu glauben, dies sei der Fall. Auch wenn ein Phänomen tatsächlich im Raum festgestellt werden kann, und selbst wenn der Raum mathematisch um eine zeitliche Dimension erweitert werden kann - was recht attraktiv ist, um eine komplexere Geometrie zu konstruieren, die verschiedene Phänomene noch detaillierter zu beschreiben ermöglicht -, so gibt es immer noch nichts, was beweist, dass Zeit wirklich eine vierte Dimension des Raumes ist, nicht nur mathematisch, sondern ontologisch. Zum Beispiel können wir uns im Raum sowohl auf und ab als auch vorwärts und rückwärts bewegen (in Bezug auf einen willkürlich gewählten oder imaginären Punkt). Doch selbst wenn wir mit verschiedenen Geschwindigkeiten an verschiedenen Orten im Raum in der Zeit vorwärts reisen, wovon Einstein beweist, dass wir es können, so bewegen wir uns entlang des Zeitpfeils immer noch nur in eine Richtung. Es gibt keinen Hinweis darauf, dass irgendetwas im Universum tatsächlich in der Zeit zurückreisen kann. Unterschiedliche Geschwindigkeiten bedeuten nicht automatisch unterschiedliche Richtungen.

Wir müssen einfach all diese schönen Spekulationen ignorieren und akzeptieren, dass *Zeit* ein radikal anderes Phänomen ist als der *Raum*. Die Mathematik berücksichtigt in diesem Fall die empirische Realität nicht. Dass die Zeit *in der Welt der Mathematik* genauso leicht rückwärts wie vorwärts läuft, beweist nur eines; nämlich, dass die Mathematik von Platonikern konstruiert wird, die mehr an einer Theorie über eine unveränderliche Idee interessiert sind als an empirischen Beweisen, die von einer veränderlichen Welt handeln. Wenn die Mathematik zeitlich korrekt wäre, wäre die Zeit logischerweise eine Illusion. Sowohl Newton als auch Einstein lassen sich von der Eleganz der tautologischen Falle des Mathematismus mitreißen und sich davon überzeugen, dass *Zeit eine Illusion ist*. Sie tun dies trotz der Tatsache, dass es für ihr Vertrauen in die wissenschaftliche Robustheit der Mathematik keinen empirischen Beleg gibt. Sie öffnen die Tür zu dem, was wir als *Newton-Einsteinsche Mystik* bezeichnen.

Der Pfeil der Zeit wirkt als ein eigenes emergentes Phänomen. Außerhalb der Tautologien der Mathematik müssen Zeit und Raum überhaupt nichts miteinander zu tun haben. Es sind deutlich unterschiedliche Phänomene, und eine ehrliche Ontologie behandelt sie auch so: als ihrem Wesen nach verschieden. Einmal befreit von der Ewigkeit, kehrt die Zeit mit voller Kraft zurück als der bemerkenswerteste Player der Physik, als *Zurvan* oder die Personifizierung der mysteriösen Dauer bei den alten Iranern, als *Cronos* oder das unwiderrufliche Schicksal bei den alten Griechen, oder als *Entheos*, die Vielfalt der Ereignisse, die in der syntheologischen Pyramide aus der Oszillation zwischen Atheos und Pantheos entspringen. Zeit ist die verbindende Konstante der Existenz. Es gibt nichts außerhalb der Dauer. Platon, Newton und Einstein haben es einfach falsch verstanden: Es gibt keine *Zeitlosigkeit* in der physischen Realität, genauso wenig, wie es eine wirkliche *Leere* gibt. Durch die Rückkehr der Zeit in die Ideengeschichte gerät auch die poststrukturalistische Besessenheit von der *Nichtlinearität* unter großen Druck. Linearität kehrt als starke kulturelle Metapher zurück, aber in einer neuen und tieferen Variante, als eine *Tiefen-Linearität,* die sich eher auf die globale als auf die lokale Dauer bezieht.

In der Welt der Physik wird der Begriff des *Eternalismus* als Bezeichnung für die Überzeugung verwendet, dass alle Punkte auf der Zeitlinie ontologisch so real sind wie die anderen. Alle Momente, die jemals existierten oder jemals existieren werden, werden aus einer ontologischen Perspektive als radikal gleich angesehen. Die entgegengesetzte Ansicht, dass nur die Gegenwart real ist, nennt man Präsentismus. Beachten Sie, wie diese Konzepte mit dem phänomenologischen Gegensatzpaar Eternalismus und Mobilismus korrelieren (siehe *The Global Empire*). *Physikalischer Eternalismus* ist die Überzeugung, in die wir geraten, wenn wir zulassen, dass der *phänomenologische Eternalismus* - mit seinen radikal gleichen *Fiktiven*, da keine Fixierung des Chaos des Daseins fixer sein kann als irgendeine andere - Amok läuft, weil wir vergessen haben, ihn ontologisch im Mobilismus zu verorten. Diese radikal gleichen, eingefrorenen *Fiktive* innerhalb der Raum-Zeit werden fälschlicherweise für die Wirklichkeit selbst genommen, anstatt für das Chaos der Existenz, aus dem heraus wir sie hervorbringen. Offensichtlich sind Platon, Newton und Einstein alles physikalische Eternalisten, und zwar deshalb, weil sie die Möglichkeiten überschätzen, die der phänomenologische Eternalismus in einem ontologisch eigentlich mobilistischen Universum bietet.

Der physikalische *Präsentismus* ist jedoch ein phänomenologischer Eternalismus, der *in* die mobilistische Auffassung der Realität eingebunden ist: ein *transrationalistischer Eternalimus* mit sachlich motivierten

Einschränkungen. Er basiert auf der Überzeugung, dass die Vergangenheit feststeht, während die Zukunft offen und nebulös ist, und nur die Gegenwart ontologisch real ist. Aber der präsentistische Standpunkt ist richtig nur mit dem Vorbehalt, dass die *Gegenwart* als die *Verewigung eines ontischen Fließens* betrachtet werden muss, die daher kein abstraktes Ding, sondern *ein konkretes Feld* ist. Zum Beispiel ist in jedem kontemplativen Moment die Gegenwart als Ereignis bereits in die Vergangenheit verschoben, als ein *Fiktiv*. Der phänomenologische Eternalismus ist lediglich eine ontologische, wahrnehmungsmäßige Notwendigkeit, aber keine ontische, physikalische Wahrheit darüber, was außerhalb des Geistes existiert. Das gilt für den Präsentismus genau so wie für den physikalischen Eternalismus. Die Gegenwart ist real, aber sie ist real nur als *relationalistisches phänomenales Feld* und nicht als *relativistisches noumenales Ding*. Ebenso wie die Erfahrung der Genauigkeit des Objekts als eines substantiellen Teilchens ist auch die Erfahrung der Genauigkeit der Gegenwart als eines unendlich kleinen Moments nichts anderes als eine *eternalistische Illusion*. Die Erfahrung als solche ist kein ontologischer Beweis für irgendetwas. Der korrekte *transrationalistische Präsentismus* sollte daher nicht mit dem inkorrekten klassischen Präsentismus verwechselt werden.

Der Mythos, dass wir in einem Blockuniversum leben, welcher aus der Einsteinschen Revolution folgt, besagt, dass *das Universum* und *die Geschichte* als eine für alle Zeit eingefrorene vierdimensionale Raum-Zeit angesehen werden müssen. Zeit in ihrer Eigenschaft als ontischer Fluss müsste eine Illusion sein, wenn sie als vierte Raumdimension betrachtet wird. Es gibt keinerlei Anhaltspunkte dafür, dass diese Sichtweise der Zeit physikalisch korrekt ist, und doch behauptet Einstein genau das, wenn die Vorstellung von *Zeit als einer Illusion* in Verbindung mit seinen Relativitätstheorien allgemein akzeptiert wird. Die Tatsache, dass Zeit hier zu einer Art vierten Raumdimension gemacht wird - und damit zu einer Art mathematisch und zweifellos auch existenziell verlockenden Ausweitung der Existenz -, scheint historisch betrachtet keine tiefere Ursache zu haben scheint als rein subjektive Willkür. Es geht hauptsächlich darum, dass die Physik als mathematische Übung im Modellbau plötzlich etwas verspielter wird. Der Punkt ist jedoch, wenn Zeit im Prinzip als eine Art Raum betrachtet wird, dann gibt es keinen große-n Unterschied zwischen dem Ticken einer Uhr und einem Maßband, das auf einen Straßenabschnitt gelegt wird. Das Ticken der Uhr wird zu eine sanften Methode, um die Entfernung zwischen zwei Punkten zu messen, was passenderweise gemäß dem damit verbundenen physikalischen Eternalismus ontologisch gesehen auch genauso wirklich ist.

Die Vorstellung, dass sich die gesamte Welt und ihre Geschichte in dieser Weise auf eine begrenzte und handliche kleine Box reduziert, ein *Blockuniversum*, muss die Physiker verzaubert haben. Das ist nachvollziehbar. Und philosophisch gesehen ist der Mythos, dass wir in einem Blockuniversum leben, natürlich Ausdruck des phänomenologischen Eternalismus ohne die notwendige dialektische Ergänzung mit dem Mobilismus, also eine - falls es das überhaupt gibt - noch radikalere Version von Platons Dualismus -, wobei Einstein tatsächlich eher für einen *totalistischen Monismus* eintritt statt wie Platon für einen totalistischen Dualismus. Aber in Einsteins Blockuniversum muss ja wohl nicht nur der Pfeil der Zeit, sondern alle Bewegung und Veränderung in der Geschichte des Universums eine Illusion sein. Das Vergehen von Zeit ist natürlich die Grundlage für jede Bewegung und Veränderung *überhaupt* - was erklärt, warum in der Syntheologie Entheos die Göttlichkeit von Zeit, Bewegung, Unterschied und Kreativität ist. Aber Einstein tut wirklich alles, um Parmenides' absurde Vorstellung aus dem antiken Griechenland wiederzubeleben, wonach es keine wirkliche Veränderung in der physikalischen Realität gibt, dass alles ein und dasselbe ist und dass Unterschied und Veränderung daher keine *ontologische Gültigkeit* haben.

In syntheologischer Sprache gesprochen drücken wir dies so aus, dass Einstein praktisch alles tut, um Entheos, die Gottheit der Prozesstheologie, umzubringen, und dass er konsequenterweise dann auch versuchen muss, Atheos und Syntheos zu töten ... wo er schon einmal dabei ist. Einstein gelingt es jedoch nie, irgendwo ein Naturphänomen aufzuweisen, das sich in der Zeit rückwärts bewegt. So relativistisch die Zeit auch ist, der Zeitpfeil überlebt den mythologischen Angriff des Blockuniversums und stärkt dabei seine Magie des Zurvan und des Cronos. Die Zeit hat nach wie vor nur eine Richtung, nämlich vorwärts. Entheos hält die syntheologische Pyramide in Bewegung und reist entschlossen Richtung Syntheos. Der physikalische Eternalismus und das Einsteinsche Blockuniversum können in der Tat unmöglich mit dem grundlegendsten Axiom der Quantenphysik, Niels Bohrs *Prinzip der Unvorherbestimmtheit,* unter einen Hut gebracht werden. Ein Blockuniversum erfordert einen kompakten Determinismus - ohne echte Zeit gibt es keine echte Veränderung - die Zukunft steht notwendigerweise ebenso im Voraus fest, wie die Vergangenheit in der Geschichte eingefroren ist. Dies ist jedoch nach Bohr und seinen relationalistischen Anhängern eine absolute Unmöglichkeit, *da die Physik nach dem Prinzip der Unterbestimmtheit unvollständig* ist, und diese Tatsache ist an sich schon mit einem Blockuniversum unvereinbar, in dem alles, ohne jegliche Ausnahme, *immer bereits passiert ist.*

Karl Popper, der pragmatistische Wissenschaftsphilosoph und Freund Einsteins, berichtet in seiner Autobiografie, wie er einmal besorgt zu Einstein sagt: „Wenn Menschen oder andere Organismen Veränderung und echte Aufeinanderfolge erleben konnten, dann war das wirklich. Es konnte nicht durch eine Theorie des sukzessiven Aufsteigens von Zeitscheiben in unser Bewusstsein erklärt werden, welche in gewissem Sinne zugleich existieren; denn diese Art des ‚Aufsteigens ins Bewusstsein' hätte genau denselben Charakter wie jene Abfolge von Veränderungen, die die Theorie zu erklären versucht. Die Entwicklung des Lebens und das Verhalten von Organismen, insbesondere von höheren Tieren, kann nicht wirklich auf der Grundlage einer Theorie verstanden werden, welche die Zeit so interpretiert, als wäre sie eine weitere (anisotrope) Raumkoordinate. Schließlich erfahren wir keine Raumkoordinaten. Und das liegt daran, dass sie einfach nicht existieren: Wir müssen uns davor hüten, sie zu hypostasieren; es sind Konstruktionen, die fast völlig willkürlich sind."

Popper trifft mit seiner schonungslosen, pragmatistischen Kritik am Einsteinschen Platonismus zweifellos den Nagel auf den Kopf. Und dennoch hat er nicht einmal erwähnt, dass, um ein erhellendes Beispiel zu nennen, Darwins Evolutionstheorie mit ihrem *Prinzip der natürlichen Auslese* ohne echte Zeit eine Unmöglichkeit ist. Aber natürlich war der Darwinismus in der Physik und Kosmologie noch nie sehr beliebt. Das heißt, bis jetzt nicht. Mit der Machtübernahme durch den Relationalismus steht nun auch innerhalb der Naturwissenschaften die Tür für dauerhafte Theorien wie den *kosmologischen Darwinismus, die Schleifenquantengravitation* und *die Formdynamik* weit offen.

Kehren wir nun zurück zu dem entscheidenden Unterschied zwischen dem Einsteinschen *Relativismus* und dem Bohrschen *Relationalismus.* Einstein beweist in seiner speziellen Relativitätstheorie überzeugend, dass die klassische Zeit tatsächlich relativistisch ist. Uhren mit ähnlichen Eigenschaften laufen an verschiedenen Orten im Universum mit unterschiedlichen Geschwindigkeiten, abhängig von den jeweiligen örtlichen Gegebenheiten. Dies bedeutet jedoch nicht, dass die Zeit irgendwo im Universum plötzlich rückwärts läuft. *Vor allem bedeutet dies nicht, dass die Zeit an sich an einem Ort langsamer läuft als an einem anderen,* da ein solcher Vergleich eine Art göttlicher externer Zeitmessung von außen erfordern würde, mit der beide Uhren verglichen würden, und eine solche direkte externe Zeitmessung gibt es nirgendwo anders als in unseren anthropozentrischen, internarzisstischen Phantasien. Darüber hinaus erlaubt auch die Relativitätstheorie dies nicht. Wie die Dinge liegen, bedeutet das, dass heute wohl Einstein selbst Schwierigkeiten hätte, die richtigen Schlussfolgerungen aus seinem eigenen Modell zu ziehen.

Mit dem Aufkommen der relationalistischen Physik - zum Beispiel als Schleifenquantengravitation und Formdynamik - erhalten wir Zugang zu einem neuen Konzept, das eine logische Konsequenz aller Ortszeiten ist, die sich in dieselbe Richtung bewegen, aber dies macht es nicht möglich, sie durch ein göttlichen Zeitnehmen von außen zu vergleichen. Bei diesem neuen Konzept handelt es sich um die *globale Zeit,* die am besten beschrieben werden kann als der innere Zeitfluss des Universums zusammengenommen ohne einen Beobachter von außen. Diese globale Zeit umfasst in der Tat alles und jeden im Universum, aber ohne dass sie jemals lokalisiert werden kann und damit messbar ist, da jede Art der Messung von etwas, das nicht lokalisiert werden kann, eine mysteriöse Beobachterposition *von außerhalb des Universums* erfordern würde (man kann nicht gleichzeitig sowohl innerhalb als auch außerhalb des Universums sein, es sei denn, man ist so etwas wie ein platonischer, dualistischer Zauberer). Die besonderen Umstände, welche die globale Zeit bestimmen, existieren natürlich definitionsgemäß nur global, wenn nämlich unser gesamtes verschränktes Universum ausnahmslos in die zeitliche Gleichung einbezogen wird - sie existieren also nicht lokal in einer bestimmten Region oder noch weniger außerhalb des Universums. Die globale Zeit unterscheidet sich damit radikal von der klassischen Konzept einer Meta-Zeit. Sie ist *zugleich ein universeller als auch monistischer Zeitverlauf*: ein für die Physik durchaus plausibles *Mem*, das aber an dem ansonsten so revolutionär veranlagten Einstein vorbeigegangen zu sein scheint, ohne einen tiefen Eindruck zu hinterlassen.

Innerhalb der relationalistischen Physik ist es hingegen eine zentrale Erkenntnis, dass die Verhaltensmuster des Universums auf globaler und auf lokaler Ebene völlig verschieden aussehen können. Der Punkt ist also, dass alle Uhren in Einsteins Gedankenexperiment nur die lokale Zeit anzeigen. Was Einstein entgeht, ist also, dass jenseits seiner geliebten lokalen Uhren die globale Zeit immer noch möglich und plausibel ist, er hat nämlich kein Konzept für die Vertiefung des Zeitbegriffs, das uns ermöglicht, über den Relativismus hinaus zum Relationalismus weiterzugehen. Das Problem für Einstein ist, dass globale Zeit, wenn es sie wirklich gibt, sofort seinen Lieblings-Fetisch kaputtmacht: sein deterministisches Blockuniversum. Außerdem geschieht das alles, ohne dass wir auch nur den geringsten Blick auf eine globale Uhr erhaschen könnten, da eine solche kosmologische und quantenphysikalische, relationalistische Zeitmessung von außerhalb des Universums, dessen Zeit sie messen soll, nicht existieren kann. Vermutlich kann an genau dieser Stelle laborfixierte Einstein dem Plot nicht mehr folgen. Ohne seine geliebten *Messinstrumente* ist er natürlich völlig ratlos gegenüber der für ihn verwirrenden Quantenphysik. *Der relationalistischen Physik zufolge hat das*

*Universum als solches seine eigene Dauer*, die von einem externen, außeruniversellen Beobachter (der einer gewöhnlichen, klassischen Uhr entspräche) eben nicht gemessen werden kann. Es geht hier also um eine *Zeit ohne Uhr*, um einen ontischen Fluss ohne Messgerät. Und genau hier bedankt sich Einstein bei Bohr und weigert sich stur, weiter mitzuspielen.

Die Bohrsche Revolution bedeutet, dass die Zeit und nicht der Raum das wirklich fundamentale Mysterium in der Physik darstellt. Wir sollten daher Einsteins *Spatiozentrismus beiseite lassen* und stattdessen mit Peirces und Smolins Vorschlag vorankommen, um ein *tempozentrisches Weltbild* aufzubauen. Eine interessantere Alternative zu Einsteins gescheitertem Versuch, Zeit zu domestizieren, sie in eine Art zusätzliche Raumdimension umzuwandeln, wäre das genaue Gegenteil: *den Raum als drei zusätzliche Dimensionen zur Zeit zu betrachten.* Die Schleifenquantengravitation macht eben dies, indem sie Einsteins allgemeine Relativitätstheorie quantifiziert. Nach der Theorie der Schleifenquantengravitation ist der Raum nicht mehr leer oder fix, sondern er muss als *ein elastisches Phänomen betrachtet werden, das einer Netzwerk-Dynamik unterworfen ist.* Die neuen Metaphern des Informationalismus sind einfach so stark, dass sogar die Physik von der Idee der Netzwerkdynamik ausgehend einen grundlegenden Wandel durchläuft. In der neuen relationalen Physik ist sogar das Universum selbst ein Phänomen der Netzwerkdynamik.

Eine Folge davon ist, dass der Weltraum in früheren Phasen seiner Geschichte möglicherweise völlig andere Eigenschaften hatte als heute. Zum Beispiel könnte er unter der extremen Hitze, die in der allerersten Phase der Entstehung des Universums herrschte, viel mehr Dimensionen gehabt haben als die heutigen drei. Dann könnten sowohl die Expansion des kosmischen Raums als auch seine heutigen drei Dimensionen als Nebenprodukte einer dramatischen Abkühlung des anfänglich unglaublich heißen, komprimierten, netzwerkdynamischen Ur-Raums angesehen werden. Eine solche netzwerkdynamische Betrachtungsweise der Entstehung des Universums nennt man *Geometrogenese.* In seiner Anfangsphase ist der mehrdimensionale Raum eine maximal verschränkte *reine Geometrie* (rein in dem

Sinne, dass seine Knoten völlig ohne Substanz sind). Mit jedem Phasenübergang lösen sich jedoch immer mehr Verflechtungen, was bedeutet, dass sich der Raum ausdehnt und allmählich abkühlt. Als eine Art Ausgleich für die immer weiter abnehmenden Verbindungen in einem expandierenden und abgekühlten Universum erhalten die Knoten die *Substanz*, die wir heute mit ihnen assoziieren, und der Raum erhält dadurch sein *Gewicht*.

Die globale Zeit existiert bereits zu einer Zeit, wo noch alle Knoten im Universum miteinander verbunden sind; ein Umstand, der interessanterweise die Existenz einer globalen Zeit innerhalb des Universums zwar zulässt, gleichzeitig aber auch das Fehlen jeglicher Spuren von Raum und damit auch aller Arten von lokaler Zeit. Die Uhren würden zu diesem Zeitpunkt stillstehen, wenn es Uhren in dieser Zeit schon geben könnte und wenn es jemanden gegeben hätte, der sie hätte lesen können. Ein Energieverlust führt dazu, dass die Knoten beginnen, sich voneinander zu lösen, und *der Urknall* ist eine Tatsache. Interessant hierbei ist, dass eine radikal relationalistische Idee wie die Geometrogenese ohne globale Zeit als Axiom nicht existieren kann. Lokale Zeiten entstehen im Einsteinschen Relativismus erst, wenn die Geometrogenese einsetzt; wenn sich die Knoten lösen und sich das Universum abgekühlt hat; dabei entsteht und expandiert der Raum. Und mit der Ausdehnung des Weltraums entsteht auch eine Geschwindigkeitsbegrenzung innerhalb des Universums, die *Lichtgeschwindigkeit* - beachten Sie freilich, dass es sich dabei um ein weiteres Gesetz handelt, das nur innerhalb unseres gegenwärtigen Universums gilt; der kosmische Raum als Ganzes braucht kein Speed Limit: *Die kosmische Inflation* in der Kindheit des Universums, die sowohl das Standardmodell als auch die Geometrogenese voraussetzen müssen, dehnt sich viel schneller aus als beispielsweise Licht - was wiederum die lokalen Subsysteme hervorbringt, welche typisch sind für das Universum unserer kosmischen Epoche, das Einstein analysiert. Und was findet Einstein in diesen lokalen Subsystemen? Natürlich seinen geliebten Uhren.

Wenn sich die Geometrogenese als die beste Theorie zur Beschreibung des Ursprungs des Universums erweist, dann hat sie wahrscheinlich, gelinde gesagt, dramatische Konsequenzen, auch für die Philosophie. Zunächst einmal kann das Universum im metaphysischen Sinne kein Heideggerscher Unfall mehr sein. Die Theorie bietet keinen Raum für einen *kosmologischen Zufall*, wie ihn die statischen Theorien vom Ursprung des Universums ja praktisch annehmen. Natürlich beruhen alle Formen von Akzidentalimus zwangsläufig auf Mythen von der Stasis, dem Gleichgewicht und der Isolation als dem Normalzustand. Aber so sieht die physikalische Wirklichkeit nicht aus. Wie so oft in der Geschichte spielt die Metapher *des Todes* eine allzu große Rolle in den kollektiven Phantasien der Menschen und hindert uns so daran zu verstehen, wie die physikalische Realität aufgebaut ist. Vom Garten Eden bis zur Großen Stille davor zum Beispiel, die Entstehung von Physik, Leben oder Bewusstsein: die Phantasie kehrt immer wieder zurück zu der ewig gleichen Verehrung von Stasis, Gleichgewicht und Isolation, die letztendlich nur auf eines hinauslaufen kann: auf ein plötzliches lebendiges Chaos, das die tödliche Ordnung stört und unterbricht - *die entscheidende Anomalie also, die dazu führt, dass das erträumte Paradies verloren geht.* Doch ein kosmologischer Zufall hat in der physikalischen Wirklichkeit selten oder nie irgendeine grundlegende Bedeutung. Das Universum ist kein Mensch. In Wahrheit ist der normale Zustand des Universums *Vitalität* und *Intensität*, nicht Tod und Aussterben.

Der Unterschied zwischen Korrelationismus und Relationalismus ist bereits gegeben im Unterschied zwischen den Konzepten der *Relation* und der *Relationalität.* Eine Beziehung ist immer fix, eine Korrelation ist sogar eine Fixierung zwischen zwei fixen Punkten, in erster Linie einem Subjekt und einem Objekt. Relationalität hingegen ist ein Zustand, in dem überhaupt keine festen Objekte existieren, in dem Unterschiede zwischen Unterschieden Beziehungen zwischen den Unterschieden schaffen, ohne dass sich jemals irgendwelche festen Objekte außerhalb des Wahrnehmungsprozesses eines ewigen Betrachters dabei ergäben. Im Korrelationismus ist die Beziehung *äußerlich und nicht wesentlich plural* bezogen auf das feste Objekt, das wir einfachheitshalber annehmen (siehe Kants *Ding an sich*). Im Relationalismus hingegen gibt es nur Beziehungen bezogen auf andere

Beziehungen, welche mangels fester Objekte *äußerlich und in wesentlich plural* (d. h. immer bezogen auf eine Vielheit von „Objekten“) vorliegen, etwa in dem, was Bohr ein *Feld* und Whitehead einen *Prozess* nennt. Historisch gesehen wird Kants Korrelationismus durch Nietzsches Relativismus ersetzt. Danach setzt sich die Entwicklung fort und wird durch Bohrs und Whitehead *Relationalismus* zu Ende gebracht, bei denen das Objekt dann auch nicht weiter bewusst ignoriert wird, wie es bei Hegel der Fall war, sondern im mobilistischen Prozess buchstäblich aufgelöst ist.

Die Physikerin und Philosophin Karen Barad vertritt die radikale These, dass jede Philosophie, die vor dem Aufkommen des Relationalismus produziert wurde, zu anthropozentrisch und damit irreführend ist. Der einzige Ausweg aus dieser fatalistischen Sackgasse ist die Konstruktion einer völlig neuen Ontologie, in der die Existenz des Universums und nicht die des Menschen an erster Stelle steht. Ein phantasierter *Anthropozentrismus* muss durch einen realistischen *Universozentrismus* ersetzt werden. Der Übergang von der anthropozentrischen zur universozentrischen Metaphysik entspricht dem Übergang vom *Menschen* zum *Netzwerk* als dem metaphysischen Zentrum. Gott ist also nicht tot, nur der menschliche Gott, der nur unter ganz besonderen Umständen leben konnte, hat uns verlassen. Der buchstäblich unmenschliche Gott lebt und gedeiht und wird nun endlich von uns Menschen entdeckt und analysiert. Der unmenschliche Gott, das Universum als glitzerndes Netzwerk, lebt und gedeiht im Zentrum der syntheologischen Pyramide: *Gott ist ein Netzwerk.*

Barad zerlegt und beseitigt Kants Noumenon und setzt damit auch äußerst effektiv *dem korrelationistischen Paradigma* ein Ende. Ihre Bohrsche Phänomenologie, die auf Relationen über Relationen und Wahrscheinlichkeiten über Wahrscheinlichkeiten basiert, mit unterschiedlicher Intensität und nicht mit Essenzen als Mittelpunkt und ohne feste physikalische Grenzen: sie braucht überhaupt kein Kantsches Noumenon. Barad kommt aus der Welt der Quantenphysik, die natürlich von Konzepten wie Komplementarität, Verschränkung, Zufall und Nichtlokalität bestimmt ist. Das Prinzip der Präzedenz beseitigt alle Vorstellungen von ewig gültigen Gesetzen, die der physischen Realität vorausgehen. Barads Phänomen ist daher *das Phänomen an sich,* das auf der Grundlage der physischen Verhältnisse beschrieben wird, und nicht aufgrund des blinden Glaubens Kants, dass der Begriff, den die Rationalität sich von der Realität macht, hinreichend wäre. Und genau deshalb ist ihre *universozentrische* anstatt *anthropozentrische* Ontologie ein *Realismus.* Jedes Phänomen im Sinne von Barad, jede *Ansammlung von Intensitäten* hat eine eigene *Genetik* und eine eigene *Memetik,* wie es ihr Vorgänger Gilles Deleuze ausdrückte. Es sind die aktuellen Gene und Meme, mit denen wir uns vertraut machen, wenn wir das Phänomen kennenlernen. Die Welt könnte nicht *realer* sein, als sie es bei Barad ist.

Zu Beginn des Internetzeitalters wurden wir mit innovativer relationalistischer Philosophie überschwemmt. Der Kulturkritiker Steven Shaviro lässt sich in seinem Buch *Without Criteria: Kant, Whitehead, Deleuze and Aesthetics* von Whiteheads pragmatischer Welt der *prehensions* und *nexus* inspirieren. Auch scheut er sich nicht, in seiner Arbeit auch philosophisch kontroverse Begriffe wie Vitalismus, Animismus und Panpsychismus zu untersuchen. In ihrem Buch *Vibrant Matter* vertritt die Deleuzianerin und Öko-Philosophin Jane Bennett das Argument, dass es an der Zeit sei, die anthropomorphe Fixierung auf den axiomatischen Sonderstatus, den das *Leben* in der Welt der Philosophie immer hatte, endgültig aufzugeben, und den mit dem Leben verbundenen Vitalismus zu ersetzen durch einen Vitalismus, der auf *Intensität in der Physik* als einem einenden Faktor aufbaut. Bennett konstruiert eine Welt von ständig vibrierenden *Körpern* anstatt von isolierten Dingen, verstanden als verewigte Arten von Prozessen. Aber ihre Körper sind sowohl menschlich als auch nicht-menschlich, lebendig und nicht-lebendig, wobei genau die *Vitalität* der Körper und nichts anderes im Mittelpunkt stehen darf.

Die Kritiker des Korrelationismus kehren oft zur Frage des *historisch Früheren* zurück: dass Subjekt und Objekt geschichtlich nicht auf derselben Stufe stehen, wenn es sie als eigenständige Entitäten überhaupt gibt. Das menschliche Bewusstsein oder *den menschlichen Geist* gibt es in der 24-Stunden-Geschichte des Planeten Erde erst seit wenigen Sekunden. Die Existenz braucht offensichtlich keine Subjekte oder Bewusstseine, um vollständig zu existieren, und es könnte durchaus angenommen werden, dass sie auch in der Zukunft einmal existieren wird, ohne dass ein Subjekt dabei ist. Aber um den Korrelationismus richtig zu kritisieren, muss man ihn von *innen* und nicht von außen sehen, um nicht in den klassischen Realismus zurückzufallen. Das grundlegende Problem des Korrelationismus besteht dann darin, dass Kant nicht zu verstehen scheint, *warum* das Ding an sich für den Menschen unerreichbar ist. Kant stellt sich vor, dass das Ding außerhalb der Reichweite der menschlichen Wahrnehmung und des menschlichen Bewusstseins liegt, da unsere Sinne nicht weit und flexibel genug sind, um das Ding in seiner Gesamtheit aufnehmen zu können. Die Sinne schaffen also nur eine Welt der Vorstellungen.

Kant spricht immer noch von einer klar abgegrenzten Sache, die er *Noumenon* nennt. Das Phänomen ist nach Kant nur eine schlechte Näherung des - für den Platoniker Kant - noch realeren Noumenons. Die Tatsache, dass dieses Noumenon unerreichbar ist, rührt aber nicht von den Grenzen der Sinne her, wie Kant sich das vorstellt, sondern von die Tatsache, dass alle Dinge in ständiger Bewegung und Veränderung sind, sowohl intra-aktiv als auch interaktiv, und sich damit per definitionem nicht festmachen lassen. Kant ist das Lehrbeispiel *par excellence* für den isolierten Beobachter in der Physik, der nicht versteht, dass seine eigene Verschränkung mit dem Ding, das er wähnt, von außen zu beobachten, auch das Ding selbst beeinflusst. Er kann sich nicht vorstellen, dass seine externe und neutrale Beobachterposition eine physikalische Unmöglichkeit ist und dass dies und nichts anderes das Ding an sich zu etwas Unerreichbarem macht. Kant ist ganz einfach der Newtonsch-Einsteinsche Mystiker, der die quantenphysikalische Revolution nicht ganz verstanden hat. Er erkennt nicht, dass auch das beobachtende Subjekt *Welt* ist. Denn was könnte es auch sonst sein? Wenn es existiert, ist es Welt.

Das Ding an sich kann nicht als Objekt erlebt werden, da es *de facto* kein Objekt ist, sondern lediglich eine hoch willkürliche Eternalisierung. Nicht das Ding an sich, sondern die *Eternalisierung des Dings* muss als der eigentliche Zaubertrick im Kantschen Korrelationismus betrachtet werden. Sobald wir das einmal verstanden haben, müssen wir die Kantschen Axiome nicht mehr länger akzeptieren. Von dem Zeitpunkt ab wird eine neue Art ontologischer Realismus möglich, den Barad als *agentiellen Realismus* bezeichnet und Stephen Hawking als *modellabhängigen Realismus*. Die relationalistische Antwort auf Kant lautet, dass die Phänomene eher Felder als Teilchen sind. Die Felder bestehen aus Intensitäten und Wahrscheinlichkeiten und haben in der Tat keine klaren Grenzen. Denn Physik *an sich* kann nichts anfangen mit klaren Grenzen. Die klaren Grenzen müssen vielmehr als Ausdruck narzisstischen Wunschdenkens innerhalb einer anthropozentrischen Weltanschauung angesehen werden, die mit zu wenig Rechenkapazität verglichen mit den unerschöpflichen Ozeanen der existierenden Information kämpft. Jedes Mal, wenn wir gezwungen sind, uns die Klischees über die Quantenphysik anzuhören, wie dunkel, mysteriös und verblüffend sie ist - oder mitanzusehen, wie sie beschuldigt wird, eine Art oberflächliche Verfälschung der Realität zu sein, eine Fata Morgana, hinter der sich ganz klar eine intuititionsfreundlichere und damit realere Realität verbirgt, versteckt hinter einer Art kosmischem, mysteriösem Schleier -, dann spricht Kants Stimme in uns und in der Mainstream-Kultur.

Es ist jedoch genau umgekehrt: So kontraintuitiv die Quantenphysik auch auf den ersten Blick erscheinen mag, tatsächlich ist sie wirkliche Realität, oder genauer gesagt, so nah an einer wissenschaftlich belegten, der Wahrnehmung zugänglichen Realität, wie es eben geht. Die Quantenphysik eröffnet sogar den Weg zum *ontologischen Realismus* - sowohl dem agentiellen als auch dem modellabhängigen -, d. h. zu genau jenem erkenntnistheoretischen Zugang zur Welt um uns, von dem Kant glaubt, dass er ihn durch seine beinahe autistische Trennung von Subjekt und Objekt ein für alle Mal verschlossen hat. Tatsächlich ist die Realität die Verschränkung von Subjekt und Objekt in einem unteilbaren *Phänomen* ohne wirkliche Trennung. Wem es gelingt, sein Weltbild so sanft wie möglich zu upgraden, indem er seine *Intuition* gemäß dieser Erkenntnis neu eicht, der hat auch bei dem Paradigmenwechsel vom Korrelationismus zum Relationalismus am meisten zu gewinnen. Und das gilt natürlich auch in hohem Maße für die Bereiche der Metaphysik und Religion.

Die eternalistische Weltanschauung existiert, weil der Mensch sie braucht: Die Physik dagegen kommt in unserem mobilistischen Universum hervorragend ohne Eternalismus zurecht. Der Wahrnehmungsprozess verwandelt das mobilistische Feld in ein eternalistisches Ding. Das Abstrakte existiert also nicht im ontischen Sinne, es muss vielmehr als eine Art *konkretes Feld* verstanden werden. Die Evolution hat die Wahrnehmung praktischerweise zu einem hocheffizienten *Mechanismus der Priorisierung von Information* entwickelt, und nicht zu einem ontologischen Wahrheitsproduzenten, wie es der Kantsche Rationalismus in seinem Aberglauben sich wünscht. Die Wahrnehmung friert also das konkrete Feld in der Raum-Zeit ein und decodiert es als ein abgegrenztes *Fiktiv*. Das Schlüsselwort hier ist *Intensität*. Ein Phänomen ist hauptsächlich eine Art noumenale Intensität. Je höher die Aktivität und Komplexität innerhalb eines konkreten Feldes ist, desto höher ist die Intensität. Die Physiker Julian Barbour und Lee Smolin haben Komplexität physikalisch als *Vielfalt* definiert. Je größer der Unterschied innerhalb eines Subsystems ist, desto größer ist die Variation. Selbstorganisierte Systeme organisieren Energieflüsse als *Rückkopplungsschleifen*, sowohl für positive als auch für negative Rückkopplung. Danach braucht man nur noch *die Variation* mit *der Aktivität zu* multiplizieren, um *die Intensität* des betreffenden Phänomens berechnen zu können.

Die Korrelationisten scheinen nicht zu verstehen, dass *Stabilität* als Eigenschaft unabhängig von allen Erfordernissen der *Notwendigkeit* ist. Seltsamerweise erkennt Zarathustra diesen Unterschied bereits im alten Iran um 1700 v. Chr., als er das Konzept des *Haurvatat* formuliert, eines Zustandes, der eine Art heiliger Vollkommenheit enthält und gleichzeitig dynamisch und ständig in Bewegung ist. *Haurvatat* kann gut als Synonym für die syntheistische Idee des ewigen Jetzt verstanden werden. Zarathustras Genie liegt darin, dass er die Heiligkeit dem *Veränderlichen* zuordnet und nicht dem *Unveränderlichen*, was in völligem Gegensatz zum Platonismus und den abrahamitischen Religionen steht. Was Zarathustra und die relationalistischen Physiker zusammenbringt, ist, dass sie alle behaupten, relativ stabile Zustände können in einem ansonsten vollständig kontingenten Universum mehr oder weniger regelmäßig auftreten. Die so leidenschaftlich ersehnte Symmetrie - von Kant bis Einstein, sowohl in der Philosophie als auch in der Physik - ist eigentlich das Gegenteil von Kontingenz. *Symmetrie ist eternalistisch* und *Kontingenz ist mobilistisch.*

Es gibt zwar weiterhin eine oszillierende Dialektik zwischen Eternalismus und Mobilismus *im menschlichen Geist*, aber die Wahrheit und Realität jenseits der Wahrnehmungsphantasiewelt der Menschen ist grundlegend mobilistisch. Das Universum ist also kontingent und nicht symmetrisch. Stabilität und Notwendigkeit haben überhaupt nichts miteinander zu tun: Sie logisch zu verknüpfen heißt, sich von einer eternalistischen Illusion hypnotisieren zu lassen. Dass die Existenz auf einer fundamentalen Ebene *transfinit* ist, bedeutet nicht, dass sie nicht vorübergehend stabile Zustände erzeugen könnte, Im Gegenteil: Temporäre Stabilitäten in komplexen Systemen können genauso häufig vorkommen wie explosive Veränderungen. Sie sind jedoch ebenso wie die Explosionen immer nur vorübergehend. Da alles in einem kontingenten Universum in seiner Bewegung alles andere beeinflusst, wird sich früher oder später alles ändern und in völlig neue emergente Zustände übergehen. Und wenn das nicht die physikalische Verwirklichung von Zarathustras ethischem Ideal des *Haurvatat* ist ...

Wir können daher völlig darauf verzichten, noch mehr Bauwerke mit isolierten Objekten zu errichten, wie Kant sie in seiner veralteten Metaphysik als Bausteine verwendet. Das bedeutet aber nicht, dass wir Relativisten wären. Denn der Relativismus bewegt sich nicht weit genug weg von Individualismus und Atomismus; er sollte vielmehr verstanden werden als eine inkonsistente halbe Sache bei der Entwicklung weg von einer Sichtweise, welche die Existenz als eine *atomistische* Welt voll diskreter Objekte versteht, und hin zu einer *relationalistischen* Welt aus irreduziblen Vielheiten und endlosen Beziehungen. Sogar der Relativismus muss dialektisch zum Relationalismus weiterentwickelt werden. Es gibt keine Dinge in Beziehung zu setzen, wie der Relativismus es fordert. es gibt nur *Relata* , die wiederum immer Relata bezogen auf andere Relata sind, und so weiter *ad infinitum.*

Der syntheistischen Metaphysik zufolge müssen Beziehungen daher das ontologisch Vorrangige sein. Das bedeutet auch, dass die *Ontologie* ganz grundlegend der *Phänomenologie* vorausgeht, da unter anderem nach dem Prinzip des Vorrangs des Früheren die innere Beobachtung immer die äußere Existenz vorausgeht. Die *intra-agierenden* Phänomene sind in sich so relational wie die *interaktiven* Beziehungen zwischen ihnen. Es ist nicht so, dass Objekte unabhängig voneinander entstehen und erst später im Verhältnis zu anderen Objekten eingeordnet werden, wie es der postkantianische Relativismus meint. Syntheistische Phänomene sind überhaupt keine stabilen Objekte mit schweren Wesenseigenschaften, sondern äußerst bewegliche und fließende *Phänomene,* die in ständiger Wechselwirkung stehen sowohl mit sich selbst als auch mit allem anderen in ihrer Umgebung - und oft auch mit Dingen weit weg von dieser Umgebung, wie im Fall der *Quantenteleportation.*

In seinem Buch *Time Reborn* macht Lee Smolin auf das immer wieder auftauchende Dilemma aufmerksam, dass Wissenschaftler davon ausgehen, das, was existiert, sei ontologisch gesehen sowohl mobilistisch als auch eternalistisch. Aber wie wir gesehen haben, ist das überhaupt nicht der Fall. *Existenz an sich ist nur mobilistisch.* Eternalismus ist etwas, was unsere Sinne und unser Bewusstsein hervorbringen, aber er hat nichts mit der Welt außerhalb unserer Sinne und unseres Bewusstseins zu tun; schroff gesagt ist der Eternalismus nur ein phänomenologisches Nebenprodukt. Dieser relationalistische Standpunkt impliziert, dass die *Welle* (Mobilismus) Vorrang vor dem *Teilchen* (Eternalismus) hat; sie stehen also ontologisch nicht auf gleicher Stufe, die Welle ist *primär* bezogen auf das Teilchen, das *sekundär* ist. Und doch ist die Wissenschaft ständig versucht, in die Falle zu gehen, also anzunehmen, dass das Universum einen eternalistischen Hintergrund hat, sei es wegen dem Fehler, Eternalismus in die mobilistische Physik hineinzumengen, sei es, was noch schlimmer ist, *durch die Annahme, dass Ewigkeit das Reale ist,* wo doch unser mobilistisches Universum dann eine Chimäre sein müsste. Sowohl Newton als auch

Einstein sind Platoniker, die in dieser Falle stecken bleiben, und dasselbe gilt zum Beispiel auch für die Mehrheit der zeitgenössischen Stringtheoretiker.

Aber die eigentliche Chimäre in diesem Kontext ist der eternalistische Hintergrund. Zum Beispiel gibt es natürlich viele *lokale Subsysteme,* aber keine *isolierten Systeme* irgendwo im Universum. Das bedeutet, alle Theorien, die das Vorhandensein von isolierten Systemen erfordern, brechen an irgendeinem Punkt zusammen. Infolgedessen ist es auch sinnlos, in der Physik an Theorien weiterzubauen, die nicht *hintergrund-unabhängig* sind, denn diese Theorien können einer genaueren Prüfung nur standhalten, wenn sie am wenigsten von einem fixen, eternalisierten Hintergrund abhängen. Tatsächlich braucht das Universum keinen festen Hintergrund. Der eternalistische Hintergrund ist nur eine Fiktion, das letzte Überbleibsel der abrahamitischen und platonischen Phantasie von einem Gott, welcher der Schöpfung vorausgeht. Aber wie wir wissen, gibt es einen solchen Gott natürlich nicht. Er ist gestorben. Das Universum braucht den ewigen Hintergrund ebenso wenig, wie es einen Schöpfer-Gott braucht. Whitehead, Bohr, Barad und Smolin haben das verstanden, und ihr Vorläufer Leibniz hatte es schon viel früher verstanden, aber es stellt sich heraus, dass dies für Einstein sehr schwer zu akzeptieren ist, der die Mathematik sowohl vergöttert als auch süchtig nach ihr ist. Das erklärt, warum er wissenschaftstheoretisch gesehen am *Relativismus* festhält und nicht zum *Relationalismus* übergehen kann.

Was die Platoniker am Relationalismus stört, ist, dass das mobilistische Weltbild sich früher oder später *dem Prinzip der explanatorischen Geschlossenheit* beugen muss. Der ontische Fluss muss eternalisiert werden, damit er in Wörter und Zahlen konvertiert werden kann. Das Prinzip der explanatorischen Geschlossenheit bedeutet, dass eine Eternalisierung unumgänglich ist, aber der Trick besteht natürlich darin, teils die Eternalisierung einzufrieren, wo sie die mobilistische Wirklichkeit am besten einfängt, teils demütigst sich bewusst zu werden, dass jede Verewigung nur ein plumpe digitale Version eines viel komplexeren analogen Phänomens in fortwährender Bewegung und Ausdehnung ist. Die Prozessphilosophie und - was den Syntheismus betrifft - *Prozesstheologie* ist daher der beste Impfstoff gegen *die taxonomische Vergöttlichung des Objekts.* Nur eine konsequent durchgezogene Prozessphilosophie kann uns gegen den verlockenden, übervereinfachenden Aberglauben des Totalismus immunisieren. Syntheologisch ausgedrückt hält uns *die Gegenwart des Entheos* davon ab, in Atheos oder Pantheos als solchen steckenzubleiben, anstatt unsere Aufmerksamkeit auf die wirkliche Oszillation zwischen ihnen zu richten.

Wir können das so ausdrücken, als ob die Beziehung zwischen Entheos einerseits und der Oszillation zwischen Atheos und Pantheos andererseits auf Spinozas klassische Trennung zwischen *natura naturans* (aktive Natur) und *natura naturata* (passive Natur) im monistischen Universum zurückzuführen ist. Das ist eine produktive Spaltung innerhalb *des Einen,* der pantheistischen Gottheit. Entheos ist ganz einfach der Name des eingebauten Aktivismus der Natur, ihres ständigen Strebens nach Veränderung, ihrer enormen Produktion von Unterschieden und Vielheiten; während Pantheos der Name für die Natur als gigantisches und historisch gesehen passives Objekt ist, in dem die Unterschiede und die Vielheit *vor Entheos' Blicken* liegen (mit Atheos als der verborgenen, aber notwendigen Unterseite von Pantheos). Die spinozistische Beziehung zwischen *natura naturans* und *natura naturata* hat somit eine syntheologische Entsprechung in *der Beziehung zwischen Pantheos und Entheos.*

In seinem Buch *Charles Sanders Peirce and a Religious Metaphysics of Nature* konstruiert der syntheistische Philosoph Leon Niemoczynski einen spekulativen Naturalismus, ausgehend von der Idee, dass die Natur uns großzügig viele Einsichten in ihr unendlich produktives, vibrierendes Fundament schenkt, das er als *natura naturans* bezeichnet. Niemoczynski bringt Peirces eigene Favoriten aus früheren Zeiten, Spinoza und Schelling, in den amerikanischen Pragmatismus zurück und würzt das Hybrid mit dem europäischen Antikorrelationismus des 3. Jahrtausends zu einem der scharfsinnigsten Beiträge zum syntheistischen Diskurs. In der Oszillation zwischen Schellings Atheos und Spinozas Pantheos entsteht das, was Niemoczynski selbst als naturalistischen *Panentheismus* bezeichnet, welcher unmittelbar an der Grundlage des syntheologischen Pyramide erkennbar ist.

Im selben Moment, in dem die Ewigkeit vollzogen wird, hat sich, wie Heraklit hervorhebt, die Existenz bereits verändert und an einen anderen Ort der Geschichte weiterbewegt. Die Platoniker sind natürlich beunruhigt über die erkenntnistheoretische Unmöglichkeit, *de facto* eine mobilistische Welt zu erkennen und zu unterscheiden, wenn ihre offensichtlich plumpen Eternalisierungen der einzige Weg sind, Kontakt mit der physischen Realität aufzunehmen. Sie scharen sich um den *fetischistischen Traum*, sich direkten Zugang zu einer Existenz zu verschaffen, die sich ihnen ständig entzieht. Wenn die Relationalisten dagegen behaupten, die Existenz sei radikal kontingent, die Zukunft sei offen und alle scheinbar dauerhaften Gesetze könnten sich jederzeit ändern, dann können wir natürlich, und bedauerlicherweise, alle Versuche abschreiben, für die Physik eine nachhaltige universelle Theorie von allem zu erreichen. Denn genau diesen Fetisch entzieht der Relationalist dem Platoniker; *der Wunsch, die Welt so zu erleben und zu regieren, wie sie ist,* kann sich ohnehin in keiner Weise erfüllen. Es ist sowohl physikalisch als auch prinzipiell unmöglich, *die Welt einzufangen* in einem ständig expandierenden Universum mit dem magischen *Pfeil der Zeit* als einer vorgegebenen Konstante. Das ist die Bedeutung des Prinzips der explanatorischen Geschlossenheit.

Eternalistische Hypothesen zeichnen sich durch Einfachheit und Reinheit aus, und aus diesem Grunde sind sie ästhetisch ansprechend für einen sich ständig verewigenden Geist, der fortwährend mit der Komplexität der Existenz ringt. Bestenfalls kann dies auf *Intuition* hindeuten, im schlimmsten Fall ist es jedoch eher ein Beispiel für autistisches Wunschdenken. Ein klares Beispiel für die bedauerliche Anziehungskraft des Platonismus auf die Physiker ist die immer wieder auftauchende Vorstellung, die Entdeckung des *Einfachen, des Reinen und des Ästhetischen* wäre ein Zeichen dafür wäre, dass die Physik der Wahrheit näher kommt. Das ästhetische Auge wird von Symmetrien und beispielsweise den effizientesten Wegen zwischen den verschiedenen Knoten in komplexen Systemen angezogen. Der banale Grund dafür, dass Ästhetik uns zu genau dieser Fixierung führt, ist, dass sie auf dem basiert, was das menschliche Auge sich wünscht. Aber das Auge ist als solches nicht so etwas wie ein metaphysischer Wahrheits-Handelnder (*truth agent*), es ist bloß das in seinem Bau fragwürdige Nebenprodukt von Millionen Jahren darwinistischen Kampfes um begrenzte Ressourcen. In komplexen Systemen, die durch *Knappheit* gekennzeichnet sind, ist Effizienz äußerst wertvoll. Daher schätzt und bevorzugt das menschliche Auge, was *effizient* erscheint. Und was wäre in komplexen Systemen effizienter als das Einfache und Reine, was nimmt dem kürzesten Weg zwischen den Knoten, was hält sich ohne anstrengende und zeitaufwändige Verwerfungen an das Gerade und Klare?

Das Problem ist nur, dass die Bedingungen der Knappheit, unter denen der Mensch auf dem Planeten Erde seit mehreren Millionen Jahren lebt, im Universum überhaupt keine Entsprechung haben. *Das Universum ist eine gigantische Expansion, bei der es an Ressourcen jeglicher Art nicht mangelt.* Das Universum ist 93 Milliarden Lichtjahre weit. Und es ist endlich, aber unbegrenzt. Einem Auge, das über unzählige Generationen hinweg für die Jagd, das Sammeln und die Fortpflanzung evolutionär verfeinert wurde, nützt seine natürliche, intuitive Ästhetik in keiner Weise, wenn es um das Verstehen des Universums geht, was als eine Beschäftigung jüngerer Zeit angesehen werden kann. Hier tappt das Auge in einer kosmischen Dunkelheit, die es nun wirklich nicht versteht. Die ganze Idee, dass die Ästhetik, deren Ausgangspunkt endliche Ressourcen sind, für einen Kosmos, der durch seine enorme Fülle gekennzeichnet ist, überhaupt anwendbar sei, fällt dabei in sich zusammen. Vielmehr hat sich die Physik im Laufe der Geschichte immer wieder als sogar noch verwirrender, noch komplexer und noch bizarrer erwiesen, als es der Mensch mit seiner engen, anthropozentrischen Vorstellungskraft es sich im Vorhinein vorzustellen vermochte. Bei genauerer Überlegung ist Platons neurotischer Minimalismus als der schlechteste Wegweiser durch die moderne Physik anzusehen.

Denn wir leben ja in einem mobilistischen Universum, und so ist der Relationalismus der einzig mögliche Weg hin zu einem tieferen Verständnis der Existenz, so schwierig und kompliziert dieser Weg auch erscheinen mag. Pantheos bietet keinerlei Anreiz, es uns leicht zu machen, wie der Rationalismus in all seinen Spielarten es glauben möchte. In einem Zustand der Fülle kann es keinerlei Anreize geben, da ein Anreiz definitionsgemäß Knappheit voraussetzt. Die Physik wird vielmehr immer komplexer, je tiefer wir in sie eindringen. Und warum sollte Pantheos die Dinge anders haben wollen? Gott liebt es offenbar, verstecken zu spielen. Die einzige Theorie von Allem, die den Test der Zeit besteht, ist daher *das relationalistische Meta-Gesetz*, wonach ewig gültige Theorien von allem prinzipiell unmöglich sind. Wenn die größenwahnsinnigen Kinderträume der Physiker von *der großen einheitlichen Theorie von Allem* angesichts des unbarmherzigen Prinzips der explanatorischen Geschlossenheit in sich zusammenbrechen, dann kommen die Syntheisten ins Spiel und greifen begeistert den einzigen vernünftigen ethischen Imperativ auf, der noch übrig bleibt: *Go with the flow!*

# 8. Von der Semiotik über die Memetik zum Zusammenbruch des militanten Atheismus

Wir leben in einem relationalistischen Universum. Es ist nicht relativistisch und definitiv nicht dualistisch, weder im platonischen noch in sonst einem Sinn. Das führt zu Komplikationen, wenn wir Menschen uns ein Bild formen von der Welt und allem, was sich in unserer Umwelt abspielt, mit unserer engen Perspektive, die verständlicherweise streng anthropozentrisch ist, und unserem zweckmäßigen, aber äußerst selektiven und einseitig beleuchtenden Wahrnehmungsapparat. Was wir sehen und verstehen, ist eine Welt voll von klar begrenzten Dingen: Stühlen, Tischen, Töpfen und Pfannen, die entweder auf dem Herd oder in Schränken stehen, wenn sie nicht irgendwo herumliegen, wo sie wirklich nicht hingehören. Diese klaren Abgrenzungen stellen jedoch eine Mischung aus Wunschdenken und Vereinfachung dar, welche von Funktionalität bestimmt ist. Wir müssen uns orientieren und handeln können, um zu überleben. In Wirklichkeit besteht die Welt aus mehr oder weniger undurchlässigen sowie unscharf begrenzten Phänomenen, bei denen die Organisation des jeweiligen Systems die Funktion und Eigenschaften unendlich stärker bestimmt als die Phänomene an sich. Die Systeme ändern sich ständig und stehen in ständiger und unendlich komplexer Wechselwirkung mit allen anderen Systemen, die sich ebenfalls laufend ändern. Das heißt, der ständige Konflikt zwischen Form und Materie ist eine Illusion. Form ist Materie, Materie ist Form. Es gibt keinen Konflikt zwischen dem einen und dem anderen. Die Welt bildet ein Ganzes, aber sie bleibt nie von einem Moment zum anderen gleich.

*Das Prinzip der explanatorischen Geschlossenheit* basiert auf der Erkenntnis, dass das Universum letztlich ein gigantischer, unüberschaubarer *ontischer Fluss* ist, der sich mit einer enormen Geschwindigkeit ausdehnt. Das Universum hat sich nicht in irgendeinem einzigen Moment der Selbst-Genesis erschaffen - so wie die traditionellen Religionen und bis vor kurzem auch die Naturwissenschaften sich den gesamten Prozess vorgestellt haben. Vielmehr erschafft und neu erschafft es sich ständig in einem fortlaufenden Prozess. Aber alle Modelle für eine Erklärung von allem setzen, wenn sie möglich oder wenigstens denkbar sein sollen, ein willkürlich gewähltes, aber zugleich notwendiges Einfrieren dieses Flusses voraus, eine *Eternalisierung*. Der Grund dafür ist ganz einfach, dass die Welt mit all ihren veränderlichen und wechselwirkenden Systemen von Atomen in dem Moment, in dem eine bestimmte Erklärung formuliert worden ist, der Eternalisierung, welche diese Erklärung voraussetzt und behauptet, schon in alle Richtungen enteilt ist. Das Universum entzieht sich in diesem Prozess immer wieder all den dürftigen Versuchen des Menschen zu einer offenen Erklärung. Alles Derartige liegt per definitionem außerhalb unserer menschlichen Fähigkeiten. Das bedeutet, dass die einzige intellektuell ehrliche Haltung gegenüber dem Universum darin besteht, es als eine sich beständig wandelnde Einheit zu akzeptieren, die uns immer entweicht: das *Eine* des Pantheismus als Gott, die explanatorische Geschlossenheit schlechthin.

Wir leben aber auch in einer informationalistischen Welt - nicht länger in einer Welt nur geschriebener Sprache oder mündlicher Kommunikation -, in der sich die Gesamtmenge an Information mit einer so enormen Geschwindigkeit erweitert, dass die Welt um uns herum für uns immer schwerer zu erfassen und unverständlicher wird. Wir sehen, wie die ontische Flut im Universum ein *ontologisches* Äquivalent bekommt, in Form des gigantischen, sich schnell ausbreitenden und dadurch unberechenbaren Flusses von Wörtern, Gedanken und Ideen, denen wir uns in unserer unmittelbaren Umgebung ausgesetzt sehen. Dieser eher ontologische als ontische Fluss von Impulsen strömt - mit der gleichen Kraft wie unser expandierendes Universum - durch miteinander verbundene, interagierende und daher in der Praxis konvergierende Medien, welche die Gegebenheiten unserer soziokulturellen Biotope formen und diktieren, was eine Menge Druck ausübt auf unser Gehirn und unsere Sinne. Wir können unmöglich nicht ein Teil davon sein, sondern leben eben entscheidend innerhalb des ontischen wie auch ontologischen Flusses der Existenz - immer und nur darin leben wir. Dies bedeutet, dass das Prinzip der explanatorischen Geschlossenheit, zumindest im Rahmen des Informationalismus, auch uns selbst und unsere Kommunikation untereinander und mit der Welt um uns herum beinhalten muss.

Das Konzept des Informationsstresses gibt es noch nicht sehr lang, aber mit dem Aufkommen des Informationalismus mussten wir auf dieses Phänomen reagieren und Strategien entwickeln, um es in gewissem Maße zu verwalten und zumindest einen Schein von Überblick und Kontrolle zu wahren. Das heißt, es ergibt sich für uns die einzige Möglichkeit, die Welt als Ganzes im Rahmen des Informationalismus zu erfassen, wenn wir den ontischen *Relationalismus* für die Naturwissenschaften ergänzen mit einem ontologischen *sozialen Relationalismus* für die Gesellschaftswissenschaften. Wir müssen jetzt erzwungenermaßen erkennen, dass wir nicht nur ständig gezwungen sind, die mobilistische Welt um uns herum zu *eternalisieren*, um sie verständlich und handhabbar zu machen (siehe *The Global Empire*), sondern wir müssen auch erkennen, dass unsere neuen Eternalisierungen, die wir über frühere Eternalisierungen setzen, sich wegen der explosiven Ausdehnung des Universums und der schieren Menge an Information immer weiter von der grundlegenden mobilistischen

*Ontik* der Existenz entfernen. Diese Erkenntnis bedeutet, dass wir zurückgeworfen werden auf den Versuch, unsere Beziehungen sowohl mit uns selbst und unserer Umwelt als auch unsere eigene Identität als ethische Wesen zu managen durch einen *Trans-Rationalismus,* ausgehend von einer Konzeption dessen, was existiert, als einer offenen Gesamtheit - anstatt durch einen *Rationalismus,* der auf einer Vorstellung der Existenz als einer geschlossenen logischen Konstruktion mit all ihren Bausteinen beruht.

Wir werden gezwungen, den alten *Descartes'schen Internarzissmus* aufzugeben und an seiner Stelle einen *universozentrischen Interdependismus* aufzubauen. Und auf der Grundlage eines universozentrischen Interdependismus muss die Gesellschaft oder *das Soziale* eine primäre Emergenz sein, das heißt, wir wenden *das Eine* im Sinne Spinozas unter dem Namen Syntheos auf das Soziale an, genauso wie wir *das Eine* unter dem Namen Pantheos *bereits* auf das Universelle angewendet haben. Wesentlich ist, dass demgemäß das Soziale als Ganzes dem Kantschen Verhältnis von Subjekt und Objekt vorausgeht und nicht umgekehrt, so wie auch das Universum als Ganzes allen atomistischen Konstruktionen innerhalb der Physik vorausgeht. Außerdem muss der Interdependismus relationalistisch und nicht relativistisch sein. Die gegenseitige Abhängigkeit der Handelnden gilt auf allen Ebenen der Hierarchie und damit auch innerhalb der Phänomene selbst.

Das hat zur Folge, dass die syntheistische Ethik auf nichts anderem aufbauen kann als auf einer ständig variierenden *existentialistischen Anpassung* an die unzweifelhaft überwältigenden ontischen und ontologischen Existenzströme, auf einer pragmatischen ebenso wie geistigen *Unterordnung* unter das expandierende, mobilistische Gewaltige. Für uns als zeitliche Geschöpfe muss diese existentialistische Anpassung die Form eines *amor fati* annehmen, von bedingungslosem Annehmen und Liebe zur Vergangenheit als Grundlage für die syntheistische Ethik. Sobald wir die Vergangenheit als eine lange Reihe von immer gleich unwahrscheinlichen, aber dennoch realen *Wirklichkeiten* in einem endlosen Ozean nie realisierter *Möglichkeiten* akzeptiert haben - denken Sie nur daran, wie viele Millionen von Spermien die

Natur verschwendet hat, damit bei Ihrer eigenen Zeugung nur ein Spermium in das einzige Ei eindringt -, wenden wir den *amor fati* in Richtung Zukunft, einer Zukunft, die offen, unbestimmt und voller Möglichkeiten ist, die alle zum Leben erweckt werden können. In dieser Zukunft mag die Utopie höchst unwahrscheinlich und doch vollkommen möglich sein, und diese Tatsache wird zur Zielvorstellung unseres syntheistischen Glaubens. *Amor fati* wird als eine *Wahrheit als Handlung* in einer festen Richtung hin zur Utopie vollzogen; ein Akt, durch den in der Folge alles andere, was in unserem Leben wichtig ist, seine ethische Gewichtigkeit erhält.

Die syntheistische Ethik ist demnach sozialrelationalistisch anstatt kulturrelativistisch und basiert auf dem ursprünglichen zoroastrischen Denken, wonach Absicht, Entschluss und Interaktion früher oder später zusammenfallen und zusammen die einzig mögliche ethische Substanz sowohl des einzelnen Menschen als auch der kollektiven Zivilisation bilden. Dies bedeutet, das Prinzip der explanatorischen Geschlossenheit macht nicht nur Kants rationalistische Idee zunichte, wonach der Mensch mit der natürlichen Fähigkeit zu verstehen geboren wird, statt sich einfach der Welt in ihrer Gesamtheit unterzuordnen. Sogar Kants rationalistische Vorstellung, der Mensch könne sich als Wesen in seiner eigenen Lebenswelt verstehen, ist tot. Das menschliche Idealbild vom feststehenden, in sich geschlossenen und primären *Individuum* wird durch das geteilte, offene und sekundäre *Dividuum* ersetzt. Dies bedeutet, dass die Einbildung, unsere Gedanken und Worte gehörten uns selbst, wir könnten uns mit dem identifizieren, was wir denken und sagen, ohne dies mit unserem Körper, unserem Verhalten und unserer Umwelt zu verbinden - als ob das, was wir denken und sagen, ursprünglich von und ausschließlich für uns selbst geschaffen worden wäre - dass diese Einbildung tot ist. Wir werden niemals eine nachhaltige Identität als Erfinder dieser Ideen haben, sondern als potenzielle Durchgangswege und vorübergehende Gefäße.

Das wiederum heißt, wir brauchen ein neues, informationalistisches Erklärungsmodell dafür, wie Wörter, Gedanken und Vorstellungen aufkommen und ausgebildet werden, und vor allem davon, wie sie im

Laufe der Zeit gedeutet werden und sich verändern, wie die Kommunikation zwischen Körpern und Medien zustande kommt und vor allem welche Konsequenzen dieser Prozess für unsere neue, dividuelle Identität hat. Genau ein solches de-personalisiertes Erklärungsmodell ist auch parallel zur digitalen Technologie entstanden, was die Grundlage des fortschreitenden Paradigmenwechsels bildet, und es wird *Memetik* genannt. Wir haben dieses Forschungsfeld bereits mehrfach aus verschiedenen Blickwinkeln ausführlich beschrieben (siehe *The Futurica Trilogy*). Die Memetik genannte Theorie - welche erklärt, wie Wörter, Gedanken, Ideen und kulturelle Komponenten aller Art sich vermehren und sich nach denselben darwinistischen Auswahlprinzipien verändern, die auch regeln, wie Gene sich vermehren und innerhalb biologischer Systeme verändern - wurde in einem Aufsatz von Ted Mantel im Jahr 1975 vorgestellt und ein Jahr später im Details von Richard Dawkins in dem Buch *The Selfish Gene* popularisiert. Es war auch Dawkins, der den Begriff *Mem* für diesen *Replikator* geprägt hat, der im soziokulturellen Biotop aktiv ist und der in demselben Sinne egoistisch ist wie das egoistische Gen, dessen primäres Interesse - wenn wir uns einmal erlauben, mit der Hilfe eines anthropomorphen Bildes zu argumentieren - es ist, sich durch Verbreitung so weit wie möglich zu vermehren. Es will die Welt infizieren.

Die Memetik versucht einfach, ein Evolutionsmodell nicht nur für den natürlichen Informationstransfer, sondern auch für den kulturellen zu konstruieren. Ein Mem ist ganz einfach das kulturelle Gen, ein Informationspaket, eine Art kulturelle Einheit - zum Beispiel eine Idee, eine Technologie, ein Glaube oder ein Verhaltensmuster -, das in einem menschlichen Geist oder in einem Medium steckt und das sich nicht reproduzieren kann, indem es Kopien von sich herstellt und sich zwischen Köpfen und Medien überträgt. Der Fortpflanzungserfolg des Mems hängt von der Fähigkeit und dem Wunsch der Menschen ab, sich gegenseitig nachzuahmen und so neue Gedanken und Verhaltensweisen aufzugreifen. Das bedeutet, wir betrachten Kommunikation nicht mehr in erster Linie als etwas, wodurch eine Person versucht, eine andere Person in eine bestimmte Richtung zu beeinflussen, sondern als einen Strom von egoistischen Memen, die sich so gut sie können fortpflanzen, indem sie über verschiedene ihnen zugängliche Medien von Kopf zu Kopf reisen, und die sich häuslich einrichten, sobald sie eine aufnahmefähige Umgebung in Form eines Gehirns finden, das mit verschiedenen Komplexen kompatibler Meme-Cluster ausgestattet ist, den sogenannten *Memeplexen.*

Ein interessanter Aspekt in diesem Zusammenhang ist, dass die Memetik keine Rücksicht darauf nimmt, ob sich ein bestimmtes Mem aus einer willkürlich gewählten Perspektive als wahr oder falsch, nützlich oder nutzlos erweist. Entscheidend ist, dass die Meme, die den jeweiligen Bedingungen am besten entsprechen, überleben und verbreitet werden. Das Mem X passt entweder zu den Mustern, die die dominanten Memeplexe in einer Umgebung bilden, welche ein eigenständiges Gehirn ebenso wie eine kollektive Gemeinschaft sein kann, oder es passt nicht dazu - in diesem Fall trägt das Mem dazu bei, seine Umgebung zu verändern, indem es vorhandenen Muster etwas hinzufügt, und sei es nur ganz wenig. Der entscheidende Faktor für den Erfolg eines Memes besteht also darin, wie es mit bereits vorhandenen Memeplexen im jeweiligen Wirtskörper zusammenpasst und ob es in der Lebenssituation, in der sich dieser Körper befindet, nützlich oder auf andere Weise ansprechend erscheint. Dies bedeutet, je effektiveres *Infotainment* das Mem dem Wirtsorganismus bietet, desto größer ist die Chance, dass der Wirt das Mem weiter verbreitet, indem er andere potenzielle Wirte zur Nachahmung anregt.

Der amerikanische Philosoph Daniel Dennett verbindet in seinem Buch *Consciousness Explained* von 1991 die Memetik mit einer weiterreichenden *Philosophie des Geistes.* Laut Dennett ist die Mehrheit unserer Meme ungestört und inaktiv in unserem Gehirn, und nur dann, wenn das Gehirn eine konkrete Veränderung in seiner Lebenswelt erfährt, reagiert es, indem es neue Meme übernimmt oder alte verändert, um sie dann weiter zu verbreiten. Der Verstand besteht laut Dennett aus Memen und nur aus Memen, die die Kontrolle über das Gehirn übernommen haben und die die Gedanken des Wirts denken; und genau so kann es tatsächlich beschrieben werden. Ein

Individuum im Descartes'schen Sinne ist dann in keiner Weise mehr erforderlich. Sogar das *Ich-Erleben* als solches ist an sich ein Mem und nichts anderes, wenn auch eines mit nie dagewesenem Erfolg. Es ist ein Phänomen, das wir mit einem deutlichen Hinweis auf den Vater des Individualismus als *kartesisches Mem* bezeichnen.

Die britische Psychologin Susan Blackmore, Autorin des einflussreichen und kontroversen Buches *The Meme Machine*, definiert Meme als alles, was sich von einem Menschen zum anderen kopieren lässt: Gewohnheiten, Modetrends, Wissen, Lieder, Witze und alle andere Formen von gepackter Information. Meme werden horizontal durch Imitation, Lernen und andere Methoden verbreitet. Der Punkt ist, dass die Kopien niemals hundertprozentig mit dem Original identisch sind; ebenso wie Gene werden auch Meme in breiter Variation kopiert. Die meisten Mutationen sind völlig unnütz, während einige Ausnahmen im Zusammenspiel mit den jeweiligen Lebensbedingungen eine Wettbewerbsverbesserung darstellen. Da sich die Meme häufig erheblich schneller verbreiten als Gene - Mutationen treten bei jeder Interaktion auf, auch in den Gehirnen und Medien, in denen sich die Meme befinden -, ist in der Memetik die Geschwindigkeit der Mutation hoch im Vergleich zu biologischen Systemen, in denen die Ausbreitung ausschließlich vertikal von statten gehen. Und genau wie bei Genen kann man auf bei Memen sagen, dass sie um einen begrenzten Raum konkurrieren, in dem sie vorkommen, und damit auch um die Chance kämpfen, zu überleben, kopiert und weiter verbreitet zu werden. Der entscheidende Faktor dabei ist die Aufmerksamkeit der Menschen - eine stark begrenzte Ressource.

Aber während Dawkins eine ausgesprochen *reduktionistische* Haltung in Bezug auf die Memetik hat - alles, wodurch Menschen sich ausdrücken, kann in kleinste Bestandteile zerlegt werden, in einzelne Meme -, ist Blackmore die erste Befürworterin einer *relationalistischen* Memetik. Sie weist darauf hin, dass eine Gruppe von Memen oft zusammen emergiert und dass diese Meme tatsächlich einen *Memeplex* bilden, ein Phänomen, das mehr als nur die kleinsten Bestandteile (die verschiedenen Meme) darstellt. Dadurch gelingt es Blackmore, etwas zu tun, was Dawkins und Dennett nicht geschafft haben: nämlich zu erklären, wie eine Gesellschaft, eine Kultur, eine Zivilisation - die äußersten Formen von Memeplexen - auf der Grundlage eines streng memetischen Erklärungsmodells entsteht, überlebt und sich sogar verbreitet. Wenn Memetik also selbst als Memeplex betrachtet wird, dann ist sie eine memetische Replikation der *Semiotik*, einer Disziplin im Grenzgebiet zwischen Philosophie und Wissenschaft, deren Wurzeln auf John Lockes Vision einer *Zeichenwissenschaft* zurückgehen, die er bereits Ende des 17. Jahrhunderts in *An Essay Concernng Human Unterstanding* formuliert.

Die Semiotik befasst sich mit der Untersuchung und Interpretation von Zeichen innerhalb jeglicher Art von Kommunikation: erstens die Beziehung von Zeichen zu dem, was sie darstellen sollen (*Semantik*); zweitens zueinander (*Syntaktik*), und drittens das Verhältnis der Zeichen zu ihren Nutzern (*Pragmatik*). Der amerikanische Pragmatist Charles Sanders Peirce und der Schweizer Linguist Ferdinand de Saussure gelten gemeinhin als die beiden philosophischen Giganten der Semiotik. Von der Mitte des 19. Jahrhunderts bis zum Beginn des 20. Jahrhunderts bauten beide ziemlich unabhängig voneinander umfangreiche Systeme auf, die später als Grundlage für alle nachfolgenden Formen der Arbeit mit Semiotik verwendet wurden. Peirce bringt die Idee einer *Triade von Zeichen* auf und lässt sich bereits ein Jahrhundert vor Dawkins von Charles Darwin dazu inspirieren, die Zeichen als *Replikatoren* zu bezeichnen, während de Saussure - welcher der Klarheit halber seine Theorie als *Semiologie* und nicht als Semiotik bezeichnet - den Schwerpunkt in erster Linie auf die binäre Beziehung zwischen dem *Wort* selbst und dem *Begriff* hinter dem Wort in der Sprache setzt.

Beim Übergang von der Semiotik zur Memetik - das heißt bei dem Übergang vom Zeichen zum Mem als kleinstem Bestandteil von Information und Kommunikation - geht es teils um eine Erweiterung dessen, was tatsächlich zwischen Menschen und Medien übertragen wird, wenn Information einem oder mehreren Empfängern mitgeteilt wird - eine Erweiterung, mit der sich schon die Semiotik selbst seit Peirce und de Saussure sehr beschäftigt hatte (wenn die Semiotik des 21. Jahrhunderts das Wort *Zeichen* verwendet, ist dies mehr oder weniger synonym mit dem Begriff *Mem* in der Memetik). Vor allem aber geht um ein tieferes Verständnis davon, wie beweglich und wandelbar Information ist und wie das unser philosophisches Verständnis von Subjektivität und sozialer Identität beeinflusst.

Semiotik ist in erster Linie eher pragmatisch als syntaktisch, nicht zuletzt, weil Peirce ein *Relativist* und noch kein *Relationalist ist.* Somit bewegt sie sich noch im individualistischen Paradigma. Die Semiotik konzentriert sich nämlich auf das, was das Zeichen darstellen soll - nach Peirce wäre das Zeichen kein Zeichen, wenn es keinem externen *Objekt* entspräche und es in Sprache umwandelte -, wogegen Memetik sich dafür entscheidet, unabhängig von typisch Kantschen Anliegen zu agieren, zum Beispiel, ob wirklich externe, objektive oder intersubjektive Wahrheiten existieren, und wenn ja, auf welche Weise. Das bedeutet, die Semiotik geht davon aus, dass die Interpretation von Zeichen in einer Gesellschaft - die Disziplin, die in der Philosophie *Hermeneutik* und in der Theologie *Exegese* genannt wird - von einem unabhängigen, externen Beobachtern durchgeführt werden kann: dem *Hermeneutiker*. Aber nichts könnte weiter von der Wahrheit entfernt sein. Der Hermeneutiker ist natürlich auch von dem herrschenden Paradigma durchdrungen und muss daher in erster Linie als ein technologisches und ideologisches Nebenprodukt desselben angesehen werden, nicht aber auf höchst diffuse und mysteriöse Weise als neutraler und distanzierter Deuter. Tatsächlich gibt es keine neutralen und distanzierten Dolmetscher, weder in der Physik noch in der Soziologie. Eine solche Position ist ganz einfach sowohl physikalisch als auch sozial unmöglich.

Ein Mem überlebt und vermehrt sich, indem es Kopien von sich selbst anfertigt, und zwar dank seiner Fähigkeit, sich in ein bestimmtes Subjekt in einer bestimmten Situation zu einem bestimmten Zeitpunkt einzufügen für ein bestimmtes Thema einzufügen und ihm nützlich oder unterhaltsam zu erscheinen. Nochmals: Es hat nichts mit dem zu tun, was wahr oder falsch ist. Dies unterscheidet das Konzept des Mems von dem des Zeichens. Memetik ist ganz einfach eine relationalistische Radikalisierung der Semiotik, so wie Whiteheads Prozessphilosophie eine relationalistische Radikalisierung des relativistischen Pragmatismus von Peirce und William James ist. Durch die Memetik - insbesondere durch die Einführung von emergenten Memeplexen - wechseln wir hinüber zu einem netzwerkdynamischen Verständnis von der Beziehung der Kultur zur Natur. Das Individuum wird nicht mehr benötigt und erfüllt in dieser Analyse keine Funktion mehr. Das Dividuum der Netzwerkdynamik (siehe *The Netocrats*) tritt in den Vordergrund, und als Ergebnis dieses Paradigmenwechsels wird der Mensch vom Zentrum der Wissenschaft weg auf einen peripheren Platz auf der Haupttribüne umgesetzt, wo er sich damit begnügen muss, als passiver Zuschauer zu agieren und gleichzeitig als Lager- und Transportgefäß zu dienen, das der hochdynamischen Entwicklung der Meme unterworfen ist. Die ganze Arbeit erledigen die Meme. Der anthropozentrische Impuls und der Stolz des Menschen erhalten somit einen weiteren Nasenstüber, was wiederum den Weg für eine *universozentrische Interdependenz* eröffnet, die zur Netzwerkdynamik dazugehört.

Das muss nun nicht heißen, dass die Semiotik als wissenschaftliche Disziplin passé ist - im Gegenteil. Der Fokus der modernen Semiotik liegt in der Tat nicht mehr darauf, eine Theorie der Zeichen oder auch der Meme und ihrer Beziehung zueinander zu produzieren - es ist heutzutage eher die Memetik als die Semiotik, die Lockes ursprüngliche Vision einer Wissenschaft der Zeichen verwirklichen -, vielmehr liegt der Fokus nun eher auf einer Theorie davon, wie die Zeichen von ihren Wirten interpretiert werden, und umgekehrt diese de facto geistig und physiologisch beeinflussen: ein pragmatisches Phänomen, das als *Semiose* bezeichnet wird. Was wirklich interessant ist, das ergibt sich und zeigt sich, wenn wir uns vom Geistigen weg zum Physiologischen bewegen, da wir dann die Ausbreitung von Zeichen zwischen Tieren und Pflanzen ebenso leicht untersuchen können wie die zwischen Menschen, ganz zu schweigen von der Kommunikation über die Grenzen zwischen den verschiedenen Kategorien der Biologie hinweg. Dementsprechend kommt es in der Semiotik auf die Erforschung biologischer *Signalsysteme* an, während in der Memetik Erklärungsmodelle für die Entstehung und den Zerfall kultureller *Paradigmen* entwickelt werden.

Das erklärt, warum die *Biosemiotik* (die Erforschung der Beziehungen zwischen Zeichen und der Biologie der Sender, Empfänger und Benutzer der Zeichen) ein schnell wachsendes Gebiet ist, während es in der Memetik kein entsprechendes Gebiet gibt. Es ist denn auch ein Biosemiotiker, Thomas Seboek, der in seinem Buch *A Semiotic Perspective on The Sciences* von 1984 unabhängig von Dawkins und Dennett behauptet, wir könnten nicht nur fruchtbare Metaphern zwischen Natur und Kultur austauschen, sondern auch, dass genau diese Spaltung zwischen Natur- und Sozialwissenschaften aus biosemiotischer Sicht sowohl als grundsätzlich willkürlich als auch als äußerst bedauerlich anzusehen ist. Während sich Seboeks Ideen unter Semiotikern nur sehr begrenzt verbreiten, verbreiten sich die Ideen von Dawkins und Dennett erfolgreich in einem wesentlich breiteren philosophischen und wissenschaftlichen Gebiet. Ironischerweise wird die Memetik, memetisch gesprochen, erfolgreicher als ihr Vorgänger Semiotik.

Wenn wir eine relationalistische Version von Semiotik und Memetik entwerfen, entsprechend einer relationalistischer Version der Naturwissenschaften, dann muss jene auf einem tiefen Verständnis der größten Einheit gründen und dann nach unten zum kleinsten hin ausgebaut werden, anstelle der klassischen reduktionistischen Besessenheit der Semiotik und Memetik vom kleinen Zeichen oder dem kleinen Mem, das alles erklären soll, was in der Hierarchie weiter oben vor sich geht. Wenn man die Geschichte aus der Sicht der Informationstechnologie schreibt, dann kann der Ausgangspunkt nur sein, dass der *Mensch die Konstante ist und die Technologie die Variable*. Für den Menschen bedeutet dies, dass die Technologie ein *Paradigma* vorantreibt (siehe *The Futurica Trilogy*), eine Ebene, deren Struktur früher oder später durch eine *Metaphysik* untersucht und erklärt wird, die implizit bereits logisch darin steckt und erst später formuliert und konstruiert wird. Die Metaphysik formt dann die Bedingungen für die *Ideologie*, die mit dem Paradigma verbunden ist, die *zeicheninterpretierende* Erzählung, die darauf vorbereitet, sich für eine Erzählung zu entscheiden, warum die Dinge notwendigerweise so sind, wie sie eben sind. Die Ideologie wiederum besteht aus großen, trägen

Blöcken, so genannten *Fiktionen* - bewusst geschaffenen Erzählungen über wirkliche Menschen und ihre Beziehungen zur Welt um sie herum; ganz im Gegensatz zu der notwendigerweise unbewussten Ideologie, bei der die flinken und kleinsten Bestandteile der Fiktionen *Fiktive* genannt werden ( siehe *The Global Empire*), eine Art Netzwerkdynamik, die mit den Zeichen der Semiotik und den Memen der Memetik verwandt ist und dementsprechend auch die grundlegende Komponente in der Paradigmenhierarchie darstellt.

Beachten Sie hierbei, dass genau wie bei allen Formen relationalistischer Hierarchien die Beziehungen zwischen den einzelnen Schritten natürlich eher als *emergent* denn als reduktionistisch zu verstehen sind. Die Fiktion ist in die Fiktive nicht schon eingebaut; sie scheint immer etwas zu transportieren, was über die Fiktive als solche hinausgeht. Ebenso ist die Ideologie nicht im Voraus in die Fiktionen eingebaut; sie erscheint immer als ein Mehr, das auf äußerst anziehende Weise über die Fiktionen hinausgeht. Und genau diese emergenten Qualitäten halten uns zäh in dem einem ideologischen Memeplex fest - jedes neue Level fügt dem anwachsenden *Metanarrativ* eine weitere Schicht einer sozusagen kompakten Mystik hinzu, nicht zuletzt bei dem großen Schritt von den scheinbar offenen und daher kreativen Fiktionen zu der offensichtlich verborgenen Ideologie - was uns zum Stillstand bringt, und was erklärt, warum unser Verhältnis zu dem weitesten Rahmen von Memeplexen, nämlich dem m*etaphysischen*, nur *demütig und dienend* sein kann. Sogar unser Verhältnis zu einem erschaffenen syntheistischen Gott - zu einer bewusst benannten Projektionsfläche im Angesicht eines unbestreitbar realen Phänomens in der Umwelt, zu dem wir ein Verhältnis finden müssen, unser Verhältnis also zur *Fiktion schlechthin* muss sich dieser Voraussetzung unterordnen. Und zwar, eben weil außerhalb der Memetik keine Meme existieren, gerade so wie außerhalb der Semiotik keine Zeichen existieren, genauso wenig wie Fiktive - oder die darauf konstruierten Fiktionen - oder die darauf konstruierten Ideologien - oder irgendwelche glaubwürdigen metaphysischen Systeme gibt, die sich aus diesen Ideologien ableiten lassen und *außerhalb* des aktuellen Informationstechnologie-Paradigmas stehen.

Das Medium ist demnach nicht nur die Botschaft, wie der kanadische Literaturhistoriker Marshall McLuhan hellsichtig bereits in den 1960er-Jahren voraussagte, sondern das Medium schafft auch selbst den Handelnden, und nicht umgekehrt. *Wir sind buchstäblich die Medien, mit denen wir kommunizieren.* Die Netokrat des Informationszeitalters sieht sich selbst daher ganz nüchtern als positives Nebenprodukt der interaktiven Technologien, die er verwendet, um mit seiner Umwelt zu interagieren - und nicht umgekehrt. Gerade die Überlegenheit der Interaktivität gegenüber den früheren einseitigen Kommunikationstechnologien - da die Handelnden heute die Wahl haben zwischen einerseits Interaktivität, die auf allen Ebenen gleich ist, und andererseits der Einbahn-Kommunikation von oben nach unten, von den Machthabern zu den Massen, entscheiden sich sich immer für *Interaktivität* - gerade diese Überlegenheit also führt dazu, dass die *Netokratie* die *Bourgeoisie* des Industriezeitalters besiegt und die zentralen Funktionen in der Gesellschaft übernimmt. Da die Ideen Fiktive sind, die in ideologisch gefärbten Fiktionen verborgen sind, welche sich nach einer bestimmten metaphysischen Struktur bewegen, können die Ideen aus syntheistischer Sicht nie einem einzelnen Handelnden oder einer Gruppe von ihnen gehören.

Es überrascht nicht, dass in der Geschichte die Memeplexe der Mächtigen und die der Religion in der Regel ineinander verschränkt sind und sich daher auch gegenseitig verstärken. Religion legitimiert Macht - welche wiederum Religion schützt und bereichert. In vielen Fällen wurde die Zusammenarbeit im Laufe der Zeit so eng, dass es nicht mehr möglich war, eins vom anderen zu unterscheiden. Dies allein ist jedoch keine besonders aufschlussreiche Antwort auf die Frage, warum gerade *diese* Gewinner des kulturellen Evolutionsprozesses sich so entwickelt haben und warum gerade *diese* Memeplexe sich so festsetzen konnten und warum alle Verlierer beiseite geräumt wurden. Warum gerade Gott? Warum gerade (zum Beispiel) die Bibel? An Alternativen hat es ja wohl kaum gefehlt. Aber die allermeisten von ihnen wurden gnadenlos ausgemerzt. Dies ist natürlich ein Thema, das der Memetik keine Ruhe gelassen hat. Es ist ja beinahe eine Wissenschaft für sich.

Das Problem kann folgendermaßen dargestellt werden: Wenn Religion nun einmal die Antwort ist, die sie anscheinend in jeder Art von Gesellschaft gewesen ist, die wir in der gesamten menschlichen Geschichte bis zum heutigen Tag kennen - was ist dann die Frage? Was macht gerade den religiösen Memeplex so attraktiv und erfolgreich im kulturellen Evolutionsprozess?

Zunächst müssen wir festhalten, dass das menschliche Gehirn durch natürliche Auslese so geformt wurde, dass es begeistert religiöse Meme aufnimmt und zum Gehirn eines Gläubigen wird. Teil einer Religionsgemeinschaft zu sein fühlt sich daher für das einzelne Gemeindemitglied auf die eine oder andere Weise befriedigend an, und gleichzeitig erlangt das religiöse Kollektiv Wettbewerbsvorteile gegenüber anderen Gruppen, wegen der besonderen Form des Zusammenhalts und des gegenseitigen Verständnisses, das in einem Maß Vertrauen, Motivation und Effizienz schafft, das kaum zu übertreffen ist. Darüber hinaus sind religiöse Meme, zumindest in der Übergangsphase vom nomadischen Dasein von Jägern und Sammlern zu einer sesshaften Landwirtschaft, auch gesegnet mit engagierten Propagandisten und Wachhunden, die sich es zur Lebensaufgabe machen, diese besonderen Meme weiter zu verbreiten und sie vor gefährlichen Konkurrenten im Kampf ums Überleben zu schützen.

Was also hat Religion zu bieten, und was gleicht die kleinen und großen Opfer aus, die mit der Ausübung von Religion immer verbunden waren? Zunächst gilt es zu bedenken, dass diese Frage unseren Vorfahren in der Savanne und in den ersten dauerhaften Siedlungen völlig unverständlich gewesen wäre. Religion war für diese Menschen ein völlig unbekannter Begriff. Was wir heute Religion nennen, war für sie ganz einfach alltägliches Denken und Handeln, bedingt durch eine Umgebung, die aus offensichtlichen Gründen in vielerlei Hinsicht von übernatürlichen Kräften kontrolliert zu sein schien. Das, was wir als das „religiöse" Element in ihrem Leben betrachten, war für sie unmöglich von allem anderen zu unterscheiden innerhalb eines Daseins, das nach Theorien schreit, welche obskure, wirkliche oder illusorische Kausalzusammenhänge klären sollen. Das alte Hebräische ist zum Beispiel eine Sprache, in der es kein Wort für „Religion" gibt. Es gab nichts, was nicht Religion war, und dem ein solcher Begriff in sinnvoller Weise gegenübergestellt werden konnte.

Doch die klare und einfache Antwort auf die Frage, welchen Wert Religion - oder das, was wir heute Religion nennen - ihren Praktizierenden bieten musste und muss, ist: Überleben. Der Mensch ist ein Herdentier und kann den harten Überlebenskampf nur bestehen, wenn er gut funktionierende Gruppen bilden kann. Der vereinzelte Mensch ist in der Savanne eine leichte Beute. Um eine gut funktionierende Gruppe zu schaffen sind mindestens zwei Dinge erforderlich: effektive Kommunikation und gegenseitiges Vertrauen; Dinge, die am besten funktionieren, wenn sie auf gemeinsamen Werten gründen. Und du teilst eben genau die Werte und Gefühle des Kollektivs, die die hingebungsvolle Ausübung der Religion deiner Umwelt signalisiert. Du zeigst, dass man dir vertrauen kann, dass deine Loyalitäten die richtigen sind und dass du ein würdiges Mitglied der Gemeinschaft bist. Aus diesem Grund ist die Religionsausübung auch immer mit einem Preis verbunden: Indem du bezahlst, was es kostet, dein Engagement und deine Loyalität für den Fortbestand der Gruppe zu demonstrieren, signalisierst du, dass du bereit bist, Eigeninteressen aufzugeben. Eine Religion, so argumentiert der Anthropologe William Irons, ist im Grunde genommen ein Kontrollsystem, bei dem die Loyalität, die Hingabe und der Eifer der Gemeindemitglieder überwacht werden, mit dem sie die vorgeschriebenen und am besten auch aufwendigen Rituale ausführen.

So legst du die Grundlage für das notwendige Vertrauen innerhalb der Gruppe und auch das Regelwerk, das das Handeln der einzelnen Mitglieder steuern soll, was wiederum Ordnung und Sicherheit innerhalb des Systems schafft. Dementsprechend werden dem egoistischen Abweichler starke Anreizen gegeben, sich der Gruppe anzupassen und sich ihren Werten und Überzeugungen zu unterwerfen. Oder zumindest so zu tun, als wäre Unterwürfigkeit die beste Entscheidung. Die Alternative wäre Ausgrenzung oder eine andere wirksame Sanktion. Angesichts der Tatsache, dass unsere Jäger- und

Sammler-Vorfahren prinzipiell ständig mit anderen Gruppen von Artverwandten Krieg führten, die für sie entschlossene und gefährlichen Konkurrenten im täglichen Kampf um die entscheidenden Ressourcen waren, war der Zusammenhalt im Kollektiv immer von größter Bedeutung. So entwickelt der Mensch mit der Zeit eine starke Abhängigkeit von den Stoffen Serotonin und Oxytocin, die genau dann in Strömen freigesetzt werden, wenn Gefühle der Zugehörigkeit zu einer Gemeinschaft zu spüren sind, und diese Abhängigkeit scheint eine ebenso starke Grundlage für den besonderen Status des Menschen zu sein wie Sprache oder Bewusstsein.

Krieg erfordert die Zusammenarbeit von Menschen und Ameisen, wie der Wissenschaftsjournalist Nicholas Wade in seinem scharfsinnigen Buch *The Faith Instinct* bemerkt. Für beide Spezies ist es notwendig, Gruppenzugehörigkeit verlässlich feststellen zu können. Die Ameisen bewerkstelligen das ausschließlich mit Hilfe chemischer Signale und benötigen daher im Gegensatz zum Menschen keine religiöse Symbolik. In diesem Zusammenhang und unter diesem Gesichtspunkt ist die Angst vor dem Zorn der allessehenden Gottheiten eine gute Sache: Sie erhöht die Präzision des Signalsystems. Die Leute glauben, dass egoistisches Verhalten bestraft wird und unterwerfen sich daher den vorgegebenen Regeln. Je stärker diese Angst ist, desto stärker wird das Gefüge sein, das die Gesellschaft zusammenhält. Und je stärker dieses Gewebe ist, desto mehr wird das chemisch-hormonelle Belohnungssystem gestärkt, das der Mensch zum Teil mit der Ameise gemeinsam hat. Das erklärt, warum Soldaten, die aus den brutalsten Konflikten zurückkehren, sich oft so sehr nach dem Schlachtfeld zurücksehnen, dass sie sich nicht mehr an die friedliche Umgebung zuhause anpassen können. Es fehlt ihnen ganz einfach die intensive Gemeinschaft in den Schützengräben und die chemisch-hormonellen Belohnungen, mit denen dieses Zugehörigkeitsgefühl verbunden ist - eine Erfahrung, die in der Geschichte nur Krieg und Religion in dieser Intensität erreicht haben. So gesehen ist es für pazifistische Atheisten nicht gerade einfach, im Leben Zufriedenheit zu finden.

Islam bedeutet ursprünglich wörtlich *Unterwerfung*, und jeder gläubige Muslim unterwirft sich einer streng definierten Lebensweise, die mit teils recht anstrengenden Pflichten in Form von täglichen Gebeten, Fasten, Pilgerfahrten usw. ausgefüllt ist. Der Gläubige wird so zu einem kleinen, aber wichtigen Rädchen in einer unendlich viel größeren Maschine. Religion ist in entscheidender Hinsicht genau das, nämlich eine Befreiung vom engen Horizont des eigenen Ichs und von den eingeschränkten Möglichkeiten, sich in der Welt zu behaupten, was zu einer Verschmelzung in einem kollektiven Organismus führt, mit den dazugehörenden Gefühlen von Entgrenzung und Ekstasen, die wiederum zu einem koordinierten Verhalten gehören, nämlich der Teilnahme an einem Prozess soziokultureller Emergenz. Singen, tanzen, in Zungen sprechen - durch verschiedene liturgische Rituale schafft die Religion im Kollektiv Bindung, und sie schafft zumindest die überzeugende Illusion, Zugang zum Transzendenten zu bekommen. Persönliche Antipathien und Konflikte vermindern sich oder verschwinden im rhythmisch synchronisierten Rausch der Gemeinschaft.

Wenn sich dann die materiellen Lebensumstände in einer Gesellschaft ändern, ändert sich auch die Funktion der Religion. Die zunehmende hierarchische Komplexität in der sesshaft gewordenen Agrargesellschaft erfordert andere und kontrollierte Formen dafür, wie die Glaubensgemeinschaft sich manifestiert. Allmählich werden Musik und Tanz Regeln unterworfen. Der direkte Zugang zum Übernatürlichen wird aufgegeben und zunehmend von einem speziell ausgebildeten Klerus übernommen, während das Interesse bei dieser Kommunikation mit dem angebeteten Gott sich allmählich vom Glück bei der Jagd und reichen Ernten hienieden zum ewigen Glück unter den Engeln in einem Leben nach dem Tod verlagert. Lange Zeit machen das Individuum und seine Erlösung das Kernanliegen der Religion aus. Die Fragen ändern sich, und daher ändern sich auch die Antworten der Religion. Die Kirchenbänke haben in erster Linie nicht die Aufgabe, den Gottesdienstbesuchern ein angenehmes Gefühl zu vermitteln - und sie sind auch nirgendwo besonders bequem -, sondern sie sollen ganz einfach das Tanzen verhindern.

Diese funktionalisierte und nutzenorientierte Sicht auf die Religion stammt weitgehend aus den Theorien des französischen Soziologen Emile Durkheim. Interessanterweise ist es für Durkheim selbstverständlich, dass kapitalistische Ideologien wie Nationalismus und Individualismus als die neueste Formen religiöser Offenbarung angesehen werden müssen. Ironischerweise sprechen zwei der prominenten Persönlichkeiten in der Memetik, die auch als Sprecher des militanten wissenschaftlichen Atheismus Pionierarbeit geleistet haben - Daniel Dennett und Richard Dawkins - sich für einen diametral entgegengesetzten Standpunkt aus. Während der Atheist Freud die Religion als eine Illusion betrachtet, die von existenzieller Angst und einem Gefühl der Wehrlosigkeit gegenüber den überwältigenden und unerklärlichen Naturkräften verursacht ist, argumentieren Dennett und Dawkins, dass die Memeplexe der Religion als ein gefährliches Virus angesehen werden sollten, welches uneingeladen und ohne irgendwelchen Nutzen in die Köpfe der Menschen eindringt und deren kognitive Fähigkeiten in Mitleidenschaft zieht. Die Rolle der Religion gegenüber der Menschheit wäre dann rein parasitär und in keiner Hinsicht symbiotisch.

Um einmal beim Christentum zu bleiben: Es ist natürlich unbestreitbar, dass es aus einer grob darwinistischen Perspektive als beispielloser Erfolg angesehen werden muss. Die Marke der katholischen Kirche hat sich im Laufe der Jahrhunderte trotz erheblicher Schwierigkeiten, die mit doktrinären Abwegen und verschiedenstem Fehlverhalten Geistlicher verbunden sind, bemerkenswert gut gehalten. Gleichzeitig ist die Bibel der vermutlich erfolgreichste Text in der Geschichte, wenn man sich Anzahl der gedruckten Exemplare ansieht, die auf der ganzen Welt verteilt sind. Es gibt sie überall und in zahllosen Varianten, in mehr als 2.000 Sprachen übersetzt und in vielen dieser Sprachen in mehreren Übersetzungen. Wie der Theologe Hugh S. Pyper in seinem Aufsatz *The Selfish Text: The Bible and Memetics* schreibt, ist die Bibel wohl ein starker Anwärter auf den Titel des bestangepassten aller Texte, jedenfalls wenn das Konzept des *Überleben des Stärkeren* überhaupt plausibel ist. Sie prägt die westliche Kultur in einem Maße, das man gar nicht überschätzen kann. Unabhängig von der Frage, wie weit die Reformation, nur als Beispiel, die Kirche geschädigt hat, hat sie der Bibel doch eine starke Verbreitung in der Welt beschert, einem Buch, das ausdrücklich und wiederholt predigt, dass es vervielfältigt und verbreitet werden will. Auf diese Weise baut sie sich „Überlebensmaschinen" in Form von Gehirnen, welche ihre, der Bibel, Botschaft ernst nehmen und weitergeben. Pyper weist auf die ironische Seite an dem energischen Bibelgegner Dawkins hin, der ja selbst seine Darstellung stark von der Bibel beeinflussen ließ, auf die er sich ständig bezieht, wodurch sogar Dawkins selbst zu einer der vielen Überlebensmaschinen der Bibel wird, die er so heftig kritisiert.

Die Frage ist also: Geht es hier letzten Endes um Symbiose oder um Parasitismus? Bedeutet der Memeplex der Religion, dass die Überlebenschancen des Wirtsorganismus verbessert werden, oder verschlechtert? In seinem Buch *Breaking the Spell* erzählt Dennett die Geschichte der kleinen Ameise auf der Wiese, die mühsam einen Grashalm hochklettert, wieder zu Boden fällt, nur um den Aufstieg sofort wieder aufzunehmen. Der Grund für dieses Verhalten ist nicht, dass die Ameise versucht, von oben ihre Umgebung zu überblicken, um so ihre Chancen zu verbessern, Nahrung zu finden, sondern dass ihr kleines Gehirn von einem mikroskopisch kleinen Parasiten namens Kleiner Leber-Egel (*Dicrocoelium dendriticum*) befallen ist, der in einen Schaf- oder Kuhbauch gelangen muss, um sich fortzupflanzen. Daher manipuliert der Parasit die Ameise, um dorthin zu gelangen, wo es sein eigenes Überleben am meisten begünstigt, indessen die Überlebenschancen der Ameise erheblich verschlechtert. Das ist Dennetts Bild dafür, wie Religion Menschen manipuliert, die, wie er behauptet, in großer Zahl an ihrem fehlgeleiteten Bestreben gestorben sind, heilige Stätten oder Texte zu verteidigen und zu erobern. Dass Religion für uns einen Fortpflanzungsnutzwert haben könnte, ist keine Theorie, die von Dennett in Betracht gezogen würde.

In seinem Aufsatz *Viruses of the Mind* übernimmt Dawkins die Rolle des Fürsprechers der wehrlosen kleinen Kinder, die angeblich besonders anfällig sind für Angriffe des gefährlichen Parasiten Religion.

Seiner Ansicht nach ist das menschliche Kind von der Evolution so entworfen, dass es sich bereitwillig einer Gehirnwäsche unterziehen lässt, da der Mensch gerade in seiner Kindheit die Kultur seiner Umwelt und die Grundlage für alles Wissen in sich aufnimmt, das er braucht, um zu überleben und sich fortpflanzen, etwas, das der listige Parasit der Religion sozusagen ausnutzt. Die Leichtgläubigkeit ist kleinen Kind einprogrammiert und macht es hoch anfällig für böse Nonnen und andere, die es erziehen und die bereits von dem Virus befallen und darauf programmiert sind, seine Ausbreitung auf unschuldige Gehirne zu fördern. All dies hat zur Folge, dass verschiedene absurde und sinnlose Verhaltensweisen an eine weitere Generation weitergegeben werden: Man verneigt sich in Richtung Mekka, nickt rhythmisch in Richtung einer Wand, zuckt unkontrolliert („wie ein Geisteskranker"), spricht in Zungen und so weiter.

Diese Aufzählung verschiedener Arten unsinnigen Verhaltens, das durch Religionsmeme verursacht wird, bringt uns zu dem Aberglauben unter Tauben, der von dem Verhaltenspsychologen B. F. Skinner dokumentiert wurde. Eine Gruppe von Tauben wurde zu beliebigen Zeitpunkten mit Futter „belohnt", ganz unabhängig davon, was die Tauben gerade taten oder nicht taten, und schon bald konnte man beobachten, wie diese Tauben komplizierte Tänze aufführten, was laut Dennett beweist, dass solcher Aberglaube und Autosuggestion selbst in kleinen und unscheinbaren Gehirnen amüsante Wunder wirken. Die Dynamik, die bizarre Effekte dieser Art hervorruft, erfordert keine bewusste Reflexion, nur Verstärkung. In Gehirnen, die darauf ausgelegt sind, überall Absichten und Ursachen zu erkennen, werden die Auswirkungen umso spektakulärer.

Dawkins betont die Verwandtschaft vom Religions-Memeplexen mit Computerviren: Deren Erfolg hängt zum Teil daran, dass es für das Opfer schwierig ist, die Infektion zu entdecken, zumindest bevor es zu spät ist. Eine Person, die tatsächlich Opfer eines solchen Virus ist, weiß es wahrscheinlich nicht und würde die Infektion auf jeden Fall energisch leugnen. Wie aber stellt man dann fest, dass der böse Parasit Besitz von einem Gehirn ergriffen hat? Der erste Hinweis, den Dawkins erwähnt, ist, dass der Patient normalerweise von einer tiefen, inneren Überzeugung ergriffen ist, dass dies und jenes tatsächlich wahr ist; eine Überzeugung, die zwar in keiner Weise mit einem Beweis oder einer vernünftigen Argumentation zusammenhängt, die sich aber für die infizierte Person völlig überzeugend anfühlt. Und hier wird es auf eine Weise interessant, wie Dawkins es wahrscheinlich so gar nicht intendiert war. In seinen aggressiven Angriffen auf den religiösen Glauben stellt er nämlich eine äußerst genaue Diagnose *seiner selbst*.

Wenn es der Fall gewesen wäre, dass Religion die Menschheit tatsächlich parasitiert und die Überlebens- und Fortpflanzungschancen religiöser Menschen und anderer Gruppen vermindert hätte, dann kann man sich fragen, ob eine kategorische Verurteilung dieser Tatsache nicht zwangsläufig selbst strikt anthropozentrisch ist. Für den gesamten Planeten könnte es ja sogar positiv sein, wenn sich die Menschen nicht so stark vermehren und die Religion daher die Bevölkerungsexplosion in gewissem Maße bremst. Es gibt wohl kaum einen wissenschaftlichen Grund, darüber zu moralisieren, was der kleine Parasit der Ameise antut, und es gibt auch kaum einen Grund, darüber zu moralisieren, was die Schafe dem Gras antun (und damit auch der Ameise) oder darüber, was der Wolf oder irgendein anderes Raubtier dem Schaf antut, wenn sich die Gelegenheit dazu bietet. Es handelt sich hier ganz einfach um Natur, die ihren Lauf nimmt; jeder Versuch zu moralisieren ist daher verfehlt und belanglos. Dasselbe muss wohl auch gelten für einen Angriff auf die Religion, insofern sie angeblich die Überlebenschancen der Menschen beeinträchtigt, indem sie den Wirtsorganismus etwas kostet, ohne ihm irgendetwas zu nutzen. Und das heißt, ein solcher Versuch ist verfehlt und irrelevant, jedenfalls aus einer Darwinschen Perspektive. Wenn also unsere Gehirne Überlebensmaschinen der Religion sein sollten, dann ist das einfach so.

Aber das ist noch nicht alles. Es trifft schlicht und ergreifend nicht zu, dass Religion die Überlebenschancen der Menschen beeinträchtigen würde. Ganz im Gegenteil gibt es seit langem sehr überzeugende Beweise für das Gegenteil: Religiöse Menschen und Gruppen beweisen in der Praxis eindeutig, dass sie reproduktive Vorteile haben, was mehrfach belegt wurde, unter anderem in einem Aufsatz des religionswissenschaftlichen Forschers Michael Blume, der denn auch *The Reproductive Advantage of Religion* betitelt ist, und von Susan Blackmore neben anderen erwähnt wird. Statistiken zeigen eindeutig, dass religiöse Völker mehr Babys bekommen. Dies gilt flächendeckend in allen Ländern. Dawkins, Dennett und die anderen gläubigen Atheisten sind nicht in der Lage, diese unumstrittenen Daten einzubeziehen in ihre stark religionskritische Argumentation, die ein Eckpfeiler ihres Glaubens an die Wissenschaft ist, und verschließen daher lieber die Augen davor. Aber wie Blackmore betont, sollte Wissenschaft so nicht funktionieren. Wenn unbestreitbare Tatsachen der Theorie widersprechen, muss man seine Theorie funktioniert fallen lassen und eine neue aufstellen, die mit dem tatsächlichen Wissensstand auf dem Gebiet übereinstimmt. Diesem strengen Ideal gerecht zu werden, ist jedoch nicht einfach, insbesondere dann nicht, wenn man selbst ein Gläubiger ist, und besonders auch dann nicht, wenn man sich der Tatsache, dass man eben auch gläubig ist, gar nicht bewusst ist. Dann wird die Versuchung geradezu unwiderstehlich, sich seiner tiefen inneren Überzeugung zu verschreiben und die Augen vor unliebsamen Fakten zu verschließen, die in eine völlig andere Richtung weisen. Es ist die Gläubigkeit und nichts anderes, was einem die Kraft gibt, seinen Kampf weiterzuführen.

Mit dem Aufkommen des Syntheismus erleben wir das Ende des Descartes'schen Theaters - und damit auch des Individuums. Die breite Akzeptanz der Memetik stellt uns eine überlegene Alternative zum Glauben an das atomisierte *Individuum* als Zentrum der Existenz zur Verfügung. Wir meinen damit einen *syntheistischen Handelnden,* der sich im Gegensatz zu einem Subjekt à la Descartes nie einbildet, eine kleine, isolierte Figur zu sein, eine Art Mieter, die vorübergehend im Körper wohnt, ein passiver Beobachter hinter den Augen, der aus einer manchmal widerwillig, manchmal neutral ontologischen Sicht sich die Welt ausmalt, mit der er dann über Lippen und Hände kommuniziert. Ein Handelnder (*agent*) ist demgegenüber ein Schauspieler (*actor*) in verschiedenen Zusammenhängen und Situationen, teils eine willkürlich und vorübergehend eingegrenzte Person, teils ein willkürlich abgegrenzter Körper, aber auch ein Körper, der mit anderen Körpern und Phänomenen in seiner Umgebung zusammenarbeitet. *Agentialität* im syntheistischen Sinn kann als eine Selbst-Erfahrung entstehen, in Form eines solchen Handelnden, der auf allen Ebenen in Bewegung und mitten drin im Geschehen ist, nicht auf irgendeine mysteriöse Weise dem *Intra-Agieren* vorausgeht – und der in jedem Moment eternalisiert wird.

So kontraintuitiv das für den Syntheisten auch klingen mag, er kann sich nur als Nebenprodukt der Ideologie aus der Zukunft verstehen und in diesem Hegelschen Sinn in der Rolle eines Offenbarers und Supervisors gegenüber der jetzt vorherrschenden, aber schnell zerfallenden Ideologie. Denn nur im Zusammentreffen der ideologischen Paradigmen - die Ideengeschichte zeigt immer wieder, wie die Philosophie als direkte Folge eines soziokulturellen Paradigmenwechsels, beispielsweise im Griechenland und Indien der Achsenzeit und im Westeuropa und Nordamerika des frühen Industrialismus, geradezu explodiert ist – kann spekulative Philosophie die nur scheinbaren Vorzüge der vorherrschenden Ideologien durchschauen und offenlegen. Und jetzt befinden wir uns genau in diesem Moment, in dem der Informationalismus laufen lernt, inmitten einer Kaskade von Informationsflüssen, die in alle Richtungen ausgreifen, und der Synthetismus wächst langsam aber sicher heran, als das in das Paradigma eingebaute und notwendige metaphysische Higgs-Feld.

Aus dieser Einsicht in die logischen Begriffe und kreativen Möglichkeiten des Metal-Levels können wir den revolutionären Ehrgeiz des Syntheismus formulieren - seinen Hieb direkt in den *Solarplexus* des alten Individualismus - mit dem für den Kapitalismus verheerenden Schlachtruf: *Ideen wollen frei zu sein, Ideen können nicht besessen werden!* Ideen gehören ja keinem von uns, sondern wir gehören ihnen, und wir können nichts tun, als ihnen zu gehorchen. Ohne die eigenen Ideen zu besitzen, die dem Individuum weder jetzt noch irgendwann gehört haben, außer in seiner Einbildung – welche das Individuum ebenso wenig steuern konnte und kann, mit einem freien Willen, den es ebenfalls nie besessen hat -, ohne all dies ist das Individuum vollständig kastriert. Und genau so will das netokratische Dividuum das bürgerliche Individuum sehen. Daher ist die Frage, wem die Ideen gehören - ganz zu schweigen von der Frage, wer sie praktisch besitzt - die größte, wichtigste und umstrittenste Frage des aktuellen, aufkeimenden Paradigmenwechsels. Der Memeplex der Macht hat sich in Bewegung gesetzt, und die Welt erbebt. Herzlich willkommen beim informationalistischen Klassenkampf!

# 9.
# Der syntheistische Handelnde und seine Wünsche und Triebe

Jetzt, wo die Physik zum *Informationalismus* übergeht und dadurch *relationalistisch wird*, wird auch eine neue Sicht der Menschheit und eine neue Weltanschauung sichtbar. Der metaphysische *Individualismus* ist tot; er verschwindet zusammen mit dem physikalischen *Atomismus*, denn diese stellen zwei Seiten derselben veralteten Münze dar. Beide stammen aus Kants Erkenntnistheorie aus der zweiten Hälfte des 18. Jahrhunderts, die wiederum auf Descartes‘ klassischem Satz „Cogito ergo sum" basiert, wo das subjektive Erleben das einzig Unbestreitbare ist und daher auch der Ausgangspunkt für alle Aussagen über alles Mögliche. Dieses axiomatische Subjekt bezieht sich dann auf andere Objekte, die ebenso wie das Subjekt und seine Descartes‘sche Bühne zunächst als noumenale und dann als phänomenale, unteilbare Einheiten mit festen Substanzen, d. h. als *Individuen* und *Atome* aufgefasst werden.

Da aber der Syntheismus bei der Erforschung der Welt weder Individuen noch Atome findet, wird es notwendig, mit dem individualistisch-atomistischen Paradigma zu brechen und sich besser mit dessen metaphysischer Alternative zu verbinden, für die es tatsächlich

Belege in den Beobachtungen der Wissenschaften über die Welt gibt, nämlich in der *Netzwerk-Dynamik* und dem damit verbundenen *sozialen Relationalismus.* Genau wie in der relationalistischen Physik gibt es auch in der Psychologie und Soziologie nur Relationen über andere Relationen und Wahrscheinlichkeiten, und diese Relationen und Wahrscheinlichkeiten gehen über äußere *Interaktion* hinaus: Sie sind in hohem Maß auch inneres *Intra-Agieren.* Zuerst ist da das Netzwerk, dann der Knoten und dann erst entsteht die subjektive Erfahrung. Was hier vor sich geht, ist also ein umgekehrter Vorgang verglichen mit Descartes' und Kants narzisstischer Phantasie von der Entstehung des Subjekts und seiner Stellung im Universum: „Ich bin, also denke ich." Der Mensch selbst ist ein Phänomen der Netzwerkdynamik, nur eines unter anderen netzwerkdynamischen Phänomenen. Aber wenn er sich dessen auch bewusst wird, kann er anfangen, sich nicht mehr nur ein relationalistisches Subjekt zu verhalten, sondern als ein *syntheistischer Handelnder*, als das ethische Leitbild des Syntheismus.

Die Selbsterfahrung des Menschen ist natürlich genauso relationalistisch wie alles andere, was es gibt. Der relationalistischen Phänomenologie zufolge stellt sich das menschliche Subjekt, wenn überhaupt, als eine Art von Nebenprodukt dar, das in der Minderheit ist gegenüber einem sozusagen mehrheitlichen Phänomen, das der eigentliche *Handelnde* in ihm ist und das die Selbsterfahrung des Subjekts übersteigt. Es ist also nicht der Fall, dass einzelne Seelen in einer Art Schöpfungsfabrik sitzen, wie Descartes' und Kants Dualismus es voraussetzt, und darauf warten, in nagelneue Körpern eingebaut zu werden; vielmehr ist die Selbsterfahrung ein hocheffizientes, aber doch illusorisches Nebenprodukt der vielen anderen Wirkungen des Körpers - die aus dem leeren Nichts entliehene Komponente, und das läuft darauf hinaus, dass die menschliche Gleichung plötzlich eine akzeptable Lösung für sich selbst zu finden scheint. Die Selbsterfahrung ist ganz einfach der logische Endpunkt, an dem der Subjekt-Prozess sich für sich selber bündelt. Jene Erfahrung kommt also nicht an erster Stelle, wie Descartes und Kant vermuten, sondern an letzter, so dass die Leere, die alle unterteilten Komponenten innerhalb des Dividuums zusammenhält, sich als phantasmische Einheit und als Ganzes erleben kann. All dies findet also innerhalb *des Handelnden* statt, dieses vergänglichen Subjekts, das in keiner Weise dem grundlegenden *Handeln* vorausgehen oder vorausexistieren kann. Der Körper, die Gemeinde und die Gesellschaft können allesamt Handelnde sein, aber ohne ein Handelndes, das diese Subjektivität beherbergt, kann es kein Handeln geben.

Demnach sind die Bedingungen für die Bewusstseinsentwicklung keineswegs universell, sondern höchst kontingent und an eine ganz bestimmte, räumlich-zeitliche Situation gebunden. Das Kantsche transzendentale Subjekt muss durch *das syntheistische immanente Subjekt* ersetzt werden. Und das syntheistische immanente Subjekt braucht keinerlei Korrelation, weder im schwachen Kantschen noch im starken relativistischen Sinne. In einem radikal relationalistischen Universum verschwindet die Notwendigkeit für einen Korrelationalismus. Das syntheistische immanente Subjekt entsteht also nicht im Gegensatz zum Phänomen, sondern ist integraler Bestandteil desselben. Das Thema lässt sich am besten als der Handlungscharakter (*agentiality*) des Phänomens beschreiben.

Der syntheistische Handelnde sucht nicht aus einer passiven Beobachterposition den Kontakt zur Außenwelt. Er lebt vielmehr als intra-agierendes Phänomen interaktiv teilhabend im Zentrum der Welt. Es vollzieht sich einfach keine ursprüngliche Selbstwerdung vor, die als Eckpfeiler des Daseins angesehen oder genutzt werden könnte. Eine solche Individuation gibt es überhaupt nicht. Was vielmehr tatsächlich entsteht, ist eine *Dividuation*, und diese ist ein Nebenprodukt der vielen Wechselbeziehungen innerhalb der jeweiligen Region, nicht umgekehrt. Der Syntheismus konzentriert sich durchaus auf dieses Thema, welches er dezentralisiert, er nimmt jedoch die *Umkehrung* des Descartes'schen *cogito ergo sum* sehr ernst und verschiebt den existenziellen Fokus daher auf das Handeln als Phänomen, auf eine intra-agierende Konzentration von Intensitäten, die eine irreduzible Vielheit und Vielfalt von Identitäten in einem diffusen und mobilen Feld darstellt. Diese Identitäten versammeln sich um eine *Wahrheit als Handlung*, nämlich die subjektive Erfahrung als ein verarmter, leerer *Atheos* innerhalb der reichen Vielheit, welche *Entheos* ist, der sich wiederum in der überwältigenden Existenz des *Pantheos* befindet. Die Illusion des Subjekts wird jedoch nicht externalisiert, wie relativistische Kritiker von Descartes und Kant, so etwa Nietzsche, Kierkegaard, Heidegger und Derrida, es sich vorstellen - diese Philosophen sind einfach nicht radikal genug in ihrem Bruch mit dem Kantschen Korrelationismus -, sondern diese Subjekt-Illusion wird von Anfang an *internalisiert.* Der illusorische Aspekt des Subjekts, seine selbsterlebte Substanzlosigkeit, ist darin als grundlegender und integraler Bestandteil der subjektiven Erfahrung als solcher enthalten.

Unter den alten Autoritäten ist es Hegel, der Pate der deutschen Romantik, der wirklich ein Verständnis für die Entstehung des Subjekts zeigt, was offenbar wird, wenn er als erster eine Subjekttheorie auf der Grundlage des Konzepts des *Atheos* konstruiert. Nach Hegel ist das Subjekt nicht nur von Grund auf leer und hat sich als eine Art tragische Antwort auf unbeantwortete existenzielle Fragen entwickelt - es ist darüber hinaus ein zeitlich und örtlich eng begrenzter Eternalisierungs-Komplex ohne jegliche Relevanz über sich selbst hinaus. Es gibt, um die Sache in Kantschen Begriffen auszudrücken, nichts Universelles außerhalb des Subjekts, wohin es sich transzendieren könnte. Wenn wir zum Beispiel spaßeshalber die Erfahrung des Hegelschen und des relationalistischen Subjekts in drei Worten zusammenfassen wollten, dann würden die Begriffe *Leere, Winzigkeit* und *Vergänglichkeit* einfach perfekt dafür passen.

Diese grundlegende Illusion ist jedoch als äußerst produktiv anzusehen: Eine Beschränkung der Reize von außen ist Grundvoraussetzung für das Aufblühen innerer Kreativität. Je weniger Informationen in den Kopf des syntheistischen Handelnden gelangen, desto intensiver kann er über seine subjektiven Erfahrungen phantasieren und sie erweitern. Der hegelianische Philosoph Slavoj Zizek entwickelt die Idee des *Illusorischen* als Grundlage der subjektiven Erfahrung. Er argumentiert, dass das Subjekt in seinem Kern als das in der subjektiven Erfahrung *Ausgeschlossene* angesehen werden muss, als das Exkrement der subjektiven Erfahrung, als das Puzzleteil, das nicht passt, als das, was ständig danebengeht, nie zum Ziel kommt, als dasjenige innerhalb des Subjekts, was das Subjekt von sich wegzuschieben, vor sich selbst und der Umwelt zu verstecken versucht. Wir nennen das das *abjektive Subjekt.* Oder wie Zizek selbst es ausdrückt: „Ich bin mein eigener Mangel, ich bin mein eigenes Exkrement." Dieses eingeengte Subjekt wird durch eine ausgeprägte innere Distanz aufrechterhalten. Und die Distanz ist existenziell notwendig; wird sie aufgehoben, bricht das Subjekt zusammen.

Das Zizeksche abjektive Subjekt ist grundsätzlich innerlich gespalten. Die Spaltung innerhalb des Subjekts geht der sich daraus ergebenden Unterscheidung zwischen Subjekt und Objekt. voraus, und setzt sie auch voraus. Das Subjekt ist also eine Reaktion gegen seine eigene Sache; sein Betriebsmodus besteht darin, sein ständiges Versagen dabei, sich selbst Substanz zu sein, immer neu abzuarbeiten. Das Subjekt ist schlicht das Ergebnis seines eigenen Misslingens. Vor allem ist es ein Produkt des Scheiterns des Mysteriums. Nur indem man diesen Sachverhalt einsieht - etwa durch die syntheistische *Schizoanalyse* (siehe *The Body Machines*) -, wird ein Verstehen und eine funktionelle Beziehung des Subjekts zum Wirklichen möglich. Im schizoanalytischen Prozess erhält der Syntheist die Chance, innerhalb ein und desselben Körpers eine unendliche Zahl glaubwürdiger Teilidentitäten aufzubauen. Aber was all diese Identitäten in einem großen Bogen zusammenspannt - und sie für sich selbst zu einem einzigen, zusammenhängenden *agentiellen Phänomen* macht -, das ist die gähnende Leere im Zentrum des Bogens: Zizeks abjektives Subjekt, *Atheos.*

Die irreführende *Anthropomorphisierung* des Bewusstseins im Individualismus führt direkt in eine ausweglose Sackgasse. Jedoch muss bei der notwendigen Tabula Rasa im Übergang zum Relationalismus nicht nur der Kantsche Korrelationismus verworfen werden. Das betrifft vielmehr auch alle östlichen oder New-Age-artigen Vorstellungen eines *kosmischen Bewusstseins.* Dem Universum fehlt nicht nur ein Gehirn, um bewusst sein zu können. *Das Universum hat auch keinen Anreiz, ein Bewusstsein zu erlangen*, da Bewusstsein nur produziert wird, um die Misserfolge zu vertuschen, die für die Lebenssituationen des

Menschen kennzeichnend sind. Der Mensch ist nicht nur das einzige Tier, das spricht - und dabei auch abstrakt denkt -, er ist auch das einzige Tier, das diese Fähigkeit entwickelt, um überhaupt überleben zu können. Sprache wurde als darwinistische Antwort auf die evolutionären Mängel des Menschen entwickelt. Sprechen und Denken ist lediglich die Art, wie der Mensch seine eigene körperliche Schwäche und die evolutionären Vorteile anderer Tierarten ausgleicht.

Es ist völlig verständlich, dass es der Sprache eine magische Aura verleiht, dass sie *für den Menschen* eine verheerende Waffe gegen konkurrierende Arten im Kampf um begrenzte Ressourcen ist. Wenn der Menschheit diese kommunikationstechnischen Vorteile fehlen würden, hätten diese Rivalen die Menschheit ohne weiteres vernichtet und sie auf die lange Liste der Verlierer gesetzt, die durch den Evolutionsprozess ausgelöscht wurden. Die Sprache hat jedoch über diese zufällige und emergente Rolle hinaus keine weitere Funktion, und dies gilt natürlich auch für die Gedanken und das Bewusstsein, die sie hervorbringt. Der Hauptzug des Menschen ist sein Dasein und seine Lebensfreude in diesem Dasein, d. h. die *Natur*, die er mit allen Tieren teilt, und nicht die *Kultur*, die ihn von ihnen allen trennt. Die sekundären Fähigkeiten von Sprache und Denken sind entstanden, um die Entwicklung und die Freude am Dasein möglich zu machen, nicht umgekehrt.

Das Universum hat jedoch keinerlei Bedarf an Sprache oder Gedanken oder irgendeiner Art von Bewusstsein. Zwar ist Bewusstsein für den Menschen in seiner Selbstbezogenheit äußerst wertvoll und bemerkenswert, für alle anderen wichtigen Entitäten im Universum ohne jede Bedeutung. *Am Anfang war wirklich nicht die geringste Spur von Worten zu sehen.* Das Wort kann nur an den Anfang der Schöpfung gestellt werden, wenn der unvergleichlich geschwätzige Mensch die Sprache benutzt, um zu versuchen, das zu verstehen, was schwer zu verstehen ist, dabei eingesperrt in einem Bewusstsein, das mit Sprache möbliert und tapeziert ist. Sprache und damit auch Denken und Bewusstsein gibt es seit höchstens 200.000 Jahren. Und was können der Tratsch und das Nachdenken in einer einzigen Spezies während nur 200.000 Jahren schon bedeuten, in einem 14 Milliarden

Jahre alten, gewaltigen und darüber hinaus sich ständig weiter ausdehnenden Universum? Die Frage ist natürlich rhetorisch und die Antwort lautet: gar nichts. Wir haben eine liebenswerte Tendenz, das, was uns wichtig erscheint, mit dem zu verwechseln, was aus einer umfassenderen Perspektive wichtig ist.

In Sachen der historisch notwendigen *Dezentralisierung des Bewusstseins* unterscheidet sich der Syntheismus radikal vom *objektiven Pantheismus* in all seinen Varianten, wie Buddhismus, Hinduismus, Sufismus und New Age. Die Suche nach einem kosmischen Bewusstsein außerhalb des Menschen, auf der diese Ideologien sind, ist nichts anderes als eine auf kindliche Weise fehlgeleitete Projektion anthropozentrischer, internarzisstischer Phantasmen auf etwas, was dafür besonders ungeeignet ist. In Wahrheit ist das Universum mit seinem enormen kreativen Potenzial viel zu fantastisch, um ein Bewusstsein zu brauchen. Demgegenüber sind wir eng begrenzten Menschen - wahrscheinlich - das einzige Bewusste im Universum, da Bewusstsein nur als Mittel zur Schadensbegrenzung entstanden ist, und zwar eben wegen der existenziellen Grenzen der Menschheit. Der Syntheismus bekennt sich daher nur zum *subjektiven Pantheismus* und nicht zu dessen objektiver Variante. Wir entscheiden uns, Göttlichkeit auf die Existenz als Ganzes zu projizieren - subjektiver Pantheismus ist somit *Wahrheit-als-Akt* schlechthin -, anstatt auf die Meinung zu vertrauen, dass der Kosmos uns seine Göttlichkeit durch eine Vielzahl von zweifelhaften und selbsternannten Botschaftern auferlegt. Syntheologisch gesehen lokalisieren wir das Bewusstsein zwischen *Entheos* (dem dividuellen Subjekt) und *Syntheos* (dem kollektiven Subjekt) und tanzen auf *Atheos* (dem Motor des Subjekts). Es ist aber jedoch ganz wichtig, es so weit wie möglich von *Pantheos* fernzuhalten und von allem anderen Aberglauben hinsichtlich eines kosmischen Bewusstseins.

Der französische Philosoph Gilles Deleuze hat viel Arbeit verwendet auf die Kunst, das Chaos in der Welt vor der Entstehung der Menschheit in den Griff zu bekommen. Er geht zurück bis zu den nomadischen Wurzeln der Menschheit und nennt dieses tiefere Menschenbild das *Dividuum* (den teilbaren Menschen), verstanden als

Gegensatz zum kapitalistischen *Individuum* (dem unteilbaren Menschen). Es zeigt sich, das Deleuzes posthumanistisches Dividuum perfekt als Idealbild für die aufstrebende Netokratie im Zeitalter des Informationalismus passt (siehe *The Netocrats*). Deleuze argumentiert, dass das Dividuum ***autoimmun*** ist. Autoimmun zu sein bedeutet, in sich je nachdem sowohl gute als auch schlechte Seiten zu sehen. Autoimmun zu sein bedeutet anzuerkennen, dass man in jedem Moment endlich ist und sich laufend teilt, aus inneren *Wünschen* und *Trieben* heraus, die in der Begegnung mit einem unaufhörlichen Strom externer *Meme* um die nomadische, dividuelle Identität herum zusammenfinden. Autoimmun zu sein bedeutet, unserem krankhaften Leiden und unserer Angst vor dem Tod vollen Ausdruck zu verleihen. Das Dividuum ist sich natürlich immer bewusst, dass das Universum das Recht und die Fähigkeit hat, es jederzeit zu zerquetschen. Leben ist wirklich etwas sehr Zartes; und das ist nicht nur so eine rührselige, sentimentale Phrase.

Im Gegensatz zum festen Individuum ist das nomadische Dividuum nach innen ebenso spielerisch teilbar wie nach außen flexibel unbeständig. Darüber hinaus ist der Einzelne nicht im geringsten daran interessiert, als eine Art Existenzzentrum auf der Theaterbaracke des Individualismus aufzutreten. Im Gegensatz zur existenziellen *Selbstversunkenheit* des Descartes'schen Individuums - Was soll schon herauskommen, wenn man von einem Satz wie „Mir ist nur bewusst ist, dass ich selbst existiere" ausgeht? -, sieht und versteht sich das Dividuum als eine Art autosuggerierter Schemen von einem Geist, als emergentes Nebenprodukt eines ganz bestimmten Evolutionsprozesses, als höchst randständiges Geschöpf in einem monströsen Universum, eine Kreatur, die auch für sich selbst nur Wert gewinnt durch kreative Interaktion mit anderen Dividuen, die ebenso wandelbar sind. Das Dividuum ist nicht nur die historische und philosophische Ablösung für das Individuum, sondern auch die Folge der Demontage und Dezentralisierung des Individuums. *Denn nicht das Dividuum ist der metaphysische Kern des Syntheismus – das Netzwerk ist es.*

Das bedeutet, der Syntheismus befreit den Menschen von *Anthropozentrismus* und *Internarzissmus.* Dass der einzelne Mensch von der Verantwortung befreit wird, ein Individuum zu sein, und stattdessen dazu ermutigt wird, ein Dividuum zu sein, das ist etwas, was der Syntheismus als eine Art existenzielle Erlösung betrachtet. Der *Dividualismus* durchwirkt jede Faser des Syntheisten. Der Mensch ist genauso wenig das Zentrum von Dasein und Welt, wie das *Ego* das Zentrum des Menschen ist (denn es existiert gar nicht - siehe *The Body Machines*). Offensichtlich haben die Menschheit und ihre Merkmale keine Vorrangstellung im Universum. Zivilisationen sind als emergentes Phänomen auf einem Planeten entstanden, nachdem Äonen der Erdgeschichte ohne Menschen vergangen waren. Es sind auch schon Zivilisationen untergegangen, ohne dass das Universum irgendetwas davon gemerkt hätte. Die Menschheit ist ein Phänomen, das aus anderen intra-agierenden Phänomenen hervorgegangen ist. Es ist auch kein Mensch von anderen Menschen erschaffen worden. Biologische Eltern erschaffen ihre Nachkommen nicht - obwohl sie gerne glauben möchten, dass das so wäre –; vielmehr sind sie Werkzeuge für die fortlaufende Erzeugung neuer Organismen im Universum, die mit Körpern, Sprache, Ideen, Bewusstseinen und Unterbewusstseinen ausgestattet sind.

In diesem Kontext ist es von höchster Bedeutung, genau zu unterscheiden zwischen der utilitaristischen Suche der Psychotherapie nach einem glücklichen Leben, und *der existentialistischen Suche der Psychoanalyse nach der Wahrheit über das Dasein.* Psychotherapie ist ein Produkt der Psychologie, die eine Sozialwissenschaft ist. Die Psychoanalyse hingegen ist ein Produkt der Philosophie, was bedeutet, dass sie auf ihrer tiefsten Ebene eine Kunstform ist. Die Psychotherapie ist ein *anthropotechnisches Projekt,* das von der kapitalistischen Machtstruktur und ihren Nationalstaaten und Großunternehmen entwickelt wurde und dazu da ist, *Patienten* zu definieren, d. h. Abweichungen von der momentan herrschenden Gesellschaftsnorm festzusetzen. Die Wissenschaftler stellen funktionelle *Diagnosen* mit einer wuchernden Flora von *Pathologien* bereit für diese Patienten, die behandelt werden müssen, um das Wohlbefinden des gesellschaftlichen Körpers zu fördern. Historisch gesehen, und vielleicht ein klein bisschen zynisch betrachtet, können wir den Psychotherapeuten als *den kapitalistischen Bändiger und Tiertrainer von Individuen* betrachten – als einen professionalisierten und kommerzialisierten Ersatz für den weggeschobenen guten alten Freund - dessen Aufgabe es ist, den Bürger an einen geschlossenen Lebenszyklus von Arbeit, Konsum und Schlaf anzupassen, indem er ihn aller Formen authentischer Intimität mit anderen Menschen beraubt.

Im Gegensatz hierzu geht die Psychoanalyse davon aus, dass alle Menschen grundsätzlich pathologische Kreaturen sind und sein müssen; der Mensch ist und war nie etwas anderes als *homo pathologicus.* Die bloße Tatsache, dass der Mensch glaubt, er existiere als Subjekt und dass werde leben und nicht sterben, zeugt von der pathologischen Grundlage des Bewusstseins, die ebenso mächtig ist, wie sie notwendig ist. Das pathologische Subjekt lebt in einer dialektischen Spannung zwischen den beiden Vertragsparteien *Wunsch* und *Trieb.* Die westliche Philosophie reflektiert diese Dialektik als die *Geschichte des Wunsches* seit Spinoza (Materialismus), der die *Geschichte des Triebs* seit Hegel (Idealismus) gegenübersteht. Die Dialektik ist wesentlich, damit beide Kräfte überleben können. Der Wunsch ist letztendlich ein Versuch, aus dem Trieb zu fliehen, und der Trieb ist letzten Endes als der Versuch anzusehen, vor dem Wunsch zu fliehen.

Für den Syntheismus entspricht der *Antagonismus zwischen Wunsch und Trieb* der existenziellen Erfahrung selbst, und dessen syntheologisches Äquivalent ist natürlich die *Oszillation zwischen Pantheos und Atheos.* Wenn man auf der Grundlage unserer gegenwärtigen Lage Utopien von anderen Welten zu anderen Zeiten mit anderen Menschen erbaut, dann erschafft man damit *Syntheos.* Hierbei ist es wichtig zu verstehen, dass der *Wunsch* für den Menschen und sein Bewusstsein kennzeichnend ist. Der Wunsch ist ein Nebenprodukt der Sprache und gehört zur Kultur. Der *Trieb* dagegen gehört zur Natur und *treibt* buchstäblich alles außerhalb des Bewusstseins des Menschen *an.* Obwohl *das Unterbewusstsein* so strukturiert ist, dass es tatsächlich sterben will, das Unterbewusstsein also ein Motor des

*Todestriebs* ist, kämpft doch das Bewusstsein gegen den unwiderruflichem Tod bis zuletzt ums *Überleben.*

Die syntheistische Ethik basiert auf diesen Tatsachen. Der syntheistische Handelnde versteht den Schrecken des *ewigen Lebens*, und dabei sucht er bis zum Moment des Todes die fortgesetzte *Dividuierung* im Überleben, als bewusste Reaktion des Wünschens auf die unbewusste Sehnsucht des Triebs nach Auflösung in ständig neuen Phänomenen. Daher ist das Überleben, wie der syntheistische Philosoph Martin Hägglund in seinem Buch *Radical Atheism* zeigt, Eckpfeiler einer syntheistischen Ethik, während die *Unsterblichkeit* aufgrund ihrer infantilen Prämissen in keiner Weise zur syntheistischen Utopie gehört. Es hat seine Logik, länger, tiefer und intensiver leben zu wollen. Aber es ist überhaupt nicht logisch, etwas bin in alle Ewigkeit verlängern zu wollen, da die Unsterblichkeit dem, was verlängert werden soll, seinen ganzen Sinn nimmt. Sich Unsterblichkeit zu wünschen ist dasselbe, wie das Wünschen wegzuwünschen, und ohne Wünsche geht der ganze Sinn verloren, als menschliches Wesen zu existieren. Und dann gäbe es auch keinen Grund zu überleben. Wir drücken dies so aus, dass *der Todestrieb der Drang ist, zum Anorganischen zurückzukehren* - was sich als ständiges Streben nach Minimierung, Vermeidung und Verschiebung von Lebensintensität ausdrückt -, während *das Wünschen der Wille ist, den Ausdruck des Organischen im unendlichen Jetzt zu verlängern und zu maximieren.*

Der kosmologische *Trieb* ist zweifellos wesentlich komplexer, als es eine anthropozentrische Projektion jemals auf den Punkt bringen kann. Vor allem *will* er nicht im Vornherein schon etwas. Er ist kein Jäger, der seine Beute tötet, um einen Partner bei einem bevorstehenden Paarungstanz seines Stammes zu beeindrucken. Und er strebt auch nicht nach *Macht*, da er nichts findet, was er zu einem bestimmten Zweck kontrollieren müsste. Ehrlich gesagt ist es egal, ob gerade wir existieren; in der universozentrischen Weltanschauung ist die Hauptsache, dass das Universum - dieses *Etwas*, das ganz sicher „nicht vielmehr *nichts*" ist - sich für sich selbst durch uns manifestiert. Wenn wir einmal von unserem eigenen subjektiven Erleben der Welt um uns herum absehen, und uns bewusst machen, dass das Universum *die Welt vor der Welt selbst ist*, dann werden auch wir selbst nicht durch den Tod ausgelöscht, denn die Existenz bleibt über den Tod hinaus bestehen. Die Existenz hört in der Tat nie auf zu existieren; Sterben heißt, zu den ungeheueren Dimensionen der Existenz zurückzukehren, aus denen wir kommen. Der Tod ist nichts anderes als die Beendigung einer zeitweiligen, marginalen Fluktuation in der riesigen Geschichte der Welt, die wir aus unserer schrägen Perspektive *unser Dasein nennen*, ein winzigkleines Spiel an einem Ort, das das Universum mit sich selbst spielt. Geburt ist das Darlehen, und Tod ist die gerechte und angemessene Rückzahlung. Am Ende gewinnt immer das Universum, so wie am Ende immer die Spielbank gewinnt. Und wir sind und bleiben Teilnehmer des Universums.

Die Oszillation zwischen Pantheos und Atheos schwingt im Unterbewusstsein, und hier finden wir einen Ausgangspunkt für das Selbstbild des Menschen: Das Subjekt lebt im Unterbewusstsein und wird aus ihm heraus aufgebaut. Ein eigener Wesenskern fehlt dem Subjekt hingegen. Die *Extimität* in der subjektiven Erfahrung ist das, was das Subjekt trägt. Es entsteht eben durch Extimität und nicht durch Intimität. Als Ausgleich für die anstrengende Extimität in Bezug auf sich selbst sucht das Dividuum *Intimität im Anderen.* Die treibende Kraft dabei ist, dass die Intimität mit dem anderen die existenzielle Angst lindern soll, die sich aus der unvermeidlichen inneren Extimität ergibt.

In der engen Beziehung zum Anderen entstehen *ethische beziehungsweise moralische* Werte (siehe *The Body Machines*). Die Begriffe *Ethik* und *Moral hatten* ursprünglich die gleiche Bedeutung: Ethik kommt vom griechischen Wort *ethos* und Moral kommt vom lateinischen Wort *mores*, und beide Begriffe können mit *Sitten* übersetzt werden. Doch seit Spinozas philosophischer Unterscheidung zwischen Ethik einerseits und Moral andererseits im 17. Jahrhundert haben die Konzepte völlig unterschiedliche Bedeutungen. Die Ethik betrifft danach eine mit einer *Identität* verbundene *Einstellung*, wenn man die Wahl hat zwischen verschiedenen zu erwartenden konstruktiven oder destruktiven Wirkungen eines zu beurteilenden Eingriffs in einen vermuteten Ereignisverlauf. Ein ethisches Wesen zu sein bedeutet, mit richtigen und in jeder Hinsicht vernünftigen Absichten durchs Leben zu gehen. Ethik betrifft also die richtige oder falsche Entscheidung bezogen auf den Handelnden selbst. Es ist ein *verinnerlichter* Bewertungsprozess. *Ein ethischer Handelnder zu sein bedeutet, sich mit den Absichten der getroffenen Entscheidungen zu identifizieren.*

Moral hingegen bezieht sich auf die Haltung, die der Willkür eines mächtigen äußeren Richters gegenüber gezeigt wird, welcher zum Beispiel, Gott, die Nation, der Staat, der Führer, oder das Gesetz als solches sein kann, das heißt, die phantasierte Figur, die in der Psychoanalyse *der große Andere* genannt wird. Das Subjekt ist gezwungen, im Kampf zwischen *Gut* (dem Richters gefallen wollen) und *Böse* (gegen den Richter aufbegehren) Stellung zu beziehen. Moral ist dabei ein *veräußerlichter* Bewertungsprozess. Dies alles setzt voraus, dass das handelnde Subjekt gezüchtigt, gezähmt und den Mächten und Mächtigen unterworfen werden muss, anstatt frei aus seinem eigenen Willen heraus zu handeln. Moralisch zu sein bedeutet also in erster Linie, *Gesetze zu befolgen,* ohne sie in Frage zu stellen. Moralisieren ist der Versuch, die eigenen Werte in Form von Gesetzen oder Quasi-Gesetzen anderen aufzuzwingen, zum Beispiel durch Gesetze oder andere Vorschriften. Das steht im Gegensatz zur Ethik, die am besten durch Absichten und Handlungen beschrieben werden kann, die *einer inneren Überzeugung folgen,* um mit dieser Überzeugung eins zu werden, ohne sich beispielsweise nach den vorherrschenden sozialen Normen zu richten. Das Ziel des ethischen Handelnden besteht nicht darin, einen externen Richter zu beschwichtigen, sondern darin, sich eine, und sei es noch so kurzlebige, *existenzielle Substanz* in sich selbst zu geben.

Moral impliziert eine düstere Ernsthaftigkeit, während Ethik eine spielerische Fülle mit sich bringt. Beachten Sie, wie das Gegensatz-Paar *Gut versus Böse moralische Dekadenz* impliziert, die durch eine Belohnung oder Androhung von Bestrafung korrigiert werden muss. Andererseits impliziert der ethische Gegensatz *Recht gegen Unrecht* ein Streben nach und eine Stärkung *innerer Identität*, ganz unabhängig vom Ausgang der jeweiligen Ereignisse. Man beachte, dass wir hier von einer inneren ethischen Identität reden, die durch *Intentionen* geschaffen und durch *Handlungen* gestärkt wird: Es handelt sich hier definitiv nicht um eine Art von Wesensnatur, die bereits vorläge in der Art, wie Descartes und Kant sich das moralische Subjekt vorstellen. Der syntheistische Handelnde sieht Ethik daher nicht im Ergebnis irgendeiner individuellen Identität, sondern als *Wahrheit-als-Akt*, welche die greifbare Leere mitten im Subjekt mit einem aufrichtig ersehnten *Attribut* versieht, ganz gleich für wie kurze Zeit.

Moral hat auch ihre Rationalität, wird aber von einem externen Subjekt erzeugt, das an sich *irrational* ist. Dieser dunkle Ursprung der Moral lässt sich unter dem Begriff *des Verrückter-Diktator-Syndroms* auf den Punkt bringen. Um dem nötigen Anspruch auf Allgemeingültigkeit gerecht werden zu können, benötigt die Moral als Grundlage *eine überschäumende libidinöse Kraft*, welche von den abrahamitischen Religionen *göttliche Allmacht* genannt wird. Das Problem ist, dass Macht im Überfluss logischerweise als irrational angesehen werden muss. Der Diktator kann sich keiner äußeren Macht unterwerfen, und jede seinem Handeln vorausgesetzte Logik wäre genau eine solche äußere Macht. Er muss daher unlogisch und irrational sein, das heißt tatsächlich verrückt, um in der Lage zu sein, die Gesetze und Regeln der Moral autokratisch zu diktieren. Als Gesetz muss die Moral also ausnahmslos für alles und jeden gelten, *genau denjenigen ausgenommen, der die Moral schafft.* Gott, die Nation, der Staat oder der Anführer - *der/ das große Andere* - braucht das Gesetz nicht zu befolgen. Der Schöpfer der Moral darf in der Tat nicht dem Gesetz folgen, sondern muss grundsätzlich amoralisch und damit böse sein, damit die Moral kohärent ist. Der Preis für die scheinbar äußere Folgerichtigkeit der Moral ist also, dass sie vollständig einer einzigen innerlichen amoralischen Quelle entspringt, nämlich *der launischen Libido des irren Diktators.*

Eine Möglichkeit, den Unterschied zwischen Ethik und Moral zu klären, besteht darin, einen typischen Grenzfall zu untersuchen. Kant kreiert seine transzendentale Philosophie im 18. Jahrhundert im Grenzgebiet zwischen monotheistischem Christentum und atheistischem Individualismus. Aufgrund der wachsenden deutschen und französischen Bourgeoisie übernimmt er die selbstgewählte Aufgabe, zu berechnen, wie der *Mensch* den *Gott* als metaphysisches Zentrum der Existenz ersetzen könnte. Kant stimmt der Antwort von Descartes zu, indem er sagt, dass der Mensch Meister seines Daseins ist, aus dem einfachen Grunde, dass er denken kann. Aber die Existenz kann natürlich nur vom Menschen erfahren werden, weil es eines Bewusstseins bedarf, um es erfahren zu können, und weil nur der Mensch bewusst denkt. Er ist also Herr eines Hauses, das er ganz alleine bewohnt.

Da Ethik die mehr oder weniger freie Wahl zwischen verschiedenen Alternativen ist - je mehr Freiheit in einem Zusammenhang besteht, desto mehr Ethik ist erforderlich - und da Kant Subjekt und Objekt der Ethik zu ein und derselben Sache gemacht hat, ist er gezwungen, seine Ethik auf eine *Tautologie* zu reduzieren. Auf die Frage, warum es richtig ist, das Richtige zu tun, antwortet Kant lakonisch, dass jede Handlung so vollzogen werden sollte, als ob sie universell gültig wäre. Mit anderen Worten, es ist richtig, das Richtige zu tun, aus dem einfachen und sinnlosen Grund, dass es richtig ist, das Richtige zu tun. Und dabei haben wir noch nicht einmal die Frage angeschnitten, was genau dieses automatisch vollzogene *Richtige* eigentlich ist. Die einzig vernünftige Reaktion auf Kants tautologischen Imperativ kommt von seinem Nachfolger Nietzsche, der erkennt, dass alle Begriffe, die die Wertphilosophie a priori als *richtig* auszeichnen kann, abzulehnen sind. Stattdessen interpretiert er die Wertephilosophie als ein anthropologisches Projekt, das sich mit dem beschäftigt, was der *Mensch ohnehin schon tut* und warum. Die präskriptive Wertephilosophie Kants wird von Nietzsche verdienstvollerweise mit einem deskriptiven und interaktiven Aufklärungsprojekt beantwortet. Dabei wird Kant zum banalen Moralisten, während Nietzsche als wirklicher Ethiker hervorsticht.

Das Entscheidende ist dabei, dass der Mensch im Kantschen Grenzgebiet zwischen zwei Werteparadigmen interessanterweise weder die Freiheit des amoralischen Gottes hat, sich so zu verhalten, wie es ihm gefällt; dass dem Menschen aber auch kein Richter bleibt, den er für sich einnehmen kann, damit der seinen Punktestand auf dem Weg zur erwarteten Belohnung in einem ewigen Leben vermerkt. Infolgedessen reduziert Kant bei seinem verzweifelten Versuch, auf der alten Moral eine neue Ethik aufzubauen - ohne Rückhalt in einem amoralischen Gott -, seinen phänomenologisch göttlichen Menschen zu einem ethisch gelähmten Roboter. Dabei schlägt der Moralismus mit voller Wucht zurück, diesmal jedoch als selbstreferenzielle Rückkopplungsschleife, worin der Moralismus zu seinem eigenen Richter von außen geworden ist. Verständlicherweise ist es gerade Kants eigentümliche Moralphilosophie, worauf die nach ihm kommenden Ethiker Hegel und Nietzsche ihre schärfste Kritik am Kantianismus richten; in ihren Augen ist Kant nichts anderes als ein naiver Nihilist, der sich peinlicherweise des *Theozids* gar nicht bewusst ist, den er soeben begangen hat. Aus diesem Grunde bringen sowohl Hegel als auch Nietzsche ihren pantheistischen Wegbereiter Spinoza gegen den Deisten Kant in Stellung und eröffnen damit den Weg zu einem *bejahenden Nihilismus* (siehe *The Global Empire*), die kreative Erzeugung von Wert aus *Atheos.*

Ethik ist eine Absicht, die in einer Identität in Bezug auf das erwartete Ergebnis einer Ursache und einer Wirkung begründet ist. Es ist die erwartete Wirkung der Handlung, die ihr ethisches Gewicht verleiht. Für den deutschen Philosophen Jürgen Habermas ist Ethik ein innerer, intersubjektiver Prozess, der keinerlei Anforderungen an äußere, objektive Wahrheiten stellt. In einer Art zivilisiertem Dialog werden verschiedene denkbare Absichten gegen verschiedene denkbare Ketten von Ursache und Wirkung abgewogen. Unabhängig davon, ob wir Ethik auf ein Individuum oder auf ein Kollektiv anwenden, basiert Ethik auf einer *Haltung.* Nietzsche führt aus, dass eine solche Haltung entweder aktiv oder reaktiv ist. Die aktive Haltung sucht einen Eindruck, eine Auswirkung auf das Dasein, eine Stärkung der Interaktion des Handelnden mit seiner Umgebung, um eine existenzielle Bejahung zu erreichen, eine Verwirklichung seiner eigenen Substanz. Nietzsche nennt diese Haltung *den Willen zur Macht.* Gegen den Willen zur Macht steht *die reaktive Haltung*, der Wille zur Unterwerfung, zur Auslöschung, zur Herstellung von Identität durch Identifikation mit *dem Opfer* und nicht mit *dem Helden.* Diese reaktive Haltung schafft eine Verbitterung gegenüber dem Dasein, sie produziert und ist getrieben von einem *Ressentiment*, einem pervertierten - anstatt authentischen - Vergnügen, dass auf einem entfesselten narzisstischen Selbsthass beruht.

Demgegenüber erzeugt die aktive Haltung einen stetigen Strom von Identitäten, sie sucht nach kreativer Neuheit in einer aktiven Auseinandersetzung mit ihrer Umgebung und erzeugt ein emergentes *Ereignis* aus dem *oszillierenden Phänomen*, zu dem der *syntheistische Handelnde* dazugehört. Die reaktive Haltung lebt vom Auf-Distanz-Halten aus einem von der Realität abgewandten *Narzissmus* heraus, welcher seine Energie darauf verwendet, das Gefühl eines *Ressentiments zu erregen*, wonach sich der Welt sich einem verweigert, so dass das Subjekt den Glauben pflegen kann, ein allein gelassenes und ausgeschlossenes Objekt zu sein, das in einem Zustand *permanenten masochistischen Genusses* festhängt. Da *die Sklavenmoral* – wie von Nietzsche analysiert – das ganze Leben hindurch immer nach einer Minimierung des eigenen Lebens strebt, um der Auslöschung so nah wie möglich zu sein (was Freud dann *den Todestrieb* nennt), strebt sie auch nach Unterwerfung unter andere Handelnde, weil sie vor *authentischer Intimität* flüchtet, aus Angst, den masochistischen Genuss zu verlieren, aus dem sie ihr existenzielles Gefühl von Sicherheit zieht. Diese Sklavenmentalität zieht sicheres totalistisches Leiden unsicherem mobilistischem Genuss vor.

Dieser tiefsitzende und beunruhigende geistige Masochismus sollte natürlich nicht mit einem spielerischen sexuellen Sadomasochismus verwechselt werden, der überhaupt nichts mit irgendeiner Art von Ressentiment zu tun hat. Es gibt jedoch in jedem Masochismus den Wunsch, etwas vorzuspielen, Intimität vorzutäuschen, während der sadomasochistische Akt in Wahrheit darauf abzielt, *die Distanz zum anderen* zu maximieren und aufrechtzuerhalten, was zum Beispiel die starke Verbindung zwischen sexuellem Sadomasochismus und Polyamorie erklärt. Dieses Vorspielen im öffentlichen Raum wird zu einem (oft ganz bewussten) Schutz vor Intimität im privaten Bereich, so wie die Verbindung zu vielen in der Praxis die gleiche ist wie die Verbindung zu überhaupt niemandem. Insoweit der Syntheismus *eine Heilslehre* ist, geht es dabei also um die Erlösung von diesem masochistischen Genuss und um die Bejahung echter Intimität, und zwar völlig unabhängig von sexuellen Praktiken. Es geht darum, *den synthe-istischen Handelnden mit seinen Wünschen und Trieben* zu einem existenziellen Helden anstatt zu einem erbärmlichen Opfer zu machen. Mit anderen Worten, der syntheistische Handelnde ist identisch mit *Nietzsches Übermensch.*

Nietzsches Projekt einer Archäologie der Ideen bringt uns dahin, die ungeheure Macht der Natur und nicht die verschwindende Macht des Menschen über die Elemente und den Geist zu erkennen. Bei Nietzsche hat die Natur natürlich nicht nur das letzte Wort über sich selbst, sondern sie handelt auch durch den Menschen, unabhängig davon, was dieses Subjekt (wie etwa bei Kant) zu sein sich einbildet. Was könnte das Subjekt auch sein, wenn nicht Teil der Natur? Das bedeutet, Nietzsche überführt Ethik in eine offene Frage, welche Kultur auf dem Boden einer derart dominierenden und grenzensetzenden Natur möglich ist. In der *Kultur* finden wir also das Bejahende in Nietzsches bejahenden Nihilismus: ein Begriff von Kultur, den Nietzsche in bahnbrechender Manier umwandeln von dem Gegenteil der Natur in ein *emergentes Phänomen*, das aus einer ansonsten gleichgültigen Natur hervorgeht. Kultur ist laut Nietzsche nichts anderes als eine engagierte Erweiterung der Natur - oder wie wir es in *The Futurica Trilogy* zum Ausdruck bringen: Kultur ist *Natur 2.0*. Nur indem er sich unerschrocken daran macht, *Kultur auf die Natur* draufzubauen anstatt bloß der Natur nachzugeben, kann der Mensch sich eine ethische Substanz verschaffen.

In *Ecce Homo* erzählt Nietzsche, wie er sich zur Entwicklung der Idee inspirieren lässt, Ethik zu sehen als die agentielle Identität eines Zarathustra, des ersten großen Ethikers der Weltgeschichte. Indem er den iranischen Autor von *Gathas* als Protagonisten in *Also sprach Zarathustra* neugestaltet, verbindet sich Nietzsche wieder mit dem heidnischen nichtlinearen Kreis als Grundlage der Ethik, nicht mit der monotheistischen linearen Straße zum Jüngsten Tag - alles in Übereinstimmung mit Zarathustras weisen Worten "Ich bin meine Gedanken, meine Gedanken bestimmen meine Worte, ich bin meine Worte, meine Worte bestimmen meine Handlungen, ich bin meine

Handlungen, und meine Handlungen bestimmen meine Gedanken." Der radikale Aspekt hierbei liegt natürlich in der minimalen *Kontingenz*, die der ethischen Rückkopplungsschleife bei jeder Umdrehung des Kreises hinzugefügt wird, im minimalen *Unterschied*, der jeden Morgen die Welt zu einer völlig neuen Welt macht, die sich entlang des Zeitpfeils ausdehnt. Zarathustras und Nietzsches syntheologische Gottheit heißt natürlich *Entheos.*

Die ethische Konsequenz der Nietzscheanischen Revolution ist, dass das Subjekt - das im minimalen Raum zwischen dem aktuellen Ereignis und dem nächsten Gedanken schwebt - den fortlaufenden identitäterzeugenden Zyklus berücksichtigen muss, der tatsächlich der *Motor des Subjekts* ist, um den jeweils nächsten Gedanken *als eine freie Entscheidung* gestalten zu können – einen Entschluss, dessen Freiheit bedeutet, dass die Vollbringung des Gewollten das Subjekt mit ethischer Substanz belohnt. Nietzsches Ethik basiert also auf einer syntheistischen Kontemplation, auf die eine konkrete Handlung folgt, das mit der Kontemplation in Einklang steht. Genau diesen Menschen, der den notwendigen Kreislauf der Ethik bis zu seinem unerbittlichen Ende konsequent zu Ende bringt, den nennt Nietzsche den *Übermenschen*, und auf ihn setzt er seine Hoffnungen in Sachen Kultur. Es ist kaum möglich, sich weiter von Kants wertephilosophisch gelähmtem Moralroboter zu entfernen.

Das Subjekt entsteht als emergentes Phänomen, wenn die Wahrnehmung gezwungen ist, im Informationsfluss aus den Sinnesorganen, der es zu überwältigen droht, Prioritäten zu setzen – was der Pragmatiker Charles Sanders Peirce als *Semiosis* bezeichnet -, um der enormen Datenmenge einen realen Nutzen zu geben. Bei diesem Einfrieren und Regulieren des Wahrnehmungsflusses findet die *Dividuierung* statt; genau an diesem Ort zu dieser Zeit entsteht das Subjekt als notwendige Eternalisierung des mobilistischen Chaos des Körpers, als organisierte *Verkürzung* anstelle einer galoppierenden *Aufblähung* im Geist. Die Belohnung für die Dividuation ist, dass sofort ein greifbares und überschaubares Weltbild hervorgebracht wird, dessen fiktives Zentrum das inhaltslose Subjekt ist. Wenn das Subjekt sich dann betrachtet als objektiv vor sich selbst seiend, wird es sich seiner selbst als das leere Subjekt bewusst, als *Atheos.*

Genau wie alle anderen Eternalisierungen beruht auch die Dividuation auf Abweichungen und Asymmetrien im Wahrnehmungsfluss. Der Verstand hat überhaupt keinen Anlass, sich anzustrengen oder einzuschalten, wenn sich ein Phänomen genau gleich wiederholt oder vorhersagbaren Symmetrien folgt. Erst wenn eine deutliche Abweichung vom Muster auftritt, schaltet der Geist *das Unterbewusstsein* ein. Und nur wenn die Abweichung starke Emotionen hervorruft – so stark wie früherer Peaks im Lebensdrama -, bemüht sich die Informationsverarbeitung, sich vom Unterbewusstsein ins *Bewusstsein* zu verlagern und spielt dadurch mit beim dem gegenwärtigen Selbstbild und Weltbild, oder gegen es. Dasselbe gilt weitgehend auch für das subjektive Erleben. Das Subjekt schlummert gemütlich, bis sein Wahrnehmungsprozess ihm eine Veränderung aufzwingt. Dann und nur dann erlebt sich das Subjekt als Subjekt.

Die existentielle Erfahrung ist also grundlegend durch *Veränderungen im* semiotischen Fluss bedingt. Dabei befindet sich das Subjekt als solches in *einem mobilistischen Prozess*, vorausgesetzt, das, was es hervorbringt, ist eternalistisch. Das eternalistische Subjekt ist also an sich nie eternalistisch; es wird eternalistisch, bekommt seinen Namen, gerade *indem es durch sich selbst in sein eigenes Objekt eternalisiert wird.* In der syntheologischen Pyramide ordnen wir das Bewusstsein Entheos zu. Denken ist letzten Endes natürlich ein fortlaufendes Organisieren von Unterschieden. Das syntheistische Subjekt entsteht aus Anstößen, die aus Unterschieden in Intensitäten hervorgehen. Wenn es nicht als erstes irgendein Problem gäbe, gäbe es kein Denken; und ohne die Dividuierung, die sich ereignet, wenn das Denken den semiotischen Fluss drosselt, gäbe es kein Subjekt. Da es die Aufgabe der Wahrnehmung ist, Chaos in Ordnung zu verwandeln, die mobilistische Umwelt zu eternalisieren, bedeutet Denken zuallererst, dass das Denkens sich auf eine *Dividuation* reduziert. Das Subjekt ist nicht mehr und nicht weniger als ein notwendiges Nebenprodukt des Denkprozesses.

Die Diskrepanz zwischen dem *äußeren* und dem *inneren Wesen* des Menschen, der Unterschied zwischen dem physischen menschlichen Gehirn und dem mentalen Bild des Menschen von seinem eigenen Denken, war für Philosophen immer ein faszinierendes Thema. In der Moderne wurde es oft in jener Grauzone zwischen Philosophie und Neurowissenschaften behandelt, die man *Theorie des Geistes* nennt. Wenn wir Vergleiche anstellen, hat das Gehirn oft den Kürzeren gezogen und wurde als relativ einfaches Organ betrachtet, während der Verstand als unglaublich komplex angesehen wurde, und daher oft zu etwas viel Großartigerem als das Gehirn gemacht wurde, zu einem äußeren Phänomen, einer *Seele*, die auf irgendeine mysteriöse Weise den offensichtlich begrenzten Körper transzendiert.

Die Forschung kommt jedoch zu dem Schluss, dass das menschliche Gehirn einen Grad an Komplexität aufweist, der nicht weit hinter dem Rest unseres gewaltigen Universums liegt. Das Gehirn ist bei weitem das komplexeste Phänomen, das wir bisher im Universum gefunden haben. Nur ein Bruchteil der Kapazität des Gehirns ist erforderlich, damit der Geist richtig funktionieren kann. Und was wir die Seele nennen, also jenes illusorische und grundlegend widersprüchliche Gefühl, eine Seele zu besitzen und zu sein, ist eher ein kleiner innerer Aspekt als ein großer äußerer Handelnder innerhalb dieses umfassenderen Phänomens. Anders als man meinen könnte, ist nämlich unser Denken nur ein begrenzter Teil davon und historisch gesehen eine relativ junge Errungenschaft. Der Unterschied zwischen den philosophischen Phänomenen *des Menschen* (der Kreatur *mit einem Geist*) und des *Tieres* (der Kreatur ohne einen Geist) ist in Wirklichkeit verschwindend.

Wir unterteilen den Geist in zwei Bereiche: *Bewusstsein* und *Unterbewusstsein.* Das Bewusstsein kann zunächst weder verstanden noch vom Bewusstsein selbst überblickt werden. Tatsächlich besteht für das Bewusstsein keine Notwendigkeit, in Echtzeit wertvolle Ressourcen aufzuwenden, um Einblick in sich selbst zu gewinnen, was bedeutet, dass sich das Bewusstsein in seinem eigenen toten Winkel befindet. Das Bewusstsein muss sich stattdessen erst nachträglich dem Aufspüren seiner selbst widmen, und auch dann kann es das nur indirekt, über seine Wirkungen. Der Grund, warum wir den neueren Begriff des *Unterbewusstseins* anstelle des älteren Begriffs des *Unbewussten* verwenden, ist, dass es keine klare Grenze gibt zwischen unserem Bewusstsein und dem, was unsere Denkprozesse beeinflusst, ohne dass wir uns dessen bewusst sind. Ein großer Teil des Unterbewusstseins fluktuiert von Augenblick zu Augenblick zwischen dem Bewussten und dem Unbewusstem hin und her. Es findet eben einfach ein ständiger Informationsaustausch zwischen Bewusstsein und Unterbewusstsein statt. Die sich in jedem Moment ändernde Grenze zwischen ihnen ist höchst willkürlich und jeweils flüchtig, unbestimmbar. Wir ersetzen daher in unserer Arbeit den relativistischen Begriff des Unbewussten durch den relationalistischen Begriff des Unterbewusstseins.

Das Unterbewusstsein umfasst also nicht nur das Unbewusste im klassischen Sinne Sigmund Freuds, sondern auch die Informationen, die das Bewusstsein in seiner spekulativen Innenschau halb bewusst, halb unbewusst benutzt. Weder das extern beobachtete Gehirn noch der intern erlebte Geist verwenden so etwas wie Ampelzeichen, um eingehende Informationsflüsse zu lenken. Das Gehirn ist kein Computer. Die Informationen werden nicht in winzigen, festen und kompakten Paketen im Gehirn transportiert. Das Gehirn ist vielmehr eher *analog* als *digital*, es unterliegt laufend Einflüssen, verändert sich kontinuierlich. Der menschliche Geist ist in hohem Maße ein *relationalistisches Phänomen,* und das wirklich Bemerkenswerte liegt nicht in seiner einzigartigen Stellung im Dasein und in der Welt, sondern in seiner tatsächlich typischen *Materialität.* Er ist Materie, die viel komplexer, aktiver und, wenn Sie so wollen, viel *spiritueller ist,* als wir bisher angenommen haben. Das *Gehirn* und sein Nebenprodukt *Geist* sollten daher eher als typische denn als spezielle materielle Phänomene angesehen werden, selbst wenn diese Einsicht unserem Internarzissmus gegen den Strich geht.

Das Unterbewusstsein wird von *Wunsch* und *Trieb* motiviert. Der Wunsch wird von Pantheos beherbergt, der Trieb kommt aus Atheos. Der Wunsch ist grundsätzlich immer ein Wunsch nach sich selbst, deshalb versucht er ständig, seine eigene Befriedigung zu verschieben oder zu verdrängen, um weitermachen zu können und seiner eigenen selbstverschuldeten Vernichtung zu entgehen. Der Wunsch ist also im Grunde ein *Meta-Wunsch.* Der Trieb hingegen ist ein immer wiederkehrender Wille, ein hartnäckiges Streben nach der Rückkehr zum Anorganischen. Er lässt sich am besten als zwanghafte Wiederholung des immer Gleichen beschreiben, die ein *grundlegendes, kompaktes Trauma* umkreist, über das der Geist keine Kontrolle hat. Diese prägende, existenzielle Erfahrung wird *das große Trauma* genannt und tritt bereits auf, wenn das Kind bei der Geburt hinaus in die Welt geworfen und von der Sicherheit im Mutterschoß getrennt wird. Hier spielt sich also schon vor der Geburt eine Art Tod ab. Deshalb nennen wir diesen Moment *den Urtod,* da es sich um eine Art Tod handelt, der sowohl dem Tod im Sinn des Lebensendes vorausgeht, als auch den phantasmagorischen Hintergrund darstellt, auf den der lebende Mensch alle seine Phantasien von dem Kampf Leben gegen Tod projiziert.

Es ist in der Tat so, dass der Zustand, in dem wir kurz vor der Geburt waren, auch der Zustand ist, in dem wir im Leben dem Tod am nächsten waren. Der Urtod ist wiederum die Grundvoraussetzung für eine *organische Dividuation.* Beim Urtod verlagert sich das große Trauma nach unten in das Unterbewusstsein und steuert dann von dort aus. Das große Trauma wird zum Antrieb des Triebs. Das Trauma kann beschrieben werden als ein Relikt, aber es ist die Hinterlassenschaft von etwas, das wahrscheinlich erfunden wurde, eher als dass es tatsächlich stattgefunden hat. Das ist typisch für den lebenden Organismus, der ständig etwas von sich opfern muss, um den enormen semiotischen Fluss bewältigen zu können, der ihn fortwährend überschwemmt. Das Trauma spielt somit eine zentrale Rolle im Wahrnehmungs- und Bewusstseinssystem, da der Umgang mit überflüssigen Informationen wichtiger für das Überleben ist als das Empfangen neuer Informationen, woran definitiv kein Mangel herrscht.

Während sich also der Wunsch auf das existenzielle Freude des Organismus am eigenen Leben stützt, auf das, was Nietzsche *den*

*Willen zur Macht* nennt, ist nach Freud der Trieb auf der tiefsten Ebene *der Todestrieb*, die Sehnsucht nach der Auslöschung des leidvollen Lebens und Verschmelzung mit dem Nicht-Organischen. Der Freudsche Trieb kann mit der metaphorischen Verteilung von Rollen auf die beiden Gehirnhälften in der Humanpsychologie in Zusammenhang gebracht werden, einer Psychologie, die nach Nietzsche das gesamte menschliche Denken prägt. Es gibt keine äußere Philosophie, im Sinn von: außerhalb der eigenen Welt des Menschen; alle Philosophie ist vom Menschen für den Menschen geschaffen. Philosophie ist also immer sehr stark von Psychologie beeinflusst. Sowohl der Philosoph als auch die Leser des Philosophen nehmen mit voll aufgedrehten Emotionen am Philosophieren teil. Es gibt keine Philosophie ohne Emotionen, ohne eine starke psychologische Komponente.

Wenn wir einmal Iain McGilchrists Einteilung der Gehirnhälften in seinem Buch *The Divided Brain* als Metapher verwenden, dann stellt die linke Hemisphäre ein Zentrum der Eternalismus, der Subjektivierung, der Objektivierung, der Mathematisierung, der Individualität, der Hierarchisierung und der logischen Beweiskraft dar. Bleibt es sich selbst überlassen oder darf zu stark dominieren, so neigt es zur *Neurose*, bleibt *auf Distanz* und agiert *indirekt* gegenüber seiner Umgebung. Die rechte Hemisphäre wiederum ist das Zentrum von Mobilismus, Bewegung, Veränderung, Ganzheitlichkeit, Dividualität, Vielfalt und Intuition. Wenn es allein gelassen wird oder dominieren darf, neigt es zur *Psychose*, bleibt *engagiert* und agiert *direkt* auf seine Umgebung. Die linke Gehirnhälfte ist also das Zentrum des *Todestriebs*, und ihre transzendenten Philosophen befürworten *Unsterblichkeit* als Grundprinzip, was besagt, dass wir das gegenwärtige Leben, das wir tatsächlich leben, ignorieren und hinter uns bringen und nur stoisch aushalten sollen, da seine Intensität ohnehin auf die Ewigkeit verschoben werden kann. Dementsprechend ist die rechte Hemisphäre das Zentrum der *Libido*, und ihre immanenten Philosophen kämpfen *ums Überleben* als Grundprinzip, wonach das wirkliche Leben, das wir wirklich leben, mit größtmöglicher Leidenschaft und

Intensität gelebt werden soll, da es seine unterbewusste Qualität gerade aus seiner *Vergänglichkeit* erhält.

*Der freie Wille* ist ein dualistischer Mythos, geschaffen, um die Seele für den schwachen und lasterhaften Körper verantwortlich zu machen, mit dem sie im ewigen Duell des Dualismus natürlich kämpfen soll (siehe *The Body Machines*). Auf der anderen Seite können wir in einem kontingent monistischen Universum von freier Wahl sprechen, wegen der Menge an verschiedenen Wahlmöglichkeiten, die dem Körper in jeder gegebenen Situation geboten werden. Es gibt jedoch weder einen Willen, der bei dieser Wahl frei wäre, noch gibt es eine Willensentscheidung, bei der dieser illusorische Wille abgeschirmt ausgeübt werden könnte. Der Wille ist nichts anderes als der jeweilige momentane Stand im Tauziehen zwischen Wunsch und Trieb, und da diese im Unterbewusstsein sitzen, ist es nicht möglich, eine bewusste Balance zwischen ihnen herzustellen. Es gibt also keinen individuellen freien Willen, sondern unendlich viele Willen, die kaum weniger werden, da die jeweilige Situation so viele verschiedene Möglichkeiten anbietet.

Es gibt unendlich viele Handelnde auf unendlich vielen Ebenen. Laut dem Mobilisten Spinoza ist es die Hauptaufgabe der Ethik, die *potentia agendi* zu maximieren, das Potenzial jedes gerade Agierenden. Hier kommt die Memetik ins Spiel und bietet uns eine hervorragende, nichtlineare Alternative zum linearen Weltbild des von Descartes begründeten Kartesianismus. Anstelle eines Subjekts, das sich als Individuum manifestiert, indem es seine Vorstellungen voll zum Ausdruck bringt, bekommen wir einen *Memeplex, der sich als Handelndes materialisiert, indem er in einen Körper eindringt und ihn besetzt.* Es sind und waren schon immer unsere Gedanken, die uns kontrollieren, nicht umgekehrt. Es gibt kein Subjekt jenseits oder hinter der mentalen Aktivität, die von Memen angetrieben wird. Das Erstaunliche ist, dass es nicht irgendwo im Gehirn ein kleines Subjekt gibt - in Form eines Mannes oder einer Frau, die auf die eigene Kinoleinwand starrt, auf welche die von seinen/ihren Wahrnehmungsapparaten kommenden Reize projiziert werden, und der oder die dann aufgrund der erhaltenen Informationen Entscheidungen trifft und ausführt (was somit eine Fiktion ist, die von ihm oder ihr selbst erzeugt wurde) -, sondern dass das Gehirn so clever ist, dass es *die Illusion eines Subjekts* hervorbringt, das der Körper für sein eigenes Überleben in sich trägt.

Descartes hat also in gewissem Sinne Recht, zumindest bis zu einem gewissen Grad, aber nicht so, wie er selbst meint: Es gibt wirklich ein Subjekt, aber es ist grundlegend illusorisch. *Das Erleben eines Subjekts* kann unmöglich geleugnet oder wenigstens reguliert oder vermieden werden, auch nicht wenn man sich einmal über seine illusorische Natur klar geworden ist. Es existiert nur in unseren eigenen Köpfen, das jedoch in höchstem Maße. Das Subjekt ist ein ständig wiederkehrendes Störelement im Fluss des Seins, welchem es gerade als Störelement gelingt, das Sein zu einem Wesen zusammenzuführen, das wie etwas erscheint, was verstanden werden kann oder wenigstens in Teilen handhabbar ist. Da dieses Subjekt in erster Linie die notwendige erste Eternalisierung des mobilistischen Chaos der Existenz ist, können wir es *das eternalistische Subjekt* nennen. Das Subjekt sollte jedoch keinesfalls als eine Art „Geschäftsführer" des Bewusstseins angesehen werden. Wie der Psychoanalytiker Jacques Lacan betont, ist vielmehr das Subjekt im Unterbewusstsein verankert. Subjekt ist freilich kein Synonym für Unterbewusstsein, sondern gleichbedeutend mit dem *Kampf zwischen Bewusstsein und Unterbewusstsein*, und zwar gerade im Unterbewusstsein, und das Subjekt überlebt diesen Kampf, da der Antagonismus keinen dauerhafte Lösung findet oder finden kann. Die Tatsache, dass wir uns das Subjekt nicht als ein abgeschlossenes Projekt vorstellen können, dass wir uns nicht als fertige Menschen sehen können, ist gerade Grundvoraussetzung für die subjektive Erfahrung. Die Veränderlichkeit unseres Wesens und unsere Unzulänglichkeit treiben uns zur Veränderung.

Es ist Hegel, der das Descartes'schen Subjekt beerdigt. Seine Logik ist eine verdoppelte Kontingenz. Seine Rationalität ist eine verdoppelte Irrationalität. Hegels brillanteste Einsicht liegt darin, dass das Denken mit *Paradoxon* und *Inkonsistenz* beginnt und endet. Denken ist nichts anderes als eine Produktion von Problemen; es wird überhaupt erst aktiviert, wenn es mit Rätseln konfrontiert ist. Hegels

Geniestreich ist die Einsicht, dass Wissen an seine absolute Grenze stößt und sich in das verwandelt, was Hegel dramatisch *absolutes Wissen* nennt, gerade wenn es seine ureigenen Grenzen versteht und anerkennt. Hegel bohrt damit Löcher in den *Rationalismus:* den blinden Glauben an die Eignung der menschlichen Logik als Grundlage der Erkenntnistheorie, den seine Vorgänger Spinoza und Kant pflegen und zelebrieren. Stattdessen öffnet Hegel die Tür zum *Transrationalismus*, der Idee, dass das Denken des Menschen auf den Bedingungen für sein Überleben gründet und auf einer äußerst engen Perspektive beruht, dass es ein kontingentes Phänomen ist, chancenlos, das Ungeheuere der Existenz von vornherein zu fassen und zu begreifen.

Absolutes Wissen ist nach Hegel nichts anderes als die grundsätzliche und historisch notwendige Einsicht, dass Vernunft immer auf einen Rahmen zurückverwiesen wird, in dem sie begrenzt werden muss. Absolutes Wissen ist für Hegel ein *Meta-Wissen*, eine historische Vollendung der Erkenntnistheorie, die auf einen bescheidenen Einblick in die ihr notwendig gesetzten Grenzen hinausläuft. Der Transrationalismus führt zum *Paradoxismus*, der sich am deutlichsten in der Einsicht des Hegelschen Subjekts in seine eigene illusionäre Grundlage niederschlägt. *Das paradoxistische Subjekt* erscheint sich selbst als Ausgangspunkt und Mittelpunkt der Existenz, ist aber gleichzeitig eine klaffende Leere; eine Illusion, die als Nebenprodukt der Sprache und des Bedürfnisses des kleinen Kindes entsteht, sich zu *eternalisieren*, sich selbst und seine Umgebung in klar abgegrenzte, kohärente Phänomene zu unterteilen.

Hegels Rolle als spektakulär emergentes Phänomen in der Geschichte der Philosophie ist schwer zu überschätzen. Er erkennt, dass das paradoxe Subjekt im Spannungsfeld zwischen der Erfahrung eines tief fühlenden Wesens und der Überzeugung von der eigenen Nichtexistenz liegt. Hegels transrationalistisches Verständnis der existenziellen Erfahrung ist der Todesstoß für das *Descartes'sche Subjekt,* jenen Edelstein in der Krone des Rationalismus. Hegel stützt seinen Transrationalismus auf eine erkenntnistheoretische Notwendigkeit: In einem kontingenten Universum ist keine Wahrheit jemals vollständig. Je stärker eine emotionale Erfahrung von Wahrheit ist, desto deutlicher zeigt sich, dass es sich um eine Art mystischen, verborgenen Kern *epistemischer Unvollständigkeit handelt*, den die Wahrheitserfahrung mit großer Energie durch eine verzweifelte *Überemotionalität* zu verbergen sucht (man denke an die Inbrunst des frisch geretteten Sektenanhängers).

Die Zukunft ist immer offen und vielfältig. Die Geschichte ruht nie, sondern eilt immer weiter. Wahrheit und Totalität bleiben unvereinbar. Das bedeutet, dass Hegels berüchtigter und höchstpersönlicher *Totalismus* - seine scheinbar größenwahnsinnige Überzeugung von der historischen Heraufkunft absoluten Wissens in Gestalt seiner eigenen Philosophie - völlig richtig ist, wenn wir ihn auf die Metaebene postulieren. Eigentlich plädiert er nicht für Totalismus als solchen. Hegel ist definitiv kein Platoniker; vielmehr begräbt er den Totalismus auf der Metaebene, jenseits der alltäglichen Verpflichtungen des eternalistischen Subjekts, aber in Form der unvermittelten historischen Schlussfolgerung, dass sein Drängen nach Allmacht vergeblich und narzisstisch ist. Hegel schert sich überhaupt nicht um das *Individuum*, Descartes' und Kants göttlichen Dreh- und Angelpunkt drunten im Keller des Systems. Hegels Gott heißt *Atheos*, die heilige Leere und sonst nichts.

Bei Hegels Nachfolger Martin Heidegger wird der syntheistische Handelnde noch deutlicher herausgearbeitet. Er misstraut der Vorstellung des Buddhismus von *Erleuchtung* als möglichem und erstrebenswertem Bewusstsein über das Subjekt hinaus, und argumentiert, dass sich das Subjekt in einer lebensprägenden Illusion befindet und sich von dort ausdehnt. Bei Heidegger ist die Illusion der Motor des Subjekts - dasselbe also wie der *Atheos* der Syntheologie - und nicht ein Problem für das existenzielle Erleben. Was dem Subjekt seine - für Heidegger entscheidende - *Präsenz* verleiht, ist vielmehr seine Qualität des Illusorischen. Heidegger steht hier dem Syntheismus wesentlich näher als dem Buddhismus. Die Charaktereigenschaften des Syntheisten zeigen sich am deutlichsten in seinem Verhältnis zur eigenen Vergänglichkeit. Unsere Sterblichkeit und das Geheimnis des Todes - das ist der Motor der Kultur. Der Tod zeichnet sich in erster

Linie durch seine *Anonymität aus*; das Subjekt löst sich beim Tod in eine vorindividuelle, anonyme Dimension hinein auf. Sterben heißt, sich in das Universum auflösen, Teil dessen zu werden, was universell ist und was bereits im Subjekt größer ist als das jeweilige Subjekt als solches. Was im Tod stirbt, ist *Dividuation* und sonst nichts. Unter dem Todestrieb ist nach Gilles Deleuze vor allem ein Mangel an Phantasie in Bezug auf das existentielle Erleben zu verstehen. Ein Mangel an Vorstellungskraft, dem die syntheistische Kultur mit Freude abhilft, von diesem Ausgangspunkt aus: *Sei dein Wunsch, sei dein Trieb, ignoriere alles andere, damit du das Leben voll auskosten kannst!*

# 10.
# Das freie und offene Internet gegen die ökologische Apokalypse

Alles ist Religion, aber alles ist auch Politik. Und: Politik ist Religion, und Religion in hohem Maße Politik. Ohne Utopien gibt es keine Visionen, und ohne Visionen gibt es keine kollektive und organisierte Hoffnung auf wünschenswerte Veränderungen in einer Gesellschaft, in der sich besser leben lässt. In einer Gesellschaft ohne Utopien herrscht in der Öffentlichkeit der *zynische Isolationismus*. Aus diesem Grunde ist diese Art von Gesellschaft die gefährlichste, die es gibt. Jeder Mensch kümmert sich am meisten um sich selbst und seine Lieben, zeigt jedoch ein programmatisches Desinteresse daran, wie es allen anderen ergeht. Dieser Mangel an sozialem Zusammenhalt führt früher oder später in allen Schlüsselbereichen zum gesellschaftlichen Zusammenbruch. Das Gegenteil von Utopie ist bekanntlich *Dystopie*. Die nahende ökologische Apokalypse hat sich zu der großen und dominierenden Dystopie unserer Zeit entwickelt. Die schicksalhafte Frage, die für das 21. Jahrhundert entscheidend sein wird, ist, wie die nahende ökologische Apokalypse verhindert oder zumindest angepackt werden soll, um sie nach Möglichkeit zu lindern oder hinauszuschieben.

Wir leben also in einer Zeit, der es an einer glaubwürdigen Utopie mangelt, die aber gleichzeitig von einer ebenso kraftvollen wie im politischen Diskurs bedrohlichen Apokalypse-Erzählung geprägt ist. Umweltthemen stehen ebenso wie das kollektive Schuldbewusstsein ständig auf der Tagesordnung, da diese Themen immer wieder auf die lange Bank geschoben werden, und zwar von Politikern, die lieber kurzfristigen Maßnahmen in zweitrangigen Themen Vorrang einräumen – Maßnahmen, die zwar für das gewohnte Jobthema etwas bringen, aber auch den notwendigen Verbesserungen in der Umwelt schaden oder sie unmöglich machen. Die wachsende *Plurarchie* in einer Gesellschaft, in der alle durcheinander reden über ihre einander widersprechende Interessen, und die sich immer schriller auf Pseudo-Themen konzentriert, diese Plurarchie ruft einen lähmenden Zustand des *Hyperzynismus hervor* (siehe *The Netocrats).* Gleichzeitig entstehen an genau solchen chaotischen Punkten der Geschichte neue metaphysische Systeme – etwa das *paulinische Christentum* im zerfallenden Römischen Reich oder der *Kantsche Individualismus* in Verbindung mit der Französischen Revolution, als zwei sehr klare Beispiele -, und es besteht kein Grund zu der Annahme, dass unser Zeitalter in dieser Hinsicht irgendwie anders sein sollte.

Der hyperzynische Zustand ist nämlich darauf zurückzuführen, dass das vorherrschende ideologische Paradigma nicht mehr mit der es umgebenden materiellen Realität im Einklang steht. Der Mangel an Utopismus und die Fülle an Dystopismus sind vielmehr der letzte Beweis dafür, dass das vorherrschende Paradigma das Ende der Straße erreicht und alles, was an ihm noch relevant war, verloren hat. Das zentrale Dilemma ist gar nicht die umgebende materielle Realität - auch wenn diese eine immer weiter steigende Flut von zu bewältigenden Problemen bereithält -, sondern das Dilemma ist die vorherrschende ideologische Dürre. Was wir brauchen ist eine neue metaphysische Erzählung, die für das neue Zeitalter mehr von Belang ist als die alte und worin die Dystopie durch eine glaubwürdige Utopie ersetzt wird, die auch verhindert, dass die Dystopie Realität wird. Es reicht ja nicht, nur ein Bild von einer gewaltigen Dystopie zu malen und über alle die zu moralisieren, die sie durch ihren Meinungen und ihr Verhalten herbeiführen. Denn im Unterbewusstsein wird der Mensch letztendlich vom *Todestrieb* und der masochistischen Lust angetrieben, die eigene Auslöschung zu betreiben. Nach dieser Logik beschleunigt und befördert der *Öko-Moralismus* die ökologische Dystopie, anstatt sie zu verhindern oder abzuschwächen, wie es der Öko-Moralismus selbst glaubt und behauptet. Die Dystopie muss stattdessen als Hebel genutzt werden, um eine offene und kontingente Landschaft von Kreativität und Intensität zu erreichen, die auf die Zukunft und *die syntheistische Utopie* gerichtet ist.

Alle politischen Ideologien unter dem kapitalistischen Paradigma sind grundlegend *individualistisch*. Der *Konservatismus* behauptet, dass es das authentische Individuum einmal gegeben hat, dass es aber leider verloren gegangen ist und durch eine Rückkehr in die Vergangenheit wieder in seine Rechte gesetzt werden muss. Der *Anarchismus* behauptet, dass das Individuum Zweck und Sinn des Daseins ist und dass der Einfluss der Politik minimal gehalten werden muss, um die spontane und angeborene Fähigkeit des Individuums zur Selbstverwirklichung freizusetzen. Der *Liberalismus* ist der ältere und pragmatischere Verwandte des Anarchismus, und er unterscheidet sich vom Anarchismus dahingehend, dass er behauptet, die Selbstverwirklichung des Individuums sei metaphysisch mit dem *Besitzrecht das* am *Kantschen Objekt* verbunden. Das liberale Phantasma unterscheidet sich also vom anarchistischen durch seine besondere Fixierung darauf, dass alle Wirtschaftsgüter einem oder mehreren bestimmten Individuen gehören müssen, um zu immer komplexeren *Atomen* veredelt zu werden und hinzuführen zu der metaphysischen Belohnung, wie der Liberalismus sie sieht: als *Wachstum*. Daher ist der Liberale im Gegensatz zum Anarchisten der Ansicht, dass Gesetz und Staat erforderlich sind, um alle Besitztümer zu schützen, die Fetische des Individuums sind. Der *Sozialismus* behauptet ebenfalls, für die Selbstverwirklichung des Individuums zu kämpfen, sieht jedoch das Hindernis für diese Utopie im Klassensystem, in der Kontrolle der Oberschicht über die wichtigsten Ressourcen der Gesellschaft und ihrer Weigerung, Macht und Reichtum zu teilen, was korrigiert werden muss. Was den *demokratischen Sozialismus* von den vielen *revolutio-*

*nären Ansätzen* unterscheidet, ist die Antwort auf die Frage, was der effizienteste und gleichzeitig ethisch korrekteste Weg zum gemeinsamen Ziel ist: zur Aneignung des Überflusses der Oberschicht durch die Arbeiterklasse, was wiederum bedeutet, dass eine klassenlose Gesellschaft verwirklicht wird. Dieses Ziel teilen alle Sozialisten: die Selbstverwirklichung des Einzelnen und die Befreiung von den Fesseln des Klassensystems durch den endgültigen Sieg des *Kommunismus*.

Das bedeutet: Wenn sich der Syntheismus als Metaphysik des Internetzeitalters durchsetzen will, muss er auf einer völlig neuen Utopie aufgebaut werden; auf einer Idee, die im Gegensatz zum Individualismus mit all seinen Varianten in der Netzwerkgesellschaft noch glaubwürdig ist, wo das Individuum nur noch als das kuriose Überbleibsel einer fernen Vergangenheit gesehen wird. Der Syntheismus muss die Hoffnung schaffen, dass das Unmögliche auch für die Menschen im Informationalismus möglich ist. Natürlich hat er keine Chance, dies zu erreichen, wenn man von einer kapitalistischen Perspektive ausgeht, weil der Individualismus in der Philosophie ebenso tot ist wie der Atomismus in der Physik. Die Utopie muss stattdessen als *zur Vollendung gebrachte Netzwerkdynamik* des Syntheismus formuliert werden. Und wie könnte ein Netzwerk vollendet werden, wenn es in einem kontingenten und relationalistischen Universum nicht frei und offen für die eigene Umgebung und Zukunft ist?

So wie sich Kosmologen und Quantentheoretiker in der Physik auf eine Theorie von allem einigen wollen, so arbeiten die Syntheologen daran, eine *soziale Theorie von allem* für den Informationalismus zu schaffen. Was an der syntheistischen Utopie auffällt, ist, dass sie nicht im Voraus formuliert werden kann, da sie in einem kontingenten und unvorherbestimmten Universum stattfindet, was bedeutet, dass sie praktiziert werden muss, bevor sie artikuliert wird. Daher ist es sowohl für die syntheistische Ethik als auch für eine schöpferische Weiterentwicklung zentral, dass Ideen in einer Gesellschaft nicht hinter virtuellen Firewalls oder Türmen von Rechtsdokumenten versteckt bleiben, sondern in völliger Freiheit zwischen den aktiven Dividuen im Internet ausgetauscht werden können. Die syntheistische Utopie ist also in erster Linie eine Gesellschaft, in der *Ideen frei sind und niemandem gehören*, in der die Meme Memeplexe bilden, die frei von Mensch zu Mensch, von Netzwerk zu Netzwerk wandern und sich dabei wandeln, ohne irgendwo auf irgendwelche Hindernisse zu treffen, abgesehen von dem Mangel an Aufmerksamkeit, der die Spreu der memetischen Verlierer heraussiebt. Die Bewegung für digitale Integrität ist ein Weg zu dem Zustand, den wir daher *utopische Memetik* nennen; er muss gegangen werden und hat deshalb die volle Unterstützung der syntheistischen Bewegung.

Das heilende Potenzial des syntheistischen Glaubens erstrahlt am hellsten, wenn Menschen, die sich gar nicht kennen, sich zufällig zusammenfinden um ihre gemeinsame Menschlichkeit in der temporären Utopie herum, so wie bei den spontanen Treffen, die auf der Playa beim Burning Man Festival in Nevada stattfinden, dem vielleicht größten Treff auf der Welt, den es noch gibt, wo man das Austauschen von Visitenkarten als vulgär und frevelhaft ansehen würde. In diesem Moment und an diesem Ort verwirklicht sich der syntheistische Traum vom religiösen *Intersubjekt.* Ein *Du* und ein *Ich* werden zu einem aufstrebenden *Wir*, das auf ganz greifbare Weise viel größer ist als die Summe seiner Teile, und der Beweis dafür ist, dass das *Wir* gestärkt wird, wenn die Teilnehmer des spontanen Treffens wieder jeder seiner Wege geht. Das *Du* und das *Ich* werden nicht bloß das *Wir*, sie werden auch direkt austauschbar miteinander; *Agentialität innerhalb des Phänomens* wird in Gang gesetzt, bekommt eine neue Gestalt, radikalisiert sich und dehnt sich aus.

Die plötzliche *Synchronisierung* unter den Subjekten in der temporären Utopie wird im Lauf der Zeit eher stärker als schwächer, da die *Erinnerung an das unendliche Jetzt* wächst und wächst, wenn Fremde sich in einer Umgebung, aus der die Instrumentalität entfernt wurde, liebevoll begegnen. Und gerade in dieser Erinnerung an eine Ekstase, verbunden mit dem Gefühl, *religiös zusammenzugehören,* entsteht und gedeiht das syntheistische Intersubjekt. Wenn alle anderen sozialen Faktoren weggelassen werden, dann leuchtet in dieser zufälligsten aller Zusammenkünfte - ohne irgendeine andere verbindliche Verbindung zwischen Menschen als *dem syntheistischen Glauben* - der sich manifestierende *Syntheos* am hellsten. Was sind also die lokalen Öko-Dörfer und globalen partizipativen Festivals unserer Zeit (Burning Man, Going Nowhere, The Borderland usw.) anderes als tatsächlich experimentelle, temporäre Utopien, die in Richtung einer permanenten Utopie weisen und eine greifbare Vorstellung davon vermitteln?

Außerhalb der temporären Utopie leben wir jedoch in einer Zeit, in der die kollektive Weltanschauung aufgrund ihrer schieren Altersschwäche im Verfall begriffen ist. Die Geschichte liegt außerhalb unserer Kontrolle. Das einzige, was bleibt, wenn die Plurarchie weithin als selbstverständlich akzeptiert ist, ist der zersplitterte Planet der virtuellen Subkultur. Das menschliche Leben auf dem Planeten kann nur durch die Initialzündung und im Weiteren die schrittweise Ausbreitung einer physischen *Monastisierung* (Verklösterlichung) gerettet werden. Es braucht also eine ganz besondere Subkultur, die es als ihre Mission begreift, den Planeten als Ganzes für menschliches Leben zu erhalten, und die erkennt, dass diese Arbeit, um eine Chance auf Erfolg zu haben, mit einer radikalen Distanzierung vom *individualistischen Paradigma* und dessen programmatischem *Atomismus*, *Kapitalismus* und *Expansionismus* anfangen muss. Aus dieser notwendigen Negation erwächst die utopische Idee des *theologischen Anarchismus*: der Traum von einer nachhaltigen Gesellschaft jenseits des Nationalstaates und des kapitalistischen Expansionismus. In der gleichen Weise, wie Karl Marx den Sozialismus als den notwendigen Weg zum Kommunismus definiert, müssen wir jedoch davon ausgehen, dass es eine experimentelle *Praxis* auf dem Weg zum theologischen Anarchismus gibt, die sich an der Utopie orientiert. Als eine spontan entstandene Bewegung aus spontan entstandenen Bedürfnissen im Schatten spontan entstandener technologischer Komplexe ist der Syntheismus eine eben solche Praxis. Plötzlich ist die Bewegung einfach da: Als dringende Antwort auf die größten menschlichen Nöte und Bedürfnisse der neuen Zeit wird sie durch den innovativen Einsatz neuer, disruptiver Technologien verwirklicht. Dazu ist nicht mehr nötig, als dass der syntheistische Memeplex in möglichst reiner Form in die neue kommunikationstechnische Realität eintaucht und sich darin ausbreitet.

Die politische Ideologie im Internetzeitalter hat zwei metaphysische Ausgangspunkte. Da ist zum einen die enorme Ausweitung des Internets und die Machtübernahme, die den Kampfplatz öffnet für ein Ringen zwischen der aufstrebenden Netokratie, die mit Hilfe ihrer immer mächtigeren Netzwerke Informationsflüsse befreien will, und der marginalisierten Bourgeoisie, die mit ihren Nationalstaaten und Großkonzernen den Informationsfluss einschränken und steuern will. Und zweitens ist da die nahende ökologische Apokalypse, die unbedingt abgewendet werden muss, wenn die Menschheit überhaupt überleben soll. Der syntheistische Politiker ist daher in erster Linie ein *Umweltaktivist und Netokrat.* Damit der Syntheismus sein Anliegen verwirklichen kann, die Tür zum theologischen Anarchismus zu öffnen, muss er sich jedoch dem Konflikt mit der alten kapitalistischen Machtstruktur stellen, die aus den Nationalstaaten und den großen globalen Konzernen besteht.

Syntheisten behaupten - wie es der amerikanische Philosoph Terence McKenna in einer Rede an der University of California in Berkeley bereits 1984 getan hat, acht Jahre bevor das World Wide Web das Licht der Welt erblickte -, dass es einen freien und uneingeschränkten Zugang zur schärfsten Waffe des Syntheismus, *dem freien und offenen Internet,* geben muss, damit dieser das etatistisch-korporatistische Establishment und seine dysfunktionale, apokalyptische und hyperzynische Metaphysik besiegen kann. McKenna argumentiert, dass das freie und offene Internet ganz einfach die einzige Chance der Menschheit ist, den Planeten für menschliches Leben zu retten, indem es ein lang ersehntes und dringend nötiges Gegengewicht bildet zu dem *systemimmanenten Endzeit-Trieb* des Kapitalismus. Aus diesem Grunde ist es die erste Tat der syntheistischen Theorie, die beiden neuen politischen Massenbewegungen des Spätkapitalismus, den *Umweltschutz* und *die Bewegung für digitale Integrität*, unter einem Dach zu vereinen. Es ist kein Zufall, dass diese beiden Bewegungen an den gleichen Orten der Welt auf den Plan treten - nämlich im Norden Europas und an den Küsten Nordamerikas -, da an diesen

Orten die Expansion des Internets am stärksten ist und psychedelische Experimente am verbreitetsten sind, weshalb dort das Bewusstsein von der Verwundbarkeit des Planeten sich am schnellsten verbreitet und an Boden gewinnt. Diese beiden Bewegungen sind ganz einfach zwei Seiten derselben metaphysischen Medaille, und *der Syntheismus ist diese Medaille.*

Die zentrale Frage im Zusammenhang mit einem freien und offenen Internet ist natürlich, mit wie viel *Transparenz* eine Gesellschaft umgehen sollte und kann. Hier muss man sich klar machen, dass das Problem der Transparenz niemals die Transparenz selbst ist - sein innerstes Fühlen vor seinen Mitschwestern und Mitbrüdern in der Gemeinschaft zu bekennen und offen zu zeigen, das ist im Syntheismus eine heilige Handlung -, sondern das Problem ist, wie es sich auf die jeweilige Netzwerkpyramide auswirkt, wer also sich als erster öffnet und damit zumindest kurzfristig eine Machteinbuße riskiert. Stärkt das gegenwärtige *Transparenter-Werden* die Spitze, die Mitte oder die ganz unten innerhalb der herrschenden Machtstruktur? Wird die Machtstruktur in Richtung der *radikalen Gleichheit* der syntheistischen Utopie eingeebnet, oder wird die herrschende Machtstruktur noch gestärkt, so dass die soziale Ungleichheit bleibt?

Die Antworten auf diese Fragen suchen wir zum Beispiel in der pragmatistischen Ethik des französischen Philosophen Michael Foucault: Wenn Transparenz von *oben nach unten* hergestellt wird, wenn also zuerst die Herrscher alle ihre Geheimnisse preisgeben, kann sie schmerzlos überall umgesetzt werden, durch die gesamte Machtstruktur hindurch von oben bis ganz nach unten. Fängt die Transparenz hingegen von unten nach oben an, ist die Folge sicher ein *kapitalistischer Polizeistaat*, und die ökologische Apokalypse wäre damit - abgesehen von all dem anderen Elend, das eine solche Entwicklung mit sich bringen würde - bald unvermeidbar. Es sind die Bürger, die zuerst alles über die Aktivitäten des Nationalstaats und der großen Konzerne erfahren müssen, statt es dem Establishment aus Staat und Wirtschaft zu erlauben, die Meinungen und Präferenzen der Bürger abzuhören und zu registrieren.

Daher ist für den Syntheismus der Kampf von WikiLeaks und anderen Whistleblower-Organisationen, um Vertuschungen der Aktivitäten von Mächtigen aufzudecken, ein *heiliges Projekt*, während umgekehrt die Versuche der Nationalstaaten und der großen Konzerne, abzuhören und aufzuzeichnen, wie die Bürger denken, eine flagrante Verletzung universeller Menschenrechte sind. Die Transparenz in einer immer transparenter werdenden Gesellschaft muss ganz klar *von unten nach oben angestoßen werden* und sich von oben nach unten ausbreiten. Die Reihenfolge muss sein: Erst legt der Mächtige alles offen, dann der Bürger. Und genau hier zeigt sich der Widerspruch zwischen der neuen syntheistischen Netokratie und der alten Staats-und-Wirtschafts-Machtstruktur am deutlichsten. Die Netokratie betrachtet das Internet als *relationalistisches Phänomen*: Netokrat zu sein bedeutet, sich mit dem Netzwerk selbst zu identifizieren und als Handelnder des Internets zu agieren. Die Bourgeoisie hingegen betrachtet das Internet als *korrelationistisches Objekt*, das dem individualistischen Subjekt fremd und feindselig gegenübersteht und daher ein beunruhigendes Objekt ist, das nötigenfalls mit Gewalt gezähmt und kontrolliert werden muss.

Das erklärt auch, warum gerade die Netokratie das Transparentmachen der alten Machtstruktur vorantreibt, indem sie sich für ein freies und offenes Internet einsetzt - und in der Folge die alten Nationalstaaten und Großkonzerne ihre unbegründete und ethisch bedenkliche Oberhand verlieren -, während die alte Bourgeoisie gegen Freiheit und Gleichheit im Internet moralisiert und das Netz mit allen Kräften zu kontrollieren und zu domestizieren versucht, um mit Hilfe ihres Informationsvorteils die eigenen Machtpositionen zu verteidigen. Dies ist der große politische Konflikt des 3. Jahrtausends, und es klar, auf welcher Seite der Syntheismus steht, als die Metaphysik des Internetzeitalters. Die Welt braucht mehr, nicht weniger Whistleblower, und die Inbrunst, mit der sie verfolgt, schlechtgemacht und bestraft werden, zeigt klar, dass das Establishments aus Staat und Großunternehmen weiß, was auf dem Spiel steht.

Seit den 1960er-Jahren bekommen der *Individualismus* und sein Verbündeter Atomismus enorm Druck von einer neuen Supra-Ideologie: dem *Relationalismus* und seinem Partner, der *Netzwerk-Dynamik*. Das kapitalistische Patriarchat – seit Napoleon wahrscheinlich die offenkundigste individualistische Machtstruktur - wird vom *Feminismus* angegriffen, der die Gleichstellung der Geschlechter fordert, und später von *der Queer-Bewegung* mit ihren Forderungen nach Gleichstellung von Menschen unterschiedlicher sexueller Orientierung und Identität. Die Feministinnen vertreten die Interessen weiblicher Individuen, und die Queer-Bewegung kämpft für die Bürgerrechte sexuell von der bürgerlichen Norm abweichender Individuen. Das bedeutet natürlich, dass beide Bewegungen immer noch fundamental individualistisch sind. Die Kritik am Patriarchat kam also von innerhalb des individualistischen Paradigmas. Ihre Argumentation enthält jedoch zahlreiche *netzwerkdynamische Argumente*, zum Beispiel, dass die Freiheit der Frau auch die Freiheit des Mannes vom Patriarchat ist, und dass die Befreiung von Homo- und Transsexuellen auch die Befreiung von Heterosexuellen von enger und repressiver Heteronormativität bedeutet. Die dividualistische Kritik beginnt also aus dem Individualismus heraus - durch eine Informationalisierung, die neue Wünsche und Triebe im kollektiven Unterbewusstsein freisetzt und dadurch die Unzulänglichkeiten des Individualismus aufdeckt -, um dann langsam aber sicher ein neues, unabhängiges Paradigma zu etablieren, welches das alte Individuum für tot erklärt.

Der erste relationale Angriff auf das individualistische Paradigma geht jedoch auf die *Umweltbewegung* mit ihren aggressiven Forderungen zurück, wonach mit der Zerstörung der Umwelt und rücksichtslosen Plünderung von Ressourcen durch den Kapitalismus Schluss sein müsse. Die Umweltbewegung gründet eindeutig auf einer netzwerkdynamischen Theorie, die den Schwerpunkt in keiner Weise auf Individuen oder Atome legt. Hier wird der Planet als ein mehr oder weniger geschlossenes System gesehen, das als solches auch behandelt werden muss, da alle einzelnen Handelnden und Knoten dem umfassenden Netzwerk vollkommen untergeordnet sind. Daher hat der Umweltschutz Vorrang vor dem Individuum.

Erstmals wird hier der Mensch von einem Individuum auf ein Dividuum zurückgeführt. Dabei werden klare ethische Grenzen gesetzt, was der Mensch angesichts der Interessen des dynamischen Netzwerks tun darf und was nicht. Umweltschutz ist ein *Globalismus*, da eine nationale Umweltpolitik prinzipiell sinnlos ist und notwendigerweise für globale Solidarität kämpfen muss, welche in einer Theorie der Netzwerkdynamik nicht nur Menschen, sondern auch Pflanzen, Tiere und die natürliche Vielfalt an sich umfasst. Logischerweise übernimmt der Umweltschutzgedanke nach und nach den Platz des Sozialismus als Vertreter des Radikalismus.

Zwar ist der Umweltschutz die stärkste Reaktion auf den zerstörerischen Todestrieb des alten Paradigmas, doch erwächst erst im Kampf für das freie und offene Internet eine politische Ideologie, die mehr auf den utopischen Möglichkeiten des neuen Paradigmas beruht und nicht mehr so sehr in den dystopischen Aussichten des alten Paradigmas. In ihrer Eigenschaft als Negation des Kapitalismus entspricht die Umweltbewegung dem *Atheismus* in der Geschichte der Metaphysik. Die Bewegung der digitalen Integrität hingegen ist *eine dialektische Negation der Negation* und damit eine Parallelbewegung zum *Syntheismus*. Rick Falkvinge, der Gründer der Piratenpartei und einer der Vorreiter der Bewegung für digitale Integrität, bringt in seinem Buch *Swarmwise* die Beziehungen der Bewegungen zueinander auf den Punkt. Der Umweltschutz basiert auf der Überzeugung, dass die Ressourcen der Natur begrenzt und nicht unerschöpflich sind, was die kapitalistische Mythologie immer voraussetzt. Gleichzeitig, so argumentiert Falkvinge, basiert die Piratenbewegung auf dem Grundsatz, dass Kultur und Wissen, die in einer Gesellschaft, in der der Informationsaustausch keine Mehrkosten mehr verursacht, reibungslos zwischen den Menschen ausgetauscht werden, eher eine unendliche als eine endliche Ressource für Zukunft sind.

Die Dystopie beschäftigt sich mit dem Endlichen, der Utopismus mit dem Unendlichen. Dementsprechend ist der Kampf für das freie und offene Internet die Antwort auf das, was getan werden muss. Er treibt die neue Utopie an, anstatt die alte Dystopie zu bremsen. Hier geht es um weit mehr als nur um Parallelphänomene auf dem Markt der Meinungsbildung: Syntheismus ist *de facto* der Name der Metaphysik, die der Bewegung für digitale Integrität zu Grunde liegt. Was auch erklärt, warum der Kampf für das freie und offene Internet der zentrale politische Kampf im 21. Jahrhundert sein wird. Alle anderen wichtigen politischen Konflikte, die sich im Zuge des Anwachsens des Informationismus abspielen und dazu beitragen, ihm Farbe zu verleihen, hängen ganz davon ab, wie sich dieser eine Konflikt entwickelt. Es geht um weit mehr als nur das Bestreben der wachsenden *Netokratie*, die herrschende *Bourgeoisie* zu ignorieren, welche die Welt beherrscht, seitdem das Paradigma der Druckerpresse breite Akzeptanz erlangte. Über den Kampf für das freie und offene Internet hinaus zeigt die immer näher kommende ökologische Apokalypse ihre hässliche Fratze: eine potenzielle Katastrophe, für die der Kapitalismus verantwortlich ist, die er aber offensichtlich nicht abwenden kann.

Es besteht die Gefahr, dass der Planet Erde innerhalb weniger Generationen für Menschen unbewohnbar wird - viele der verschiedenen schädlichen Wirkungen, für die der Mensch verantwortlich ist, sind bereits irreparabel -, falls diese Entwicklung hin zu einer ökologischen Apokalypse nicht gestoppt und in eine umweltfreundliche Richtung umgesteuert wird. Wir wissen bereits, wie die von oben nach unten regierende kapitalistische Gesellschaft mit dem Individualismus als Staatsreligion die ökologische Apokalypse verwaltet; diese heimtückische Katastrophe ist natürlich von diesem System verursacht worden, das sich dann als unfähig erwiesen hat, den Schaden zu reparieren. Die wachsende und aufstrebende Netokratie dagegen hat das größte Interesse daran, die Erde für menschliches Leben zu erhalten - und darüber hinaus hat sie Zugang zu einem beträchtlichen Arsenal neuer *Kommunikationsinstrumente*, mit denen das bewerkstelligt werden kann, im Gegensatz zur zynischen und resignierten Bourgeoisie. Das freie und offene Internet ist daher ein notwendiger Meilenstein, um überhaupt eine ökologische Rettung zu ermöglichen.

Im Oktober 2013 wurde bekannt, dass die US-Geheimdienstorganisation NSA unter anderem die deutsche Bundeskanzlerin Angela Merkel ohne Wissen des US-Präsidenten Barack Obama fünf Jahre lang ununterbrochen abgehört hatte. Es ist schwer, sich ein deutlicheres Beispiel dafür auszudenken, wie das demokratische System unter dem späten Kapitalismus eigentlich schon zusammengebrochen ist und sich nun endgültig in eine chaotische *Plurarchie* verwandelt hat. Wenn ein Geheimdienst sich die Macht von gewählten Vertretern aneignen kann, verliert das Wort *Demokratie* jede Bedeutung. Es geht nicht mehr um eine Demokratie, sondern um eine massive, paranoide Bürokratie, die keinerlei demokratische oder gar gerichtliche Einflussnahme auf die Arbeitsweise staatlicher Stellen mehr zu berücksichtigen braucht. Die Besessenheit des Spätkapitalismus von *security*, was immer wieder mit *safety* verwechselt wird, kann sich kaum klarer zeigen als hier. Daher hat der kapitalistische Machtkomplex von Nationalstaaten und Großkonzernen nur eine Priorität für die Zukunft: das Internet zu steuern und zu kontrollieren.

Dieses Establishment versteht das Internet als eine unliebsame und widerspenstige *Hydra,* die im Übrigen extrem schwer zu handhaben ist bei der Nutzung von Informationsflüssen und beim Geldverdienen (siehe *The Netocrats*) – eine Hydra, die die Grundlagen der patriarchalischen Allmachtsphantasien von Politikern und Wirtschaftsführern ständig stört und sie nach und nach zerstört. Jacques Lacans psychoanalytisches Konzept des *Realen* beschreibt so passend die digitale Hydra, die auf den alten Patriarchen kriecht und dessen geistige Nacktheit zu entlarven droht. Für die schnell anwachsende Netokratie ist das Internet jedoch ein heiliges Phänomen, heilig sowohl für die Netokratie selbst als auch für ihren Wunsch, den Planeten für das Überleben der Menschheit zu bewahren. Die Wahrheit ist natürlich: Immer mehr alternative Notfallpläne scheiden aus, je mehr Zeit vergeht; und je näher die Menschheit der ökologischen Apokalypse kommt, desto deutlicher taucht das freie und offene Internet als einziges Werkzeug auf, mit dem der Planet für menschliches Leben gerettet werden kann. In einer Informations-, Kommunikations- und Netzwerkgesellschaft muss die ökologische Rettung durch Information, Kommunikation und Vernetzung erfolgen, um gelingen zu können. Es gibt keine anderen Optionen. Daher setzt sich die Erkenntnis immer stärker durch, dass das freie und offene Internet der einzig denkbare ökologische Retter ist.

Auffällig in der informationstechnologischen Geschichtsschreibung ist zu sehen, wie sich der Mensch im Laufe der Zeit kaum verändert hat. Unsere Gene sind weitgehend identisch mit den Genen unserer Vorfahren vor 50.000 Jahren. Was sich in den letzten 5.000 Jahren unglaublich dramatisch verändert hat, das ist unser technologisches Umfeld, wogegen wir uns mit der gleichen kognitiven und intellektuellen Ausstattung zufrieden geben müssen, die die Menschen schon damals hatten. Fünftausend Jahre sind schlicht eine viel zu kurze Zeitspanne: Sie erstrecken sich über eine zu geringe Anzahl von Generationen, als dass dramatisch signifikante Mutationen in unserem Erbgut entstehen könnten. Darüber hinaus hat die technologische Entwicklung in den letzten Jahrzehnten eine beispiellose Beschleunigung erfahren, nicht zuletzt im Bereich der Informationstechnologien. Das heißt, in der informationstechnischen Geschichtsschreibung ist *der Mensch die Konstante und die Technologie die Variable.*

Demgegenüber basiert die kapitalistische Geschichtsschreibung auf einem Axiom, das *Meliorismus* genannt wird. Der Meliorismus behauptet, dass im Laufe der Zeit eine objektive Weiterentwicklung stattfindet, dass sich die Zivilisation objektiv vorwärts und aufwärts bewegt. Es ist nicht nur die Technologie, die entwickelt wird, indem sie immer komplexer wird und immer geschickter und billiger in der Lage ist, immer größere Probleme zu lösen. Nach dem Meliorismus entwickelt sich auch der – syntheistisch gesehen konstante - *Mensch* im Laufe der Zeit weiter, bewegt sich nach vorne und oben. Infolgedessen sollte es während der gesamten Geschichte *irgendeine Form von fortlaufender mystischer Veredelung sogar des Menschen* geben. Weil der Denkweise des Meliorismus so weitverbreitet und beliebt ist, begegnen wir im Zusammenhang damit auch einem *Generationismus*, also der Vorstellung, dass jede neue Generation der vorhergehenden intellektuell überlegen ist. Der Generationismus wird im aktuellen politischen Diskurs nicht so häufig in Frage gestellt und angegriffen wie *Frauenfeindlichkeit*, *Rassismus* oder *Homophobie.* Aber er ist genauso verbreitet und abergläubisch und sozial mindestens genauso schädlich.

Eines der Probleme dabei ist, dass die unschuldigen Opfer des Generationismus abwesend sind und nicht für sich selbst sprechen können, wenn sie angegriffen werden, da sie entweder zu alt sind, um sich groß zu wehren, oder weil sie bereits verstorben sind. Die negativen Konsequenzen des Generationismus für seine Anhänger bleiben jedoch bestehen, und die Idee der angeborenen und unbestreitbaren Überlegenheit der eigenen Generation ist eine der gefährlichsten und destruktivsten Ideen aller Zeiten. In der Praxis geht sie allen großen sozialen Krisen voraus, und verstärkt sie. Das Unerfreuliche daran ist, dass der generationistische Mythos noch nie so unterschwellig und (zum Teil gerade deshalb) gleichzeitig auch noch nie so mächtig war wie in unserer Zeit. Es ist ein Problem, wenn Leute, die sich als früheren Generationen überlegen sehen, auch glauben, dass sie nichts von diesen lernen können und daher dazu verdammt ist, deren Fehler zu wiederholen.

Man sollte verstehen, dass für den Humanismus, einschließlich all seinen politischen Ideologien wie Liberalismus und Sozialismus, der Meliorismus ein grundlegendes Axiom ist. Man braucht sich aber nur die Humangenetik im der Menschheitsgeschichte anzusehen, dann erkennt man, dass der Meliorismus empirisch ein Mythos ist - eine Art gescheiterte postchristliche *Selbsterlösungslehre* für die ganze Menschheit -, auf deren Konto unter Anderem all die Abwege eugenischer Menschheitsverbesserung im Kapitalismus gehen. Das Problem dabei ist, dass liberaler Heroismus unmöglich ist. Der Liberale kann niemals ein Held sein, zumindest nicht *als* Liberaler. Dies ist der einfache Grund, warum der Liberalismus in seinem ständigen utilitaristischen Nutzenrechnen eine totalitäre Tendenz eher ein- als ausschließt. Hat der Liberalismus zur Verteidigung seiner Machtposition sonst nichts auf der Hand, dann hat er *de facto* keine Hemmschwelle gegen die totalitären Ambitionen in sich - was wiederum bedeutet, dass ihm ein funktionierendes Immunsystem gegen Ausbrüche von Totalitarismus fehlt.

Es hat sich im Laufe der Geschichte immer wieder gezeigt, dass sich liberale Gesellschaften, sobald sie unter dem geringsten externen Druck stehen, rasch in totalitäre Machtapparate verwandeln, die sowohl öffentliche Rechenschaft als auch demokratisch gewählte Kontrolle scheuen. Dies gilt nicht zuletzt für die USA, dasjenige Land, das mehr als jedes andere das Wahrzeichen der liberalen Demokratie ist. Dieser einst stolze Verfechter der universellen Freiheit, der mit immer mehr fingierten und hysterischen Narrativen von äußeren Bedrohungen zu kämpfen hat, wurde zu einer lobbygesteuerten Plurarchie in den Händen religiöser Extremisten und von im Verborgenen agierenden Geheimdienstbürokraten, hinter denen Interessen stehen, die ungeheuer an den Ressourcen des Landes zehren (wie etwa die NSA). Es ist so weit gekommen, dass nicht mehr der Traum von individueller *Freiheit* Motor der amerikanischen Identität ist, sondern die kollektive *Paranoia.* Amerikaner zu sein, bedeutet nicht mehr, Bürger im Land der Freien und in der Heimat der Tapferen auf Erden zu sein, sondern es ist heutzutage gleichbedeutend mit einem Übermaß an paranoiden Verschwörungstheorien.

Es erscheint logisch, liberalen Multikulturalismus und religiösen Fundamentalismus als Gegensätze zu beschreiben. In Wirklichkeit sind sie zwei Seiten derselben dysfunktionalen Medaille, des *zynischen Isolationismus.* Gleichzeitig bringt es der Mangel an Religiosität innerhalb des liberalen Multikulturalismus mit sich, dass er den Ansturm des religiösen Fundamentalismus innerhalb seiner eigenen Ideologie nicht verstehen und abweisen kann. In den Augen des Fundamentalisten ist der Liberalismus tot und nur die Religion hat eine utopische Hoffnung zu bieten. Daher kann nur der Syntheismus - oder irgendein anderes Ideensystem mit Raum für *transzendentale Ekstase* und dem Wunsch nach Auflösung des Ego - den Fundamentalismus widerlegen und eine solide Basis bilden für eine alternative, wirklich emanzipatorische Politik.

Diese Schattenseite der liberalen Demokratie erklärt, warum es ihr genauer betrachtet an Anreizen fehlt, das freie und offene Internet zu verteidigen, und sie sich immer mehr zum aggressivsten Feind der Netokratie entwickelt. Denn ein Grundprinzip des Liberalismus ist ja, dass die einzelnen Menschen – die der Liberalismus gern und nicht umsonst *Individuen* nennt - so verschieden voneinander sind, dass jeder materielle Ausdruck gegenseitiger Zuneigung per Definition ausgeschlossen ist. Und das, obwohl die Psychoanalyse lehrt, dass die Unterschiede innerhalb *des geteilten (dividuellen) Subjekts* größer sind als die zwischen den Menschen. Dies hat zur Folge, dass Liebe zu sich selbst zur Unmöglichkeit wird, wenn man die Mythologie des Liberalismus ernst nimmt. Und ohne echte Selbstliebe gibt es auch kein *Heldentum*. Es ist daher ganz logisch, dass das monistische und ganzheitliche Dividuum des Syntheismus das radikale Gegenteil des dualistischen und geteilten Individuums des Liberalismus ist.

Die katastrophalen melioristischen Utopien des 20. Jahrhunderts - Faschismus, Nationalsozialismus, Stalinismus und Maoismus - zwingen die Philosophen schließlich, die Menschen aufzurütteln, dass sie die Verantwortung des Meliorismus für die totalitären Wahnvorstellungen über die menschliche Natur und ihre Möglichkeiten erkennen. Ab den 1930er-Jahren wird mit der Frankfurter Schule zunächst die Kritik gegen den Mythos des Fortschritts und gegen den ganzen Kult um das Projekt der Aufklärung seit Kant immer stärker. Die syntheistische Metaphysik bricht konsequent mit dem melioristischen Wunschtraum. *Fortschritt* als treibende Idee ist ein kapitalistischer Mythos, ebenso wie die *Ewigkeit* als treibende Idee ein Mythos des Feudalismus ist. Dem syntheistischen Ansatz zufolge gibt es keinen objektiv gültigen Fortschritt. Objektiv gesehen geschieht Veränderung nur um ihrer selbst willen, und seit den ersten dauerhaften Siedlungen ist die Menschheitsgeschichte vor allem als ein kontingenter, anwachsender informationstechnologischer Komplex zu betrachten - und nichts anderes. Die Menge der Meme um uns herum ist explodiert und hat ein Ausmaß erreicht, das nicht mehr zu überblicken ist, ebenso wie die Geschwindigkeit ihres Umlaufs jedes Maß überschritten hat und über die Geschwindigkeit, mit der wir eigene Vorstellungen bilden, hinausgewachsen ist; unsere Gene hingegen haben sich im Prinzip nicht geändert. Die Unterschiede in der Lebenswelt des Menschen sind daher nur *äußerlich* und *quantitativ*, nicht *innerlich* und *qualitativ*, wie der Fortschrittsmythos behauptet.

Der *Etatismus*, also der Glaube an den notwendigen Vorrang des Nationalstaates und sein Gewaltmonopol ist die politische *Supra-Ideologie* des Kapitalismus. Unter dem Banner des Etatismus entsteht der *Konservatismus* als Beschützer des Establishments und seiner Interessen; der *Liberalismus* ist *der* Glaube an das Individuum als den rationalen Kumulator von Ressourcen in einem Markt, der von einer mystischen Hand beherrscht wird, die für das bloße Auge unsichtbar ist; während der *Sozialismus* ein blinder Glaube an die politische Partei als Gottesersatz ist. Offensichtlich führt die Heraufkunft des Informationalismus all diese Ideologien in eine tiefe Krise, denn er greift das Fundament des Etatismus an, indem er das Grenzenziehen in einer immer irrelevanteren Geografie untergräbt, was viel verlockendere Alternativen zur Identitätsbildung eröffnet. Dabei wird der Meliorismus nicht nur als banaler Mythos bloßgestellt, sondern er verliert auch seine ganze Anziehungskraft; das netokratische Dividuum erlebt sich lieber als ein immer weiter laufendes, als ein dynamisches *Ereignis* durch das ganze Leben hindurch, statt als Vertreter eines sich langsam entfaltenden, vorherbestimmten *Fortschritts.* Die alten Ideologien sind eben mit dem etatistischen, deterministischen Geschichtsverständnis belastet, das in einem unvorherbestimmten Universum nicht mehr plausibel ist. Darum muss die ideologische Arbeit ganz neu angefangen werden, in unserem Fall von ganz unten, vom *theologischen Fundament* her.

Der Fortschrittsmythos ist eng mit dem *Expansionismus* verbunden, dem abgedroschenen Glauben, wonach Phänomene wie die Kapitalakkumulation bis in alle Ewigkeit anwachsen könnten, ohne negative Nebenwirkungen auf sich selbst. Aber alle netzwerkdynamischen Systeme, die angetrieben sind vom Mythos ihres eigenen Wachstums, kollabieren natürlich früher oder später – wie der amerikanische Hirnforscher Jeff Stibel in seinem Buch *Breakpoint* zeigt – unter dem Druck der Folgen einer quantitativen Expansion ohne qualitative Bedachtsamkeit. Dies liegt daran, dass das Netzwerk in sich keine kritische Stoppfunktion hat, die seinem eigenen quantitativen Ausufern entgegenwirkt, sondern ja gerade durch dessen *Vergöttlichung* angetrieben wird, das heißt durch *den Fortschrittsmythos.* Die Umweltbewegung versucht, eine eben solche wirksame Stoppfunktion in den globalen Kapitalismus einzubauen, bevor der seine eigenen Grundlagen zerstört, nämlich einen Planeten, der überhaupt für das Überleben des Menschen geeignet ist. Und damit auch für alles andere.

In einem Zeitalter, das von syntheistischer Netzwerkdynamik besessen ist, ist es nicht mehr glaubhaft, das die Geschichte feudalistischen Ewigkeiten oder kapitalistischem Fortschritt zustrebt. Vor allem hat sich der Mensch natürlich nicht viel verändert im Laufe der Geschichte, jedenfalls nicht zu etwas objektiv Besserem, als er zuvor war. Zum Beispiel nutzen wir heute einen kleineren Teil unseres Gehirns als vor 10.000 Jahren, hauptsächlich weil immer mehr Berechnungen und Überlegungen, die für unser Leben wesentlich sind, heute an externe Technologien ausgelagert werden, anstatt vom Gehirn sozusagen betriebsintern verwaltet zu werden. Diese Tatsache widerlegt den Meliorismus. Der syntheistische Utopismus konzentriert sich stattdessen auf die Planung des endgültigen *Ereignisses*, der metaphysischen Grundidee des Informationalismus. Deshalb kämpfen Syntheisten sowohl für *das freie als auch für das offene Internet* mit seinen anarchistischen Informationsflüssen und gegen die *ökologische Apokalypse*, um die Grundvoraussetzung für das Überleben des Menschen, den Planeten selbst, zu retten. Dass zusätzlich eine Sozialpolitik nach dem Grundsatz der Schadensminimierung zu betreiben ist - und nicht nach dem Leitmotiv eines banalen, aktionistischen Moralismus -, das ergibt sich aus diesen beiden Positionen. Das freie und offene Internet treibt natürlich auch die *chemische Befreiung* voran - eine unserer drei dramatischen Revolutionen zu Beginn des Internetzeitalters -, und wir können unseren Planeten nicht auf eine konstruktive Weise bewahren, wenn wir uns nicht auch konstruktiv und am besten auch liebevoll um jeden kümmern. *Syntheismus ist die soziale Theorie von allem, welche diese drei ideologischen Projekte zusammenführt.*

Als sich im 17. Jahrhundert die Banknote als dominante Form der Kommunikation zwischen Menschen und Gesellschaften etabliert, erzeugt sie eine beschleunigte technologische Entwicklung und steigert den Wohlstand in einem Ausmaß, wie es die Welt es bis dahin nie zuvor gesehen hatte. Man lässt sich von dieser Effizienz und diesem Fortschritt leicht blenden. Der Liberalismus ist eine besonders populäre Ideologie, die ausschließlich auf dieser Blindheit beruht und von den gewaltigen historischen Erfolgen des Kapitals getragen wird. Aber der Preis dafür, dass das Kapital all diese menschliche Kreativität freisetzt und all diese Spezialisierung ermöglicht, ist sehr hoch. Im kapitalistischen System werden nämlich das Gut, die Dienstleistung und die Banknote von den interagierenden Handelnden getrennt, was dazu führt, dass diese Handelnden *zynisch voneinander isoliert* und unempfindlich füreinander werden. Sowohl die Isolierung des Kapitals von seinen interagierenden Entitäten - Sie haben keine Ahnung, wem Ihre Banknote vor Ihnen gehörte, und Sie haben keine Ahnung, wo sie landen wird, nachdem sie Sie verlassen hat – als auch die beschleunigte Produktion neuer menschlicher Pathologien - eine stetiger Strom neuer Mängel bezogen auf eine projizierte Normalität und immer mehr Frustrationen, die durch einen stetigen Strom neuer Güter und Dienstleistungen kompensiert werden müssen – machen das Kapital zum stärksten *Erzeuger von Entfremdung* in der gesamten Geschichte der Menschheit.

Unter anderem deshalb schießt der amerikanische Politikwissenschaftler Francis Fukuyama ein Eigentor, als er Anfang der 90er-Jahre unter großem Mediengetöse den Tod der Geschichte verkündet. Es ist nämlich nicht die Geschichte als solche, die gestorben ist – nicht einmal im metaphorischen Sinne. Es ist lediglich eine bestimmte Art von Geschichtsschreibung, die ihren Abschluss gefunden hat, und zwar Fukuyamas persönliche Lieblingserzählung vom Individuum und vom Atom in *der linearen Geschichte der liberalen Demokratie.* Freilich lehrt uns die *Metageschichte*, also die Geschichte der Geschichtsschreibung selbst, dass, wenn eine bestimmte Erzählung am Ende ihres Wegs angekommen ist, dies sofort die Tür zu einer völlig neuen Art von Narrativ öffnet. Das gilt besonders bei einem Paradigmenwechsel, also wenn eine Art der Geschichtsschreibung ihre gesellschaftliche Relevanz verliert und im Handumdrehen durch eine andere ersetzt wird. Metageschichte ist eben ein Staffellauf, der niemals endet.

Die Geschichte beginnt sozusagen von neuem, und bei diesem Manöver erhält auch die Vergangenheit eine neue Innenarchitektur, die ganz neue Bedeutungen vermittelt. Da jede Identität in einem Verständnis von Geschichte begründet ist - ein Subjekt versteht sich immer als eine begrifflich umschriebene Geschichte von seiner Geburt ab bis zur Gegenwart -, ist das Heranwachsen einer neuen und dominanten sozialen Identität nötig, um die gesamte Geschichte neuzuschreiben. Das ist notwendig, weil die neue Geschichtsschreibung offensichtlich den Ehrgeiz hat - und ihren klar formulierten Zweck im neuen Paradigma nur dadurch erfüllen kann -, dass sie ganz andere metaphysisch getriebene Priorisierungen skizziert, als es die alte Erzählung im nun aufgegebenen Paradigma getan hat. Wir wissen zum Beispiel heute, dass Konzepte wie die Steinzeit, die Bronzezeit und die Eisenzeit im Europa 19. Jahrhundert in Europa mit einem ganz speziellen Ziel erfunden wurden, nämlich dem Bedürfnis des Kapitalismus nach einer Geschichtsschreibung zu dienen, die darauf fixiert ist, wie physikalische Materialien eins nach dem anderen industriell domestiziert werden. Deshalb wird hier Geschichte als eine lange, aufeinander aufbauende Kette von zielgerichteten Veränderungen in Richtung der Vollendung dieser Geschichte beschrieben: *der modernistischen Fabrik*.

Die industrialistische Geschichtsschreibung ist jedoch für die Menschen im Zeitalter des Informationalismus gänzlich irrelevant, da sie weder Fabriken besitzen noch in solchen arbeiten und diese für sie auch nicht wichtig sind. Viel mehr können sie anfangen mit einer Geschichte, die mit Blick auf verschiedene informationstechnologische Paradigmen neuerzählt wird. Die gesprochene Sprache, die geschriebene Sprache und die Druckmaschine ersetzen Stein, Bronze und Eisen als Motti für die Einteilung der Geschichte in Epochen, die als relevant angesehen werden. Die Geschichtsschreibung mit Bezug auf Informationstechnologien (siehe *The Netocrats*) hat gerade erst begonnen, und sie bringt automatisch die Erzählungen von Relationalismus, Aufmerksamkeit und Dividualismus mit sich. Syntheismus ist der Name des metaphysischen Systems, der sozialen Theorie-von-allem und dessen ideologischem Netzwerk, das all diese Erzählungen zusammenhält und ihnen ihre relationalistische *Substanz* gibt. Auf diese Weise bekommen die Netokraten des Informationalismus endlich eine Erzählung, die ihnen eine kohärente soziale Identität verleiht. Die ***intersubjektive Identifikation*** mit der ***informationstechnologischen Geschichtsschreibung*** gibt ihnen die Kraft und das Selbstbewusstsein, die sie brauchen, um die Macht zu übernehmen.

Die gegenwärtige Neuschreibung der Geschichte ermöglicht es, die individualistische Epoche mit neuen, kritischeren Augen zu betrachten. Zum Beispiel wird der Kapitalismus als die Tyrannei der numerischen Sklaverei schlechthin entlarvt. Je eingehender wir uns mit seiner ausbeuterischen Natur beschäftigen, ideologisch und historisch, desto deutlicher wird die obsessive Fixierung des Kapitalismus, alle menschlichen Gedanken und Aktivitäten zu mathematisieren als in eine Summe von Dollars, eine Zahl von Wählerstimmen oder eine Reihe von Orgasmen. Niemand macht das deutlicher als der amerikanische Ökonom und Nobelpreisträger Gary Becker, der in seiner Arbeit alle menschlichen Aktivitäten auf eine fortlaufende rationale Nutzenkalkulation reduziert. In seiner Arbeit geht es um kapitalistische Logik in aller Konsequenz, was Becker bis in die Schlafzimmer und Kultstätten der Menschen führt - selbst ein Geschlechtsakt sei nichts anderes als ein kalkuliertes, selbstsüchtiges, vorgegebenes utilitaristische Angelegenheit. Becker verrät dabei einiges über den Platz seiner eigenen Ideologie: nämlich dass Rationalismus, Individualismus, Utilitarismus und – stets nutzenkalkulierender und gewinnmaximierender - Kapitalismus in Wahrheit ein und dieselbe Ideologie sind. Becker denkt ganz einfach das Kantsche Paradigma und sein isoliertes, zwanghaft kolonialisierendes, patriarchalisches Subjekt zuende. Und dort findet er nichts anderes als einen ewig leeren, ewig vor sich hinrechnenden *Taschenrechner.*

Das bedeutet nun, der Kapitalismus muss so organisiert sein, dass er ständig von der gähnenden Leere in seinem Zentrum absieht, passend zu dem Prinzip, dass von der wahrgenommenen Realität, um sie zu ideologisieren, etwas weggenommen oder ihr etwas hinzugefügt werden muss, wobei dieses versteckte Etwas als das dämonische Allgemeingültige der Ideologie wiederkehrt. Nachdem der Kapitalismus in seiner Tyrannei die Gesellschaft bis hinein in ihre verstecktesten Winkel und Nischen ausgeraubt hat, gibt es kaum noch etwas auszubeuten, was noch nicht in einen offenen Markt umgewandelt worden ist, so wie sich kaum noch ein menschliches Bestreben betätigen kann, das noch nicht in eine steuerpflichtige Berufskategorie umgewandelt ist. Nur ein einziges Fachgebiet bleibt, in dem es noch möglich ist, eine alternative, kohärente Universalgeschichte für die Menschheit zu verfassen. Zur Enttäuschung vieler Philosophen wird dies nicht in der Kunst geschehen - selbst die Kunst ist längst zu einem unterhaltsamen und etwas pikanten Euphemismus für Geld geworden, was auch immer die Kunst und ihre lautstarken Anhänger behaupten mögen. Wir reden hier vom unterbewerteten Schauplatz der Theologie. Gerade im Zusammentreffen der Theologie mit dem revolutionären Trio aus Interaktivität, Quantenphysik und chemischer Befreiung nämlich bietet sich eine echte Möglichkeit an, die notwendige Metaerzählung für das Internetzeitalter zu schaffen: *die Syntheologie.*

Andererseits treibt der Kapitalismus den Menschen von der *Religion* weg, direkt in die *Entfremdung.* Diese Verlagerung vollzieht sich sogar innerhalb der hyperkapitalistischen religiösen Sekten, die sich in den Anfangswirren des Internetzeitalters rasch ausbreiten. Das bedeutet Religionen, die wie Kaufhäuser und Unterhaltungstempel eingerichtet sind, Lebensphilosophien, die auf Fortschrittsmythologien aufbauen, aber ohne irgendwelche störende *Religiosität.* Typische Beispiele dafür sind die hyperindividualistischen Selbsthilfetheologien vor allem in den USA, wie das charismatische Christentum, der Mormonismus, die Zeugen Jehovas, Scientology, New Age und das kalifornische Zen, sowie deren verschiedenen Zweige und Entsprechungen in Asien und Südamerika und Osteuropa. Hier geht es um einen Mangel, den der Kapitalismus schafft, um ihn anschließend noch grundlegend zu verschlimmern, um einen Mangel, mit dem er sich nie auseinandersetzt, da eine Korrektur davon den Kapitalismus selbst zerstören würde. Es geht um den zunehmenden und akuten Mangel an *Einfühlung.* Der Kapitalismus ist bestrebt, Empathie so klein wie möglich zu halten, um so die Entfremdung zu maximieren, was emotional kompensiert werden muss und so den Konsum und damit auch die Produktion steigert - wie wir wissen, wird der Kapitalismus vom Prinzip der Wachstumsmaximierung angetrieben. Wohingegen der Syntheismus umgekehrt die Maximierung von Empathie anstrebt und dazu die Entfremdung bekämpft, indem er den Einfluss des Kapitals in der temporären Utopie des Syntheisten aktiv minimiert.

Das heißt, der Syntheismus ist die Antithese zum Kapitalismus. Er ist nicht nur oberflächlich oder formal antikapitalistisch, wie die kapitalistischen Ideologien des *Sozialismus* und des *Konservatismus* mit ihren Süßstoff-Träumen von einem kontrollierten Top-down-Markt. Als ob eine pragmatische Zähmung des Kapitals wirklich Einfluss auf die Entfremdung haben könnte – die historische Erfahrung lehrt, dass das Gegenteil der Fall ist. Nein, der syntheistische Antikapitalismus ist in seinem innersten Wesen radikal, weil er im *theologischen Anarchismus* wurzelt. Die syntheistische Antwort auf den plündernden Kapitalismus ist nicht, eine antikapitalistische, blutige Revolution mit dramatischen Unruhen in den Straßen auszulösen – wonach das System ohnehin bald neu entstehen würde, und zwar in geringfügig anderer Form, da es eben aus der besonderen informationstechnologischen Struktur unserer Zeit entspringt. Ein solcher Ehrgeiz ist unvertretbar naiv und gehört mehr zum patriarchalischen Rationalismus der Aufklärung als zur *relationalistischen Renaissance des Syntheismus*. Die logisch folgerichtige syntheistische Antwort auf den Spätkapitalismus und seine Hyper-Entfremdung ist - wie der syntheistische Philosoph Simon Critchley in *The Faith of The Faithless* schreibt - nicht prätentiöse *Revolution*, sondern diskrete *Subtraktion*.

Nach dem *Prinzip der notwendigen Subtraktion* ist es für eine Person mit radikalen Überzeugungen in vielen historischen Situationen das einzig Richtige und Vernünftige, sich einfach aus dem System zurückzuziehen - sich zu weigern, am sozialen Spiel teilzunehmen, das System ganz einfach zu lassen und parallele, temporäre Utopien aufzubauen, deren Ziele mit der Zeit zu etwas Dauerhaftem ausgebaut werden - gemeinsam mit engagierten syntheistischen Brüdern und Schwestern. Das Richtige und Vernünftige ist, auf eine Hydra, die ohnehin nicht zu Fall gebracht werden kann, da ihr ständig neue Köpfe nachwachsen, nicht einfach loszuschießen, sondern aus der *Wahrheit als Handlung* heraus zu leben und der Hydra dadurch die Luft zum atmen zu nehmen. Denken heißt nämlich nicht, die Welt zu verstehen. Das Denken ist nicht so von der Welt getrennt, dass dies überhaupt möglich wäre. *Denken heißt handeln.* Der syntheistische Handelnde ist ein menschliches Wesen, das handelt, ohne in der Lage zu sein, eine vollständige Begründung dafür zu artikulieren. Er lässt sich von seiner *Intuition* leiten. Erst aufgrund seiner Handlungen kann der syntheistische Handelnde die Bedeutung herausfinden, die er braucht, um seiner Handlung im Rückblick diesen Sinn zu geben. Auf diese Weise sind Bewusstsein und intuitives Handeln aufeinander bezogen: Das Eine erklärt und legitimiert das Andere, indem es eine Erzählung schafft, die einem zusagt und die dem Muster in der Umgebung entspricht, mit dem man sich identifiziert.

Der Syntheismus ist also ein revolutionärer *Subtraktionismus.* Subtrahieren heißt, sich aus dem heutigen Chaos zurückzuziehen, um eine genaue Wahrheit für die Zukunft formulieren zu können, die dann voll zum Ausdruck gebracht werden kann. Sowohl Critchley als auch der französische Philosoph Alain Badiou sind der Meinung, dass echte Utopie auf Subtraktion und nicht auf Zerstörung beruht. Aber wir reden hier nicht von einer Pause von der Realität, wie beim kapitalistischen Urlaub in der Sonne. Critchley ist sogar ein vehementer Gegner der Subtraktionsideen des Marxisten John Gray, der darunter eine rationale und ruhige Oase in einer irrationalen und chaotischen Realität sieht, was Critchley als eine Art *passiven Nihilismus* abwertet. Er lehnt Grays äußeren und objektiven Ortswechsel auf der physischen Landkarte ab und setzt dieser eine echte syntheistische Subtraktion entgegen, die eine innere und subjektive Erfahrung ist, welche dann eine Verschiebung der mentalen Landschaft zur Folge hat und Wahrheit als Handlung ermöglicht. Critchley nennt diese Wahrheit-als-Handlung *mystischen Anarchismus.*

Nur wenn etwas Wichtiges aus der phantasierten Realität weggenommen wird, kann *das Reale* durchbrechen, uns erinnern, dass die Realität als falsche Phantasie ist, und dadurch den *Utopismus* in uns erwecken. Es ist jedoch wichtig, dass man nicht versucht, *das Symptom* zu vernichten. Das Symptom ist nämlich das beste Instrument innerhalb der Sozialanalyse, um *das Reale* hinter der zeitgenössischen Fassade zu erreichen und seine Beziehung zur gegenwärtigen phantasierten Realität zu verstehen. Wir spüren dem Symptom nach, indem wir die vielen mikroskopischen Durchbrüche in der Phantasie analysieren, die das Reale im Alltag in Form unserer *Sinthome* erzeugt, jener kleinen, bizarren und scheinbar unlogischen Gedanken, der Worte und Taten, die plötzlich das vorhersehbare Muster in unserem Leben stören. *Das Sinthom ist das Symbol des Symptoms.* Ohne Zugang zu und Verständnis für das Symptom können wir unsere Epoche niemals verstehen. Und wir können auch nicht unser eigenes religionspolitisches Pathos schaffen.

Syntheistischer Subtraktionismus muss aus den historischen Möglichkeiten und Unmöglichkeiten des tatsächlichen Paradigmenwechsels heraus verstanden werden. Paradigmenwechsel bedingen immer, dass wir der Erstellung der neuen Metaphysik höchste Priorität geben, weil derjenige, der die neue Metaphysik formuliert, auch derjenige wird, der im neuen Paradigma Wahrheit produziert, und damit auch einer der wichtigsten Machthaber (so wie der *Klerus* unter dem Feudalismus und die *Universitätsprofessoren* im Kapitalismus). Die großen neuen Religionen und metaphysischen Systeme werden immer in jenen Übergangsphasen auf den Weg gebracht, die Paradigmenwechsel mit sich bringen. Politischer Aktivismus muss daher oft *den richtigen Zeitpunkt abwarten*, um überhaupt eine Chance zu haben, an Fahrt zu gewinnen. Critchleys Logik baut auf der Prämisse auf, dass die Theologie der Philosophie vorausgeht; sie hat den Primat, wogegen Philosophie zweitrangig ist. Und Philosophie geht der Politik voraus; sie ist zweiten Ranges, Politik nur dritten Ranges. Die Theologie dringt tiefer als die Philosophie, da sie den Menschen gründlicher beschäftigt, als Philosophie es jemals könnte. Und Philosophie gründet tiefer als Politik, denn Philosophie ist die Quelle, aus dem politischer Aktivismus schöpft. Wie sehr wir uns also auch nach einer neuen umfassenden *politischen Ideologie für das Internetzeitalter* sehnen, die Schaffung der neuen theologischen Metaphysik und ihrer religiösen Praxis muss der Formulierung der entsprechenden politischen Ideologie und dem dazugehörigen Aktivismus vorausgehen. Der Syntheismus steht schon bereit, wenn das gegenwärtige System zusammenbricht. Der einzig mögliche Weg ist, zuerst eine lebendige Religion aufzubauen, während man auf die rechte Zeit wartet, um mit der neuen politischen Ideologie herauszukommen und sie auf den Weg zu bringen.

Der französische Soziologe Pierre Bourdieu nimmt als erster den mächtigen Marsch des Attentionalismus ernst, wenn er zwischen *wirtschaftlichem* und *kulturellem Kapital* unterscheidet. Die Metapher des kulturellen Kapitals erweist sich als wirksam und verbreitet sich schnell, ist aber dennoch unglücklich gewählt und führt die Gedanken in die Irre, da kulturelles „Kapital" in Wahrheit *gar keine Form von Kapital ist.* Im Gegensatz zu ökonomischem Kapital kann kulturelles Kapital nicht extern gespart oder gespeichert werden, es kann nicht diskret ohne Reibungsverluste getauscht oder ausgetauscht werden, und es kann auch nicht als Mittel der sozialen Kommunikation verwendet werden, was natürlich genau die Eigenschaften des ökonomischen Kapitals sind, die dem Kapitalismus die Herrschaft über die ganze Welt eingetragen haben. Aufmerksamkeit als kulturelles Kapital zu bezeichnen ist daher ebenso irreführend, wie die Lebensmittelproduktion im Feudalismus als *landwirtschaftliches Kapital* zu bezeichnen. Die Metapher ist historisch unlogisch und führt einen auf immer groteskere Abwege.

Die *Aufmerksamkeit* hat natürlich in Wirklichkeit nur wenige oder gar keine Verbindungen zum *Kapital*, abgesehen von der Tatsache, dass beide in verschiedenen historischen Epochen Macht erzeugt haben. Aufmerksamkeit ist zum Beispiel kein Schmierstoff für gesellschaftliche Strukturen, auch wenn sie in dramatischem Ausmaß Leistungsstrukturen erzeugt und verändert. Ihre Macht entsteht vielmehr als Reaktion auf das enorme Informationsangebot im Internet und *das plurarchische Chaos,* das diese Fülle schafft. Das Bedürfnis nach *Kuratoren*, die das Internet pflegen, die Information qualifiziert verarbeiten, wächst zusehends, und die *Sortierung* von Informationen ist viel wichtiger und wertvoller als die *Produktion* derselben. Von dem

Augenblick an, wo Informationssortierung wichtiger wird als Informationsproduktion, verlagert sich die Macht über die Gesellschaft von den Produzenten von Waren und Dienstleistungen, *den Kapitalisten*, zur Informationssortierung und ihren Praktikern, *den netokratischen Kuratoren.* Wir sind dann im Paradigmenwechsel vom *Kapitalismus* zum *Attentionalismus.* Mit dem Aufkommen des Attentionalismus verlagert sich der Fokus der Ethik von der Selbstverwirklichung des Individuums, dem kapitalistischen Ideal, zur netzwerkdynamischen Utopie, was man auch *Ethik der Interaktivität* nennt. Was in der Existenz wichtig ist, das sind die Knoten im Netzwerk, und wie diese Knoten so stark und so häufig verschmolzen werden können, dass das agentielle Dasein dadurch maximiert wird. Bei diesem hektischen Netzwerkbau liegt die Macht am Ende bei denen, denen es gelingt, in der virtuellen Welt *Plausibilität* und *Aufmerksamkeit* miteinander zu verbinden. Aber selbst wenn diese Aufmerksamkeit gemessen werden kann – nach der genial einfachen, aber richtigen Formel, dass die *Glaubwürdigkeit multipliziert mit Bewusstsein Aufmerksamkeit ergibt* -, so kann sie doch nicht in der gleichen Weise wie Kapital und die anderen bewertbaren Vermögenswerte des Kapitalismus durch Transaktionen ersetzt oder auf andere Weise verwendet werden.

Aufmerksamkeit ist wesentlich ein ganz einzigartiger Wert, ein historisch emergentes Phänomen, das sich aus dem schweren Mangel an Orientierung in der informationalistischen Gesellschaft ergibt. Und sie wirkt tatsächlich ganz unabhängig von irgendeiner Art Kapital. Die Ambition, welche die attentionalistischen Gesellschaft antreibt, ist *Imploitation* statt Ausbeutung (exploitation) wie im Kapitalismus – kaum überraschend. Was immer gewünscht wird, ist ein Wert, der für die Wenigen bewahrt werden kann und dadurch maximiert wird, anstatt auf die Vielen verteilt zu werden, was bedeuten würde, dass er zerstreut und minimiert würde - eine Option, die als historisch emergente Folge des Siegs des Attentionalismus über den Kapitalismus in Erscheinung tritt. Das erklärt, warum die Netokraten sich begeistern für das Streben nach *Authentizität*, die metaphysische Belohnung für die *Imploitation*, während die informationalistische

Unterschicht, *das Konsumtariat*, geprägt ist von ihrem Streben nach *Ausbeutung* (*exploitation*) und ihrem Wunsch, sich ausbeuten zu lassen – und dabei überhaupt nichts mitbekommen von der fortwährenden, aber für sie unverständlich symbolgeladenen netokratischen Imploitation, die sich zeitgleich, aber immer außerhalb ihrer Reichweite und Sichtweite abspielt.

Der Kapitalismus und seine nationalstaatlichen und korporatistischen Bürokratien optimieren sich selbst, nicht indem sie Probleme lösen, sondern indem sie immer neue Probleme schaffen, damit es für sie etwas zu lösen gibt, während gleichzeitig immer mehr Waren und Dienstleistungen nachgefragt werden, um einen steten Strom neuer Bedürfnisse zu befriedigen. Daher werden auch ständig neue Gesetze erlassen, neue Arten von Vergehen, neue Pathologien, neue Mängel, neue Misserfolge, die man wieder in Ordnung bringen kann, neue Problemen denen man auf den Grund gehen kann, bzw. die man später noch komplizierter und schwieriger machen kann, anstatt sie zu beheben. Die postmoderne Gesellschaft bietet keine *Katharsis,* es fehlt ihr eine Erzählung darüber, wie die kapitalistische Tragödie beendet werden soll. Dem Kapitalismus fehlt ganz einfach eine *Ausstiegsstrategie.* Das Dilemma der liberalen Demokratie besteht nicht in erster Linie darin, dass sie auf einem überholten Individualismus beruht - der Liberalismus ist die politische Ideologie des Individualismus schlechthin -, sondern darin, dass sie auf dem Mythos der *mystischen Selbstregulierung durch die unsichtbare Hand* beruht. Aber eine solche Hand gibt es gar nicht, ein unregulierter Markt bewegt sich immer in Richtung verschiedener Varianten von korrupten Monopolen oder Oligopolen. Die unsichtbare Hand kann selbst nichts tun, um dies zu stoppen; das geht nur mit sichtbaren Händen. Der Pragmatismus besiegt in der richtigen Politik den Liberalismus nach Belieben. Zufällig auftretende disruptive Technologien und eine innovative Regulierung des Marktes sind auf lange Sicht viel wichtiger und gesünder als jede unsichtbare Hand.

Der hartnäckigste Mythos ist der, wonach die Wirtschaft mit den richtigen externen Maßnahmen ein konstantes und - für alle Beteiligten optimales - *Gleichgewicht* erreichen kann. Doch in informationskomplexen Systemen wie Meteorologie, Ökologie und Ökonomie sind dauerhafte Gleichgewichte unerreichbar. Jedes Mal, wenn ein Gleichgewicht erreicht zu sein scheint, bringen ein oder mehrere Handelnde im System ein spekulatives Verhalten in das System ein, um die plötzlich entstandene Stabilität auszunutzen, wodurch sie diese zerstören. Spieltheoretische Gleichgewichtsmodelle scheitern immer, wenn sie es mit der Realität in Form experimenteller Tests zu tun bekommen. Früher oder später entsteht immer irgendwo in der Wirtschaft eine Spekulationsblase, die befeuert wird sowohl von Anlegern, die sich für schlau genug halten, um vor dem Platzen der Blase auszusteigen - und die versuchen, aus der Blase reine Spekulationsgewinne zu ziehen, in vollem Bewusstsein, dass es sich um eine Blase handelt – als auch von Anlegern, die naiverweise glauben, dass sich gerade diese Blase anders verhalten wird als frühere. Und nicht selten werden die Blasen von hoch respektierten Zentralbankchefs verursacht, die ganz arglos eben das von sich geben: dass es sich nämlich diesmal keineswegs um eine Blase handelt - und die deshalb ihre Anlagen halten in der Überzeugung, dass sie sicher sind und weiterwachsen werden. Genau hier, in der rationalen Irrationalität der Spekulation, liegt das Problem. Es gibt sicherlich gute Gründe, sich an Investitionsblasen zu beteiligen, denn man kann große Summen damit verdienen, wenn man seine Aktien nur rechtzeitig verkauft. Und je länger die Spekulationsblase durch einen Medienhype und künstlich billig gehaltenen Kredit unterstützt wird, desto größer wird sie, und umso schwerer und zerstörerischer wird der schlussendlich unvermeidliche Absturz.

Der amerikanische Ökonom Hyman Minsky beschreibt diese Prozesse mit großer Genauigkeit. Als erster relationalistischer Ökonom wendet er sich der *Netzwerkdynamik* zu, um eine Antwort darauf zu finden, wie man mit Blasen umgehen soll. Minskys Antwort lautet, dass Spekulationsblasen eigentlich nicht vermieden werden können oder sollten. Sein Rat ist, dass es besser ist, viele kleine Blasen zu haben, die oft platzen, als nur ein paar, die selten, dann aber umso dramatischer und mit verheerenderen Folgen platzen. Natürlich ist der Traum von einem wirtschaftlichen Gleichgewicht eine weitere

Variante derselben alten platonistischen Todesverehrung, die in den Welten der Philosophie, der Physik und der Sozialwissenschaften immer wieder auftaucht. In Wahrheit ist auch die Wirtschaft ein netzwerkdynamisches Phänomen ist, das nicht nur als relativistisch, sondern als relationalistisch angesehen werden muss. Und beim Übergang vom Relativismus zum Relationalismus fängt die Ökonomie an, die Ökologie und all die anderen Faktoren einzubeziehen, die in der Wirtschaft früher oder später mit allem anderen von Wert in Beziehung treten werden. *Relationalistische Ökonomie* schließt nichts aus, was die Schaffung von Wertvollem auf individueller oder sozialer Ebene beeinflusst, insbesondere Faktoren wie saubere Luft, sauberes Wasser und die nachhaltige Bewirtschaftung der Naturressourcen.

Nur selten oder nie gibt es eine soziale Veränderung ohne *Artikulation.* Im Kapitalismus ersetzt der neue des Schreibens mächtige Nationalstaat die alte Analphabetenkirche als gemeinsame Bühne, und die etatistische Artikulation besagt, dass die *Gesellschaft ein Körper ist.* Aber die Körper-Metapher – die der Etatismus offenkundig von der kirchlichen Artikulation entlehnt, wonach *die Gemeinde ein Körper ist* - muss entlarvt werden. Denn die Gesellschaft als Körper bringt niemals eine Erzählung hin zu größerer Kohärenz hervor, wie Michel Foucault betont, sondern diese Metapher fungiert im Nationalstaat als *latente Strafandrohung für abweichendes Verhalten.* Es ist durchaus möglich, ein Individuum zu sein, aber es ist nur akzeptabel, genau das Individuum zu sein, das seine eigene Frustration, seine Entfremdung und seinen Konsum maximiert und für all das bezahlt, indem es ein Maximum für die kapitalistische Machtstruktur produziert, zudem im Schatten der dominanten phantasmagorischen Verhaltens-Maxime: *Was auch immer Sie tun, fügen Sie sich ein!*

Andererseits ist die *Gemeinschaft* des Syntheismus offen und unterscheidet sich daher radikal vom Konzept der Gesellschaft. Es fördert die Schaffung lebendiger Erzählungen, um die sich die syntheistische Gemeinschaft versammeln kann – von Erzählungen, die viele unterschiedliche Gruppen zusammenbringen und eine starke Hegemonisierung bewirken. Diese Hegemonisierung ist die Formulierung einer gemeinsamen Vision für unterschiedliche Gruppen und Identitäten. Der Name einer Gemeinschaft ist von zentraler Bedeutung, und der Name muss den oder die *Außenstehende(n)* einbeziehen anstatt sie/ihn auszuschließen. Denn nur wenn der Außenseiter einbezogen ist in die Gemeinschaft, kann das *Partikulare* das *Universelle* mit Leben erfüllen, und kann das Universelle die *syntheistische Utopie* zum Leben erwecken. Mit dem Außenstehenden, dem Außenseiter sucht der syntheistische Handelnde im freien und offenen Internet Kontakt, und nur zusammen mit dem Außenseiter kann der Syntheist den Planeten vor einer ökologischen Apokalypse bewahren. Nur so! In der Kommunikation und Zusammenarbeit von Outsidern zeigt sich das historisch völlig einzigartige Potenzial des Internets. Im Internet können wir jedem anderen Menschen-im-Handeln zeigen, dass wir an dasselbe glauben, und auf diese Weise ein felsenfestes Vertrauen zueinander aufbauen, das uns ungeahnte Möglichkeiten eröffnet, um neue, komplexe Nicht-Nullsummen-Spiele zu spielen mit … Außenseitern. Wenn es drauf ankommt, ist das freie und offene Internet eine geniale Vergöttlichung von *Syntheos*, dem erschaffenen Gott. Die logische Schlussfolgerung ist damit schon vorgegeben: *Was passiert, wenn das Internet Gott ist?* Wir entscheiden gemeinsam über die Antwort.

# 11. Syntheismus als Radikalisierung des Atheismus - und seine dialektische Auflösung

Der *Syntheismus* ist die dritte Welle – oder wenn man so will, die Wiederkunft des Herrn – in einer Reihe kulturell radikaler Epochen, die mit der *Renaissance* als erste Welle ab dem 14. Jahrhundert begann, gefolgt von der *Romantik* als zweite Welle ab dem Ende des 18. Jahrhunderts. Die Renaissance wird mit der *Aufklärung* konfrontiert, und danach wird die Romantik teilweise als eine Verteidigung der Renaissance betrachtet. Die Romantik wird dann mit der *Moderne* konfrontiert, woraufhin der Syntheismus, nach der gleichen Denkweise, zur Verteidigung der Romantik kommt. Der Syntheismus ist also in gewisser Hinsicht eine Wiedergeburt sowohl der Renaissance als auch der Romantik. Was diese drei kulturell radikalen Epochen verbindet, ist ihre gemeinsame Suche nach einem grundlegenden *Rahmen* gegenüber der Existenz. Sie vertrauen mehr auf die *intuitive Vernunft* als auf die *logische Rationalität*, und sie geben dem *Willen zum Mobilismus* den Vorrang gegenüber dem *Streben nach Totalismus*.

Diese historische Verwandtschaft der Renaissance und Romantik sollte jedoch nicht missverstanden werden als ein Syntheismus, der Opazität und Grübeleien der Logik und Präzision vorzieht – ganz im Gegenteil. Zunächst einmal ist der Syntheismus natürlich ein *szientistischer Pragmatismus*. Er betrachtet sogar die wissenschaftliche Tätigkeit *an sich* als einen heiligen Akt (eines der ersten bekannten Manöver der Syntheisten-Bewegung war es, die Forschungseinrichtung CERN in der Schweiz zum heiligen Grund und Boden zu erklären). Oder um die Angelegenheit syntheologisch auszudrücken: *Wissenschaft zu betreiben ist ein Versteckspiel mit Gott.* Allerdings müssen alle verbalen und literarischen Aussagen und Standpunkte im Laufe der Geschichte auf der Grundlage eines *Fallibilismus* skeptisch behandelt werden, bei dem jede Aussage, egal wie überzeugend sie auch zu einem bestimmten Zeitpunkt angesehen wird, immer für eine Revision in der Zukunft offen bleibt. Dies ist auch die Essenz der Wissenschaft und die einzige Haltung, die produktiv ist: eine ständige Neubewertung und Modifikation der akzeptierten Erklärungsmodelle. Was gestern wahr war, kann heute eine offensichtliche Täuschung sein, die deutlich wird, sobald neue Fakten auf dem Tisch liegen. Fallibilismus ist die pragmatische Überzeugung, dass selbst unzählige Überprüfungen eines bestimmten Standpunktes keine Garantie dafür sind, dass eine zukünftige Falsifikation unmöglich ist. Daraus folgt, dass es nicht selbstverständlich ist, dass früher akzeptiertes Wissen Vorrang vor der Kultur hat, wenn beides aufeinander zu stoßen scheint. Man muss sich nämlich vor Augen halten, dass die Kultur tiefer im Menschen liegt als das Wissen. Wir drücken dies aus, indem wir sagen, dass die Kultur das Wissen umfasst, während das Wissen vollständig von der Kultur abhängt.

Die Grundlage für diesen *Transrationalismus* – der Überzeugung, dass Rationalität nur dort funktioniert, wo sie möglich ist, und dass sich kritisches Denken dieser Beschränkung in ihrer Weltsicht voll bewusst sein und sie ignorieren muss – wird mit der Renaissance und der Romantik gelegt, um dann mit dem Syntheismus vollendet zu werden. Das bedeutet, dass die Verbindung des Syntheismus mit seinen früheren Schwesterepochen eher *kulturell* als epistemologisch ist.

Zudem besteht eine stark pragmatische Verbindung: Wir Menschen sind unsere Handlungen ebenso wie unsere Gedanken. Ein Syntheist zu sein bedeutet, auf der Grundlage seines reichsten Wissens über den Zustand der Existenz zu handeln, aber vor allem, immer zu handeln zu wagen und dann aus dieser Wahrheit als Handlung wertvolle Schlussfolgerungen zu ziehen. Oder um den synthetischen Aktivismus zu personifizieren: Sein Herz erhält seine Nahrung nicht aus Jean-Jacques Rousseaus *rationalistischem Idealismus*, sondern aus Friedrich Nietzsches *romantischem Pragmatismus*. Wir handeln mit einer offenen, kontingenten und indeterministischen Zukunft als Hintergrund; ein Hintergrund, über den wir viel, aber nie alles wissen können, bevor wir handeln. Und in dieser Situation haben wir ehrlich gesagt keine zuverlässigere Ressource zu nutzen als die *intuitive Vernunft*, das Ideal der Renaissance und Romantik.

Das Problem sowohl der Aufklärung als auch der Moderne ist ihr gemeinsames übermäßiges Selbstvertrauen in ihr eigenes wissenschaftliches und künstlerisches Potenzial. Die nahezu autistische Konventionalität sowohl in ihren logischen als auch in ihren ästhetischen Prämissen – immer diese Liebe zur Mathematik, zum Minimalismus und zum Formalismus – führt sowohl zu einem Übervertrauen in die eigene Rationalität als auch, früher oder später (was bekanntlich für alle Arten von Platonismus gilt), zu einem *Totalitarismus* und einem Übervertrauen in (scheinbar logische) *Autoritäten*. Mit dem Glauben daran, dass es nur eine ewige Wahrheit über unsere komplexe Existenz gibt und dass diese Wahrheit für den rational denkenden Menschen erreichbar ist, ist es ziemlich wahrscheinlich, dass sich jemand dazu berufen fühlt, diese Wahrheit auszusprechen und sich zu ihrem Hüter und Interpreten zu ernennen. Diktatoren neigen daher dazu, sich insbesondere auf die Aufklärung und/oder den Modernismus als Existenzberechtigung für ihre eigenen Machtpositionen zu berufen. Während der gesunde pragmatische Skeptizismus, also der *Empirismus*, aus der Reaktion der Romantik gegenüber der Aufklärung, von David Hume über Hegel bis hin zu Nietzsche, stammt, ist er kaum ein Eigenprodukt der Aufklärung. Und wenn es einen Bedarf an intelligenter Romantik gab, um die überbordende

Aufklärung im 19. Jahrhundert zu parieren, so bleibt das gleiche Bedürfnis beim Übergang von der statistischen Moderne zum globalistischen Syntheismus unserer Zeit bestehen.

Wenn Nationalstaaten schwere Barrieren entlang ihrer Grenzen errichten und enorme Geldsummen an gigantische, uneinnehmbare und korrupte Geheimdienstbürokratien verschwenden - mit dem ausdrücklichen oder impliziten Anspruch, dass ein *freies und offenes Internet* zunichte gemacht werden muss -, dann geschieht dies mit den rationalistischen Argumenten und den damit einhergehenden Forderungen nach Schweigen und Gehorsam gegenüber der Aufklärung und der Moderne. Aber es ist wieder einmal eine Logik, die in blinder Paranoia und nicht in irgendeinem wissenschaftlichen Ansatz begründet ist (die Logik blendet gelegentlich, hat aber nur eine arme Grundlage). Die Ähnlichkeit mit der axiomatischen Selbstverherrlichung von Aufklärung und Moderne ist frappierend. Die einzige anständige Antwort ist die Forderung des Syntheismus nach einer globalen Öffnung der Grenzen und freier Kommunikation ohne staatliche oder korporatistische Kontrolle und Überwachung: *die libertäre Wahrheit als Akt par excellence.* Nicht weil diese Antwort eine *logisch rationale Reaktion* ist, sondern weil sie in Wirklichkeit eine *intuitiv romantische Handlung* ist; sie ist der einzige mögliche Ausweg aus der erstickenden Entfremdung von der lebendigen Religion. Der dialektische Übergang vom lähmenden Atheismus zu einem wiederbelebenden Syntheismus verläuft natürlich parallel zu dieser Phasenverschiebung. Das hoffnungslose Dilemma des Atheismus besteht darin, dass er das Kind der Aufklärung und des Modernismus ist und sich, wie seine Eltern, seiner eigenen eingebauten, lähmenden Grenzen nicht bewusst ist. Der Syntheismus ist eine radikale Antwort, die auch dieses Dilemma löst.

Es gibt Menschen, die zugeben, dass sie *glauben*, und es gibt Menschen, die darauf bestehen, dass sie an gar nichts glauben, dass sie aber definitiv *wissen* und alle ihre Entscheidungen auf diesem Wissen stützen, das über jeden Zweifel erhaben ist. Das Problem für diejenigen, die behaupten, zu *wissen*, besteht darin, dass sie selten oder nie an ihrem eigenen Dasein zweifeln, obwohl die Neurowissenschaft uns lehrt, dass *das Ego eine Illusion* ist, die vom Gehirn erzeugt wird, um mit kostbaren Ressourcen hauszuhalten und der Existenz aus einer zusammengesetzten und künstlichen, aber funktional integrierten Perspektive einen Sinn zu verleihen. Was sich in denjenigen abspielt, die mit solcher Gewissheit wissen, ist offensichtlich überhaupt nicht so sicher, wie das Wissen selbst uns glauben machen will. Und ohne das eine fällt das andere natürlich in sich zusammen. Diese Position wird *epistemologischer Naivismus* genannt. Die Wahrheit ist, dass alle Menschen, ob sie es zugeben oder nicht, zwangsläufig *Gläubige* sind. Die hartnäckige Aufrechterhaltung des fiktiven Ichs ist in keiner Weise intellektuell ehrlicher als beispielsweise die Aufrechterhaltung der Existenz eines Gottes oder des Weihnachtsmanns, sondern etwas, das in genau gleichem Maße aus der Luft gegriffen ist, unabhängig davon, wie viel (in diesem Fall unvernünftige) Intuition der Gläubige beschwört.

Dasselbe gilt natürlich auch für *das Netzwerk*, die metaphysische Grundidee des Informationalismus, die ebenfalls nicht in irgendeinem physischen Sinne existiert. Das Konzept erhält kein Gewicht als Folge einer greifbaren physischen Existenz, sondern als Knotenpunkt, der die dominanten Meme des Augenblicks zu einem zusammenhängenden Weltbild verbindet, wobei dieses zusammenhängende Weltbild dann wiederum dem Knotenpunkt sein Gewicht verleiht. Natürlich verhält sich dieser *soziale Relationalismus* analog dazu, wie Phänomene in der relationalistischen Physik durch das betreffende Netzwerk Gewicht erhalten und nicht umgekehrt. Ohne einen fiktiven, aber dennoch hochfunktionalen Knoten wie Gott, das Ich oder das Netzwerk kann das Weltbild nicht zusammenhängen. Und wenn das Weltbild nicht zusammenhängt, erhält nichts Existierendes eine Bedeutung oder einen Kontext. Wir müssen also zunächst einmal glauben und nach diesem Glauben handeln, um dann wissen zu können, genauso wie wir in der Physik zunächst ein Netzwerk zusammenweben müssen, um dann seinen Knoten Substanz geben zu können. *Beziehungen erzeugen die Substanz und nicht umgekehrt.* Und selbst die fanatischsten Atheisten sind somit wahre Gläubige. Sie denken nur, dass sie es nicht sind.

Aus diesem Grund scheint die existenziell notwendige *Metaphysik* eher von der ebenso unvermeidlichen *Physik* losgelöst zu sein. Ohne dabei irgendeinem Dualismus zu erliegen, werden wir selbst in einer monistischen Welt auf diese Dualität reduziert, aber es sind unsere menschlichen Sinne und ihre phänomenologische Informationsverarbeitung, die diese, nicht irgendeine äußere, ontologische Eigenschaft der Existenz erzwingen. Das bedeutet, dass es in diesem metaphysischen Wahnsinn eine *transrationale Weisheit* gibt. Um es klar auszudrücken: Es ist eigentlich unmöglich, uns über die Ich-Erfahrung hinaus zu denken. Eine Welt ohne Subjekte ist eine logische Unmöglichkeit, denn wie illusorisch oder künstlich das Ich in der Gleichung des Lebens ist, bleibt das Ich die Grundlage für die gesamte existentielle Erfahrung. Es ist einfach notwendig, dass der Mensch ein pathologisches Geschöpf ist, sich sozusagen bewusst täuscht, um die Existenzerfahrung überhaupt erst machen zu können. Und wenn wir uns schließlich dafür entscheiden, das gerade als Schein-Trick entlarvte Ego zu akzeptieren, erhalten wir auch Zugang zu der ganzen schillernden Metaphysik. Wir glauben bewusst gegen unser besseres Urteilsvermögen, und wir sind weise, dies zu tun.

Es spielt ganz einfach keine Rolle, dass wir wissen, dass Atheos nur der Name der Leere ist. Wir nehmen immer noch eine Substanz hinter *dem Namen* Atheos wahr. Es geht ganz einfach darum, wie wir darauf programmiert sind, unsere Umwelt wahrzunehmen, und darüber hinaus ist diese Substanz außerordentlich produktiv und funktional für unsere Sinne. Gegen Ende des 18. Jahrhunderts argumentierte Johann Wolfgang von Goethe, dass es zum Wesen des Subjekts gehört, für sich selbst eine *Unklarheit* aufrechtzuerhalten. Das Subjekt muss sich selbst als unglaublich klein erleben, wenn es mit der *Unermesslichkeit* des Daseins konfrontiert wird. Und genau diese erschreckende Bedeutungslosigkeit angesichts der Unermesslichkeit des Daseins erzeugt genau die psychotische *Kompensationsreaktion* im jungen Subjekt, die später sein Motor für das ganze Leben, seine *grundlegende Lüge* ist, wie Slavoj Žižek es ausdrückt. Wenn es also jemandem gelingt, das synthetische Credo der Beziehung des Subjekts zur umgebenden Welt einzufangen, dann ist es Goethe. *Atheos lebt, gedeiht und produziert in dieser Unklarheit Subjektivität.*

Das bedeutet, dass die anschließende Intellektualisierung der vorausgegangenen emotionalen Erfahrung der Notwendigkeit aus einer Illusion heraus konstruiert werden muss. Tatsächlich muss in der tatsächlichen Erfahrung immer *etwas da sein*; etwas, das in der Erfahrung das ist, was *de facto* erlebt, dass es etwas erlebt. Und nach einer intuitiven Argumentation, die sich eng an Descartes anlehnt, ist dieses Etwas *das Ego*. Daher ist es durchaus vernünftig, sich zu fragen, warum die Menschen heute Angst haben, sich unwohl fühlen oder offen gesagt verlegen werden, wenn sie über die Vorstellung von *Gott* sprechen, während sie genauso Angst haben oder sich unwohl fühlen oder verlegen werden sollten, wenn sie über das Ego und seine Existenz sprechen. Folglich beinhaltet der Syntheismus auch einen erfolgreichen Wiederbelebungsversuch des jüngst für tot erklärten Ego; es lebt weiter, wird neu definiert und erweist sich unter denselben Bedingungen als nützlich, wie es auch für die Gottesidee gilt.

Der Syntheismus treibt die mit dem pathologischen Ursprung des Subjekts verbundene Logik bis an ihre Grenzen. Denn wenn es für uns eine pathologische Notwendigkeit ist, uns selbst als Subjekte zu betrachten, um uns als *Handelnde* verstehen zu können, dann müssen wir auch unser pathologisches Bedürfnis zugeben, phänomenale Objekte in Beziehung zu dieser Subjektivität zu setzen – unsere jeweiligen Subjekte als Mitmenschen sind natürlich zunächst einmal die Objekte des jeweils anderen – und das optimale Objekt war historisch gesehen natürlich immer Gott. Es ist also nichts Falsches oder gar besonders Bemerkenswertes daran, von Gott als einem tatsächlichen Phänomen zu sprechen; nicht solange wir *Gott* als eine geliehene Illusion in der Existenzgleichung in der gleichen Weise und mit der gleichen Bedeutung betrachten, wie wir über das Ich sprechen. *Gott ist nicht mehr und nicht weniger als der Name des leeren Hintergrundes, vor dem das ebenso leere Ich seine mehr oder weniger funktionale, mit fabrizierter Bedeutung gefüllte Phantasiewelt konstruiert.* Das ist letztlich die Art und Weise, wie wir Sinn erschaffen: Wir erfinden ihn, wir schaffen Fiktionen, um die wir sinnvolle Geschichten weben, die dann die

Grundlage für alle menschlichen Werte bilden. Es gibt also keine tiefere menschliche Aktivität als das Spiel. Selbst die beste Wissenschaft beruht eher auf einer spielerischen Einstellung zu den Mysterien des Daseins als auf einer Art strenger Logik. Hier kehren wir zum Transrationalismus zurück: *Die Logik folgt streng aus dem Spiel, nicht umgekehrt.*

Wenn wir sagen, dass das *Netzwerk die metaphysische Grundidee des Informationalismus* ist, dann bedeutet das in der Tat, dass wir Gottes jüngste Reinkarnation in Form des Netzwerks theologisieren. Wir sagen, dass *das Internet Gott ist.* Und wenn eine ausreichende Zahl von Menschen dieser Ansicht anhängt, wird sie zu einer Tatsache: einer Wahrheit. Genau auf diese Weise haben die Philosophen der Aufklärung des 18. Jahrhunderts das *Individuum* zu *Gott* gemacht. Nicht mehr und nicht weniger. Der Syntheismus wendet sich ganz einfach an bewusste Gläubige, die die *Bedingungen des existentiellen Theaters* verstanden haben und in diesem glaubwürdigen und intellektuell ehrlichen Rahmen ein bejahendes und vollständiges Leben führen wollen. Wir können dann im besten demokratischen Geiste diejenigen unserer Mitmenschen, die die Schönheit dieses Projekts nicht verstehen oder nicht verstehen wollen, ihrem Aberglauben überlassen, in Ruhe und in Frieden, um ihre zeitraubende Unterhaltung und leeren Genüsse aus dem breiten und vielfältigen Angebot, das sich gerade an die konsumfreudigen Massen richtet, ziehen können. Der Syntheismus ist *keine* Religion, die jemanden zu irgendetwas zwingt, und kann es auch niemals sein. Und ganz ehrlich hängt das damit zusammen, dass diese Art der Gedankenkontrolle in der *informationellen Plurarchie* fast unmöglich zu verwalten ist.

Unabhängig davon, ob wir in der syntheistischen Metaphysik Göttlichkeiten einführen oder nicht, geht es bei dem eigentlichen Prozess schließlich darum, die einzigartige Gelegenheit der Metaphysik zu nutzen, um sich die Existenz bis an ihre äußersten Grenzen vorzustellen. Die Metaphysik in Theologie umzuwandeln, über *Gott nachzudenken,* ist also keine oberflächliche Phantasie über eine alttestamentliche Vaterfigur, die über den Wolken sitzt und mit zarten oder jähzornigen Augen seine Kinder beobachtet, die auf dem

Antlitz der Erde spielen. Theologisierende Metaphysik bedeutet vielmehr, sich auf der Grundlage des Wissens und der spirituellen Erfahrungen, zu denen man Zugang hat, bis zum äußersten Horizont der Zeit, in der man lebt, vorzudenken. Und dann nicht nur in einem physischen Sinne, mit Gott als Konzept für den Anfang, der Mitte und dem Ende des Universums – in diesem Fall könnten wir uns genauso gut mit dem klassischen *Pantheismus* begnügen und müssten nicht seine Vervollständigung, den *Syntheismus*, entwickeln –, sondern mit Gott als dem Namen jener Oberfläche, auf die man den Sinn und Zweck von allem projizieren kann. In diesem Sinne ist der *Gottesbegriff* im Grunde nicht nur *das Universum* (Pantheos), sondern auch die *Utopie* (Syntheos), die imaginäre Kulisse, die in der Zukunft liegt – eine Kulisse, die alle Träume und Bestrebungen der Menschheit nährt.

*Der Syntheismus ist ein radikaler und weiterentwickelter Atheismus*, ein philosophischer Begriff, der das unerschöpfliche und unerreichbare Dasein erfasst, mit dem sich Philosophie und Theologie früher oder später auseinandersetzen müssen. Nicht zuletzt Theologie, da der Utopismus traditionell eher in die Welt der Theologie als in die der Philosophie gehört. In den meisten Fällen handelt es sich um den ersehnten Wiederaufbau eines verlorenen Paradieses. Die *Syntheologie* holt also die Theologie aus ihrem tristen Leben unter den traditionellen Religionen zurück und verleiht ihr eine neue historische Relevanz. Indem sie ihre traditionelle hermeneutische Suche nach einem Sinn aufgibt, der im Voraus extern produziert wird, gewinnt die Theologie stattdessen die zentrale Rolle als intellektueller Motor für die *interne* Produktion glaubwürdiger und funktionaler Utopien durch den Menschen. Denn sie kann nicht länger vorgeben, sich mit stillen und unzugänglichen Göttern zu beschäftigen, die nicht existieren. Aber die Theologie kann dabei helfen, lang ersehnte und glaubwürdige Götter zu schaffen, in deren Mittelpunkt z.B. Physik, Psychoanalyse und Utopismus stehen. Die Syntheologie zwingt die Theologie, ihre historische Vorliebe für *Transzendenz* aufzugeben, um stattdessen der neuen und wachsenden religiösen Immanenz Struktur zu verleihen. Die klassische Theologie geht zur Syntheologie über, und am Ende ist Syntheologie eine *Utopologie.* Die Frage, ob ein bestimmter Gott existiert oder nicht, ist syntheologisch gesehen völlig irrelevant. Eine solche Frage setzt natürlich voraus, dass wir mit einer Art Gott, der sowieso nicht existiert oder jemals existiert hat, vertraut sind, und zwar schon vorher. Die richtig gestellte syntheologische Frage ist stattdessen, welcher Gott existieren könnte, und die Antwort auf diese Frage ist immer gleichbedeutend mit dem Kern der Vision, die das fragliche Paradigma antreibt. Die syntheologische Antwort läuft wie folgt ab: *Nennen Sie mir Ihre Utopie, und ich werde Ihnen sagen, welchen Gott Sie suchen und welchem Gott Sie folgen.*

Beim Syntheismus geht es darum, neue und relevantere Erklärungsmodelle für die Existenz abzuleiten und zu beschreiben. Das bedeutet, dass er die Wissenschaften vor allem als eine *theologische Übung* betrachtet – während die syntheistische *Religion* als Sammelbegriff für die emotional engagierten, sozialen Praktiken dient, die sich aus dieser Suche ergeben. Gott ist der Name des Motors hinter dem *Utopismus*, der die menschliche Kreativität und Abenteuerlust antreibt. Das bedeutet, wenn wir uns aus irgendeinem voreingenommenen Grund die Möglichkeit versagen, die Idee Gottes in unsere Gleichungen einzubeziehen, bedeutet das auch, dass wir uns der Möglichkeit berauben, Utopien zu produzieren. Wir kastrieren den Utopismus ohne jeglichen Grund. Ohne Utopien keine Visionen, und ohne Visionen keine Hoffnung. Aus welchem Grund sollten wir eine so karge *atheistische Askese* akzeptieren?

Diese Frage bringt uns zu dem dramatischen Unterschied zwischen dem klassischen Atheismus und dem Syntheismus. Wir wiederholen in unserer Arbeit immer wieder die dialektische Notwendigkeit – sowohl persönlich als auch gesellschaftlich und historisch –, sich über die *atheistische Feuertaufe* von der traditionellen Religion zu lösen, um erst dann zum Syntheismus gelangen zu können. Der Syntheismus ist also keine Reaktion gegen den Atheismus, sondern seine logische Schlussfolgerung, seine historische und intellektuelle Vertiefung (der philosophische Begriff des *radikalen Atheismus*, wie er u.a. von dem Philosophen Martin Hägglund verwendet wird, ist gleichbedeutend mit Syntheismus). Der *Syntheismus* ist dem Atheismus ewig dankbar für einen kulturellen Säuberungsakt, der so grandios wie nötig war. Aber der klassische Atheismus hat eine offensichtliche Schwäche, und es ist nicht besonders verwunderlich, dass gerade aus dieser Verwundbarkeit der syntheistische Impuls entsteht. Der Atheismus ist natürlich reaktiver Natur und reine Negation; er hat keinen Inhalt in sich selbst, und im vollen Umfang seiner Kreativität kann er nur einen der vier Grundbegriffe innerhalb der Syntheologie vertreten, nämlich Atheos. Aber das ist alles, was ist.

Philosophisch gesehen fehlt dem klassischen Atheismus eine logische Schlussfolgerung und so fürchtet er sein notwendiges Aussterben; der Punkt, an dem der Atheismus so radikal wird, dass er im Sinne des Fallibilismus endlich die Arena verlassen kann, um dem Syntheismus Platz zu machen. Und während das Grollen, das die syntheistische Revolution ankündigt, immer stärker wird, versteckt sich ein beträchtlicher Teil der militanten Befürworter des Atheismus in einer unüberlegten, konzeptuell verwirrten und blinden Verachtung gegenüber der Religion; eine Art autoimmune Abwehrreaktion gegen die eigene eklatante Bedeutungslosigkeit. Der Grund für dieses Verhalten verbirgt sich hinter der Achillesferse des klassischen Atheismus: Dem Atheismus an sich fehlt es an Verständnis für das *höchst berechtigte Staunen des Menschen über seine Existenz*. Er sieht nicht, dass der Mensch nur als ein Wesen inmitten einer Welt existiert, aus der er seine Substanz bezieht. Er versteht nicht, dass die psychologische Spannung in der Beziehung zwischen dem Menschen und der Welt in existenzieller Weise grundlegend ist. Daher hat der klassische Atheismus keine Voraussetzungen dafür, etwas anderes zu sein als *ein vorübergehendes Sprungbrett zwischen zwei religiösen Paradigmen.*

Wenn der klassische Atheismus neben den ganzheitlichen Syntheismus gestellt wird, sticht dieser plötzlich als konservative, autistische Dauerschleife hervor, die steckengeblieben ist und nur immer sinnlosere Phrasen wiederholt. Während der Syntheismus das darstellt, was Nietzsche als den *dionysischen Antrieb* bezeichnet und feiert, bleibt der Atheismus in seinem rückblickenden Gegenteil, dem *apollinischen Antrieb*, stecken. Das heißt nicht, dass der apollinische Trieb illegitim ist: Er ist nicht illegitimer als die linke Hemisphäre (wenn wir es uns noch einmal erlauben, metaphorisch die offensichtlichen Eigenheiten der menschlichen Hirnhemisphären zu nutzen). Aber sie kann nicht ungehindert agieren, ohne dass ein fatales Ungleichgewicht entsteht. Atheos muss in Beziehung gesetzt werden zu *Entheos, Pantheos* und vor allem zu *Syntheos*. Der apollinische Antrieb, den Atheos isoliert zeigt, muss dem dionysischen Antrieb in den anderen Teilen der Syntheologiepyramide untergeordnet werden. Genauso wie die eternalisierende linke Gehirnhälfte, die die Ereignisse in einzelne Fragmente aufteilt und einfriert, mit der sich mobilisierenden rechten Gehirnhälfte und ihrer ganzheitlichen Perspektive interagieren muss, damit das Selbst- und Weltbild des Menschen vollständig wird.

Trotz der Tatsache, dass alle Metaphysik mit dem Staunen des Menschen über die Existenz beginnt mit ihr endet – *oder wenn Sie es vorziehen: das Erstaunen der Natur über sich selbst, verkörpert durch und im Menschen* – bleibt diese ständig wiederkehrende Komplexität der Emotionen für viele militante Atheisten ein Rätsel. Sie klammern sich hartnäckig an ihre eigenen, zerbrechlichen, subjektiven Erfahrungen – viele bezeichnen sich selbst etwas bezaubernd als *Humanisten*, als könnten sie selbst mit ihrem frommen Vernunftglauben dem utopischen Plan Gottes dienen –, ohne zu verstehen, dass alle subjektiven Erfahrungen, auch die eigenen, lediglich aus *Emotionen* bestehen. Was nicht das Schlimmste in dieser Welt ist – aber diese Tatsache muss anerkannt und analysiert werden. Die relevante Reaktion darauf ist natürlich die Frage, wie Emotionen zu einem historischen Problem für ein so emotionales Wesen wie den Menschen werden konnten. Sie sind schließlich so echt und wirklich wie alle anderen physikalischen Phänomene. Und sie sind unbestreitbar unvermeidlich. Warum also sollte man nicht vor diesen Emotionen kapitulieren, um später zu untersuchen, welche großen Heldentaten eine solche Akzeptanz hervorrufen kann?

Während die Atheisten an ihren Positionen festhalten und gegen alle anderen Illusionen als ihre eigenen protestieren, für die sie blind sind, während sie sich ironischerweise fragen, warum sich niemand emotional auf ihre edle Sache einlassen will - es sei denn mit einem begrenzten, aber intensiven Neid, der auf etwas gerichtet ist, das einem fehlt und das man nie für erreichbar hält, nämlich einen *lebendigen Glauben* –, beschließen die affirmativen post-atheistischen Syntheisten, *das Gefühlsleben direkt in ihr Weltbild einzubinden und zu integrieren.* Indem man vier Konzepte durchläuft und nicht nur eines, indem man die kategorische Kälte des *Atheos* verlässt und die emotionale Wärme des *Entheos* in die Wertschätzung des *Pantheos* einfließen lässt, wird eine beeindruckende religiöse Erfahrung lebendig. Es ist dieses unbestreitbar religiöse Gefühl, diese starke mystische Erfahrung, die den synthetischen Agenten in Bewegung setzt, hin zur Utopie, zur Vollendung der syntheologischen Pyramide, denn die Erfahrung erzeugt den Wunsch, das Unmögliche möglich zu machen. Hier wird der Wunsch geweckt, *Syntheos* zu schaffen. Oder um die Sache poetisch auszudrücken: *Der Syntheismus ist das Licht, das sich am Ende des dunklen Tunnels des Atheismus erahnen lässt.*

Früher oder später werden wir mit der Ungeheuerlichkeit der Existenz konfrontiert. Zunächst einmal gibt es enorme Entfernungen zwischen uns und den Dingen, die uns im Alltag umgeben, einerseits und den kleinsten Bestandteilen der Existenz – den schwingenden, geometrisch mehrdimensionalen Figuren, die sich zu Raum, Zeit, Vakuum und Materie zusammenfügen – andererseits. Aber es gibt auch enorme Entfernungen zwischen den kleinen Dingen, die uns umgeben, und den gigantischen Galaxienmassen in der Kosmologie, der enormen, vibrierenden Leere zwischen ihnen, ganz zu schweigen von der unendlichen Zahl möglicher Universen neben unserem eigenen in einem durchaus denkbaren Multiversum. Das Ergebnis ist die fundamentale Wertschätzung der Syntheisten für die Unermesslichkeit, Intensität und Produktivität des Daseins, die theologische Überzeugung, die der Syntheist Robert Corrington – in seiner radikalen Lektüre des Vaters des Pragmatismus Charles Sanders Peirce in seinem Buch *A Semiotic Theory of Theology and Philosophy* – als *ekstatischen Naturalismus* bezeichnet.

Zwischen diesen Extremen finden wir Menschen in unterschiedlichen Zuständen der Verwirrung und fragen uns, ob alles, auch wir selbst, als *ekstatische Intensitäten* existiert. Was der klassische Atheismus nicht zu verstehen scheint, ist, dass gerade in dieser existentiellen

Verwirrung und diesem Staunen die Religion ihren Ursprung hat, und nicht in einer quasi-wissenschaftlichen, mehr oder weniger lahmen Logik. Religion entsteht aus dem Umgang der Mystik mit der Unermesslichkeit der Existenz, und diese Unermesslichkeit ist durch die überwältigenden wissenschaftlichen Fortschritte des letzten Jahrhunderts – von der Quantenphysik bis zur Kosmologie – weder physisch geschrumpft noch weniger fantastisch geworden. *Logischerweise sollten wir heute wesentlich religiöser sein als je zuvor. Das Wunder der Wirklichkeit wird immer faszinierender.* Von unserem Erstaunen über die Unermesslichkeit der Existenz (*Pantheos*) geht es weiter zu unserem Erstaunen über die Verschiedenheit unserer Mitmenschen im Verhältnis zu uns selbst (*Entheos*) und zur Wiederverbindung der Menschen als empathisches Kollektiv (*Syntheos*). Denn dort, wo uns das Universum mit Gleichgültigkeit begegnet, begegnen wir dem Potential für Liebe unseren Mitmenschen gegenüber. Erst wenn wir vom Pantheismus zum Syntheismus weiterbauen, kommt Liebe ins Spiel. Per Definition kann Liebe als Bedingung nicht Liebe als Gegenleistung erwarten. Dann handelt es sich nicht um Liebe, sondern lediglich um internarzisstische Manipulation (aus dieser Manipulation folgt dann die individualistische Vorstellung, dass der *Andere* als eine Art kolonialisierter Besitz erobert und besessen werden soll).

Die romantische Erhebung eines einzigen anderen Menschen *zum einzigen anderen*, gefolgt von einer Abschottung gegenüber dem Rest der Welt, als ob er diesem einzigen anderen hierarchisch unterlegen wäre, ist schon bizarr genug. Dass diese Vergöttlichung dann mit Liebe verwechselt wird, ist noch absurder. Doch nicht zuletzt offenbart sich die dunkle Schattenseite dieser symbiosesuchenden Manipulation durch ihre ethischen Konsequenzen. Was die *authentische Ethik* auszeichnet, ist nämlich, dass sie ohne ein Jota kalkulierender Hintergedanken lediglich als identitätsreflektierende Wahrheit als Akt vollzogen wird. Erst dann wird die Handlung ethisch: Wenn nicht, kann die Handlung nur als zynische Manipulation angesehen werden, als banaler Versuch, Körper und Geist eines anderen Menschen für kurzsichtige, egoistische Zwecke zu instrumentalisieren. Authentische Liebe mag in der Tat ein Gefühl sein, aber die Ethik, auf die sie sich stützen muss, ist wesentlich robuster; es ist eine Liebe, die nicht abwartet, die tatsächlich und zutiefst dem Tode trotzt. Syntheologisch drücken wir dies aus, indem wir sagen, dass sich die Liebe in *Entheos* mit dem Blick auf *Syntheos* als Wahrheit offenbart, als eine Handlung, die ihren Ursprung in *Atheos* hat und in *Pantheos* vollzogen wird. Aber um zu verstehen, wie dieser komplizierte Prozess in der Praxis funktioniert, müssen wir die Liebe in mehrere dialektische Schritte aufteilen.

Im antiken Griechenland werden drei verschiedene Begriffe der Liebe verwendet: metaphysische Liebe (*Agape*), erotische Liebe (*Eros*) und Freundschaftsliebe (*Philia*). Der definitive Test für die Liebe ist die Anziehung zu dem radikal Anderen, und diese kann nur als Agape entstehen. Auf diese Weise bilden die drei Arten der Liebe nicht nur ein Dreieck, sondern auch eine schiefe Ebene, die von der Agape nach unten zum Paar *Philia* und *Eros* hin abfällt. Im 17. Jahrhundert fügte Baruch Spinoza einen vierten Begriff der Liebe hinzu: *amor dei intellectualis*, die intellektuelle Liebe Gottes, eine Liebe, die aus einer intellektuellen Überzeugung und Anerkennung der tatsächlichen Zustände der Dinge entspringt, vor allem in Bezug auf sein monistisches Universum, in dem *Gott* und *Natur* zwei Namen für ein und dieselbe Sache sind, *Deus sive Natura.* Spinozas *amor dei intellectualis* ist in erster Linie ein radikaler Willensakt, was ihn zur *Wahrheit als Akt par excellence* macht. Denn er behauptet, dass die ethisch erwünschte Anziehungskraft zu dem radikal Anderen nicht mit den Emotionen beginnt, die wir normalerweise mit Liebe verbinden, sondern als ein logisch und überzeugend ausgeführter Pflichtakt.

Bei einer authentischen Anziehung muss es darum gehen, den radikal Anderen leidenschaftlich zu lieben, ohne die Hoffnung auf eine wie auch immer geartete Gegenliebe. Andernfalls handelt es sich nicht um eine authentische Anziehung, sondern lediglich um einen Fall von heuchlerischem und banalem Tauschhandel, den wir *Internarzissmus* nennen. Das erklärt, warum Spinoza argumentiert, dass *amor dei intellectualis* an erster Stelle stehen muss, vor *Agape, Philia* und *Eros*, ganz einfach, damit die authentische Liebe im griechisch geneigten Dreieck überhaupt Fuß fassen kann. Syntheologisch hat

Spinozas Idee vom Grundwert der intellektuellen Liebe die Konsequenz, dass weder das leere Subjekt (*Atheos*) noch die Existenz im Ganzen (*Pantheos*) Raum für eine emotionale Meinung über sie lässt, sondern diese vorbehaltlos zu lieben sind, da sie weder hinzugefügt noch fallen gelassen werden können. Alle anderen Erfahrungen des Lebens basieren dann auf Atheos und Pantheos, einschließlich allem anderen, was geliebt, gehasst oder in irgendeiner Weise mit Emotionen verbunden wird. *Amor dei intellectualis* ist diese pflichtbewusste, logisch zwingende und grundlegende Anziehungskraft. Eine authentische Agape, ein authentischer Eros und eine authentische *Philia* mit ihren starken Emotionen können nur entstehen, wenn *amor dei intellectualis* zunächst eine notwendige Plattform bietet. Syntheologisch drücken wir dies so aus, dass wir uns zunächst dem Atheos unterwerfen müssen, um uns dann auf dem Weg zum ethischen Ziel, der authentischen Liebe zum radikal Anderen, wo *Syntheos* entsteht, dem Pantheos und Entheos überlassen zu können.

Spinozas Begriff *amor dei intellectualis* ist ein Vorläufer von Nietzsches komplementärem Begriff *amor fati*, der 200 Jahre später geprägt wurde. Es genügt, Spinozas Liebe, die von der logischen Pflichterfüllung gegenüber dem Universum abhängt, *Dauer* zu verleihen, um Nietzsches Liebe zu erhalten, die von der logischen Pflichterfüllung gegenüber dem *Schicksal* abhängt. In beiden Fällen handelt es sich in etwa um die gleiche Anziehungskraft wie eine Wahrheit als Akt, bei dem die identitätsbestimmende Entscheidung der Emotion vorausgeht. Syntheologisch ordnen wir natürlich den universumsfixierten Spinoza dem *Pantheos* und den zeitfixierten Nietzsche dem *Entheos* zu. Dass Nietzsche der ethischen Gleichung den Pfeil der Zeit hinzufügt, führt dazu, dass *amor dei intellectualis* und *agape* als Grundlage für *amor fati* zusammengeführt werden. Seine eigene Weltsicht basiert natürlich auf dem Tod des abrahamitischen Gottes, und da sie auch den Tod des Individuums ankündigt, gerät der Nietzsche'sche *Übermensch* in eine Sackgasse, in der alles in der bisherigen Geschichte geliebt werden muss – pflichtgemäß und vorbehaltlos –, da es keinerlei äußere Erlösung oder sonstige seelische Entlastung gibt. Dies bedeutet, dass eine akzeptierende Haltung nicht ausreicht: Nietzsche behauptet zu Unrecht, dass für eine mögliche Versöhnung mit dem Schicksal tatsächlich eine *transzendente Liebe* erforderlich sei. Da die Schicksalsliebe logisch abgeleitet ist, eine Notwendigkeit für die ethische Substanz und nicht eine Art frei gewähltes Gefühl, ist nur die metaphysische Liebe, die *Agape*, für diese Aufgabe geeignet. Das Schicksal entsteht und muss als Wahrheit geliebt werden, als ein Akt, bei dem die Ereignisse in der Geschichte fixiert sind. Deshalb stellen wir *amor fati* in das Oszillieren zwischen Pantheos und Entheos in der syntheologischen Pyramide.

Die intimsten Beziehungen erinnern uns daran, dass alles Wesentliche im Leben mit zwei und nicht mit einem beginnt. Eins ist nichts: die Anziehung beginnt immer mit zwei. Und als definitives Wahrheitsereignis steht die Anziehung im Fokus der Mystik. Zarathustra hat dies bereits mit seinem Begriff *asha* im alten Iran ausgedrückt, gefolgt von Heraklit, der die Idee mit seinem Begriff *anchibasie* im alten Griechenland vollendete. Interessanterweise sind beide Konzepte zweideutig: Sie können sowohl als *gegenwärtig* als auch als *nahe am Sein* übersetzt werden (nicht zu verwechseln mit der Besessenheit des Spätkapitalismus von allen Arten pseudobuddhistischer *Achtsamkeit*). Da zwei das Minimum in der syntheistischen Ontologie sind – nichts kann immer nur ein einziges sein, anders als das Eine, das Universum als Ganzes selbst – kann eine engere Verbindung mit dem Objekt auch kein Ausgangspunkt für die Ontologie sein. Vielmehr muss diese auf der tatsächlichen Beziehung zwischen mindestens zweien beruhen, auf dem existentiellen Sein in der Trennung zwischen ihnen. Dabei haben *Asha* und *Anchibasie*, brillant, nicht nur ontologische und epistemologische, sondern auch ethische Konsequenzen. Richtig zu leben, zu verstehen und zu handeln bedeutet, den Zuständen *asha* oder *anchibasie* ständig so nahe wie möglich zu bleiben.

Dies war den Protosyntheisten Zarathustra, Heraklit und ihrem chinesischen Pendant Laotse bereits einige tausend Jahre vor der Vollendung ihres Denkens durch ihre hingebungsvollen Nachfolger Nietzsche und Heidegger überdeutlich. Und was Heidegger betrifft, so konstruiert er natürlich seine *gesamte Ethik der Präsenz* aus der

*Anchibasie* – dieses Konzept ist der Schlüssel zu seinem existenzialistischen Ziel, der *Gelassenheit* oder spirituellen Befreiung. Für den Syntheismus sind *Asha* und *Anchibasie* nicht nur inspirierende Konzepte aus den Anfängen der Philosophie, sondern auch die Grundlage für ihren *Existentialismus.* Die Suche nach der Nähe zur Wahrheit und der Wille zur Präsenz in der inneren Spaltung der Wahrheit – bedingt durch ihr ständiges Oszillieren und die Unmöglichkeit, jemals außerhalb der Phantasiewelt des Menschen verewigt zu werden – bedeutet, dass der Kern der syntheistischen Mystik bereits mit Zarathustra und Heraklit existierte. *Asha* und *Anchibasie* sind nicht nur die Grundlagen der syntheistischen Ontoepistemologie – wir können uns keineswegs der Dialektik zwischen Ewigkeit und Mobilismus bedienen, ohne sie anzunehmen –, sondern sie sind auch die ethische Substanz der synthetischen Mystik.

Wir kommen zu *Asha* und *Anchibasie* im selben Moment, in dem wir ihre Bedeutung vom *äußeren Beobachten* zum *inneren Beteiligtsein* übergehen lassen. Von diesem Ausgangspunkt in der syntheistischen Mystik landen wir zwangsläufig in der *relationalistischen Ethik*. Kein anderer Philosoph, weder vor noch nach Heraklit – mit der möglichen Ausnahme seines Vorgängers und seiner Inspirationsquelle Zarathustra – war so nah dran, die metaphysische Wahrheit mit solcher Präzision zu definieren. Denn gerade in ihrer intensiven Nähe zum Wahrheitsereignis – und nicht in einer Art Absorption in das Ereignis – manifestiert sich die metaphysische Wahrheit, in ihrem ständig scheiternden, aber notwendigen Versuch, die *mindestens zwei* im Kern der Ontologie zu vereinen. Wir drücken dies aus, indem wir sagen, dass wir durch all die Abertausende von Wahrheiten, die wir ständig produzieren, die *ursprüngliche Eternalisierung* als die bestimmende Wahrheit als einen Akt für unsere existenzielle Substanz, als den ursprünglichen Akt für uns als schöpferische *Wahrheitsmaschinen* finden.

Die Konsequenz daraus ist, dass, wenn wir versuchen, *Asha* oder *Anchibasie* als eine onto-epistemologische Grundlage zu vermeiden, es notwendig wird, alle Formen der Bewegung überhaupt zu leugnen. Das bedeutet, dass jede Bewegung ohne Ausnahme als illusorisch betrachtet werden muss. Parmenides ist der griechische Philosoph, der diese logisch notwendige Schlussfolgerung zieht, und mit Parmenides wird die Revolte gegen die bahnbrechenden, kontraintuitiven, aber dennoch logischen Einsichten des Heraklit geboren. Parmenides´ Ehrgeiz wird von den Physikern Isaac Newton und Albert Einstein erfüllt, wenn sie ein Weltbild schaffen, in dem alle Bewegung in einem platonistischen *Blockuniversum* illusorisch ist, in dem die verschiedenen Formen von Gesetzen und Determinismus in einer eingefrorenen Raumzeit allem anderen vorausgehen. Das Problem ist jedoch, dass die Mathematik nicht der Physik vorausgeht. Die Existenz ist nicht primär mathematisch (ideal) und sekundär physikalisch (tatsächlich), wie Platon behauptet. Sie ist lediglich physikalisch. Wir leben ganz einfach nicht in irgendeiner Form des einsteinischen Blockuniversums, wie aufgeräumt das auf dem Reißbrett auch immer aussehen mag; wir leben *de facto* in einem wesentlich komplizierteren Bohr'schen *Netzwerkuniversum.*

Die Mathematik ist eigentlich nur eine fortgeschrittene, idealistische Ergänzung. Wenn man etwas nimmt und dann zu dieser Sache noch etwas hinzufügt, dann erweitert sich das Ganze natürlich im Großen und Ganzen. Es wird zu etwas mehr. Aus dieser unvermeidlichen Tatsache ziehen die ersten Mathematiker die Schlussfolgerung, dass 1 plus 1 möglicherweise 2 sein könnte, und bauen dann aus dieser axiomatischen Annahme die gesamte Wissenschaft der Mathematik auf. Das Problem ist jedoch, dass diese Argumentationslinie nur in der Theorie funktioniert, was bedeutet, dass sie nur in der Mathematik selbst anwendbar ist. Und warum ist das so? *Weil in der Natur die zweite 1 nie identisch mit der ersten 1 ist.* In der Natur gibt es nie zwei absolut identische Objekte, die man symmetrisch addieren oder gegeneinander austauschen könnte. Die Natur ist nicht nur *analog*, sondern auch grundlegend *asymmetrisch* in allen Richtungen. Es gibt überhaupt nie zwei von irgendwas – es gibt Phänomene, die nicht nur fließende Grenzen haben, sondern auch völlig einzigartig sind, was zur Folge hat, dass alle unsere Verallgemeinerungen, so erkenntnistheoretisch notwendig sie auch sein mögen, nie genauer sein können als willkürliche Annäherungen. Syntheologisch bringen wir dies so zum Ausdruck, dass Entheos ontologisch in der gleichen Klasse wie Atheos und Pantheos steht - oder, um die Sache poetischer auszudrücken: *Zwei ist die erste Summe für den fundamentalen Unterschied innerhalb des Einen*, und es liegt in der Eigenschaft dieses wissenschaftlichen Axioms, dass *Multiplizität die Grundlage der Ontologie* ist.

Danach müssen wir nur noch die Addition umkehren, um die Subtraktion, die vorübergehend negative Addition, zu erhalten - weder mehr noch weniger. Im nächsten Schritt bauen wir mit *Multiplikation* und *Division* als Abkürzung zu immer komplexeren Additionen und Subtraktionen weiter auf. Und so weiter und so fort. Aber wir verlassen niemals den Eternalismus innerhalb der Mathematik, der letztlich *angewandter Eternalismus schlechthin* ist. Die mobilistische Existenz außerhalb der mathematischen Konstruktion nimmt davon jedoch keine Notiz; sie ist nicht im Geringsten mathematischer als sie eternalistisch ist. All diese Dinge sind lediglich illusorische Vorstellungen, die von unseren unzulänglichen, wenn auch funktionalen Hilfsmitteln zur Navigation durch die Wirren der Existenz genährt werden. Es ist hier wichtig zu beachten, dass sich die Mathematik nicht als eine Art neuzeitliches Auftauchen von der Physik unterscheidet - ein solcher plötzlich aufgetauchter mystischer Grad an Komplexität ist nicht erforderlich -, sondern dass diese Trennung tatsächlich genau in dem Moment eintritt, in dem die Mathematik überhaupt in Gebrauch kommt. Die strukturierte Phantasie bricht in eine Richtung auf, die chaotische Realität in eine andere. Wir leben in einem radikal relationalistischen Universum - nicht in einem mathematischen. Wir dürfen nicht dem autistischen Platon folgen und die verlockenden Vereinfachungen und Phantasie-Symmetrien der Mathematik mit der unendlich komplexen Realität an sich verwechseln.

Mathematik ist lediglich unser eternalisierter Versuch, eine mobilistische Umgebung zu verstehen, die sich unseren Beschreibungen dieser Umgebung ständig entzieht, und dies muss letztlich auch für mathematische Formeln an sich gelten, die in Georg Cantors transfiniter Mathematik greifbar werden. Nach dem britischen Philosophen und Mathematiker Bertrand Russell, einem der prominentesten Schüler Whiteheads, gelingt es Cantor, eine Wissenschaft der Unendlichkeit zu schaffen. Der Syntheismus kann dem nur zustimmen und, wenn nichts anderes übrig bleibt, sich für die inspirierenden Metaphern bedanken.

Folgt man dem Relationalismus, wie der schwedische Religionsphilosoph Matz Hammarström behauptet, herrscht immer eine intraaktive Interdependenz zwischen dem Menschen und seiner Umwelt. Oder um es phänomenologisch auszudrücken: Es gibt keine wirkliche Grenze zwischen der nahen Welt des Menschen und seiner Umgebung. Alle Phänomene, mit denen der Mensch konfrontiert wird, schließen ihn ontologisch bereits ein. Dann muss sich auch die Erkenntnistheorie, und letztlich auch die Ethik, dieser Tatsache unterwerfen. Die Kenntnis der den Menschen umgebenden Welt kann nicht erreicht werden, ohne dass der Mensch selbst integraler Bestandteil des Gegenstandes dieser Erkenntnis, des relationalistischen Phänomens, ist, dessen Teilhabe in jedem verewigten Kalkül ständig diskontiert werden muss. An dieser Stelle weichen Platon und seine Mathematik radikal vom mobilistischen Denken ab. Für Platon ist die Dualität, die die Mathematik bietet, eine grundlegende Gegebenheit für die Ontologie, aber außerhalb der Welt der Mathematik gibt es keine solchen Dualitäten. Phänomene können im Verhältnis zueinander diachronisch sein, aber das an sich bedeutet nicht, dass sie dual sind, wie uns die Mathematik glauben machen will. Zwei Phänomene können gleichzeitig oder im selben Bereich auftreten, aber niemals beides gleichzeitig. Und umgekehrt: Wenn zwei Dinge entweder zu verschiedenen Zeitpunkten oder an verschiedenen Orten auftreten, sind sie damit automatisch immer unterschiedliche Phänomene.

Heraklit ist der erste Mensch in der Geschichte, der dies ernsthaft sowohl erkannt als auch formuliert hat. Sein Universum ist vertikal und sieht den Kontext als primär. Parmenides antwortet mit einem Universum, das horizontal ist und dessen Sequenzen er als primär betrachtet. Es ist nicht der Wahrheitsgrad dieser Aussagen selbst, der bestimmt, welcher dieser Zweige die philosophische Arena beherrscht, sondern wie gut sie zu den vorherrschenden Machtstrukturen passen und sich ihnen anpassen. Es ist also nichts anderes als die Nützlichkeit von Parmenides' Weltbild für die feudalistischen und kapitalistischen Eliten, die ihm seinen dominanten Status verleiht, bis hin zu Whiteheads und Bohrs Relationalismus, wenn sich nach all dieser Zeit Heraklit - zumindest vorläufig - als richtig erweist. Die drei gefeierten zivilisatorischen Grundpfeiler der Aufklärung - das Individuum, das Atom und das Kapital - und die Urformen von Kants Subjekt und Objekt haben ihre Wurzeln bei Parmenides. Gleichzeitig zieht die netzwerk-dynamische Revolution dem Individualismus und Atomismus sowie dem Kapitalismus und damit dem gesamten Erbe Parmenides' den Boden unter den Füßen weg.

Der Syntheismus umfasst eine Ethik des Überlebens als Gegengewicht zum Moralismus der Unsterblichkeit, der charakteristisch für die Lebensanschauungen der dualistischen Philosophien ist. Die platonistische Besessenheit von Unsterblichkeit und Vollkommenheit zeugt von ihrer Feindseligkeit gegenüber der Existenz und dem Leben, einer Phobie vor Veränderung, die in ihrem tiefsten Inneren eine Todesanbetung ist. Aus der Nietzscheanischen Perspektive des Syntheismus heben sich Platon und seine dualistischen Erben daher als die Propheten des Todeswunsches hervor. Der Syntheismus feiert stattdessen die Eternalisierung des entscheidenden Augenblicks, die Manifestation des Einen in der irreduziblen Vielheit, als das unendliche Jetzt. Alle Werte und Wertungen müssen sich dann auf das unendliche Jetzt als Ereignishorizont stützen. Die Ewigkeit in der Zeit und die Unendlichkeit im Raum sind in der platonischen Raumzeit keine wie auch immer gearteten Erweiterungen, sondern poetisch als kompakte Konzentrationen leidenschaftlicher Gegenwart beschreibbar. Die Ewigkeit in der Zeit und die Unendlichkeit im Raum können sich nur im unendlichen Jetzt treffen, im minimierten Einfrieren der Zeitlichkeit, und nicht in einer Art maximaler Ausdehnung. Wir sind also nicht ewige Geschöpfe, weil wir unsterblich sind, sondern weil wir die Ewigkeit sowohl als logische als auch als emotionale Darstellung des Unendlichen denken und erleben können, fokussiert auf den gegenwärtigen Augenblick. Was wiederum bedeutet, dass die syntheistische Transzendenz eher innerhalb als außerhalb der Immanenz lokalisiert ist.

Liebe und Mystik im Unendlichen bilden nun den eigentlichen Kern der Ethik des Überlebens. Hier erscheint eine Alternative zu allen Formen des Moralismus, die auf dem vorgefassten Zustand der Dinge basieren. Dass Wertungen, die lose im Zustand der Dinge begründet sind, eine Haltung wie "die Zukunft sollte mehr so sein wie jetzt" als ethisches Leuchtfeuer motivieren können, ist nicht etwas, das eine logische Robustheit besitzt. Dass die Natur in einer bestimmten Situation in einer bestimmten Weise zu handeln scheint, bedeutet natürlich nicht, dass der Mensch die Mechanismen der Natur als ethisches Leuchtfeuer haben muss. Während amor fati eine pflichtbewusste Liebe zur verschlossenen Vergangenheit ist, schließt der Imperativ nicht die offene Zukunft ein; vielmehr impliziert er eine widersprüchliche Ermutigung, mit allem, was war, zu brechen, d.h. die räumlich-zeitliche Vielfalt zu erweitern, anstatt sie zu minimieren, wie der Erz-Nietzscheaner Gilles Deleuze es ausdrücken würde. Ethisches Handeln bedeutet also mindestens ebenso oft, die Natur zu verletzen, am kulturellen und zivilisatorischen Prozess teilzunehmen und ihn voranzutreiben, wie ihr zu folgen. Die Natur ist keine abrahamitische Gottheit und auch die Wahrheit ist kein ethisches Leitprinzip.

Selbst relationalistische Philosophen können in die Falle tappen, das Verhalten der Natur in ein solches ethisches Leuchtfeuer umwandeln zu wollen. In seinem *Nihil Unbound* schildert Ray Brassier eine Art faszinierende Freudsche Kosmologie mit dem Universum als einem entropischen Riesen, geblendet und auf dem Weg zu seiner eigenen Auslöschung - was er ein *Organon der Auslöschung* nennt. Brassiers Ausgangspunkt ist, dass die Kultur alles getan hat, um das *Trauma des Aussterbens* zu vermeiden. Sein Bestreben ist es stattdessen, einen Sinn zu konstruieren, der auf der unvermeidlichen *Vernichtung* der Existenz beruht. Brassier tut dies, indem er sowohl den phänomenologischen als auch den hermeneutischen Zweig der kontinentalen Philosophie angreift, aber auch den Deleuzianischen Vitalismus, der, wie er argumentiert, versucht, der Existenz alle möglichen Bedeutungen einzuflößen, als eine Art fehlgeschlagene und grundsätzlich unwirksame Anrufung gegen das Trauma des Aussterbens. Brassier stützt sich stattdessen bei seinem Appell für seinen radikalen *Ultranihilismus* auf Denker wie Alain Badiou, François Laruelle, Paul Churchland und Thomas Metzinger. Er weist darauf hin, dass das Universum aus dem Nichts entstand (das *Atheos* des Syntheismus), und seine Idee des Organons der Auslöschung als philosophischer Ausgangspunkt - die Tatsache, dass das Leben nur vor dem Hintergrund seiner eigenen unvermeidlichen Vernichtung erlebt werden kann - ist nach Brassier auch die Voraussetzung dafür, dass das Denken überhaupt existiert. Syntheologisch ausgedrückt: er betrachtet *Pantheos* und *Entheos* lediglich als untergeordnete Aspekte des durch und durch dominierenden *Atheos*, wo jede Form von *Syntheos* nirgendwo zu sehen ist.

Zu den dramatischen Errungenschaften von Brassier gehört, dass er den Kantschen Korelationismus angreift, basierend auf der Annahme, dass das Denken nicht in Bezug auf das Sein existiert, wie Kant behauptet, sondern in *Bezug auf das Nichtsein.* Nur dort eröffnet sich die Möglichkeit für einen philosophischen Weg nach vorn, und der ist relationalistisch. Aber selbst wenn seine Kosmologie physikalisch korrekt wäre - synthetische Physiker wie Lee Smolin und Roger Penrose stimmen ihm definitiv nicht zu - bedeutet dies nicht, dass sich bewusste Menschen selbst als eine Art sich wiederholende Organone verhalten müssen, die von nackten Todestrieben durchdrungen sind (auch wenn der ältere Jacques Lacan mit der gleichen Idee spielte). In lacanianischer Manier ausgedrückt, konstruierte Brassier damit eine Art *Theologie des Unterbewusstseins* als ethisches Leitprinzip, aber er ordnete sie demselben wackeligen Ort zu wie die Soziobiologen des 19. Jahrhunderts - als sie unter anderem die Grundlagen für den Nazismus des 20. Jahrhunderts legten -, nämlich dem masochistischen Willen, sich der Natur zu *unterwerfen, ihr zu folgen und sie zu verstärken,* genau so, wie es auf wissenschaftlich äußerst wackeligen Grundlagen bereits angenommen wird.

Die Antwort des Syntheisten auf Brassiers radikalen Nihilismus besteht natürlich darin, dass er auf halbem Wege in der syntheistischen Dialektik stecken bleibt, in einer Art *permanentem masochistischen Genuss* unter Atheos, ohne die pyramidale Gedankenbewegung über Pantheos in die *affirmative Oszillation* zwischen Entheos und Syntheos zu kommen, wo die vier Ecken der syntheologischen Pyramide einander gleich sind. Brassiers Vorbild Nietzsche hat natürlich nie seinen affirmativen Nihilismus in seinem sonst so schön gescheiterten Konzept des *Willens zur Macht* begründet. Nietzsches Bejahung kann stattdessen nur durch einen voll bewussten existentiellen Akt der Wahrheit erreicht werden, wobei der *Akt die Wahrheit* hervorbringt, die wiederum den *Über-Mensch* hervorbringt. In Nietzsches post-nihilistischer Bejahung seines Vorbilds Badiou steckt also wesentlich mehr von Nietzsches post-nihilistischer Affirmativität, als Brassier zu verstehen scheint. Deshalb landet auch die ansonsten beeindruckende nihilistische Argumentation von Brassier - außer dass sie auf einer wahrscheinlich falschen, aber besonders interessanten Lesart der modernen Kosmologie beruht - nur zur Hälfte in der synthetischen Dialektik.

Aber wenn uns die Natur als passiver Rezipient nicht aktiv mit irgendwelchen Wertungen versorgt, dann tut dies auch eine mögliche zukünftige Auslöschung des Universums nicht, da die Vernichtung ganz sicher auch Teil der Natur ist, die laut Brassier schweigt. Der Syntheismus beruht also auf einem noch radikaleren Nihilismus als derjenige von Brassier, da seine Leere noch tiefer ist und vor allem an einem der schlüpfrigen Ränder des Atheos nicht den wunschdenkenden Halt von Brassier findet. Innerhalb der Syntheologie *per se* bietet die existentielle Erfahrung - unabhängig davon, ob sie das Trauma der Auslöschung als Hintergrund hat oder nicht - keine möglichen Werte. Die Einsicht, die uns erreicht, wenn wir den Atheismus bis zur äußersten Grenze ausreizen, ist stattdessen, dass Wertungen wirklich *strikt ex nihilo* geschaffen werden müssen. Das ist *radikaler Atheismus*, der dialektische Wendepunkt, an dem der voll durchdachte Nihilismus als berüchtigter Auslöscher aller historischen Werte und Wertungen in einen *affirmativen Syntheismus* überführt wird.

Statt auf Brassiers Auslöschungsorganon basiert die synthetische Ethik auf dem klassischen Zarathustra-Axiom: Die ethische Substanz des Menschen sind seine Gedanken, seine Worte und seine Handlungen, und zwar in genau dieser Reihenfolge. Erst auf der Grundlage einer radikalen Identitätsbildung findet die Ethik ihren Niederschlag. Und worauf gründet dieses ethische Prinzip, wenn nicht auf dem Sein oder Nichtsein der Eigenliebe? Nur das Geschöpf, das sich selbst so liebt, wie es ist, aus einer krass logischen und ethischen Akzeptanz seiner selbst heraus, und nicht auf irgendeiner Art von sentimentaler und unzuverlässiger emotionaler Leidenschaft beruht, kann ethisch korrekt handeln. Und dann ist das *Überleben* das ethische Leuchtfeuer, das auf dem *Prinzip der Maximierung des existentiellen Vergnügens* beruht - am deutlichsten manifestiert in dem religiös-ekstatischen Zustand, den Syntheologen das *unendliche Jetzt* nennen - und nicht auf irgendeiner Art voreiliger Nachahmung einer angeblich zukünftigen universellen Vernichtung.

Nietzsche, der Vater des europäischen Nihilismus, geht interessanterweise im Vergleich zu Brassier in die entgegengesetzte Richtung und plädiert stattdessen für eine Ethik, die auf dem Widerstand gegen die Taten der Natur beruht. Er stellt die Kultur gegen die Natur und findet den Kern des *Übermensches* in einer Art *Widerstandsästhetik* - aber nicht ohne den Menschen zuvor mit seiner tiefen animalischen Natur zu konfrontieren - eine ethische Wende, die unter anderem von seinem französischen Nachfolger Georges Bataille untersucht und perfektioniert wurde, der mit seinem umfangreichen *atheologischen* Projekt in den 1950er Jahren wiederum eine der wichtigsten Inspirationsquellen Lacans und offensichtlich auch des Syntheismus wurde. Nach Nietzsche und Bataille erhält der Mensch seine eigene ethische Substanz, indem er sich dem Natürlichen entgegenstellt - indem er überlebt, statt sich anzupassen. Wenn sich das Universum also wirklich auf dem Weg zu einem endgültigen Tod und Aussterben befindet, könnte eine Antwort Nietzsches auf diesen Zustand darin bestehen, das *Überleben* als Norm durch jeden Gedanken, jedes Wort, jede Handlung gegen das Aussterben zu verteidigen. Dabei ist Nietzsche mit seinem Reichtum an tragischen Helden der *Überlebensethiker* schlechthin. Er stellt das Prinzip der Maximierung des existenziellen Vergnügens dem Bestreben von

Brassier entgegen, den *todessehnsüchtigen Masochismus des Unterbewusstseins* zu beschleunigen und zu verwirklichen.

Brassiers Philosophie ist in der Tat fest in den Eckpfeilern Atheos, Entheos und Pantheos der Syntheologie verankert (was er vermisst, ist die bejahende Einführung des Syntheos). Er hat Recht, wenn er sagt, dass dieses nihilistische Fundament als eine große historische Errungenschaft, als eine Art kollektive intellektuelle Reifung, und nicht als eine bedauerliche geistige Notlage verstanden werden muss. Aber da die Welt von Brassier nichts anderes als erhabene Physik ist - und er im Gegensatz beispielsweise zu Alain Badiou nicht die Fähigkeit des Menschen in Betracht zieht, die *Wahrheit durch einen Akt* zu schaffen - öffnet er auch den Weg für die Gegenfrage, ob sein eigener Nihilismus das Ende der Geschichte bedeutet. Und darauf hat Brassier keine eindeutige Antwort. Seine Freudsche Kosmologie wird nicht einmal innerhalb der Physik verifiziert. Es genügt - in der Art von Niels Bohr -, die *Zeit als die wirkliche Konstante der Physik* zu betrachten, in einem eher indeterministischen als deterministischen Universum, um Brassiers langwierige Apokalypse zum Einsturz zu bringen.

Was die Syntheologie zu Brassiers Ultranihilismus beiträgt, ist, dass sie von der Basis, die um die drei Grundkonzepte herum konstruiert wurde, Linien nach oben zur Spitze der Syntheologiepyramide zieht. Dadurch fügt sie der Weltsicht die Emotionen und die Kreativität des Menschen hinzu; und sie beinhaltet ironischerweise auch Brassiers eigenes höchst libidinöses Philosophieren an sich, dessen Triebkraft Brassier niemals auf der Grundlage seines begrenzten atheologischen Modells erklären kann. Es geht um Emotionen und Kreativität, die ein scheinbar depressiver oder böswilliger Brassier nicht ausspricht oder zu ignorieren versucht. *Syntheos* ist die höchst bewusste Schöpfung Gottes durch den Menschen, ihr Sinn für Staunen und Zuversicht gegenüber dem fundamentalen Dreieck der syntheologischen Pyramide, auf dem sie mit einem *logischen Glauben* aufbaut. Es geht um die Vision des Menschen von einer neuen und anderen Zukunft, der *Utopie*, in Bezug auf seine gegenwärtige existenzielle Situation, und sie ist auf der Grundlage seines fundierten Wissens über die grundlegende Natur der Existenz aufgebaut.

Tatsächlich versteht Brassier das *Trauma des Aussterbens*, aber er ringt offensichtlich mit dem *Schock der Affirmation*, die aus der Einsicht in die eigene Sterblichkeit folgt. Deshalb bleibt *Nihil Unbound* in der Kategorie *Protosyntheismus* stecken. Dieses sonst so beeindruckende philosophische Werk, diese vollendete *Atheologie*, bleibt in einer der drei unteren Ecken der Syntheologiepyramide stehen, unfähig, sich nach oben zu erheben. Brassier behauptet, was völlig einleuchtend ist, dass Atheos der gewaltige Motor des Universums selbst ist, aber er hat den Motor weder selbst in Gang gesetzt noch sich von der Reise mit auf die Reise in der Syntheologiepyramide mitreißen lassen. Und die Erklärung ist, wie so oft bei philosophischen Trugschlüssen, psychologisch. In seinem Bestreben, als neutraler Beobachter außerhalb des relationalistischen Universums zu stehen, übersieht Brassier, dass eine solche psychologische Entfremdung für den Philosophen ebenso unmöglich ist wie die entsprechende physiologische Entfremdung für den Physiker. Brassiers Unzulänglichkeit besteht darin, dass ihm das *ozeanische Gefühl* fehlt, das der Lohn für eine wirklich partizipatorische Philosophie ist. Folglich strebt die *geistige Arbeit der Synthetiker* danach, diese *Ozeanizität* zu erreichen und dann zu erhalten.

Die Utopie ist der Gott namens *Syntheos*, und der Kern von Syntheos ist die existentielle Erfahrung der Auflösung des Ichs und der Vereinigung mit dem Einen, der Einheit der Existenz. Hier verlässt der Syntheismus die klassische Philosophie und tritt in die Welt der Theologie ein. Denn der Schritt von einer illusorischen existenziellen Dividualität zu einer wesentlich glaubwürdigeren existenziellen Ozeanität erfordert, dass man die *Philosophie* als transzendentalen Totalismus verlässt, um als immanenter Mobilismus in die *Theologie* einzutreten. Deshalb beschreibt Brassiers Vorbild François Laruelle den spekulativen Totalismus Hegels als den Höhepunkt der Philosophiegeschichte, da der Totalismus - den Hegel erst vollendet und dann auch dialektisch umkehrt - im Kern *das Wesen der philosophischen Übung* ausmacht. Wenn dies der Fall ist, muss das mobilistische Denken die Theologie als Waffe einsetzen, um den Kurs der Philosophie weg von ihrer Fixierung auf das Aussterben zu ändern. Denn es bedarf offensichtlich einer theologischen dialektischen Umkehrung, um die Emotionen des Menschen als entscheidenden Faktor - oder syntheologisch ausgedrückt - wieder einzuführen: Syntheos muss dem metaphysischen Dreieck Atheos-Entheos-Pantheos hinzugefügt werden - mobilistisches Denken muss behaupten, dass *Theologie tiefer ist als Philosophie*. Dadurch kann die Syntheologie als die notwendige Metamorphose zu wirken beginnen, die die Philosophie vor dem zermürbenden und zerstörerischen Todeswunsch des Totalismus bewahrt.

Mobilistisches Denken hat schon immer die Emotionen von Wesen berücksichtigt; totalistisches Denken basiert stattdessen auf einem Bild von Wesen als eingefrorene Objekte. Nur wenn wir den Menschen als entfesselten äußeren Beobachter der Existenz, Kants Fantasie, oder als entfesselte isolierte Nahwelt ohne authentische Beziehung zur umgebenden Welt, Hegels Fantasie, betrachten, können wir akzeptieren, dass der Totalismus jegliche intellektuelle Ehrlichkeit aufweist. Andererseits erfordert z.B. die emotional motivierte und theologische Suche Heideggers und Ludwig Wittgensteins nach einer *engagierten Präsenz* ein korrektes Gesamtbild der Lebenswelt des Menschen, die Rettung der Syntheologie und die abschließende Ergänzung. Durch die Hinzufügung von Syntheos wird die Syntheologiepyramide *humanisiert*. Nur auf diese Weise kann die Philosophie ihre Integrität vor Laruelles antiphilosophischen Angriffen retten und eine von der sonst allumfassenden Physik getrennte Rolle gewinnen. Dank der tatsächlichen Präsenz des ständig emotional engagierten Menschen in der Welt und in der Philosophie ist der letzte Schritt der Syntheologie historisch notwendig. Die Ozeanität ist nicht nur ein wunderbar befreiendes Gefühl, eine mitreißende emotionale Erfahrung, sie ist auch der notwendige Gegenpol zum zynischen Isolationismus, der notwendige logische Gegenpol zum Individualismus, die einzige Möglichkeit für das Denken, sich aufzulösen und ein für allemal das philosophische Gefängnis des unehrlichen kartesianischen Theaters zu verlassen.

Heidegger versucht, die Transzendenz von innen heraus zu verändern. Er argumentiert, dass die Transzendenz eine neue, glaubwürdige Rolle erlangt, wenn sie als eine innere menschliche *Aktivität* verstanden werden kann und nicht als ein äußerer, getrennter Bereich, den der Mensch zu erreichen und zu erobern versucht, d.h. als eine *transzendentale Psychologie* und nicht als eine kantische Phänomenologie. Heideggers Suche lässt sich mit der *Dialektik zwischen Eternalismus und Mobilismus vergleichen (siehe The Global Empire).* Ohne Eternalismus würde die Wahrnehmung in einer vollständigen *Psychose* enden. Während wir ohne Mobilismus in einer ebenso vollständigen *Neurose* enden würden, da sich dann alles in ein einziges gigantisches, unberechenbares Chaos verwandeln würde, ohne jede Unterscheidung oder Einschränkung. Eternalismus ist der Ausdruck von Transzendenz, Mobilismus ist der Ausdruck von Immanenz im heideggerschen Sinne. Und beide sind ebenso notwendig und dbefinden sich arüber hinaus in einem dialektischen Verhältnis, damit der Mensch fähig ist, eine funktionale Weltsicht zu konstruieren, in der er *de facto* gegenwärtig sein kann.

Der Eternalismus unterscheidet sich vom Totalismus insofern, als er keinerlei ontologischen Status anerkennt oder vorgibt, in Bezug auf die mobilistische Realität primär und extern zu sein. Stattdessen ist er streng *phänomenologisch.* Der Vater des Pragmatismus, C.S. Peirce, betont den primären ontologischen Status des Mobilismus gerade dadurch, dass er ihn als *Erstheit* bezeichnet; folglich verleiht er dem Eternalismus einen Status, der als *Zweitheit* bezeichnet wird, und bezieht sich abschließend auf die Dialektik zwischen ihnen (d.h. wenn die Phänomenologie nach einem Exkurs über den Eternalismus zum Mobilismus zurückkehrt) als *Drittheit.* Somit hat der Eternalismus als *Zweiheit* überhaupt keine platonistischen Ambitionen. Er begreift sich vielmehr als eine brillante, scharfsinnige Antwort auf den massiven semiotischen Fluss aus einem immanenten und kontingenten Universum (Peirce ist kaum überraschend auch der Vater der *Semiotik*). Der Eternalismus ist damit in der Tat sehr wohl eine Transzendenz als Aktivität, genau das, was Heidegger sich wünscht, und als solche verwaltet er alle Steckenpferde des Totalismus hervorragend, ohne dass der Totalismus sich durch die Hintertür einschleichen und erneut versuchen könnte, die mobilistische Ontologie anzugreifen.

Die ursprüngliche Dividuation entsteht durch eine organische Kontraktion. Wir können diesen Zustand als *primitive Subjektivität* bezeichnen, im Gegensatz zur primitiven Objektivierung der Umwelt durch den Organismus. Aus der primitiven Subjektivität entwickeln sich die Organismen später zum denkenden und fühlenden Menschen unserer Zeit mit seiner Sprache und seinem Bewusstsein. Die Ideen sind dialektischer Natur, die Intensitäten sind ästhetischer Natur. Die existentielle Erfahrung lässt sich am besten als ein Oszillieren zwischen diesen beiden Polen beschreiben. Je ewiger der synthetische Akteur ist, desto mobilistischer wird das Phänomen, und umgekehrt. Das Subjekt wird durch die Wahrnehmung produziert, um dem semiotischen Fluss seinen Kontext und seine Bedeutung zu geben. Aber wenn das Subjekt nicht da wäre, wenn es nicht produziert würde, dann würden sowohl wir selbst als auch die Existenz irreduzible Vielheiten bleiben, die ohne Kontext und Bedeutung übereinandergestapelt sind. Aber ohne jede Form der Personifizierung entsteht keine Einheit. Ohne *Personifizierung* kann ein Chaos niemals als Kosmos verstanden werden. Ob man später, wie die klassischen Mystiker, behauptet, Gott müsse namenlos bleiben, um die illusorische Personifizierung Gottes aufrechtzuerhalten, oder wie die Syntheisten sagen, die Illusion sollte offen bejaht werden, so dass Personifizierungen unendlich produziert werden können, solange sie schöpferisch und erklärend motiviert sind - Syntheologie beginnt mit vier, tief in der Geschichte der Metaphysik verwurzelt -, ist eher eine Frage der Präferenz. Die Syntheisten sind jedoch gerne bereit, diese Frage in einem zukünftigen Vergleich der *schöpferischen Wirkung* dieser Positionen entscheiden zu lassen. Bis dahin lautet die transrationalistische Frage an den Gläubigen: Welchen Standpunkt wählen Sie, um sich mit Ihrer Wahrheit als einem Akt im Besonderen zu identifizieren und ihr als Wahrheit zu folgen?

Denn es ist das emotionale Engagement des Menschen, das in Philosophie und Theologie gebraucht wird, nicht seine internarzisstischen und anthropozentrischen Projektionen auf seine Umwelt. Aber weder die Leere, *Atheos*, noch die Natur, *Pantheos*, bieten uns einen sicheren Hafen. Wir beziehen uns zwar auf die Leere und die Natur und lassen uns von ihr faszinieren, aber wir müssen aus diesem Grund keineswegs ihren kontingenten Launen folgen. Wir können unser religiöses Zuhause nur gemeinsam mit anderen engagierten Gläubigen durch einen affirmativen kulturellen Ausdruck und nicht durch eine einschmeichelnde Nachahmung der Natur schaffen. Denn das Leben ist kein langwieriger zerstörerischer Tod; das Leben ist vielmehr ein *leidenschaftliches, kreatives Sterben.* Nur durch seine Sterblichkeit kann das Subjekt, Atheos, in seiner grundlegenden, schöpferischen Leere erfahren werden. Leben bedeutet daher, in Richtung des Todes zu leben, und das Subjekt ist dasjenige innerhalb des ständig sterbenden Agenten. Leben ist ein Werden: nur der Tod versorgt das Wesen. Syntheologisch drücken wir dies aus, indem wir sagen, dass *nur durch das Sterben Gott Gott für Gottes Selbst werden kann.* Indem der Syntheismus den Menschen wieder mit diesem historischen Ursprung, dieser meta-theologischen Grundvoraussetzung, verbindet, bringt er den Menschen an seinen rechtmäßigen Platz im Dasein zurück, und zwar in der sichersten Gesellschaft, umgeben von seiner eigenen schönsten Erfindung: *der Religion des geschaffenen und daher per definitionem sterblichen Gottes.*

# 12.
# DIE WAHRHEIT ALS AKT - DER WEG ZUR VIERTEN SINGULARITÄT

Rationales Denken nimmt Intuition als *Magie* wahr. Was scheinbar intuitiv funktioniert, wird von der Rationalität als etwas Magisches und grundlegend Unbegreifliches angesehen. Da Religion die Intuition respektiert und teilweise auf ihr beruht, kann Religion auch von der eng begrenzten Rationalität nicht als etwas anderes als Magie angesehen werden. Der Standardvorwurf des Rationalismus gegen den *Transrationalismus* lautet daher, ihn als einen Sack voller magischer Tricks abzutun - oder ganz einfach als reinen Aberglauben. Aber was gestern Magie war, ist heute technologische Realität. Es genügt, die vier epochalen informationstechnologischen Paradigmenwechsel in der Geschichte zu studieren, um zu dem Schluss zu kommen, dass dies der Fall ist. Während es also zynisch ist, zu wünschen, ist Sehnsucht auf der anderen Seite ein utopischer Akt. Und historisch gesehen ist die Sehnsucht nach der Utopie, die heute auf magische Weise unrealistisch erscheint, eher Ausdruck einer höchst vernünftigen Vorausplanung.

Wenn die *gesprochene Sprache* die erste Dimension im komplexen Universum der Sprache darstellte, dann muss die *geschriebene Sprache* als reine Magie erschienen sein, als sie als zweite Dimension Fuß fasste und im Handumdrehen den Aufbau der ersten Zivilisationen und Imperien in der Geschichte ermöglichte. Und genau so - als (gefährliche) Magie - stellt Platon die Schrift im Dialog *Phaidros* dar. Es genügt, sich vorzustellen, wie beeindruckend die ersten landwirtschaftlichen Tempel im Vergleich zu den unscheinbaren, provisorischen Lehmböden für den Regentanz des Nomadentums, die ihnen vorausgingen, ausgesehen haben müssen. Mit der Ankunft der Druckerpresse betrat die Menschheit die dritte *massenmediale* Dimension im Universum der Sprache. Nun war es die Verfügbarkeit - geschriebene Texte wurden plötzlich viel billiger - und die Geschwindigkeit der Textproduktion, die so beeindruckend war, dass die gesamte Tätigkeit plötzlich in einem magischen Glanz erstrahlte.

Was vorher für fast jeden unerreichbar war - der kostbare und heilige Text mit seinen Informationen, seinem Wissen, seiner Weisheit und seiner magischen Erzählung - war plötzlich für jeden erreichbar, der sich die Mühe machte, lesen zu lernen, was vor dem Druck ziemlich sinnlos gewesen war, da alle mühsam von Hand kopierten Textmanuskripte für alle unerreichbar waren, außer für die Reichsten und Privilegiertesten der Gesellschaft. Auf diese Weise wurden die Menschen in ihrer Eigenschaft als Leser und Schriftsteller auch schnell in einem noch nie dagewesenen Ausmaß füreinander zugänglich. Dadurch wurde auch die breite Öffentlichkeit in einem nie dagewesenen Ausmaß erweitert, und plötzlich gab es ein wesentlich größeres Kollektiv als den Stamm oder die Dorfgemeinschaft - nämlich die *Nation* -, das die kollektive Identität lieferte.

Das *Internet* ist natürlich die vierte Dimension im Universum der Sprache. Hätten wir vor hundert Jahren jemanden gefragt, wie diese Person eine Welt wahrnehmen würde, in der Milliarden von Menschen und Billionen von Maschinen in jedem Augenblick innig, kommunikativ, miteinander verstrickt sind und ständig miteinander kommunizieren, hätte man diese vierte Dimension der Sprache kaum etwas anderes als Magie genannt. Das Internet hat so dramatische

Folgen und zieht damit eine so radikale Revolution nach sich, dass wir dieses Phänomen auch in Bezug auf den dreidimensionalen physischen Raum als eine vierte Dimension betrachten müssen. Die globale Geographie wird durch die radikal verkürzten Entfernungen auf dem Planeten - dies gilt sowohl für menschliche als auch für mechanische Akteure -, die das Internet mit sich bringt, in ihren Grundfesten erschüttert. Und jedes Mal, wenn diese Magie auftaucht, bedeutet dies, dass eine neue Hoffnung geboren wird. Es bedarf keines unrealistischen Überflusses an historischen Erkenntnissen, um das menschliche Bedürfnis nach Utopien zu verstehen. Denn ohne Utopien gibt es natürlich keine Visionen, keine anzustrebenden gemeinsamen Ideale; und ohne Visionen gibt es natürlich auch keine Hoffnung, zumindest nicht in Form einer konkreten Formulierung, die ein Ziel für die Gestaltung der Gesellschaft darstellen kann. Sich *nach der Utopie zu sehnen* bedeutet also nicht, das Unmögliche zu wünschen, sondern zu verstehen, wie wichtig es ist, das *Magische*, das, was heute völlig unmöglich erscheint, *als etwas zu denken*, das morgen die notwendigste, schönste und eigentlich vernünftigste Möglichkeit ist. Wie sieht dann der *Weg zur Utopie* aus?

In der relationalistischen Physik spielen *Emergenzen* eine zentrale Rolle. Emergenzen treten auf, wenn ein einfacheres System aus dem einen oder anderen Grund einen so hohen Grad an Komplexität erreicht, dass es seine Form verändert und sich in ein völlig neues Phänomen mit völlig neuen Eigenschaften verwandelt. Ein Beispiel dafür könnte sein, dass die Biologie in Bezug auf die Chemie als ein emergentes Phänomen betrachtet wird, so wie die Chemie ihrerseits in Bezug auf die Physik ein emergentes Phänomen ist. Und wenn Emergenzen innerhalb der Wissenschaften eine zentrale Rolle spielen, gibt es keinen fundamentalen Grund, die Möglichkeit auszuschliessen, dass das metaphysische Äquivalent zu diesen Emergenzen in den Gesellschaftstheorien eine ebenso wichtige Rolle spielen könnte. Es gibt also gute Gründe, das metaphysische *Ereignis* als das soziale Äquivalent zur physischen *Emergenz* zu betrachten.

Die *relativistische Metaphysik* greift die klassische Idee der Wahrheit an. Daran ist nichts merkwürdig. Im Laufe der Geschichte sehen wir immer wieder, wie die gestern etablierte Wahrheit abgelöst wird, um durch eine neue und bald ebenso etablierte, alternative Wahrheit ersetzt zu werden. Die Intensität dieses Prozesses nimmt zu, wenn die neue Elite eine Gesellschaft in Verbindung mit einem Paradigmenwechsel übernimmt und völlig andere Ideale als die der vertriebenen Elite in den Vordergrund stellt. Relativistische Philosophen wie Friedrich Nietzsche und Michael Foucault begegnen diesen historischen Verschiebungen mit einer pragmatischen Haltung zur Wahrheitsproduktion: Wahrheiten werden in erster Linie von der herrschenden Machtstruktur produziert, um die Macht der Mächtigen zu bestätigen und zu festigen. Auch daran ist nichts merkwürdig; das Gegenteil wäre äußerst bemerkenswert. Eine Wahrheit kann nur so lange Wahrheit werden und bleiben, wie sie innerhalb des soziokulturellen Paradigmas verbleibt, das von der Gesellschaft angenommen wird, was bedeutet, dass in jeder Übergangsphase verschiedene und widersprüchliche Wahrheiten gegeneinander ausgespielt werden. Die Wahrheiten sind daher immer relativ. Sie sollen und müssen ständiger Kritik standhalten können. Wenn sie dieser Kritik im Lichte neuer Informationen nicht mehr standhalten, müssen sie schrittweise abgebaut und ersetzt werden.

Die *relationalistische Metaphysik* führt dieses kritische Denken Nietzsches und Foucaulds in Bezug auf die Wahrheitsproduktion jedoch einen Schritt weiter. Gemäß dem Relationalismus geht der Relativismus in seiner Kritik an einer antiquierten und nutzlosen Idee von Wahrheit nicht weit genug. Für das Internet-Zeitalter ist eine neue *Meta-Wahrheit* erforderlich. Es ist richtig, dass die herrschende Machtstruktur danach strebt, die Wahrheit zu produzieren, die ihre Position bestätigt und festigt. Aber unabhängig davon kann eine neue Wahrheit einen höheren Informationsgehalt und eine stärkere empirische Beweisbarkeit haben als eine alte, d.h. abgesehen von ihrer größeren Relevanz und Brauchbarkeit für ein neues Machtgefüge. Nach dieser Auffassung kann sie somit in einer Hierarchie der produzierten Wahrheit höher klettern und *de facto* einer imaginierten, aber in ihrer Formulierung tatsächlich unzugänglichen, in physikalisch unbestreitbaren Tatsachen begründeten Realität näher kommen, indem sie eine *Emergenz* gegenüber der alten Version der Wahrheit darstellt.

Eine neue, emergente Version der Wahrheit wird aus der alten Wahrheit geboren, bringt aber die ganze Angelegenheit auf eine völlig neue Ebene, und auf dieser höheren Ebene hat die neue Version der Wahrheit eine völlig neue Akzeptanz und alle neuen Konsequenzen für das kollektive Weltbild im Vergleich zu der Wahrheit, die zuvor allgemein angenommen wurde. Die neue Wahrheit ist eher in *intersubjektiver* als in objektiver Weise wahrer als die alte, sowohl nominell als auch relativ. Wenn wir zum Beispiel aus einer zeitgenössischen Perspektive die Geschichtsschreibung des Kapitalismus und des Industrialismus sezieren und die Idee verwerfen, dass die Ereignisse, die sich in Paris einige Jahre nach dem ersten Schuss 1789 ereigneten, tatsächlich eine *Revolution* in irgendeinem interessanten Sinn darstellten, und sie stattdessen als *Symptom einer wirklichen Revolution* klassifizieren, die schon lange vorher stattgefunden hat - wobei die eigentliche Revolution, auf die wir uns dann beziehen, offensichtlich darin besteht, dass die Druckerei ab Mitte des 15. Jahrhunderts in Deutschland mit der Produktion von allgemein zugänglichem Lesestoff beginnt -, bedeutet dies, dass wir die Druckerei zu einem Vorläufer der Internet-Revolution unserer Zeit aufwerten, in der die *Entstehung des Internets das aufkommende Phänomen* ist, das uns zwingt, die gesamte Geschichte neu zu schreiben, damit wir uns selbst und die Ereignisse, die uns geschaffen haben, intersubjektiv besser verstehen, als es bisher möglich war.

Durch diese neue, informationstechnologische Geschichtsschreibung erhalten wir nicht nur eine relevantere und machterzeugendere Weltsicht für die aufkeimende Netokratie - so weit würde ein relativistischer Historiker zustimmen -, sondern wir erhalten durch den Status des Internets als einer historischen *Emergenz* auch eine *de facto* wahrere und aus einer intersubjektiven Perspektive realistischere Sicht auf die Geschichte als solche. Das Auftauchen hilft uns ganz einfach, eine *größere Tiefe in der Vergangenheit* zu sehen, die uns bisher entgangen ist, wie Hegel es ausdrücken würde. Und das Auftauchen verändert ein für alle Mal das historische Spielfeld, nicht nur direkt in der Gegenwart und in der Zukunft, sondern auch indirekt, auf die Vergangenheit projiziert. Aus diesem Grund ist eine Emergenz nicht nur ein völlig neues Phänomen, das in Verbindung mit einem höheren Grad an Komplexität in der zugrunde liegenden Struktur auftritt. Eine Emergenz ist auch ein wahrhaftigeres Phänomen als die vorhergehenden Phänomene weiter unten in der Hierarchie in dem Maße, wie die Emergenz *an sich* ein tieferes Verständnis der Hierarchie als Ganzes ermöglicht.

Dies gilt für soziale Emergenzen ebenso wie für physische Emergenzen. Die Biologie bringt etwas Neues in die *Chemie als solche*, was wiederum etwas Neues in die *Physik als solche* einbringt. Genauso wie auch das Internet den Massenmedien gerade aus massenmedialer Perspektive etwas Neues bringt, was wiederum der Schriftsprache als solcher etwas hinzufügt. Wie könnten die *Potenzialitäten* der Physik oder der Schriftsprache für uns heute offensichtlich sein, ohne ihre späteren und verstärkten historischen Aktualisierungen? Dies wird noch deutlicher, wenn man die Tatsache ins Spiel bringt, dass es keine Gesetze gibt, die diese Erscheinungen in unserem kontingenten Universum von vornherein notwendig machen. Wie Hegel sehr richtig bemerkt, erscheinen die Aktualisierungen für uns, die wir die Geschichte ständig neu schreiben, erst im Nachhinein als notwendig. Der Grund dafür ist, dass die Emergenzen - im Gegensatz beispielsweise zu den Phasenübergängen in der Physik - nicht innerhalb der Phänomene vorprogrammiert sind, die sich in der unteren Hierarchieebene befinden. *Die Emergenzen sind völlig kontingente Phänomene.* Sie entstehen also *ex nihilo* zu einem bestimmten, willkürlichen Zeitpunkt, ohne, wie es bei den Phasenübergängen der Fall ist, von Anfang an in die unteren Stufen eingebaut worden zu sein.

Da der Relationalismus die neue Physik antreibt, ist es kaum verwunderlich, dass die Metaphysik des Internet-Zeitalters - von Jacques Derrida und Gilles Deleuze über Alain Badiou bis Slavoj Žižek - um den Begriff des emergenten Ereignisses kreist und von ihm getrieben wird. Interaktivität erzeugt eine Klassenstruktur mit der *Netokratie* als Oberklasse und dem *Konsumtariat* als Unterschicht. Während das Konsumtariat relativ einheitlich ist - *Konsumenten* werden natürlich eher durch das definiert, was sie nicht sind, als durch das, was sie tatsächlich sind - lässt sich die Netokratie in drei verschiedene Kategorien einteilen. Die erste davon sind die netokratischen Pioniere; die zweite Kategorie sind die netokratischen Aspiranten, die die Pioniere früh und erfolgreich kopieren und wenn möglich aus ihrer Kreativität einen noch größeren Mehrwert herausziehen als die *Pioniere*: Nachahmung ist die Mutter des Überlebens. Die dritte Kategorie der Netokraten sind die *Experimentalisten*, die zwar zunächst daran scheitern, die Pioniere zu kopieren, und für eine Kopie der *Aspirationisten* etwas zu spät kommen, aber gerade deshalb gezwungen sind, eigene originelle Lösungen zu erfinden, die ihre Position innerhalb der Netokratie motivieren. Die Konsumenten haben derweil ihren Teller voll und kauen passiv auf den unsinnigen Inhalten, auf der beruhigenden und einschläfernden *Unterhaltung*, die in verschiedenen trashigen Netzwerken ohne jeglichen Status produziert wird.

*Das Individuum* wurde von den Philosophen der Aufklärung im 18. Jahrhundert konstruiert, sowohl um der wachsenden Bourgeoisie ein neues menschliches Ideal zu geben - es hat kaum ein stärkeres Individuum gegeben als den napoleonischen Industriellen des 19. Jahrhunderts -, als auch um die gebildeten Arbeiter in den Fabriken des Kapitalismus und die Armeen der Nationalstaaten dazu zu bringen, Befehle zu befolgen und hart zu arbeiten, ohne sich über den Zustand der Dinge zu beschweren oder dagegen protestieren zu können. Deshalb war das Evangelium des Fortschritts mit dem Glauben an den Einzelnen verbunden. Der *Mythos des Fortschritts* ist die Überzeugung, dass als Belohnung für ihre Mühen jede Generation von Arbeitern und Beamten besser dran sein wird als die vorherige Generation, dank der gesteigerten Produktivität, die der gesamten nationalen Gemeinschaft einen gesteigerten Wohlstand beschert, was ganz einfach darauf hinweist, dass die Nachkommen der Arbeiter eines Tages, in einer fernen Zukunft jenseits des Horizonts, endlich vollwertige Individuen sein werden.

Doch wenn das Individuum in einer auf Netzwerken aufgebauten Gesellschaft nicht mehr funktioniert, sucht die Netokratie des Internetzeitalters nach einem neuen menschlichen Ideal. Man tut dies, während das Konsumverhalten ebenfalls verzweifelt nach einer neuen potenziellen Identität sucht, die sich von dem tragischen Zustand unterscheidet, das *letzte Individuum* zu sein. Das neue, aufmerksamkeitsstarke menschliche Ideal, das sich abzeichnet, ist das *Dividuum*, der teilbare Mensch (siehe *The Body Machines)*, ein Körper, der Vergnügen erfährt und in ständiger Vernetzung mit allen interessanten Menschen und Maschinen in seiner Umgebung steht. Das Dividuum ist ein proteisches Geschöpf, kraftvoll gefärbt von *schizoider Kreativität.* Wenn wir die netokratischen Kategorien genauer untersuchen, sehen wir, wie die Begriffe "*Dividuum*" und "*Ereignis*" in einem klaren Bestreben zusammenwirken, das neue aufmerksamkeitsorientierte menschliche Ideal zu erfassen und zu stärken.

Die netokratischen Pioniere bauen und leiten die netokratischen Netzwerke. Im Gegensatz zur kapitalistischen Führung führen sie von unten und nicht von oben. Das bedeutet, dass sie zielstrebig daran arbeiten, die Freude und Kreativität anderer Netokraten freizusetzen, und wenn dies geschieht, entsteht das Ereignis als Bestätigung und Belohnung für und innerhalb des Netzwerks. Die kopierenden Aspiranten folgen den Vorlagen der Pioniere und bauen die Netzwerke auf, die wiederum den Status der Netzwerke der Pioniere in der Netzwerkpyramide insgesamt erhöhen. Die internetifizierte physische Welt ist bereits voll von diesen offensichtlichen Spin-offs, von den TEDx-Konferenzen (kleine Versionen der *TED-Konferenzen* in Kalifornien und Kanada) bis hin zu den *regionalen Burns* (kleine Versionen des partizipatorischen Burning-Man-Festivals in Nevada), und dann sind diese verschiedenen Beispiele überhaupt nichts im Vergleich zu den mächtigen Netzwerkpyramiden, die online mit der *Syntheistenbewegung* wachsen.

Aber die Netokratie wäre nicht die gewaltige Machtelite des Internetzeitalters, wenn sie nicht gleichzeitig die dritte Kategorie bilden würde: die Experimentalisten, die es nicht schaffen oder aus verschiedenen Gründen ganz einfach versäumen, die netokratischen Führer zu kopieren und deshalb ihre eigenen Wege zum aufmerksamkeitsstarken Erfolg finden. Diese Netokraten erzeugen eine Dividualität, die für die etablierten Netzwerke so attraktiv ist, dass diese sie aufspüren und in ihre Agenda aufnehmen und nicht umgekehrt, und gerade in der Begegnung zwischen diesen eigenwilligen *Ausreißern* und den mächtigsten Netzwerken entstehen ständig neue Ereignisse. Es gibt also eine dritte Möglichkeit außerhalb der scheinbar zynischen oder eifrig kopierenden Strategien, Teil der Netokratie zu werden, und zwar über *reine Kreativität*, die gegenüber den Netzwerken als *ereignisorientierte Dividualität* entlarvt wird. Aber die dritte Kategorie, die Experimentalisten, darf nicht mit einem Ausdruck oder einer aktualisierten Variante der verworfenen *Individualität* verwechselt werden. Denn in der Netzwerkgesellschaft hat Individualität überhaupt keinen Wert mehr. Sie ist lediglich beleidigend, und erst wenn das Dividuum mit der Netokratie verbunden ist, erhält das Dividuum seinen agentialischen Wert. *Es ist das Netzwerk, das dem Agenten seinen Wert in der relationalistischen Gesellschaft verleiht und nicht umgekehrt.*

Ein *Ereignis* ist eine spektakuläre Begebenheit, eine *Revolution* ist ein spektakuläres Ereignis, und eine *Singularität* ist eine spektakuläre Revolution. Ereignisse von unterschiedlicher Bedeutung finden mehrmals pro Jahr statt, echte Revolutionen nur ein- oder zweimal pro Jahrtausend. Singularitäten sind leicht zu zählen, aus anthropozentrischer Perspektive kann man nur sagen, dass wir drei Singularitäten durchlaufen haben: den Beginn des Universums, die Entstehung des Lebens und die Geburt des Bewusstseins. Die Frage ist, ob wir uns eine entsprechende vierte Singularität vorstellen können. Für den Syntheismus ist die Antwort jedoch klar. *Die vierte Singularität muss der Eintritt Gottes in die Geschichte sein.* Denn was immer es ist, das dem Gewicht der entstehenden Genese der Existenz, des Lebens und des Bewusstseins früher in der Geschichte entsprechen könnte, für die Menschen von heute muss es das gleiche Gewicht haben, als ob Gott plötzlich erschienen wäre. *Was auch immer es ist, das sich jenseits der vierten Dimension verbirgt, sein Recht und einziger Name ist Gott.* Dabei ist die interessante Frage, was die Ankunft Gottes sein könnte und welche Formen es annehmen könnte.

Der französische Philosoph Alain Badiou, einer der bekanntesten Nachfolger Jacques Lacans, erschuf, ausgehend von seinem Werk

*Sein und Ereignis*, ein vollständiges philosophisches System, das auf dem informationalistischen *Ereignis* als der tiefsten *Wahrheit* der Existenz des Menschen beruhte. Die biologischen, mentalen und sozialen Strukturen, die den Menschen charakterisieren, sind empirisch überprüfbare *Allgemeingültigkeiten* und als solche natürlich kontingent. Die Wahrheiten, die wir produzieren und von denen wir wissen, sind von dieser Kontingenz abhängig, die sie alle zusammenfasst. Das Sein ist für den Menschen nicht alles, wie sich die totalistischen Philosophen vorstellen. Das Denken kann sehr wohl mit seinem Ausgangspunkt in der ständigen *Inkonsistenz der Ontologie* konstruiert werden, anstatt das fiktive Sein als Grundlage zu verwenden. Badiou argumentiert jedoch, dass das *Universelle unabhängig von der Kontingenz ist.* Jede Singularität an sich besteht aus einem unendlichen inneren Chaos, aber durch die Verinnerlichung dieses Chaos durch die Singularität wird um das Chaos herum eine Art kreisende Stabilität geschaffen, die die Identität des Universums möglich macht. In geometrischer Weise könnten wir dies ausdrücken, indem wir sagen, dass es der stabile Ring um das Vergängliche und Chaotische ist, der die eigentliche Singularität ausmacht; ein stabiles Universum um chaotische Materie, ein stabiles Leben um eine chaotische Biologie, ein stabiles Bewusstsein um einen chaotischen Gedankenwust, gefolgt von Gott als einer Art stabilem Ring um eine chaotische Zukunft.

Badiou geht davon aus, dass das Denken das wahre Element der Universalität ist. Genauso wie das Ereignis durch die Umstände entsteht, die dort herrschen, wo es sich materialisiert - nicht in der Eigenschaft des *Ereignisses an sich* - steht das Universelle über und frei von der chaotischen Kontingenz. Eine Wahrheit leitet sich aus der Menge der Umstände ab, unter denen sie produziert wird - unabhängig davon, ob diese Umstände sozialer, psychologischer oder kognitiver Natur sind -, aber nur die Wahrheit, die Badiou's spezifischen Kriterien für eine *authentische Wahrheit* erfüllt, kann als eine universelle betrachtet werden. An dieser Stelle verwendet Badiou den Begriff der Singularität. Die authentische Wahrheit zeichnet sich dadurch aus, dass sie tatsächlich eine *Singularität* ist; sie kann an sich nicht einer bestimmten früheren Partikularität, Gruppe oder Identität untergeordnet werden. Und sie entsteht durch einen Akt, durch eine *Intervention*, die eine Subjekt/Objekt-Beziehung innerhalb eines spezifischen, größeren Phänomens herstellt. Wellen werden zu Partikeln, Chaos wird zum Kosmos, Mobilität wird verewigt, und so weiter. Dadurch kann eine echte Wahrheit hergestellt werden, nach der es überhaupt keinen Weg zurück mehr gibt.

Eine zentrale theologische Idee für Badiou ist, dass das *Singuläre im Universalen keinen Namen hat.* Deshalb nennt Badiou diese Wahrheitssubstanz das *Unnennbare.* Es ist also das Unnennbare im innersten Kern der Wahrheit, das sie *axiomatisch* macht. Das Unnennbare für Badiou ist natürlich nur eine andere Bezeichnung für den grundlegenden syntheologischen Begriff des *Atheos.* Badiou argumentiert, dass es keine Liebe oder Loyalität gegenüber irgendetwas geben kann, wenn diese Liebe und Loyalität nicht zuerst *über Atheos als ihren produktiven Motor geht.* Nur wenn man sich der Leere als genau dieser Leere hingibt, kann Wahrheit produziert und in Bewegung gesetzt werden. Auch wenn Badiou Atheos als das Unnennbare bezeichnet, geht es nicht um eine destruktive, sondern um eine hochproduktive Leere. Dies steht im Gegensatz dazu, wie Slavoj Žižek , ein weiterer prominenter Lacanianer, Atheos als den *exkrementellen Rest* beschreibt, der die Grundlage des Subjekts und damit der Wahrheit ist. Žižek kann Atheos durchaus beliebige Attribute zuschreiben; jedenfalls sagt diese Zuschreibung mehr über die emotionalen Fetische des Philosophen aus als über das eigentliche Wesen des Atheos. Aber Tatsache bleibt: Die Wirkung von Atheos - und es ist die Wirkung und nicht der Charakter, die interessant ist - ist eine enorme Produktivität, sowohl in der äußeren Welt der Physik als auch in der inneren Welt des Menschen.

Nach Badiou wird jedes Universelle in einem Ereignis geboren, einem Ereignis, das unmöglich vorauszusagen ist und das sich deshalb zunächst im *Unterbewußtsein* abspielt. Darüber hinaus ist ein Universales dadurch gekennzeichnet, dass es auf einer plötzlichen Entscheidung beruht, wobei es etwas Wert verleiht, das vor der Entscheidung wertlos war. Das Universelle schafft Sinn; es impliziert eine ethische Herangehensweise und damit auch ein spezifisches

Vorgehen all derer, die an seiner Entstehung beteiligt sind. Das Universelle kann, zumindest anfänglich, nur eine Bedeutung für die am engsten Beteiligten haben. Das Universelle ist eine *Eindeutigkeit.* Sie erhält ihren Wert aus einer unbeirrbaren Loyalität gegenüber den Konsequenzen ihrer Wahrheit - nicht durch eine langwierige *Interpretation* ihrer Bedeutung. Das bedeutet, dass Badiou die Deutungsbesessenheit des Poststrukturalismus, die in der akademischen Welt enthusiastische Unterstützung gefunden hat, stark kritisiert. Er verachtet die *postmoderne Lähmung*, die er auf das zurückführt, was wir den *hyperhermeneutischen Zustand* nennen.

Das *Monopol des akademischen Establishments auf kritischem Denken* - das an sich schon bedauerlich ist, da es lebensspendende Impulse von außen faktisch ausschließt - hat das Denken in einen Teufelskreis von Interpretationen von Interpretationen gebracht: eine kollektive, somnambulistische Bewegung hin zu einer *vegetativen Passivität* ohne jegliche kritische Infragestellung und ohne jeglichen sozialen Aktivismus, der sich gegen den *staatlich-korporatistischen Komplex* richtet, der die spätkapitalistische Gesellschaft als Ganzes kontrolliert. Diese Beziehung wird durch die Tatsache veranschaulicht, dass *Forschung* auf der Grundlage der alten Philosophie betrieben wird, anstatt dass neues kritisches Denken geschaffen wird. Die Frage, die wir uns stellen müssen, ist, warum die akademische Welt im Spätkapitalismus besser in der Lage sein sollte, kritisch zu denken - kritisch gerade gegenüber dem System, das per Definition ein integraler und zudem grundlegender Teil davon ist - als andere alte und im gleichen Sinne korrupte Institutionen der Geschichte. Das wäre so, als würden wir von der katholischen Kirche im 18. Jahrhundert erwarten, dass sie die Aufklärung schafft und Gott tötet. Man neigt nicht dazu, die Hand zu beißen, die einen füttert, zumindest nicht absichtlich und konsequent.

Da eine nach außen gerichtete Kritik den heutigen komfortablen *Status quo* gefährden und unerwünschte Veränderungen erzwingen würde, ist alle Energie stattdessen nach innen gerichtet. Die Forschung übernimmt die Philosophie. Und eine Sache, die wir aus der Geschichte lernen, ist, dass korrupte, klerikale Eliten in jeder Epoche beträchtliche Ressourcen für die Interpretation von Zeichen und Numerologie aufgewendet haben. Vor diesem Hintergrund erscheint die akademische Hermeneutik-Besessenheit unserer Zeit ganz programmgemäß und im Kontext des Eigeninteresses logisch. Deshalb muss die neue netokratische Elite neue und unabhängige Institutionen schaffen - gefüllt mit sachkundigen und innovativen netokratischen Denkern oder *Eternalisten* (siehe *The Netocrats*), ohne Verbindungen zu Nationalstaaten oder großen kapitalistischen Konzernen - um die informationalistische Wahrheitsproduktion in Gang zu bringen. Dies muss bedingungslos außerhalb der akademischen Welt geschehen, die diese neuen und freien Institutionen nicht sehr gut begrüßen und fördern kann, ohne sich selbst zu verurteilen.

Hier macht Badiou einen wichtigen Punkt: *Die Hermeneutik ist das Opium der akademischen Welt.* Gegen den kulturrelativistischen Fluch der Hermeneutik stellt er die *Mathematik* als Gegenpol und als Korrektiv auf: Nur durch die Mathematik sieht er den Kontakt mit dem *Realen* möglich; nur durch die Mathematik kann der Mensch das *Sein denken.* Badious Besessenheit von den Möglichkeiten der Mathematik ist eine direkte Folge der Tatsache, dass sein Meister Jacques Lacan darauf besteht, dass die Sprache als ein ontologisches Netzwerk betrachtet werden muss, das nur über dem Realen liegen kann und somit das Reale sowohl ausschließt als auch unabhängig davon handelt. Wo Sprache auf einer ewigen Anhäufung vager Abstraktionen beruht, ist die Mathematik stattdessen konkret und exakt. Nicht zuletzt dank ihrer enormen Genauigkeit innerhalb der Quantenphysik hat die Mathematik ihre Glaubwürdigkeit in der Rolle als Trägerin des *philosophischen Realismus* bewiesen. Idee und Fluss werden in der Mathematik verschmolzen; der Unterschied zwischen Eternalismus und Mobilismus wird aufgedeckt, die Vision eines Eternalismus, der mehr ist als nur ein vorübergehendes Einfrieren der Wahrnehmung, wird verwirklicht, ein *modellabhängiger Realismus* wird möglich.

Badiou erörtert in seinem Werk insbesondere die *theologische Revolution*, die mit Georg Cantors *transfiniter Mathematik* eingeleitet wird. Cantors Berechnungen werden deshalb als transfinit bezeichnet, weil er mit ihnen beweist, dass eine größere Kardinalität (ein Maß für die Größe einer Größe) immer möglich ist. *Die Mathematik kann sehr wohl eine Zahl für die Totalität liefern, aber niemals die Zahl an sich summieren.* Cantor beweist ganz einfach, dass die Mathematik immer offen ist, und dann, so Badiou, gibt es auch keinen Grund, dass die Physik ebenfalls offen sein könnte. Cantors transfinite Mathematik reißt damit der totalistischen Tradition innerhalb der Philosophie und Theologie den Boden unter den Füßen weg, und gleichzeitig bestätigt sie die plötzliche Oberhand der mobilistischen Tradition unter dem Informationalismus. Zarathustra und Heraklit erscheinen auf einmal wesentlich zeitgemäßer und weitsichtiger als Paulus und Platon.

Die theologische Konsequenz von Cantors transfiniten Zahlenreihen ist, dass sie das Dogma der negativen Theologie bestätigen und formalisieren: *Gott ist das Nichts*! Jenseits aller Vielheiten liegt eine solide und überwältigende Leere. Und welchen Namen hat diese Badiou'sche, ontologische Leere, wenn nicht *Atheos*, der Motor der Multiplizitäten und der Existenz innerhalb der Syntheologie? Ob man dann wie Badiou beschließt, Cantors mathematische Revolution als den endgültigen Beweis dafür zu betrachten, dass es den abrahamitischen Gott nicht gibt, als Atheismus, der bis zum Ende durchdacht ist; oder ob man wie Cantor selbst *Entheos* ins Spiel bringt und als Ausgangspunkt wählt, dass die Transfinität an sich Gott ist - ein Gedanke, der beispielsweise vom amerikanischen Synthetiker Leon Niemoczynski stark unterstützt wird - spielt das im syntheologischen, immer pragmatischen Sinn überhaupt keine Rolle. Sowohl Badiou als auch Niemoczynski zufolge kommt es darauf an, die ethische Entscheidung zu akzeptieren und auf ihrer Grundlage zu handeln, und zwar durch die *Macht des Unbenennbaren*, die die Grundlage der Entscheidung selbst ist und diese als solche konstituiert. Die Stiftung wird immer Atheos genannt, wie F.W.J. Schelling es ausdrücken würde.

Badiou verteidigt die mobilistische Position mit dem relationalistischen Argument, dass die *reine Multiplizität* der ethische Ausgangspunkt sein müsse. Syntheologisch bedeutet dies, dass Badiou das *Unnennbare* in Pantheos verwandelt. Der litauisch-jüdische Philosoph

Emmanuel Levinas - ein weiterer von Cantors berühmtesten philosophischen Interpreten, und derjenige, der Cantors eigener Überzeugung bezüglich der theologischen Konsequenzen der transfiniten Mathematik wahrscheinlich am nächsten liegt - verteidigt die eternalistische Position in radikal umgekehrter Weise, und zwar mit dem relativistischen Argument, dass das Eine der Ausgangspunkt sein müsse. Dabei wählt Levinas den umgekehrten Weg, scheinbar auf direktem Kollisionskurs mit Badiou, und verwandelt *Pantheos in das Unnennbare.* Und genau hier, in der dramatischen Begegnung zwischen Badiou und Levinas auf dem straff gespannten Drahtseil der Ethik, zeigt sich der Syntheismus am deutlichsten als die *Sozialtheorie von allem par excellence.* Da der Syntheismus die gesamte syntheologische Pyramide umfasst - und damit die Ursprünge versteht und das Pathos sowohl von Badiou als auch von Levinas unterstützt -, vertritt er natürlich die Auffassung, dass beide *Alternativen richtig* sind. Der ethische Akt in diesem Zusammenhang besteht darin, sich für eine dieser Alternativen zu entscheiden und dann *getreu dieser Entscheidung zu handeln.*

Niemals zuvor war der ethische Imperativ der Wahrheit als Handlung klarer. Was dann in einem Badiou'schen Szenario folgt, ist, dass der Aktivismus, der von den *drei unbenennbaren Namen Atheos*, *Entheos* und *Pantheos* ausgeht, die stabile Grundlage für *Syntheos*, die Formalisierung und Verwirklichung der Utopie, bildet. Da das mobilistische Universum des Syntheismus sowohl kontingent als auch indeterministisch ist, kann Syntheos offensichtlich nicht durch die mystische, eschatologische Ankunft des historischen Ziels verwirklicht werden, in Übereinstimmung mit dem, was der Marxismus und die abrahamitischen Religionen so phantasievoll predigen. Syntheos wird stattdessen durch einen konzentrierten, aber nomadischen, kreativen Aktivismus in einem kapriziösen, kontingenten Universum ver-wirklicht, getrieben von der Hoffnung, dass das Unmögliche plötzlich auftaucht und als *vierte Singularität* verwirklicht wird - eine Idee, die durch die Theologisierung durch Badious erklärten Syntheistenschüler Quentin Meillassoux vollendet wird. Die Lehre sowohl von Badiou als auch von Levinas ist, dass die lebenslange Hingabe an die

Wahrheit als Akt die *innerste existenzialistische Substanz der Metaphysik* ist.

Der Begriff *Wahrheit als Akt* ist von zentraler Bedeutung für das Verständnis der Weigerung des syntheistischen Utopismus, weder optimistisch noch pessimistisch zu sein. Es ist möglich, um nicht zu sagen wahrscheinlich, dass die große Mehrheit der Menschen sich immer mit funkelnden Augen der charismatischen Autorität oben auf der Bühne zuwendet und eine Antwort darauf verlangt, ob sie ein Optimist oder Pessimist in Bezug auf die Zukunft ist, aber selbst diese Frage vernünftig zu formulieren erfordert so viele Nuancen und so viel Klärung, dass eine sinnvolle Antwort für den Massenkonsum überhaupt nicht vorstellbar ist. Der Syntheist, der seine Integrität schützt und eine ernsthafte Diskussion über die Zukunft schätzt, lehnt es natürlich ab, auf freundliche, aber feste Weise eine Meinung zu äußern. An dieser Stelle wird die Erkenntnistheorie durch die Ethik ersetzt. Hier müssen wir uns auf den *Glauben* und seine Möglichkeiten beziehen und die Forderung nach bestimmten Kenntnissen ablehnen.

Zunächst einmal geht der Syntheismus davon aus, dass Zeit in einem kontingenten Universum real ist. Das macht alle Vorhersagen extrem unsicher, zumindest auf lange Sicht, genau wie in der Meteorologie oder Ökologie. Aber es gibt auch eine eingebaute Lähmung des Glaubens an eine Art allgemein positive oder überwiegend negative Entwicklung. Ob die Erwartungen in diese oder in jene Richtung kippen, spielt im Grunde genommen keine Rolle; allein die Tatsache, dass die Erwartungen in irgendeine Richtung kippen, schwächt den *Willen zum Handeln.* Wenn das antreibende existenzialistische Prinzip in der Ethik des Syntheismus darin besteht, dass die *Wahrheit eine Handlung ist* - man ist alles, wenn man handelt, man ist nichts, wenn man nicht handelt und sich damit begnügt, zu reagieren -, so hat dies zur Folge, dass alle Vorhersagen über die Zukunft von einer *absolut neutralen Position* ausgehen müssen, wenn der Akteur seine Macht- und Einflussmöglichkeiten maximieren will. Die Zukunft ist in keinem objektiven Sinne besser oder schlechter: Der Meliorismus ist grundsätzlich verlogen, die Mythologie des Untergangs ebenso, die

*Zukunft ist lediglich offen*, Punkt. Von diesem vorhersagungsneutralen Ausgangspunkt aus lassen sich die syntheistischen ethischen Imperative formulieren. *Das Unmögliche ist möglich - wenn man mit der Wahrheit assoziiert werden will, dann handel man!*

Badiou behauptet, dass jedes Universum in seiner Einzigartigkeit gegenüber der Zukunft offen ist und ständig unvollendet bleibt. Es geht nicht um unsere Sterblichkeit oder allgemeine Zerbrechlichkeit. Er fasst die Universalität als die getreue *Konstruktion einer unendlichen, generischen Vielheit zusammen*, wobei die Vielheit primär sein muss, da das Eine nur eine verbale Illusion ist (d.h. *das Eine ist das verewigte Fiktive schlechthin*, wenn wir ein syntheologisches Vokabular verwenden). Die Multiplizität ist lediglich ein linguistischer Singular; ein Singular außerhalb der irreduziblen Pluralität existiert nicht. Jede Universalität ist außergewöhnlich, hat ihren Ursprung in einer einzigen Emergenz, wird Schritt für Schritt zusammengefügt, ist die Folge einer existentiellen Entscheidung, erzeugt ein ethisches Subjekt und beruht auf einem Werden in einer aktiven Wahrheit und nicht auf einem spezifischen Wissen. Badiou argumentiert, dass Philosophie offensichtlich die Kunst der Analyse, vor allem aber die *Kunst der Artikulation von Universalien* umfasst. Das Ereignis der Wahrheit entstehe, so Badiou, *ex nihilio.* Zunächst einmal ist dieses Ereignis unsichtbar und nicht offensichtlich identifizierbar, wo und wann es eintritt. Es ist nicht möglich, auf der Grundlage der Umstände der Situation, in der es eintritt, vorherzusagen oder nachzuvollziehen. Stattdessen erhält das Wahrheitsereignis seinen Status erst später von den *Gläubigen*, und seine allgemeine Akzeptanz wird durch die Stärke und Ausdauer der Gläubigen, ihre *Loyalität* bestimmt. Es sind ganz einfach die Gläubigen, die das Ereignis wahr machen müssen; es kann seinen Status als Singularität nur durch eine *ästhetische Retrospektive* erhalten.

Die Singularität definiert sich dadurch, dass sie die herrschenden Spielregeln umstößt, dass sie eine neue Ära einleitet, dass sie eine mächtige Schockwelle durch das ethische Subjekt aussendet, das so radikal verändert wird, dass man von einer Art Wiedergeburt sprechen muss. Man beachte, dass das *Ereignis der Wahrheit immer innerlich stattfindet*, es geschieht von innen nach außen und nicht von außen nach innen. Es kann also nicht durch eine äußere Kraft erzwungen werden, die auf geheimnisvolle Weise in das Phänomen eindringt. Das bedeutet, dass z.B. militärische Interventionen und eintreffende Meteoriten nie Ereignisse in diesem spezifischen Sinne sind. Hier bricht der ethische Imperativ von Badiou radikal mit dem *moralischen Imperativ von Kant.* Nach Kant wird der Mensch ein authentisches Individuum, indem er seine Pflicht erfüllt. Nach Badiou ist es vielmehr eine Notwendigkeit, sich der äußeren Norm gegenüber der akzeptierten Pflicht zu widersetzen. *Nach Badiou ist dieser Gegensatz zur Norm und nicht die Pflichterfüllung die Bedingung für das Leben der Subjektivität.* Die Singularität ist ein kulturelles und kein natürliches Phänomen. Der ethische Imperativ Badious beinhaltet, dass der Mensch zu einem *authentischen Dividuum* wird, indem er sich der herrschenden Norm widersetzt und mit Blick auf die *synthetische Utopie* für eine neue Weltordnung kämpft.

Wenn die Wahrheit ein Akt ist, der ein Ereignis erzeugt, dann erzeugt das echte Ereignis eine neue Wahrheit. Auf das Ereignis der Wahrheit folgt eine Entscheidung, auf die eine Loyalität gegenüber der Entscheidung über die Wahrheit folgt. Abgesehen davon gibt es keine Wahrheit jenseits des Ereignisses. Hier bricht Badiou radikal mit Karl Poppers Besessenheit von der Verifikation als Garant der Wahrheit. Badiou argumentiert, dass es Jahrzehnte dauert, Verifikationen zu konstruieren, und dass die Befürworter der Wahrheit klugerweise niemals auf die Verifikation warten, bevor sie auf der Grundlage der Wahrheit handeln. Damit verteidigt er ein *aktives Wahrheitskonzept* gegenüber Poppers extrem reaktivem Wahrheitskonzept. Dann teilt er die Entwicklung des Wahrheitsereignisses in vier Phasen ein, die wir sowohl als dividuelle Wahrheitsakteure als auch als historisches Kollektiv durchlaufen.

1. Die Offenbarung des Wahrheitsereignisses.
2. Die Leugnung des Ereignisses als Wahrheit.
3. Die Verdrängung des Ereignisses als Wahrheit.
4. Die Auferstehung der Wahrheit als das Ereignis.

Aber was geschieht mit der Idee des Rationalismus von der Wahrheit als der richtigen Behauptung über die Existenz? Wie alle anderen Formen des *Transrationalismus* seit Hegel leugnet auch der Syntheismus nicht, dass eine solche tiefste Wahrheit über die Existenz tatsächlich existiert. Aber die enorme Komplexität einer so tiefen Wahrheit und die Unzulänglichkeit von Sprache und Denken, wenn es darum geht, ihr auch nur nahe zu kommen, macht sie unerreichbar. Allerdings nicht im kantischen Sinne - wo das noumenale Objekt außerhalb unseres Horizonts landet, weil das phänomenale Objekt im Weg steht -, sondern als eine wesentlich radikalere Konsequenz der *transfiniten Mathematik.*

Die Wahrheit über die Existenz ist so tief, so komplex, so vielschichtig, dass sie unmöglich zu erreichen ist, da sie unendlich weit von der äußersten Grenze der menschlichen Wahrnehmung und der Vorstellungskraft des Menschen (die durch den Evolutionsprozess für die funktionale Orientierung in unserer Umwelt, nicht für die Enthüllung der Wahrheit entworfen wurde) entfernt liegt, auf der anderen Seite der Grenze zur *Psychose.* Das bedeutet, dass der Mensch ganz unabhängig davon, ob er es will oder nicht, gezwungen ist, die tiefste Wahrheit in die *theologische Mystik* auszulagern. Denn was ist der Gottesbegriff, der auf der tiefsten Ebene gesehen wird, wenn nicht die letzte Wahrheit über die Existenz, die der Mensch mit seinen geistigen Grenzen niemals erreichen kann? Deshalb stellen wir die tiefste Wahrheit an *Syntheos*, den Gott, den wir auf der Grundlage der Einsicht in unsere geistigen Begrenzungen erschaffen, und wir stellen sie in die unbefristete Zukunft, während wir gleichzeitig durch unser Handeln sowohl wissenschaftliche als auch existentielle Wahrheiten erzeugen. *Die Wahrheit als Handlung ist nicht nur das wichtigste Prinzip innerhalb der Ethik; nach dem Transrationalismus ist sie auch die einzig mögliche Wahrheit innerhalb der Erkenntnistheorie.*

Philosophieren ist Metadenken, und was Jacques Lacan das *Reale* und was Badiou das *Unnennbare* nennt, ist die ewige Veränderlichkeit der Philosophie, ihre eigene eingebaute Unmöglichkeit, ihre Genese, die konsequent den Übergang in ein Werden vermeidet. Hier widersetzt sich Badiou hartnäckig dem prozessphilosophischen Fundament von Gilles Deleuze: Wo Deleuze in Anlehnung an Spinoza feststellt, dass die Multiplizität mit dem Einen identisch ist, dass die Multiplizität eindeutig ist, argumentiert Badiou, dass die Multiplizität undefinierbar ist. Er wirft Deleuze vor, einen schönen Konstruktivismus aufzubauen, der sich ganz auf die Intuition verlässt, während er selbst sich nur auf die Stringenz der Mathematik verlässt. Gegen diese spinozistische und deleuzianische *Multiplizität des Einen* (Entheos durch Pantheos) stellt er die *Multiplizität der Leere* (Entheos durch Atheos), einer Leere, die ein Nicht-Wesen ist. Nur in dieser ontologischen Gleichung von Multiplizität und Leerheit sieht Badiou die Möglichkeit, die Natur der Multiplizität korrekt widerzuspiegeln. Erst *wenn jemand die Energie von Atheos erhält, um die Wahrheit zu formulieren*, wird die Wahrheit zu einem Ereignis.

Wir kehren zum Syntheismus als der Sozialtheorie von allem zurück, und natürlich kommt er sowohl der deleuzianischen als auch der Badiou'schen Variante des *Pathos* entgegen. Die entheistische Vielfalt von Deleuze nimmt ihren Ausgangspunkt im *Pantheos*, während die entheistische Vielfalt von Badiou ihren Ausgangspunkt im Atheos hat. Deleuze ist der pantheologische Prophet, Badiou ist der Prophet der *Atheologie*, und *Entheologie* ist das Oszillieren zwischen diesen beiden Antipolen; eine Bewegung, die durch die Hinzufügung von *Syntheos* zur syntheologischen Pyramide vervollständigt wird. Inmitten dieser erderschütternden Oszillation sind sich Deleuze und Badiou, die beiden Propheten des Ereignisses, darin einig, dass es für den Syntheisten am wichtigsten ist, mindestens einen der Tempel zu betreten, der entweder dem Pantheos oder dem Atheos gewidmet ist, und sich an seinen Aktivitäten zu beteiligen, während es ethisch verwerflich ist, passiv draußen zu bleiben. Beide Tempel werden als Fundament benötigt. Beide Tempel erfüllen uns mit Staunen und bringen spirituelle Wahrheit hervor. Die Pantheologie von Deleuze bewegt sich in Richtung Entheos, die Atheologie von Badiou streckt die Hand nach Syntheos aus. Es ist die Pantheologie, die uns die existentielle Intensität des Daseins schätzen lässt, um den *Pantheismus zum Entheismus weiterzuentwickeln*, während es die Atheologie ist, die uns dazu treibt, uns nach der Erfüllung der Utopie zu sehnen, und die uns durch ihre *Vertiefung im Syntheismus zum vollendeten Atheismus* macht.

Im zweiten Teil der *Futurica-Trilogie, The Global Empire*, beschreiben wir ausführlich, wie die wahrnehmende Verewigung des mobilistischen Chaos der Existenz notwendig ist, damit wir handeln können, während der Mobilismus der immer gegenwärtige, dämonische Schatten des Ewigen ist. In diesem Sinne ist die Ontologie die sekundäre Verewigung des primären Mobilismus, die Darstellung des Undarstellbaren als schematisches Modell, die Objektivierung der Leere der Leere. Diese Wahrnehmung verwandelt die Vielheit in funktionale *Fiktive*; Modelle, an denen der Verstand basteln dürfen muss, um überhaupt eine Übersicht mobilisieren und eine sinnvolle und relevante Tätigkeit organisieren zu können. Badiou stellt die Eternalisierung des Phänomens auf eine Stufe mit der Mathematisierung des Seins. Die Unendlichkeit hat Vorrang vor der Endlichkeit, die Ontologie ist dasselbe wie die Mathematik. Dann fährt er fort mit der Notwendigkeit der *Situation*, Badious Konzept der *strukturierten Darstellung der Vielheit*, einer Art konsolidierender theatralischer Aufführung diverser Fiktionen. Nur in der richtigen Situation sei das *Ereignis der Wahrheit* möglich, argumentiert Badiou. Er lässt sich dabei sowohl von Paulus als auch von Wladimir Lenin inspirieren: Für diese Denker ist das Timing nicht nur eine Frage der strategischen Notwendigkeit, sondern hat auch eine bedeutende ethische Dimension. Das Warten auf den richtigen Zeitpunkt für die wahrheitsgetreue Handlung ist eine wichtige Komponente in Badious Ethik: *Das Timing ist ein zentraler Aspekt der Loyalität selbst.*

Was also ist dann das grundlegende Ereignis - das Ereignis, durch das sich alle anderen Ereignisse widerspiegeln - *wenn nicht der Tod?* Die Sehnsucht nach *Unsterblichkeit* - auch wenn sie sowohl bei Badiou als auch bei Meillassoux sehr präsent ist - ist zunächst nichts anderes als die Sehnsucht nach dem *Tod als Tod*, im Gegensatz zum *Überlebenswillen* als Sehnsucht nach dem *Leben als Leben.* Nur aus seiner Endlichkeit kann überhaupt etwas einen Sinn gewinnen, nur durch seine Vergänglichkeit kann das Leben lebenswert sein. Ohne Sterblichkeit verlieren Leben und Existenz jede Intensität. Der Überlebenswille oszilliert daher zwischen drei Polen: zuerst das Streben nach existenzieller Intensität, danach der Wunsch nach der Verlängerung des Lebens, um dieses Streben zu maximieren. Dieses Streben und dieser Wunsch können jedoch nur stattfinden, wenn der dritte Pol die unbestreitbare Endlichkeit des Lebens garantiert. Diese Garantie der Auslöschung ist also an sich der dritte Pol. In ihrem vollen Umfang ist die Ewigkeit im abrahamitischen Sinne nämlich eine Idee, die so unerträglich ist wie die Hölle selbst, während das Leben in seiner stärksten Intensität der Erfahrung des Hier und Jetzt, gesehen vor dem Hintergrund seiner Vergänglichkeit als *unendliches Jetzt* - das synthetische Ereignis schlechthin - das Heiligste ist, das existiert. So wirkt das Bewusstsein immer auf der Grundlage des Todes als letzter Garant des Lebenswillens selbst. *Leben heißt sterben.* Aber nicht genau in diesem Moment. Später.

Die Obsession des Informationalismus für das *Ereignis* - d.h. das Ereignis als Äquivalent zur *Ewigkeit* des Monotheismus und der *Fortschritt* des Individualismus als metaphysischer Motor, der die Dynamik innerhalb jedes dieser Paradigmen erzeugt - wird von einer größeren Faszination und Besessenheit gegenüber dem Tod angetrieben als je zuvor in der Geschichte. Unabhängig davon, ob wir die tiefste Sehnsucht des Menschen als eine Suche nach *Überleben* (die treibende Kraft hinter Pantheos) oder als eine Suche nach *Unsterblichkeit* (die treibende Kraft hinter Atheos) sehen, kehren wir zu unserer Besessenheit vom Tod zurück. Der Tod als Konzept operiert also ständig im Oszillieren zwischen Pantheos und Atheos. Worin besteht dann aber unsere Besessenheit? Was treibt Badiou dazu, alle Formen von Bedeutung in eine Bedeutung zu verwandeln, die auf einem plötzlich eingetretenen Wahrheitsereignis beruht, das wiederum den Tod widerspiegelt?

Die Konvention besagt, dass uns der Tod mit all dem Schmerz, der Trauer, der Einsamkeit, der Ohnmacht und dem Geheimnis, mit dem er verbunden ist, erschreckt. Aber selbst wenn man den Schmerz, die Trauer und die Einsamkeit ausklammert, bleibt die Faszination dieselbe. So bleiben die Ohnmacht und das Mysterium bestehen. Mit anderen Worten: Der Tod erschreckt uns deshalb, weil er uns unsere Ohnmacht und Unwissenheit offenbart. Er erniedrigt uns alle, nicht zuletzt diejenigen von uns, die zu Lebzeiten Macht und sozialen Status besessen haben. Er beraubt uns eines *anthropozentrischen Internarzissmus*. Aber der Tod offenbart auch unsere existenzielle Banalität, unsere völlig nicht vorhandene Bedeutung für das Universum. Und was uns am meisten erschreckt, ist, wie der Tod unsere eigene Bedeutungslosigkeit für das Göttliche, d.h. für das *Pantheos*, offenbart. Auf der tiefsten Ebene liegt die christliche Lüge, dass jeder einzelne von uns Gott irgendetwas bedeutet, dass wir eigentlich ein begehrenswertes Los und geschätzte Juwelen für einen Gott sind, der also nichts Besseres zu tun hat, als uns und unseresgleichen (buchstäblich) in alle Ewigkeit zu verhätscheln, wie ein toter Robotergott, der von toten Stoffpuppen umgeben ist.

Was der Tod dann offenbart, ist natürlich, wie wenig wir bedeuten, wie wenig wir nach unserem Tod vermisst werden, wie einfach und fast beleidigend schmerzlos das Leben ohne uns weitergeht. Und worüber wir uns auf der tiefsten Ebene schuldig fühlen, ist das *Fehlen von Schuldgefühlen, wenn andere Menschen sterben* und für immer aus unserem eigenen Leben verschwinden. Das Leben geht weiter: Was sollte es sonst tun? Gerade hier kratzt der Tod ständig an unserer existentiellen Erfahrung. Wir können nie für uns selbst herausfinden, warum gerade wir so interessant und wichtig für das Pantheos sein sollten, als dass das Pantheos uns nach dem Tod um des Pantheos willen aufrechterhalten werden müsste. Es ist nicht der Wunsch nach Unsterblichkeit, der uns antreibt, sondern nur eine banale Angst vor dem Tod als der definitiven Singularität, nach der nichts mehr so ist wie vorher. Die Verschiebung dieses Ereignisses ist der *Wille zum Überleben*, und dieser Wille wird durch all die anderen kleineren Ereignisse formalisiert, denen wir sowohl in unserer eigenen Geschichte als auch in der Geschichte der gesamten Menschheit eine entscheidende Bedeutung zuschreiben.

Quentin Meillassoux formuliert seinen radikalen Utopismus in *L'inexistence divine*, einem in Teilen veröffentlichten Werk, das zum Zeitpunkt der Niederschrift noch nicht vollständig ist. Seiner Meinung nach enthält die Geschichte des Universums drei entscheidende Sprünge, die nicht als ursprünglich eingebaute *Phasenübergänge* - wie Totalisten von Platon bis Einstein sie sich vorstellen - verstanden werden können, sondern als *kontingente Erscheinungen*, die plötzlich aus dem Nichts und aus dem Nichts auftauchen und die die Existenz radikal verändern, ohne dass sie dadurch irgendwelche rätselhaften Eigenschaften hätten. Offensichtlich gehorcht die Physik in unserem Teil der Raumzeit bestimmten spezifischen Gesetzen, aber die *Physik* an sich gehorcht überhaupt keinen vorherbestimmten Gesetzen - sie ist vielmehr radikal kontingent. Zum Beispiel kann sich das Universum als Ganzes offensichtlich wesentlich schneller ausdehnen als die Lichtgeschwindigkeit, was die Existenz einer *kosmischen Inflation* mit reichlich Klarheit beweist. Die Gesetze der Physik, oder besser gesagt, ihr *Verhalten* oder ihre *Gewohnheiten*, können sich also jederzeit ändern, ohne dass wir dazu konsultiert werden. Andernfalls wären diese Verhaltensweisen gezwungen, der Physik, die sie angeblich regulieren, vorauszugehen, und die Naturwissenschaften haben nie eine Unterstützung für eine solche *mystische nicht-materielle Vorexistenz der Naturgesetze* gefunden. Es handelt sich schlicht und einfach um einen etwas peinlichen logischen Fehler, und eine Projektion dieser Art von bizarrem Metagesetz der Existenz bedeutet, wenn überhaupt, eine deprimierende Rückkehr zu Newtons unbegründeter Annahme eines externen Schöpfers des Universums, der diesem Universum somit vorausgeht (was natürlich den Beginn einer unsäglich mühsamen und bedeutungslosen Regression ohne Ende darstellt: wer hat den Schöpfer erschaffen, wer hat den Schöpfer des Schöpfers erschaffen, und so weiter).

Meillassoux argumentiert, dass die erste Singularität die *Genese der Existenz* an sich ist, die zweite Singularität bei der *Genese des Lebens* und die dritte Singularität bei der *Genese des Denkens* auftritt. Dann macht er einen riesigen Sprung in die Zukunft und argumentiert, dass in einer kontingenten Welt eine vierte Revolution von gleicher Bedeutung sowohl möglich, wahrscheinlich als auch vor allem wünschenswert ist, und dann sieht er in wahrhaft syntheistischem Geist Gott in die Rolle der vierten und für die Menschheit den letzten Schritt. Wir schreiben in wahrhaft syntheistischer Manier, nicht nur, weil Syntheos der in die Zukunft gesetzte, geschaffene Gott ist, sondern auch, weil Meillassoux erklärt, dass sein Gottesbegriff auf der Grundlage des Dogmas zu verstehen ist, *dass der Glaube an die Existenz Gottes nicht bedeutet, dass man an Gott glaubt, sondern dass man an die Existenz glaubt.* Es gibt bei Meillassoux, wie bei allen Syntheisten, keinen Weg um das theologische Projekt herum oder aus ihm heraus. Metaphysik ist keine Wahl, sondern eine absolute Notwendigkeit, von der alles andere grundlegend abhängig ist.

Meillassoux stützt sein philosophisches System auf vier Konzepte: *Potenzialität, Kontingenz, Virtualität* und *Zufall.* Diese bilden zwei Sphären des Seins. Auf der lokalen Ebene steht die Potenzialität dem Zufall gegenüber; auf der globalen Ebene steht die Virtualität der Kontingenz gegenüber. Sein Syntheos ist die *Gerechtigkeit*, wo die Gerechtigkeit eine Geschichte vollendet, die über die Existenz, das Leben und das Denken als die vorherigen immanenten *Wunder* verläuft. Man beachte, dass nach Meillassoux ein Wunder als Beweis dafür zu verstehen ist, dass Gott *nicht* existiert. Vielmehr eröffnen Wunder die Möglichkeit, dass das Universum Gott ist - ein Universum als ein Gott, der sich vor sich selbst ausdrückt. Aber als der radikale Indeterminist, der Meillassoux ist, öffnet er den Weg für die Möglichkeit, dass Gerechtigkeit niemals eintritt (eine Erinnerung an die neutrale Position der Badiouianischen Ethik). Und vor allem behauptet Meillassoux, dass Gerechtigkeit niemals eintreten kann, *wenn sie nicht zuerst gewünscht wird.* Sein Gott ist damit der marxistische Gott schlechthin. Aber es ist ein kontingenter marxistischer Gott in einer indeterministischen Welt mit einer weit offenen Zukunft, eine Singularität, die Karl Marx selbst kaum verstanden hätte.

Wir stellen uns jedoch die Frage, ob die Gemeinschaft der Syntheisten Meillassoux' Traum von der Auferstehung der Toten vor einem plötzlich existierenden Gott teilt, dessen Wesen *Gerechtigkeit* genannt wird, der Gott ist, nach dem wir uns sehnen und der dadurch für uns in unserer Zeit als utopischer Motor wirken kann. Wünschen wir uns jemals tatsächlich etwas, das tatsächlich später eintritt? Ist es nicht so, dass sowohl emergente als auch kontingente Phänomene nur von selbst auftreten - wie sowohl Hegel als auch Nietzsche behaupten -

und dass wir sie erst danach in unsere Wertehierarchien einordnen? Es scheint unbestreitbar wesentlich vernünftiger zu sein, vom *Wachstum des Internet* im späten 20. Jahrhundert als der *Genese eines - wenn auch erst danach - ersehnten Gottes* zu sprechen statt von irgendeiner Form der Gerechtigkeit als einem Gott, der in ferner Zukunft am Ende eines Weges steht, der ohnehin mit Abertausenden von anderen paradigmenverändernden Ereignissen gefüllt ist. Meillassoux' Zukunft ist ganz einfach weder konsistent mit seiner radikalen Kontingenz, noch ist sie offen genug für die Zukunft, um als Motor für syntheistischen Aktivismus fungieren zu können. Sie ist jedoch unbestreitbar ein hervorragendes *Fundament*, auf dem sich potenzielle Utopien aufbauen lassen.

Meillassoux' britischer Kollege Simon Critchley definierte in seinem Syntheistenepos *The Faith of The Faithless* den syntheistischen Glauben als reinen Glauben. Critchley argumentiert, dass der Glaube an sich und nicht sein Gegenstand das innerste Wesen des Utopismus ausmacht. Er nennt seine Überzeugung mystischen Anarchismus, und das ist natürlich identisch mit dem *theologischen Anarchismus*, den wir in diesem Werk formulieren. Von dieser Position aus gibt es dann nichts, was uns daran hindert, einen weiteren Schritt zu gehen; vom reinen Glauben des mystischen Anarchismus zur reinen Religion des Syntheismus, einer Spiritualität, in der die religiöse Praxis an sich das innerste Wesen der Religion ist. Im Geiste von Critchley besteht der grundlegende Glaube der *reinen Religion* in der Idee, dass der Glaube selbst notwendig ist, um das Unmögliche möglich zu machen. Die Kreativität reicht von *Atheos* über *Pantheos* bis *Entheos*, und der Name der aktivierten Unmöglichkeit lautet natürlich Syntheos. Der reine Glaube in einer praktizierten Form ist also Syntheismus, die reine Religion. Als reine Religion ist Religion das genaue Gegenteil von Entfremdung und die einzige verfügbare Waffe gegen den *zynischen Isolationismus* in unserer heutigen Welt. Critchleys Antwort auf die Frage, was in unserer Zeit *getan* werden muss, ist identisch mit der *Subtraktion* des Syntheismus und der daraus folgenden *Monastisierung*; er hat genug von den blutigen Kulturrevolutionen der klassischen Linken - angeführt von böswilligen und unverantwortlichen Tyrannen und angefacht von aufgeblasenen und abenteuerlustigen Philosophen -, die ganz abgesehen davon, dass sie große Verwüstungen und Zerstörungen anrichten, früher oder später immer von genau den Machtstrukturen absorbiert werden, die sie angeblich angreifen und dadurch auf lange Sicht tatsächlich stärken und nicht schwächen. Dies geschieht, weil diese Art von Revolutionärin, genau wie die Quantenphysikerin, in Bezug auf die relationalistische Gesellschaft, in der sie agiert, intern und nicht extern ist. Die Subtraktion muss daher der Revolution immer als Wahrheit als Akt vorausgehen.

Meillassoux' Beitrag zum syntheistischen Denken ist offensichtlich sowohl willkommen als auch spannend. Das gilt nicht zuletzt für sein Konzept des *Hyperchaos*: absolut alles ist kontingent. Selbst die Veränderung an sich ist kontingent. Die Existenz hat keinen Sinn. Stattdessen herrschen *unsinnige* Regeln. Die Welt widerspricht sich nicht selbst, sondern bewegt sich in einem permanenten Zustand der Sinnlosigkeit und des ständigen Wandels in alle Richtungen und auf allen Ebenen. Gleichzeitig könnte ein Universum, das sich im Hyperchaos befindet, sehr wohl konsistent sein. Hyperchaos bedeutet nicht, dass das Universum instabil sein muss. Kontingenz ist also etwas völlig anderes als nur Zufall. Hier lässt sich Meillassoux, ebenso wie Badiou, von Georg Cantors transfiniter Mathematik inspirieren. Die Gesetze der Physik können plötzlich geändert werden, aber solange sie funktionieren, sind sie extrem stabil. Hier öffnen sowohl Badiou als auch Meillassoux den Weg für einen neuen *Realismus*: Die Mathematik kann die Physik so genau messen, dass wir die Welt um uns herum fast genau so erleben können, wie sie ist.

Hier unterscheidet sich die Mathematik deutlich von der Sprache, und hier öffnet sich also die Tür zum Noumenalen, die Tür, die Kant glaubt, geschlossen zu haben. Meillassoux kehrt jedoch zum paulinistischen Traum zurück, die jüdische Religion mit der griechischen Philosophie und ihrer Hauptströmung, dem Platonismus, zu verschmelzen. Dies zeigt sich in seinem Widerstand gegen die *heidnische Zirkularität,* die für viele Syntheisten die Verbindung zurück zu früheren monistischen Zivilisationen vor dem Wachstum und der Verbreitung des abrahamitischen, dualistischen Monotheismus antreibt. Meillassoux hat eine Vorliebe dafür, sich auf Paulus zu beziehen, während andere Syntheisten einen kompakten Monismus innerhalb der Quantenphysik finden, auf dem sie ihre Weltsicht aufbauen können und argumentieren, dass alles andere unehrlich wäre. Wenn andere Syntheisten Gott per se als Syntheos und nicht Gott als eine Art spezifische Eigenschaft begrüßen - Gottes Attribut ist für sie so zweitrangig wie die Attribute eines geliebten Menschen -, fordert er uns mit seinem *Gott als Gerechtigkeit* heraus.

Meillassoux ist sowohl von Badiou als auch von Slavoj Žižek inspiriert, die ebenfalls utopische Systeme um das *Ereignis* herum aufbauen, das metaphysische Zentrum des Informationalismus. Das Ereignis ist ein dramatisch veränderndes Ereignis, das plötzlich einfach passiert und dann den Lauf der Geschichte entscheidend verändert. Kleine Ereignisse ereignen sich ständig im Leben des Getrenntseins oder in der lokalen sozialen Arena, aber die wirklichen Singularitäten beeinflussen die Zukunft sowohl der Menschheit als auch des Planeten für immer. Ereignisse wie die Erfindung der gesprochenen Sprache, der Schriftsprache, der Druckerpresse und des Internets haben sogar völlig neue historische Paradigmen mit neuen Machtstrukturen hervorgebracht, gefolgt von neuen Metaphysikern, die die Welt übernommen und alte Paradigmen und Erzählungen besiegt haben. Infolgedessen sind wir mit dem Aufkommen des Informationalismus gezwungen, die gesamte *Geschichte in eine Ereignisgeschichte* umzuschreiben, um sie für uns selbst und für künftige Generationen verständlich und relevant zu machen.

So sehr Meillassoux, Badiou und Žižek das *Immanente* in ihren ersehnten, utopischen Ereignissen betonen, sie alle enden schließlich in einer starken und kulturspezifischen *Transzendentalisierung* ihrer imaginierten Visionen. Im Geiste Kants ist das Subjekt noch frei vom Objekt und versucht, das Objekt nach seiner eigenen begrenzten und vor allem geschlossenen Phantasie in Bezug auf die Zukunft zu zähmen. Für Meillassoux ist die Utopie die *Ankunft der Gerechtigkeit* als einer zukünftigen Gottheit, aber was genau diese Gerechtigkeit ausmacht - und wie sie sich zu der bisher notwendigen Konzentration des Menschen auf das Überleben innerhalb einer entscheidenden existentiellen Erfahrung der Endgültigkeit verhält - darauf gelingt Meillassoux nie eine Antwort. Deshalb ist es manchmal verlockend, ihn im sarkastischen Sinne Hegels als die Version der *schönen Seele* unserer Zeit zu bezeichnen, denn Meillassoux verwendet gerne ausgefallene Konzepte, denen jedoch eine klare Verankerung in der immanenten Realität des modernen Menschen fehlt. Unterdessen vermischen Badiou und Žižek die Faszination des Jungenzimmers für Kriegsspielzeug und gewalttätige Videospiele mit einer romantischen Leidenschaft für Macho-Tyrannen und blutige Revolutionen, wie etwa die Studentenproteste der 1960er Jahre in Europa. Aus dieser nostalgisch gefärbten Mischung verdrängen sie das Ereignis als eine weitere blutige Revolution.

Für Žižek ist *Revolutionismus* sogar auf einer ontologischen Ebene notwendig. Genau wie sein Vorbild Lenin behauptet Žižek , dass der *Revisionismus* - der schrittweise Übergang zur kommunistischen Gesellschaft - unmöglich ist, da jeder Schritt im revisionistischen Prozess zu viel von dem rettet, was in der vorrevolutionären Gesellschaft verwerflich ist, Dinge, die nur die Revolution auslöschen kann. Deshalb ist die Revolution sowohl wünschenswert als auch notwendig, und deshalb ist sie laut Žižek das einzige authentische Ereignis. Eine radikal immanente Interpretation des Begriffs der Revolution würde jedoch antworten, dass sowohl die blutigen Demonstrationen auf den Straßen als auch die Realisierungen einer fernen personifizierten Gerechtigkeit - soweit sie überhaupt stattfinden - eigentlich nur marginale Ausdrucksformen unter vielen anderen der wirklichen, zugrunde liegenden Revolution sind. Diese Revolution ist vielmehr immer ein langwieriger Prozess, eben eine schrittweise, aber zugleich nichtlineare *Revision*, die mit einer revolutionären Veränderung der materiellen Bedingungen (z.B. die Entstehung des Internets als Manifestation des Syntheos) beginnt, gefolgt von einer revolutionären Veränderung der sozialen Praktiken (die High-Tech-Beteiligungskultur des Syntheismus), worauf wiederum ein revolutionärer Wandel in der intersubjektiven Metaphysik folgt (Subtraktion des Syntheismus, Monastisierung und psychedelische Praktiken), der erst danach zu dem ersehnten sozialen Ereignis führen kann (die syntheistische

Utopie, die Vollendung der syntheologischen Pyramide), wo die Machtstruktur hoffentlich mehr oder weniger dramatisch angepasst werden kann, um das kreative Potential des neuen Paradigmas freizusetzen.

Badious' und Žižek´s Held Hegel wäre der erste, der ihre blutigen Knabenzimmerträume als typische Beispiele für seichten *Internarzissmus* kritisieren würde. Für Hegel ist Geschichte lediglich eine lange Meta-Geschichte ständiger Neuschreibungen der Geschichte, in der eine obsessive Erzählproduktion eine konsequent scheiternde, aber dennoch notwendige Anpassung an einen unkontrollierbaren immanenten Fluss ist. *Die Revolution* und das *Ereignis* müssen daher voneinander getrennt werden. Die Revolution findet im Verborgenen statt, und ihre Radikalität kann ihr nur rückwirkend zugeschrieben werden. Das Ereignis nimmt seine dramatischen und transformierenden Folgen erst lange Zeit danach an. Als Beispiel sei erwähnt, dass Johannes Gutenberg um 1450 die Druckerpresse erfindet. Aber die Französische Revolution wurde erst 1789 eingeleitet. In diesem Fall klafft also eine Lücke von insgesamt 339 Jahren zwischen der immanenten und der transzendenten Revolution. Und auf welche davon wir unsere Metaphysik aufbauen, hat leider eine entscheidende Bedeutung dafür, wo wir später ankommen werden.

Die wirkliche Revolution wird natürlich schon durch die aufkommende Druckpresse ausgelöst und geht dann bis ins Jahr 1789 und sogar darüber hinaus, als sie sich plötzlich als Ereignis in den blutigen Aufständen äußert, die erst später den Namen *Französische Revolution* annehmen. Während sie tatsächlich stattfand, war keinem der Akteure bewusst, dass sie an der Französischen Revolution teilnahmen; die fragliche Mythologie wurde erst im Nachhinein geschaffen und auf die Ereignisse projiziert, nicht zuletzt von den russischen Revolutionären, die ein Ereignis in der Vergangenheit brauchten, in dem sie sich reflektieren und aus dem sie sowohl Glanz als auch Legitimität ableiten konnten, genau wie Hegel behauptet hatte, dass dies stets der Fall ist. Aus ideengeschichtlicher Sicht steht man hier vor der Wahl, entweder der *immanenten Revolution* 1450-1789 - sagen wir, mit Betonung auf einer informationstechnologischen

Geschichtsschreibung - oder dem spektakulären Ereignis von 1789 den Vorrang zu geben, das erst danach zu einem transzendenten Ereignis innerhalb des kapitalistisch-industriellen Diskurses verdinglicht wird mit dem Ziel, es in eine metaphysische Inspiration statt in ein immanentes, erzähltes Ereignis zu verwandeln. Es handelt sich also um einen Kult der Mystik, den alte revolutionäre Romantiker wie Badiou und Žižek , aber auch postmoderne französische Nationalisten nur ungern aufgeben.

Wesentlich ist jedenfalls, dass die Pariser Straßenunruhen ohne die Druckerpresse, die erst nach mehreren Jahrhunderten der Transformation voll und ganz in der Gesellschaft akzeptiert wurde, undenkbar wären. Sie hat zuerst Europa und dann den Rest der Welt bis zur Unkenntlichkeit verändert, und der geographische Sitz der Französischen Revolution hat viel mehr damit zu tun, dass Frankreich das erste Land war, in dem eine Mehrheit der Bevölkerung lesen und schreiben konnte, als dass sie außerordentlich innovativ oder klar im Kopf war. Für Badiou und Žižek erscheint es notwendig, zunächst die Singularität stattfinden zu lassen, danach darauf zu warten, dass sie eine neue Machtstruktur hervorbringt, um dann auf einen blutigen Konflikt innerhalb der neuen Machtstruktur zu warten - wo die sonst fettleibigen und körperlich schlechteren Philosophen in der Tat den Menschen die Barrikaden selbst versprechen und Molotowcocktails auf die Obrigkeit werfen -, um danach von einer echten Revolution sprechen zu können. Eine solche statische und kulturspezifische Vorstellung von Revolution würde Hegel höchstwahrscheinlich nicht akzeptieren. Es war wohl kaum die Absicht, dass Paris 1789 die Bedeutung des Wortes Revolution, das in der Tat ein Metakonzept ist, für alle Ewigkeit so fixieren würde, wie es die im Wesentlichen konservativen Revolutionsromantiker Badiou und Žižek annehmen. Das heißt, mit der *Revolution als der immer wieder scheiternden, tragischen Wiederholung des Ereignisses von 1789* in Paris, die zudem immer von wütenden jungen Männern mit Waffen in der Hand durchgeführt und von einem autoritären Tyrannen unterdrückt wurde, dessen Stiefel sie gerne lecken.

Ironischerweise scheint es so, als ob Badious und Žižek s nostalgische Vorstellung von der Revolution an einem eklatanten Mangel gerade an der Revolutionarität leidet. Die Syntheisten hingegen haben etwas viel Radikaleres im Visier. Die Singularität ist nach den Kriterien, die wir in diesem Buch verwenden, das entscheidende Ereignis. Und es sind bereits drei parallele Revolutionen im Gange - auch wenn Badiou und Žižek mit ihren konservativen Schablonen und Scheuklappen unfähig zu sein scheinen, sie zu erfassen - nämlich: *Die Ausbreitung des Internets, der relationalistische Paradigmenwechsel sowohl in der Physik als auch in der Soziologie* und nicht zuletzt die *chemische Befreiung*. Die Singularität, die unseren Übergang von der Humanität zur Transhumanität darstellt, ist eine der drei Revolutionen, die in einer nicht allzu fernen Zukunft Supraevents verschmelzen. Die vierte Singularität in der Geschichte steht bereits in den Startlöchern. Alles, was wir tun müssen, ist den Rat von Critchley zu befolgen, der uns rät, zuerst die Tempel und Klöster der Syntheisten zu bauen, wo wir durch unsere Subtraktion von der umgebenden Welt die Revolution als Wahrheit als einen Akt unserer Zeit ermöglichen können. *Wir selbst sind die vierte Singularität!*

# 13.

# PARTIZIPATORISCHE KULTUR, RELIGIÖSE RITUALE UND PSYCHEDELISCHE PRAKTIKEN

Die Wissenschaften verlangen logische Intelligenz. Die Künste verlangen intuitive Intelligenz. Die Philosophie hingegen verlangt beides. Daher ist Philosophie eine enge Disziplin, was Produktion, Konsum und Talent im Allgemeinen betrifft. Philosophische Werke sind verständlicherweise nicht Bestseller. Aber das macht die Philosophie natürlich nicht weniger wichtig. Die Philosophie läutet die Fortschritte ein, die später sowohl die Wissenschaften als auch die Künste erreichen. Ohne einen Nietzsche gäbe es weder einen Einstein noch einen Picasso. Die Zeit wäre nicht reif, wie man so sagt; es gäbe keine Resonanz, kein rezeptives Umfeld, das aus Einstein eben einen Einstein und aus Picasso eben einen Picasso gemacht hätte.

*Emergenz*, was einst eine obskure philosophische Idee war, wurde mit der Zeit zu einem zentralen Begriff innerhalb der Wissenschaften. Die Idee ist, dass sich ein bestimmtes System in Verbindung mit einer kleinen Verschiebung seines Komplexitätsgrades - an einem *Tipping Point* - so dramatisch verändern kann, dass sich das System als Ganzes von einer Art von Phänomen in etwas völlig anderes verwandelt, wobei das *neu auftauchende Phänomen* mit völlig neuen

Eigenschaften und Qualitäten erscheint, die zur Folge haben, dass es in Bezug auf das ursprüngliche System als etwas völlig Neues eingestuft werden muss. Nach der relationalistischen Physik bedeutet Emergenz darüber hinaus, dass die *Natur als Ganzes* eine Veränderung durchläuft. Die Emergenz hat eine so entscheidende ontologische Bedeutung, dass eine Rückkehr vom neuen zum alten *Paradigma* nach der Emergenz unmöglich ist. Zwischen verschiedenen emergenten Phänomenen mit prinzipiell gleichen Bestandteilen besteht eine Hierarchie. Jeder emergente Übergang bildet eine neue Ebene in der Hierarchie. Da aber jedes plötzlich entstandene Emergenzphänomen seine eigenen, ebenso plötzlich entstandenen Gesetze und Regeln hat - dies ist durchaus möglich, solange die neu geschaffenen Gesetze und Regeln die Existenz der eigentlichen Hierarchie nicht bedrohen -, verändert es auch die *Natur als Ganzes* für alle Zeiten in einem relationalistischen Universum.

Der syntheistische Biologe und Komplexitätstheoretiker Stuart Kauffman untersucht in seinem Buch *Reinventing The Sacred* die metaphysische Bedeutung von Emergenzen. Kauffman weist darauf hin, dass es nichts gibt, das von Anfang an in die *Physik* eingebaut ist, das bestimmt, dass es entstehen und die *Chemie* so hervorbringen sollte, so wie es auch nichts gibt, das von Anfang an in die Chemie eingebaut ist, das besagt, dass es entstehen und die Biologie hervorbringen sollte. Weder die künftigen Geburten der Chemie noch die der *Biologie* sind auf mysteriöse Weise innerhalb des *Urknalls* bei der Entstehung des Universums vorprogrammiert. Vielmehr treten Emergenzen in der Regel recht plötzlich und ganz unabhängig von allen bisher geltenden Naturgesetzen auf. Sie *fügen* dem Universum dadurch eine erhöhte Komplexität hinzu, anstatt einfach etwas vorher *Eingebautes* zu *entwickeln*, wie die totalistischen Deterministen von Platon über Newton bis Einstein die Funktion von Emergenzen interpretieren.

Kauffman argumentiert, dass das scheinbare Vorhandensein von Emergenzen bedeutet, dass das *Prinzip der Selbstorganisation* zur *Darwinschen natürlichen Selektion* hinzugefügt werden muss, damit die Wissenschaften ineinandergreifen und ein umfassendes Bild von den verschiedenen Prozessen der Natur liefern können. Emergenzen und ihre Selbstorganisation fügen ganz einfach etwas Grundlegendes zu den Wissenschaften hinzu, was der natürlichen Auslese fehlt, nämlich eine Vorstellung davon, wie das *präadaptive Material*, das später die Grundlage der Erfolgsgeschichte des Evolutionsprozesses bildet, tatsächlich entsteht. Es geht darum, dass die *Entstehung* an sich kein Produkt der darwinschen natürlichen Auslese ist; sondern es ist etwas so Bemerkenswertes wie ein plötzlich entstandenes und sich *selbst organisierendes Phänomen*, das spontan aus einem unorganisierten Chaos entsteht und sich später als passgenaues Puzzlestück herausstellt, wenn sich die Umstände im ansonsten darwinschen Prozess ändern.

Die Potentialität der Emergenz beruht auf einem einzigen einfachen Prinzip: Wie viele *Aktualitäten* es in der Physik auch geben mag, die diesen Aktualitäten vorausgehenden *Potentialitäten* sind immer noch viel zahlreicher. Es genügt, die Genese eines jeden Menschen zu betrachten, um festzustellen, dass dies der Fall ist: Für jedes geborene Individuum verschwendet die Natur Millionen und Abermillionen von Spermien und auch eine große Anzahl von Eizellen, die überhaupt nicht genutzt werden. Und jetzt sprechen wir nur von den Eizellen und Spermien, die sich trotz allem genau als Eizellen und Spermien verwirklichen - die virtuellen Eizellen und Spermien sind wiederum um ein Vielfaches zahlreicher. Aus dieser unendlichen Vielfalt stechen die Emergenzen als die großen Gewinner hervor, als die Möglichkeiten, die ein ultra-schöpferisches Universum früher oder später ohnehin hervorbringen muss, und sie sind beeindruckend in ihrer prä-adaptiven Fähigkeit, dauerhafte und stabile Komplexitäten selbst zu organisieren. Es ist nicht verwunderlich, dass sich die Menschen im Laufe der Geschichte von der Fähigkeit der Natur, Emergenzen zu erzeugen, haben mitreißen lassen.

Andererseits ist es ein Irrtum, sich vorzustellen, dass diese Erscheinungen auf irgendeine mysteriöse Weise gegeben sind, dass sie einer Art Metagesetz der Natur folgen - das in diesem Fall sogar schon vor der Entstehung des Universums existieren muss, was natürlich in einem inneren, sich selbst erschaffenden Universum ohne einen schöpferischen Gott, der sowohl äußerlich als auch vorausgehend ist, eine Unmöglichkeit ist. Das Universum hat sich nämlich in der Vergangenheit nicht selbst erschaffen, *es erschafft sich ständig selbst.* Hier bricht Kauffman radikal mit dem *Reduktionismus*, dem fundamentalen Axiom der Wissenschaften seit der Blütezeit Newtons. Nach dem Reduktionismus lässt sich in der Hierarchie alles nach unten ableiten; so, als ob alles, was weiter oben und später entsteht, bei einer früheren Gelegenheit auf einer der niedrigeren Ebenen immer völlig vorprogrammiert liegt. Nach dem Reduktionismus zum Beispiel ist die Biologie wirklich nur eine fortgeschrittene Form der Chemie, während die Chemie wirklich nur eine fortgeschrittene Form der Physik ist, und nicht mehr als das.

Der Reduktionismus geht ganz einfach davon aus, dass das Universum und seine Geschichte einer vorherbestimmten Bahn folgen, die auf irgendeine mysteriöse Weise im *Urknall* vorprogrammiert ist. Bizarrerweise muss daher die tatsächliche Erschaffung des Universums sowohl gut geplant, unmittelbar und längst abgeschlossen sein. Kauffman entgegnet, dass diese absurde Idee - die *reduktionistische Illusion* - entsteht, weil Philosophen und Wissenschaftler darauf fixiert sind, den Hierarchien nur von oben nach unten zu folgen, als ob die Dinge nichts anderes oder mehr und größer als die Summe ihrer Bestandteile sein könnten. Studiert man aber stattdessen die Hierarchien von unten nach oben entlang des Zeitpfeils - entgegen der masochistischen Phantasie, wie die physische Existenz von oben nach unten strukturiert sein muss -, so entdeckt man, wie plötzlich auftretende Emergenzen das gesamte Spielfeld ein für alle Mal verändern, indem sie kontingent neue Phänomene ins Dasein bringen, die wiederum *kontingent* neue Paradigmen in der Geschichte hervorbringen. Emergenzen erzeugen ganz einfach neue Gesetze und Regeln, zumindest in ihrer eigenen Region des Universums, ohne dass diese spezifischen Verhaltensmuster zuvor irgendwo anders existiert hätten. Damit ist bewiesen, dass *der Pfeil der Zeit real ist* - und nicht illusorisch, wie Platon, Newton und Einstein es sich vorstellen - und der Determinismus ist damit tot.

Ein dynamisches System gilt als *ergodisch*, wenn seine Verhaltensmuster im zeitlichen Mittel mit seinen Verhaltensmustern im räumlichen Mittel übereinstimmen. Wissenschaftler sind von ergodischen Systemen angetan, da sie relativ einfach in Mathematik umgesetzt werden können - sie werden natürlich als Totalitäten betrachtet, als bequeme Konstanten und nicht als chaotische Variablen - und dadurch sogar relativ einfach als Bausteine verwendet werden können. Wir leben jedoch nicht in einem ergodischen Universum, worauf der Reduktionismus beharrlich besteht. Tatsächlich geschieht nichts zweimal auf die gleiche Weise, jedes Ereignis ist stattdessen völlig einzigartig, jede scheinbar identische Wiederholung findet in einem völlig neuen, spezifischen Kontext statt. Kauffman behauptet sogar, dass ohne die reduktionistische Illusion auch die metaphysische Prämisse des *klassischen Atheismus* zusammenbricht. Die Einsicht, dass wir in einem nicht-ergodischen Universum leben, muss ganz einfach dramatische Konsequenzen auch für die Metaphysik haben. Es bedarf eines *anti-reduktionistischen Erklärungsmodells*, das an die Stelle des reduktionistischen Modells tritt. Die Existenz ist enorm viel komplizierter, die Zukunft ist enorm viel offener und schwieriger vorherzusagen, und das Universum ist enorm viel aktiver, als die reduktionistische Illusion uns glauben gemacht hat.

Kauffman weist darauf hin, dass sich das Universum vor allem durch eine enorme, beständige *Kreativität* auszeichnet - es ist ganz einfach in der Lage, in pantheistischem Geist immer wieder völlig neue Phänomene mit völlig neuen Gesetzen und Regeln bis hin zu ihren metaphysischen Grundlagen hervorzubringen. Daraus zieht Kauffman die Schlussfolgerung, dass uns das Vorhandensein von Emergenzen auffordert, eine neue Religion zu schaffen - oder um es in seiner eigenen Sprache auszudrücken: Er ermutigt uns, e*ine neue Religion aus unserem Bewusstsein entstehen zu lassen* - sobald die Einsicht der zentralen Rollen der Emergenz und Selbstorganisation in der relationistischen Physik mit voller Wucht in der informationalistischen Metaphysik allgemein akzeptiert wird. Jahrzehnte umfangreicher komplexitätstheoretischer Studien haben Kauffman zu einem überzeugten und fast militanten Syntheisten gemacht. Der Titel seines Buches - *Reinventing The Sacred* - sagt alles.

Mit seiner Theorie der *Summe aller Geschehnissen* beweist der Physiker Richard Feynman, dass ein Teilchen alle möglichen Wege von A nach B beschreiten kann. Die Energie des Vakuums weist die geringste Energiemenge im Raum auf, befindet sich aber nie auf dem Nullniveau. Ein Vakuum ist immer etwas und niemals nichts; es ist mit unaufhörlichen Fluktuationen gefüllt, es gibt niemals irgendwo einen passiven Zustand des Nichtseins. Darüber hinaus ist die Planck'sche Konstante eine Art Emergenzmaschine der Physik: unterhalb der Planck-Länge herrscht reines Chaos, oberhalb der Planck-Länge entstehen organisierte Kosmologien. Daher ist die Planck-Länge die am wenigsten relevante Komponente bei allen physikalischen Messungen, sie ist die Ebene, auf der die Organisation der Existenz zuerst als eine *diskrete Emergenz* erscheint, auf der die nachfolgenden höheren Emergenzen wie Chemie, Biologie und menschliches Bewusstsein völlig spontan entstehen konnten.

Wenn Emergenzen innerhalb von Hierarchien für die Wissenschaften von zentraler Bedeutung sind, gibt es keinen Grund, warum unsere Studien *mentaler und sozialer Phänomene* durch die Definition von Emergenzen auch innerhalb mentaler und sozialer Hierarchien erleichtert werden sollten. Es genügt die Feststellung, dass eine neue Ebene in einem psychischen oder sozialen Phänomen nicht mehr auf seine Bestandteile reduzierbar ist, und wir haben somit eine *Emergenz* identifiziert. Auf diese Weise ist das Christentum emergent im Verhältnis zum Judentum, der Sozialismus ist emergent im Verhältnis zum Liberalismus, und der Syntheismus ist emergent im Verhältnis zum Atheismus, um nur drei klare und naheliegende Beispiele zu nennen. Während die Interaktivität in Bezug auf die Massenmedien emergent ist, sind die Massenmedien wiederum in Bezug auf die geschriebene Sprache emergent, so wie die geschriebene Sprache in Bezug auf die gesprochene Sprache emergent ist. Und so weiter.

Betrachtet man den Atheismus als ein emergentes Phänomen im Verhältnis zum Theismus, so erscheint in Übereinstimmung mit der obigen Argumentation die grundsätzliche Ablehnung des Gottesbegriffs nicht mehr als - d.h. als das, was der Position ihren Namen gibt - seine wichtigste theologische Errungenschaft. Nein, die wesentlichste Errungenschaft des Atheismus ist die Zusammenfassung aller möglichen theistischen Positionen als eine einheitliche und kohärente Alternative zur Ablehnung, d.h. die dialektische Konstruktion des *Theismus als Idee*. Der Syntheismus wiederum ist eine *Metareligion*, ein Glaube, den seine Praktizierenden unerschrocken als reine Religion an sich praktizieren, als ein im Verhältnis zum Atheismus emergentes Phänomen, als die historische und intellektuelle Intensivierung des Atheismus. Damit bestätigt und unterstützt er auch aus der Metaperspektive die Handlungsfreiheit aller anderen Kunstformen: Kunst als Kunst um der Kunst willen, Literatur als Literatur um der Literatur willen, Philosophie als Philosophie um der Philosophie willen und so weiter. Und deshalb lehnt der Syntheismus instinktiv alle Nützlichkeitsberechnungen des Individualismus ab. Was der Syntheismus stattdessen sucht, ist der Ort und die Zeit für sich als Ereignis. Dieses Ereignis manifestiert sich in der Liebe, der Kunst, der Wissenschaft, der Politik und der Religion: die fünf allgemeinen Kategorien der Syntheologie.

Die Syntheologie wiederum ist die Intensivierung des Syntheismus, die ermöglicht wird, wenn sie sich als *Wahrheit als Akt* versteht und sich auf eine einzige, weise gewählte Verewigung konzentriert, um das auf diesem fundamentalen Punkt beruhende Denken zu intensivieren. Genau das meinen wir, wenn wir sagen, dass richtig praktizierte Theologie eine Intensivierung der Philosophie ermöglicht. Die wohl gewählte Eternalisierung der Syntheologie ist weder Gott noch das Individuum, wie in den vorhergehenden Paradigmen, sondern die *Religion per se als das Netzwerk* vor allem anderen in der Informationsgesellschaft. Der Begriff *Religion* - in seiner ursprünglichen Bedeutung als ein soziales Phänomen, das Menschen miteinander verbindet - ist in der Tat gleichbedeutend mit dem Begriff *Netzwerk*. Das bedeutet, dass der Syntheismus die *Metareligion* ist, die die Menschheit durch die Ausübung einer Wahrheit, die das Netzwerk - also die Religion an sich - als heilig betrachtet, zusammenbindet.

Damit verwirklicht die Syntheologie, was schon immer der innerste Traum einer *Religion um der Religion willen* war.

Wenn es um den *syntheistischen Agenten* geht, ist es wichtig, zwischen den Begriffen *Dividuum* und *Subjekt* zu unterscheiden. Der informationalistische Mensch ist ein Dividuum, aber das Bestreben des Syntheismus besteht darin, auf der Grundlage der Dividualität eine *authentische Subjektivität* zu entwickeln. Um von der üblichen reaktiven Teilung zu einer einzigartigen, aktiven Subjektivität zu gelangen, muss das Dividuum von den ständigen Verzerrungen der umgebenden Welt isoliert werden - es muss getrennt werden, um von der verbliebenen individualistischen Ideologie befreit zu werden -, was durch zielgerichtete spirituelle Arbeit innerhalb der Mauern der Syntheistengemeinde ermöglicht wird. In dieser isolierten, bewussten, aufgeklärten Umgebung kann das Dividuum ein wirklich kritisches Denken entwickeln, sich selbst als Syntheisten-Akteur verstehen und erfahren. Durch die Identifikation mit sich selbst als *eternalisiertem Wahrheitsereignis* erscheint das authentische syntheistische Subjekt. Syntheisten nennen diesen Zustand Klärung, und die Treue zur Klärung manifestiert sich durch die Taufe des Syntheisten, die als das unendliche Jetzt bezeichnet wird. In diesem Zustand konzentriert sich der Verstand auf einen einzigen Punkt in der Raumzeit, an dem Gelassenheit herrscht, an dem sich alle existentiellen Spannungen endlich lösen, an dem das Subjekt eine Ruhe schafft, die es ermöglicht, ganz einfach zu sein.

Die historische Eskalation von der *Ewigkeit* über den F*ortschritt zum Ereignis* als metaphysischer Motor des Paradigmas hat den einzelnen Menschen zunehmend unter Druck gesetzt. Das informationalistische Dividuum hört in sich selbst eine Vielzahl von Stimmen - das, was Freud sich als eine feste Einheit vorstellt, die er das *Über-Ich* nennt -, die ständig mehr, andere und stärkere Anstrengungen erfordert. Aber das Dividuum hat auch notorische Angst davor, vom Belohnungssystem, das mit diesen Anstrengungen verbunden ist, insbesondere der wortlosen Begegnung mit dem anderen und dem Blick des anderen, abgekoppelt zu werden. Was will die andere von ihm? Was kann es tun, um den Wunsch des anderen zu befriedigen? Und sei es auch nur, um zu vermeiden, mit seinem eigenen Wunsch und der Abhängigkeit vom anderen konfrontiert zu werden, die die Verwirklichung ihres Wunsches mit sich zu bringen droht.

Die Zivilisation hat in der Tat Angst vor der drohenden *Desintegration.* Die Domestizierung von Materialien, Pflanzen, Tieren und nicht zuletzt des Menschen selbst beginnt mit der Magie und ihren Beschwörungen. Kultur ist letztlich die Domestizierung der Natur. Dementsprechend ringt das informationalistische Dividuum mit der Furcht vor der *sozialen Isolierung* als potenzieller Desintegration des Internet-Zeitalters (wenn man sich nicht innerhalb der Netze befindet, hört man in der Praxis auf zu existieren). Der moderne Mensch macht die Erfahrung, wie Fragen und Forderungen in alarmierendem Ausmaß auftauchen. Es ist kaum verwunderlich, dass er unter schrecklichem Stress lebt. Aber andererseits ist er ständig damit beschäftigt, unaufhörlich Bruchflächen zu flicken, anstatt etwas gegen tiefe spirituelle Bedürfnisse zu unternehmen, nur weil sich der moderne Mensch von dem Mythos hat überzeugen lassen, der besagt, dass ein solch glaubwürdiges Vorgehen unmöglich ist. Nichts könnte weiter von der Wahrheit entfernt sein.

Die Gemeinschaft der Syntheisten unterscheidet sich radikal von der sozialistischen Idee des Kollektivs, das die Dividuen unterdrückt und sie zur Unterwerfung zwingt. Von falschem Bewusstsein ist hier nicht die Rede. Vielmehr geht es um Folgendes: Je weniger Eigeninteresse das Dividuum in die religiöse Zeremonie einbringt, desto mächtiger ist die spirituelle Erfahrung. Die spirituelle Arbeit konzentriert sich darauf, die Teilnehmenden in einem Prozess zu schulen, der von der Auflösung des Egos zu einem Aufstieg in der syntheologischen Pyramide führt. Durch diese direkte Teilnahme wird das Dividuum zu einem aktiven Akteur in und für die syntheistische Gemeinschaft, in der die Gemeinde etwas größer und wichtiger ist als das getrennte Dividuum: das Beziehungsnetz, das dem Dividuum Kontext, Bedeutung und existenzielles Gewicht in Bezug auf sich selbst verleiht. Es geht darum, die Ich-Fixierung loszulassen und sich in der hierarchisch höheren kollektiven Emergenz auflösen zu lassen, in der die Gemeinschaft als etwas Größeres als die Summe ihrer konstituierenden Teile hervorsticht, als der mächtigste Akteur. Das ist das *unendliche Jetzt*, die immanente Transzendenz, der Punkt, an dem die Verbindung zu Zeit und Raum verschwindet, an dem sich das Dividuum in etwas auflöst, das größer ist als es selbst, an dem Syntheos erscheint und die Syntheologiepyramide vervollständigt. Das Symbol für das unendliche Jetzt ist natürlich das einsame *Photon*, das Licht in der Ewigkeit.

Die Ich-Fixierung und ihr Motor des *Narzissmus* sind streng kompensatorische Phänomene. Diese Zustände werden eher von Angst und Unwissenheit getrieben als von Bewusstsein und Vernunft. Was die Ich-Fixierung in der spirituellen Erfahrung zulässt, ist das Wachstum ethischer *Selbstliebe* als der richtige Weg, um der dramatischen subjektiven Erfahrung zu begegnen. Die Eigenliebe ist also der Gegenpol zum banalen Narzissmus. Der häufigste logische Fehler bei der Selbstliebe besteht darin, dass man sonst passiv auf ein Gefühl warten müsste. Der Hintergrund dazu liegt in dem Wahn, dass alle Formen der Liebe Gefühle sind und nichts als Gefühle. Aber zumindest unterscheidet sich die Eigenliebe im Vergleich zu anderen Formen der Liebe in mehrfacher Hinsicht. Zum Teil deshalb, weil sie ein logischer Imperativ und kein erstrebenswerter Effekt ist: Es gibt eine Beziehung im Leben, der man sich niemals entziehen kann, mit der man lernen muss zu leben, und das ist die Beziehung zu sich selbst. Zum Teil, weil die Eigenliebe grundlegend für alle anderen Formen der Liebe ist - sie ist das *Higgs-Feld der Passion* -, bezieht die Liebe zu anderen und zum Leben ihre Kraft aus der Eigenliebe und nicht umgekehrt. Zum anderen beruht Narzissmus auf Selbstverachtung und ist nichts anderes als ein kompensatorisches Verhalten zusätzlich zu dieser Selbstverachtung - ein deutliches Zeichen für mangelnde Selbstliebe.

Eigenliebe ist natürlich keine Garantie für die Entstehung einer anderen Liebe. Auf der anderen Seite hat die Person, die sich in der Eigenschaft des syntheistischen Akteurs aufrichtig liebt, die Fähigkeit, auch den Rest der Welt außerhalb der subjektiven Erfahrung zu lieben. Weltanschauung und Selbstbild sind zwei Seiten derselben Medaille, wobei das eine für seine Existenz dialektisch von dem anderen abhängt. Dies gilt natürlich auch für *das Verhältnis zur eigenen Reflexion.* Deshalb ist die Selbstliebe sowohl eine geistige als auch eine physiologische Notwendigkeit, um überhaupt lieben zu können, einschließlich *amor fati,* der logisch und ethisch bedingten Liebe der bisherigen Weltgeschichte. Wer die Selbstliebe missen lässt, wer sich selbst hasst oder sich selbst gegenüber gleichgültig ist, ist zweifellos unfähig, irgendetwas anderes zu lieben. Darüber hinaus müssen die, die sich selbst hasst, diesen Hass auf eine andere Person oder ein anderes Objekt verlagern, um ihre Existenz erleben zu können, ohne ständig an das gehasste Selbst erinnert zu werden. Der sich selbst hassende Mensch kann jedoch überhaupt nicht lieben. Deshalb verlagert er diesen Selbsthass auf das *Ressentiment* - Bitterkeit gegen die Existenz als Ganzes. Dies drückt sich in der Vorstellung aus, dass die Dinge anders sein könnten und sollten, als sie sind, was sie nicht sein können und deshalb auch nicht sein werden, was wiederum vom Selbsthasser als angenehm erlebt werden kann, der sich ohne jeden Zweifel oder Vorbehalt dauerhaft auf sein Ressentiment einlassen kann.

Dieses Ressentiment drückt sich als blinde Unterwerfung unter und Anbetung verschiedener äußerer Phänomene aus. Der Grund dafür ist, dass die Anbetung eine Form der Leidenschaft ist, die keinerlei Liebe erfordert; die Anbetung wird von impulsiver *Rücksichtslosigkeit* getrieben, während die Liebe von langfristigem *Wohlwollen* getrieben wird. Der leidenschaftliche, aber rücksichtslose Faschismus ist die Selbsthassideologie *schlechthin.* Wenn es um Emotionen geht, kann Ressentiment genauso leidenschaftlich sein wie Liebe. Sie kann eine Abhängigkeit von mehr schaffen und genauso existenziell befriedigend erlebt werden wie die Liebe. Der amerikanische Shopaholic im Kaufhaus, aber auch der skrupellose Nazi-Lagerkommandant und der islamische Fundamentalist, der Bomben unter unschuldigen Zivilisten zündet, sind extrem leidenschaftliche Wesen, aber ihre glühenden Leidenschaften entspringen dem Selbsthass, nicht der Selbstliebe. Es sind Leidenschaften, die nach Zerstörung und intensivem Genuss streben, und nicht nach der Suche der Liebe nach Verspieltheit und befriedigendem *Vergnügen.* Es geht um einen verdrehten Hass, der, wie alle anderen Formen des Hasses, aus dem *konstitutionellen Selbsthass* herrührt.

Was interessant ist, wenn wir uns der Selbstliebe und dem Selbsthass nähern, sind ihre diametral entgegengesetzten logischen Prämissen. Im Gegensatz zum herkömmlichen Bild von Liebe und Hass, bei dem man davon ausgeht, dass die Liebe auf eine *Sache* und der Hass auf ein *Nichts* gerichtet ist, stellt sich bei genauerem Hinsehen heraus, dass genau das Gegenteil der Fall ist. Die Selbstliebe ist immer auf *Atheos*, die notwendige Leere im Zentrum des Subjektes, gerichtet. Alle Liebe ist Liebe zur Leere im Objekt der Liebe, aber diese Tatsache tritt nie deutlicher hervor als im Liebesakt selbst, diese Wahrheit als ein Akt blinden Glaubens ohne Substanz und Emotionen, von dem dann alle Leidenschaften ihre Triebkraft erhalten. Eine Person, die liebt, weiß nicht genau, was sie an ihrem Geliebten liebt, denn was sie an dem Geliebten liebt, ist die Leere im Zentrum des Liebesobjekts und die Möglichkeit, Liebe auf dieses Objekt zu projizieren, die diese Leere tatsächlich ermöglicht.

Auf der tiefsten Ebene ist Liebe ein Wille zur Liebe ohne Hintergedanken, denn die Kunst des Liebens ist die Kunst des Lebens. Lieben wollen heißt, ein Leben mit *Integrität* leben zu wollen. Der Selbsthass hingegen richtet sich immer auf eine *illusorische Substanz* des Subjekts. Hass muss in dem Gehassten immer etwas Konkretes zum Hassen finden, da das Subjekt selbst als Leere nur *absorbiert* und nie *mitschwingt*. Atheos kann nur geliebt oder geleugnet, aber nie gehasst werden, da sich der Hass unweigerlich in der Leere auflöst. Im Gegensatz zur bedingungslosen Liebe erfordert der Hass eine konkrete Resonanz des gehassten Objekts. Hass will nichts geben, er will lediglich den Selbsthass vorübergehend auf etwas anderes abladen, und deshalb ist Hass bedingt. Hassen zu wollen bedeutet sterben zu wollen und alles Leben mit in den Tod nehmen zu wollen. Es ist der völlige Mangel an Integrität.

In einer Leere gibt es jedoch keine Resonanz. Deshalb muss der sich selbst hassende Mensch ständig etwas *Konkretes in sich selbst* finden, das er hassen kann. Etwas, das für das Subjekt keine Leere ist. Deshalb lokalisiert der Selbsthass ständig neue Attribute im gehassten Subjekt, die er objektiviert und verdinglicht, um sie dann in ein Objekt des leidenschaftlichen Hasses umzuwandeln. Selbsthass ist daher als eine Orgie zu betrachten, in der die Unzulänglichkeiten des Subjekts gefunden, verdinglicht und anschließend verspottet werden - basierend auf einer unerreichbaren äußeren Schablone dafür, wie das Subjekt sein sollte, um *als Objekt der Verehrung* durchgehen und bestehen zu können. Als ob es jemals möglich wäre, irgendetwas zu lieben, nur weil es nach einer von außen festgelegten Norm gut genug ist. Es ist, wie die Existenzphilosophin Hannah Arendt sagte: „Das Böse ist banal". Es brüstet sich ganz einfach in seiner Entfremdung gegenüber der Welt, in dem, was der Zarathustra der Antike bereits vor rund 3.700 Jahren Druj, die leidenschaftliche Freude an der existentiellen Lüge, nennt.

Nach dem Syntheismus ist die Eigenliebe vor alle die *Wahrheit als Akt.* Liebe dich selbst, ohne jegliche Emotionen, denn du hast keine Wahl. Handle einfach. Aus dieser bewussten und logisch zwingenden Eigenliebe als Wahrheit als Akt fließt die Liebe zu allem anderen, was in einem intensiv pulsierenden, schöpferischen Universum existiert. Das Gegenteil von Entfremdung - genussvoller Selbsthass - könnte kaum deutlicher sein. Aber die Selbstliebe steht nur in dieser Grundüberzeugung fest: dass Liebe im Grunde ein konstitutioneller Akt ohne Emotionen ist, aus dem später alle anderen Liebesleidenschaften hervorgehen. Und dieser Akt in seiner reinsten Form ist Selbstliebe; die Liebe der Begegnung zwischen dem Selbst und dem Göttlichen, wo Integrität entsteht. Der Moment, in dem Selbstbild und Weltbild eine harmonische Versöhnung miteinander erreichen, ist das Ereignis, das die Syntheisten poetisch das unendliche Jetzt oder die *immanente Transzendenz* nennen.

Dabei ist die Selbstliebe, als Wahrheit als Akt, die offensichtliche Grundlage für alle syntheistischen Rituale und Zeremonien. Sie ist der ewig wiederkehrende Ausgangspunkt für alle spirituelle Arbeit, deren letztendlicher Zweck darin besteht, den Mitgliedern der Gemeinde eine starke und stabile persönliche Integrität ohne narzisstische Elemente zu verleihen. Da das Selbst in ständiger Veränderung begriffen ist und alle anderen Emotionen vom Akt der

Eigenliebe abhängen, muss der Akt der Eigenliebe im Leben des Syntheisten immer und immer wieder wiederholt werden. Diese Wiederholung - dieser Zyklus von Differenz und Wiederholung, wie Gilles Deleuze die Sache ausdrücken würde - bildet den *Nietzscheanischen Kern* im syntheistischen Geistesleben. Ein Blick auf den nackten Körper im Spiegel, gefolgt von der Entscheidung, diesen Körper bedingungslos als den gegenwärtigen Ausdruck des Pantheos zu akzeptieren, als die Konstruktion des Universums zur Unterbringung des Subjekts und seines Bewusstseins und seiner Leidenschaften, als ein Objekt der Liebe allein aufgrund einer existentiellen Entscheidung, eines persönlichen *Ur-Ereignisses*. „Das ist es, was ich bin, das ist der Körper, der meine vielen dividuellen Identitäten beherbergt, und ich liebe diesen Körper, um mich selbst lieben zu können, um dadurch fähig zu sein, überhaupt irgendetwas lieben zu können. Denn ich identifiziere mich mit dem Willen zu lieben." Die Wahrheit als Akt kann nicht klarer ausgedrückt werden.

Ist das Fundament der Eigenliebe erst einmal gelegt, so ist der syntheistische Akteur offen und empfänglich für den Prozess, der als *Transparenz* innerhalb der Gemeinschaft bezeichnet wird. Der Zweck der *Transparenzmachung* besteht darin, die Offenheit innerhalb der Gemeinde zu maximieren, ihre Mitglieder einander näher zu bringen, Intimität entstehen zu lassen, so dass die kollektive Manifestation des Syntheos verwirklicht wird. Bei der Religion geht es darum, Menschen zusammenzubringen und ihnen eine entstehende, kollektive Identität zu geben, die größer ist als die Dividuen einzeln und größer als die Summe aller Dividuen zusammen. Dies geschieht z.B. durch die Einrichtung von *Austauschkreisen*, in denen die Akteure ihre innersten Gedanken und Erfahrungen voreinander bezeugen können. Es ist jedoch von grösster Wichtigkeit, dass die Transparenz - im Geiste des französischen Philosophen Michel Foucault - der *Ethik der Interaktivität* folgt (siehe *The Body Machines*) und darum von unten nach oben und nicht *von oben nach unten* erfolgt, d.h. es sind die Stärksten, die Mächtigsten, die Etabliertesten, die sich zuerst vor der Gemeinschaft öffnen, in einem Prozess, in dem jeder mit jeder

Runde des Austauschkreises mehr und mehr seiner innersten Emotionen und Gedanken teilt.

Durch diese Transparenzmachung verlagert sich die *Handlungsfähigkeit* des fraglichen Phänomens von den einzelnen Dividuen auf die Gemeinschaft selbst. Das nennen wir die Manifestation des Syntheos. Die Ethik der Interaktivität ist eng mit der Identität des Subjekts verbunden. Daher ist der syntheistische Agent - sowohl als Dividuum als auch als Gemeinschaft - in hohem Maße ein *ethisches Wesen*. Und mit einer bewussten Ethik als Identitätsgenerator wird das Subjekt seinerseits zu einem gewaltigen synthetischen Agenten. Hier knüpfen wir wieder an Zarathustra's amoralisches, aber höchst ethisches Ideal an: „Ihr seid eure Gedanken, eure Gedanken beherrschen eure Worte; ihr seid eure Worte, eure Worte beherrschen eure Handlungen; ihr seid eure Handlungen, eure Gedanken, Worte und Handlungen bilden zusammen eure ethische Substanz, sie sind und werden eure Identität sein". Im selben Moment, in dem sich der Gläubige voll und ganz mit seinen Gedanken, Worten und Taten identifiziert, geht Zarathustra's Konzept *asha* von einer phänomenologischen Beschreibung der Existenz zu einem ethischen Ideal über. In dieser Verschmelzung von Phänomenologie und Ethik werden Subjekt und Asha eins miteinander.

Die Verpflichtung, das Schicksal unter allen Umständen zu lieben, Spinozas und Nietzsches ethisches Ideal des *amor fati*, ist ein zentraler Begriff des Syntheismus. Das Universum ist unseren menschlichen Sorgen und Nöten gegenüber gleichgültig, es gibt unserer Spezies keine Vorzugsbehandlung gegenüber jemandem oder etwas anderem, es gewährt niemandem oder etwas in Bezug auf jemanden oder etwas anderes einen besonderen Status. Wir können uns unsere Unzulänglichkeiten als menschliche Wesen nur verzeihen, eben weil wir Menschen sind, keine Helden. Und in dieser Selbstvergebung spielt das *Jetzt* eine zentrale Rolle. Da wir nach dem Imperativ Spinozas und Nietzsches verpflichtet sind, die gesamte bisherige Geschichte zu lieben - teils, weil sie die einzige Geschichte ist, teils, weil sie etwas ist, gegen das wir ohnehin nichts tun können -, sind wir auch verpflichtet, unsere eigene bisherige Lebensgeschichte zu lieben. Und in dieser auferlegten Liebe liegt auch die *Selbstvergebung* als logische Verpflichtung und nicht als ersehnte Emotion. Syntheisten schaffen Rituale, um immer wieder zur notwendigen Selbstvergebung zurückzukehren, einschließlich kollektiver Rituale, die den Weg zur Erkenntnis der Selbstvergebung unterstützen, und dann nicht zuletzt Rituale, die den Genuss, der mit dem *Selbsthass* verbunden ist, in Frage stellen und bekämpfen, das moralische Gegenteil von ethischer Selbstvergebung. Es gibt in der Tat keinen Platz für Selbsthass und seinen Genuss innerhalb der spirituellen Arbeit der Syntheisten.

Der Schritt von der Liebe zur Kunst ist kurz. In seinem Buch *The Master and his Emissary* setzt der britische Philosoph Iain McGilchrist seine Hoffnungen für die Menschheit auf Kunst und Religion. Nach McGilchrist sind Kunst und Religion die menschlichen Ausdrucksformen, die wirksam eingesetzt werden können, um der großen Bedrohung zu begegnen - was McGilchrist den *Zustand der Anomie* nennt. Bekanntlich wurde der Begriff Anomie von dem französischen Soziologen Emile Durkheim Ende des 19. Jahrhunderts geprägt. Durkheim zufolge beginnt die Anomie mit einer totalen und unwiderruflichen inneren Entfremdung und Auflösung von Werten, die ein intensives existenzielles Bewusstsein hervorruft, das wiederum eine vollständige und verheerende äußere Lähmung erzeugt. Durkheim bringt dies zum Ausdruck, indem er sagt, dass der anomische Mensch die *Welt* nicht mehr sehen kann, sondern stattdessen auf die Existenz *zurückstarrt*; ein leerer Blick, der zugleich neurotisch lähmend und psychotisch größenwahnsinnig ist.

Folglich spielt die Kunst innerhalb des Syntheismus eine zentrale Rolle. Die Kunst versucht, sich von der Entfremdung wegzubewegen und sich der Religion zuzuwenden, nicht zuletzt, wenn sie die Entfremdung selbst untersucht, als wäre sie das einzige Thema, das der Kunst zur Bearbeitung bleibt. *Wie der Syntheismus an sich ist die Kunst implizit und nicht explizit, mehrdeutig und nicht monoton, vernünftig und nicht rational, und vor allem immer inkarniert. Deshalb ist wirklich interessante Kunst immer transrationalistisch gewesen.* Rationalistische Kunst wäre unerträglich banal und bedeutungslos. Vielmehr muss Kunst lebensnäher sein als das Leben selbst. Durch die Kunst kann der Mensch seinen Blick wiedergewinnen und das Starren aufgeben, und mit diesem lebendigen Blick auf die Welt entsteht eine lebendige Beziehung zur umgebenden Welt. McGilchrist behauptet, dass der Schlüssel zu diesem tieferen künstlerischen Verständnis der Existenzbegriffe die Melancholie ist. Dies hängt damit zusammen, dass *Melancholie* die emotionale Folge einer freudigen Akzeptanz ist, gefolgt von einer Verherrlichung der Vielfältigkeit der Existenz. Dabei ist Melancholie das genaue Gegenteil der platonischen Vereinfachung. Was möglicherweise erklärt, warum die Melancholie, so McGilchrist, in der Renaissance idealisiert, in der Aufklärung aber verachtet wurde, sogar von Protosyntheisten wie Spinoza und Leibniz.

Das würde bedeuten, dass, wenn man den Syntheismus mit der Renaissance und der Romantik in Verbindung bringen würde, die Melancholie auch der Schlüssel zur Kunst des Syntheisten ist. Was natürlich auch in umgekehrter Richtung gilt: *Für die Kunst ist der Syntheismus der einzig mögliche Weg weg vom individualistischen Isolationismus hin zum Holismus der Netzdynamik*. Aber es braucht auch einen Künstler, der seine Arbeit auf *partizipatorische Lust* statt auf *narzisstischen Genuss* aufbaut. Der künstlerische Auteur ist also ein weiteres *napoleonisches Ideal*, das in der Informationsgesellschaft sterben muss. Der Grund dafür ist, dass die synthetische Kunst von einem künstlerischen Dividuum geschaffen wird, der an die utopischen Möglichkeiten der Gemeinschaft glaubt, und nicht von einem künstlerischen Individuum, das in einer Ressentimentshaltung gegenüber seiner eigenen Zeit schwelgt. Und dies muss auch geschehen, ohne dass die Kunst jemals in die Falle der rationalistischen Banalität tappen und ihren Zauber verlieren darf. Die Kunst muss ständig auf Atheos gegründet sein und zu ihm zurückkehren.

Syntheistische Kunst ist nicht nur *partizipatorisch* und *dividuel* und nicht isolationistisch und individuell; sie ist auch eine *metaphysische Kunst* im tiefsten Sinne des Wortes. Mit dem Aufkommen des Syntheismus kann die Kunst die *zynische und kulturrelativistische Untersuchung* verlassen, die im Spätkapitalismus ihre axiomatische Norm war - aus der Perspektive Nietzsches das, was man eine *wollüstige Offenbarung* im Tod Gottes nennen kann - und sich stattdessen einer *transzendierenden und utopischen Kreativität* widmen. Dies erfordert jedoch einen deutlichen Bruch mit der eschatologischen Mythologie der spätkapitalistischen Kunstwelt - die Geschichte hat kein Ende in dem Sinne erreicht, von dem Francis Fukuyama spricht - und ihrer fixierten, akademischen Machtstruktur. Dies wiederum erfordert den Willen des Künstlers, den individualistischen Mythos des Autoren als napoleonisch-patriarchalisches Genie der Kunst zu zerschlagen. Syntheistische Kunst ist in der Tat vom *Schöpfer* der Kunst und seinem Atomismus befreit - sie formuliert die Idee und besteht dann darauf, dass *die Idee frei sein* muss. Sie weiß, dass sie ein kleiner, aber grundlegend *vielfältiger* Teil eines größeren *ganzheitlichen Phänomens* ist - sie agiert nicht als distanzierter Rebell zum Zwecke der Selbstverherrlichung, sondern dient einem noch größeren utopischen Ideal - und es ist die Beziehung der Kunst zu diesem Phänomen, innerhalb derer sie als kohäsiver Agent agiert, die von Interesse ist.

Syntheistische Kunst operiert entweder aus einer Abschätzung des zu erwartenden Einflusses auf das umfassendere Phänomen - auch wenn diese Prognose naturgemäß selten oder nie perfekt ins Schwarze trifft - oder noch bevorzugter auf der Grundlage ihrer eigenen emotionalen Komposition, als *ethische Kunst*, die als *Akt eine syntheistische Wahrheit* anstrebt. Sie strebt auch danach, durch das Einzelne eine Beziehung zum Universalen herzustellen. Die synthetheistische Kunst tut dies innerhalb dieser extrem beschränkten Arrangements, um ihren kreativen Ausdruck zu maximieren - Isolation und begrenzte Ressourcen waren schon immer Schlüsselfaktoren für innovatives Schaffen - aber diese Tendenzen werden in einer Gesellschaft, die durch einen massiven Informationsüberschuss gekennzeichnet ist, noch verstärkt. Daher lässt sich informationelle Kunst am besten in Umgebungen wie *synthetischen Klöstern* und *partizipatorischen Festivals* produzieren und reproduzieren.

Laut David Hume ist *Gewohnheit* eine Notwendigkeit für die dividuelle Identität. Wir nennen die religiöse Gewohnheit Ritual. Syntheistische Rituale sind häufig oder regelmäßig wiederholte Gewohnheiten mit dem Ziel, die besondere Identität der dividuellen und sozialen Identität innerhalb der Gemeinschaft zu stärken. Da sich der Syntheismus um das Ideal der *Interaktivität* herum vereint, führen Syntheisten in erster Linie partizipatorische Rituale durch. *Partizipatorismus* ist ein Prinzip, das die Teilnehmer in radikaler Gleichheit ohne jegliche Hierarchien zwischen ihnen zusammenkommen lässt; ein Treffen, bei dem von jedem Einzelnen angenommen wird, dass er die volle Verantwortung für sich und sein eigenes Wohlergehen übernimmt und aktiv teilnimmt und mitgestaltet, anstatt passiv zu empfangen und zu konsumieren. Das bedeutet, dass Syntheismus ein *radikaler Egalitarismus* ist. Aus einer intersubjektiven Sicht haben alle Menschen gleich viel (oder gleich wenig) Wert, und innerhalb der Gemeinschaft wird kontinuierlich daran gearbeitet, dieses radikale Ideal aufrechtzuerhalten. Das bedeutet, dass die Führung des Syntheisten der Gemeinschaft von unten dient, anstatt sie von oben zu manipulieren. Sie wird von dem Willen angetrieben, die Gemeinschaft durch das *mobilistische* Chaos der Existenz zu einem tieferen *eternalistischen* Verständnis der Bedingungen und Möglichkeiten der Existenz zu führen, von dem aus die Ethik der Interaktivität durch *Wahrheiten als Handlungen* angewendet werden kann, die bestimmt und dann ausgeführt werden.

Dies erklärt, warum das syntheistische Ritual immer vo*n unten nach oben und nicht von oben nach unten* strukturiert ist. Gleichzeitig ist es wichtig, die Natur der *spirituellen Erfahrung* zu verstehen. Zunächst einmal ist es nicht verwunderlich, dass Spiritualität mit dem Thema verbunden ist. Da Spiritualität erfahren werden muss und nicht gedacht werden kann - und damit noch weniger als spirituelle Erfahrung per se vermittelt werden kann - ist sie nicht nur grundlegend für das *syntheistische Subjekt*; sie ist auch in umgekehrter Richtung syntheistisch subjektiv. Die Erfahrung wird gefühlt; sie wird nicht gedacht und nicht formuliert: sie wird wirklich gefühlt, wenn sie überhaupt stattfindet. Und sie kann im Nachhinein nur metaphorisch beschrieben werden; sie kann nicht so vermittelt werden, wie sie per se ist. Deshalb ist Spiritualität notwendigerweise eher eine Praxis als eine Doktrin. Die Doktrin kann nur diskutieren, wie die Praxis ausgeführt werden sollte, und sie stimulieren, aber die Doktrin kann die Praxis niemals ersetzen. Spiritualität ist eine *innere* und *transzendentale* Erfahrung.

Bereits in den ersten Jahren ihrer aufkommenden Selbstorganisation im Internet - zum Beispiel auf kollektiven Websites wie syntheism.org - entwickelte die syntheistische Liturgie vier verschiedene Kategorien von Ritualen. Die erste Kategorie besteht aus *Zeremonien, die Übergänge im Leben unterstützen* und bestätigen, wie z.B. Namenszeremonien, Männlichkeitsrituale, Taufe, Zugehörigkeitsbestätigungen, Scheidungsrituale und Beerdigungen. Die zweite Kategorie sind *periodische Feste*, die mit den vier Jahreszeiten verbunden sind: Atheos wird zur Wintersonnenwende gefeiert und beginnt das *Athea*-Vierteljahr; Entheos wird zur Frühlings-Tagundnachtgleiche gefeiert und beginnt das *Enthea*-Vierteljahr; Pantheos wird im Hochsommer gefeiert und beginnt das *Panthea*-Vierteljahr; und Syntheos wird zur Herbst-Tagundnachtgleiche gefeiert und führt das Synthea-Vierteljahr ein. Die dritte Kategorie sind *meditative Techniken*, wie Kontemplation, Meditation, Yoga und Kontaktimprovisation. Die vierte und letzte Kategorie umfasst Rituale, die sich auf das *unendliche Jetzt,* die transzendentale Erfahrung, und zwar durch strukturierten Schamanismus und fortgeschrittene psychedelische Praktiken konzentrieren.

In der syntheistischen Liturgie zu Beginn des Internet-Zeitalters geht es sehr stark um die *Entäkularisierung*, ein historisch notwendiges Bestreben, die radikal säkularisierte Lebenswelt des spätkapitalistischen Menschen zu *sakralisieren.* Aus diesem Grund hat die syntheistische Liturgie einen Kern entwickelt, der aus zwei getrennten Komponenten besteht - einer Art geistlichem Vortrag, der als *Predigt* bezeichnet wird, und einem oft zutiefst persönlichen *Zeugnis*; sowie aus vier kollektiven Komponenten - einer kollektiven *Klangerzeugung*, um die Affinität der anwesenden physischen Körper zu manifestieren, einer stillen Phase der *Kontemplation* und *Meditation*, dem Hören sorgfältig ausgewählter *Musik*, die oft mit dem Thema der aktuellen Predigt zusammenhängt, und schließlich einem abschließenden *Friedensgruß*, in dem alle anwesenden Akteure der Gemeinschaft einander alles Gute wünschen. Eine weniger liturgische Zusammenkunft nennt man einen gottesdienstlichen Akt, und eine große liturgische Zusammenkunft nennt man eine *Messe*. Die Liturgie wird von einem Zeremonienmeister geleitet, der von einem Dozenten und einem oder mehreren persönlichen Zeugen ergänzt wird, wobei die Predigt ein kollektiv konsolidierendes und allgemein gültiges Thema hat, während die Zeugnisse besonderer Natur sind. Die syntheistische Liturgie ist natürlich nicht an einen physischen Raum gebunden: Sie kann ebenso gut als virtuelle Zeremonie durchgeführt werden.

Wenn wir von der Oszillation zwischen Atheos und Pantheos zur Oszillation zwischen Entheos und Syntheos übergehen, bewegen wir uns auch in einem tieferen Sinne vom Transzendenten zum Immanenten. Das, was das Universum zusammenhält, ist zum Beispiel nicht, dass es *de facto* per se eine zusammenhängende Einheit ist - im Laufe der Zeit können verschiedene Teile des Universums völlig unterschiedliche Gesetze entwickelt haben, die im Wesentlichen unabhängig voneinander sind -, sondern dass das Universum einen einzigen gemeinsamen Ursprung hat und seither durch die kosmische Zeit zusammengehalten wird. Dies bedeutet, dass die Leere und das Universum als transzendentale Konzepte durch die immanente Zeitlinie miteinander verbunden sind. Dies bedeutet jedoch nicht, dass die Möglichkeit einer glaubwürdigen transzendentalen Erfahrung ausgeschlossen werden muss. Durch strukturierten Schamanismus und fortgeschrittene psychedelische Praktiken - für jeden Einzelnen als Getrenntes, oder noch besser und kraftvoller als Gemeinschaft - eröffnet sich die Möglichkeit einer *transzendenten Erfahrung*, die wir mit Entheos verbinden; eine Akzeptanz und Freude innerhalb des entheistischen Oszillierens zwischen Atheos und Pantheos, wobei der utopische Fokus auf Syntheos gerichtet ist.

Die syntheistische religiöse Erfahrung ist also eine *transzendentale Erfahrung innerhalb einer immanenten Welt* und keinesfalls eine Art mystische Exkursion in eine andere Parallelwelt in einem dualistischen Universum. Der Syntheismus ist natürlich *de facto* radikal monistisch. Wir sprechen daher von einem immanenten Transzendentalismus, einer stark emotionalen Erfahrung sowohl der Grenztranszendenz

(Entheos) als auch der Verschränkung (Syntheos) innerhalb und tiefer unten in einer streng immanenten Welt (lokalisiert zwischen Atheos und Pantheos). Anstelle z.B. des abrahamitischen Aufstiegs in einen übernatürlichen Himmel sprechen wir hier von einem *synthe-istischen Eintritt in die immanente Wirklichkeit.* Und da der Syntheismus eine Metareligion ist, die den Syntheos ständig im Visier hat, fördert und feiert er diese Verbindung der Menschen.

Dabei spielt die *Syntheistenfamilie* eine zentrale Rolle. Das lateinische Wort *familia* ist in jeder indoeuropäischen Sprache zu finden. Daraus geht hervor, dass der Begriff der Familie eine äußerst starke Bedeutung für das menschliche Wohlergehen hat, auch wenn sein detaillierter Inhalt im Laufe der Geschichte verändert wurde. Die Familie besteht aus den Menschen, die uns am nächsten stehen, unabhängig davon, ob es sich um unsere biologischen Verwandten handelt oder nicht. Das bedeutet, dass eine lebendige Religion ohne eine klare Vorstellung von der Familie kaum existieren kann, ebenso wenig wie eine tragfähige Vorstellung von der Familie ohne eine unterstützende Metaphysik. Im wahrhaft relationalistischen Geist werden die Mitglieder der syntheistischen Gemeinschaft *Agenten* genannt. Ein Agent kann alles sein, von einem dividuellen Mitglied in einem menschlichen Körper bis hin zu einer vollständigen Gemeinde, die aus vielen separaten Dividuen besteht. Auf der anderen Seite hat das selbsternannte *Opfer* und die damit einhergehende *Opfermentalität* keinen Platz im Syntheismus, da das Opfer die Isolation von und die Unabhängigkeit gegenüber allen äußeren Kräften sucht und deshalb ständig nach Sündenböcken und Ausreden sucht, wenn es mit der immanenten Realität konfrontiert wird, d.h. dem genauen Gegenteil der vom Menschen geschaffenen Götter des Syntheismus und seiner Suche nach der heiligen Verbindung. Die syntheistische Metaphysik rund um die Familie und ihre Vertreter basiert natürlich auf *Syntheos*, dem Göttlichen, das sich als Gemeinschaft zwischen Menschen manifestiert.

Ein notwendiger Bestandteil des Hyperkapitalismus - und seiner Infiltration und Kolonisierung der menschlichen, existentiellen Erfahrung - ist die *Hypersexualisierung* der sozialen Arena. Der Kapitalismus muss selbst die empfindlichste und intimste menschliche Erfahrung zur Ware machen, um sich selbst zu vollenden. Und der Kapitalismus kann nicht dorthin gelangen, ohne zuvor sowohl von der Verantwortung als auch von der Scham gegenüber seine eigenen rücksichtslosen Ausbeutung befreit worden zu sein. Diese Befreiung von Verantwortung geschieht durch die Schaffung der *sexualistischen Ideologie*, nicht zu verwechseln mit der *sexuellen Befreiung*, die in ihrer Eigenschaft als kultureller Vorläufer des relationalistischen Menschenbildes des Informationalismus genau in die entgegengesetzte Richtung strebt. Das Problem ist in der Tat, dass die Hypersexualisierung einen fundamentalen und tief verwurzelten Selbsthass erfordert, eine allumfassende Überzeugung von der Unzulänglichkeit des Selbst, das, was Foucault „die verinnerlichte Polizei" nennt, eine Art turbogetriebenes Über-Ich, das als notwendiges Nebenprodukt der hyper-kartesianischen Selbstbezogenheit entsteht.

Die verinnerlichte Polizei wiederum erzeugt die internarzisstische Kultur, die die ultra-kommerzialisierte Identitätssuche des Spätkapitalismus antreibt und sich oft durch eine äußerst ermüdende Besessenheit von der so genannten Selbstverwirklichung ausdrückt. Der hypersexualisierte Mensch besitzt und vor allem wechselt ständig mehr oder weniger farbenfrohe *Hüllen*, wobei die Selbstüberdrüssigkeit und die vermeintliche Fähigkeit dieser Hüllen, Beute in Form von hohem Status und Affirmation in Form eines begehrten Partners anzuziehen, die wachsende Intensität in ihren ständigen Wechseln bestimmt. Wenn wir an dem historischen *Wendepunkt* angelangt sind, an dem die dominanten Hyper-Kartesianer wegen ihres unersättlichen und unermesslichen Internarzissmus ständig auf der Jagd nach Identitäten sind, stehen der Übernahme der öffentlichen Sphäre durch die Sexualität keine Hindernisse mehr im Wege. Unter dem starken Druck von Mythen - über das metaphysische Potential des sexuellen Begehrens und über die Fähigkeit des freien Marktes, das ewige Verlangen der Menschen nach Lust zu befriedigen - wird die spätkapitalistische Gesellschaft hypersexualisiert. Aber genau hier, bei der Entlarvung der *sexualistischen Ideologie*, wird die Tür zum Syntheismus und seiner echten, auch sexuellen Befreiung geöffnet.

Man beachte, dass der Syntheismus nicht für irgendeine Form der Abstinenz oder *Askese* agrumentiert. Historische Askese ist ein Erbe des platonischen Paradigmas; sie hat keinen zentralen Platz in einer grundsätzlich monistischen und mobilistischen Religion wie dem Syntheismus. Interessanterweise ist der *Zoroastrismus* die einzige der klassischen Weltreligionen, der es an asketischen Imperativen mangelt, und er ist auch die einzige monistische und mobilistische Weltreligion vor dem Syntheismus, wenn man sie als Ganzes betrachtet. So gibt es auch innerhalb des Syntheismus keinerlei Geschlechtsfeindlichkeit. Gegen Sex an sich ist nichts einzuwenden - es gibt überhaupt keine Art von Sex zwischen einwilligenden Erwachsenen, der auch nur im Geringsten moralisch verwerflich ist - es ist nur so, dass die sexualistische Ideologie und die Hypersexualisierung, die sich daraus ergibt, nichts mit dem sexuellen Akt selbst zu tun hat. Ihre seelenvergiftende individualistische Kategorisierung von Menschen als austauschbare Hüllen, die sexuelle Akte immer wieder *hinausschieben*, anstatt sie zu *verwirklichen*, ist in Wirklichkeit eher sexfeindlich als sexbejahend.

Der Fehler des Sexualismus liegt darin, dass er die Sexualität von einem freien und kreativen, existentiellen Vergnügen in einen erzwungenen und bedingungslosen moralistischen Imperativ verwandelt, der den eskalierenden Konsum von fader Identität fördert. Der Hyperkapitalismus wird ganz einfach von einer moralistischen Ordnung getrieben: *Genieße*! Freiheit und Kreativität werden vom Geschlecht abgekoppelt, das auf diese Weise sexualisiert, d.h. in einen destruktiven Genuss von ständig aufgeschobener Lust verwandelt wurde. So ist der sexualistische Imperativ nicht als ein „Sei fruchtbar und mehre dich" oder gar „Habe Sex!" zu interpretieren, sondern als ein „Mach dich sexy, mach dich zu einem passiven selbstverachtenden Objekt oder stirb", bei dem es völlig irrelevant geworden ist, ob ein sexueller Akt jemals stattfindet oder nicht. Nichts könnte dem Syntheismus fremder sein. Sex ist nämlich ein höchst natürliches, immanentes Phänomen, das von unten nach oben her zu befreien ist, und nicht eine heilige transzendentale Aktivität, die durch ein distanzierendes, hierarchisierendes Regelwerk von oben nach unten eingezäunt werden sollte, wie es historisch gesehen der Fall war und unter diesem anstößigen Sexualismus mehr denn je der Fall ist.

Die begehrte sexuelle Befreiung im Kapitalismus findet, wenn überhaupt, ihre Fortsetzung in der *chemischen Befreiung* (für eine erschöpfendere Auseinandersetzung siehe *The Global Empire*) unter dem Aspekt des Attentionalismus. Die Entwicklung einer post-atheistischen Religiosität, die sich auf die Notwendigkeit einer neuen Metaphysik gründet, angespornt durch eine global kollaborierende synkretistische, religio-soziale Praxis und nicht zuletzt die explosive Flora entheogener Substanzen, legt den Grundstein für eine Auflösung des Konflikts zwischen Theismus und Atheismus; eines Konflikts, der in einem hegelschen dialektischen Prozess in eine Synthese in Form des Syntheismus als Metaphysik des Internet-Zeitalters übergeht. Gleichzeitig wird die sexuelle Befreiung verdrängt, wenn ihr Unterbau, die *Hypersexualisierung des Individuums*, als der der kapitalistischen Konsumgesellschaft zugrundeliegende Motor entlarvt wird: Der Sexismus wurde schließlich zur Zwangsjacke des Über-Ichs, in der die chemische Befreiung den einzig möglichen Ausweg bietet. Wir verlieren die befreite Sexualität nicht dadurch, dass wir zu einer Art Askese oder Abstinenz mit religiösen Untertönen der alten Schule zurückkehren. Wir erhalten nur Zugang zu Mitteln und Zeremonien, die uns endlich in die Lage versetzen, mit der Domestizierung und Beherrschung der befreiten Sexualität zu unserem langfristigen Vorteil zu beginnen. Indirektes *Begehren* hat endlich die Chance, den direkten, leeren, repetitiven *Trieb* auszugleichen.

Das attentionalistische Dividuum nutzt das enorme Angebot an neuen Chemikalien, um ihre kreative Persönlichkeitsvielfalt ständig zu modifizieren und weiterzuentwickeln. Natürlich kann es sich dabei um eine Anpassungsstrategie gegenüber den Forderungen und Erwartungen seiner Umgebung handeln, aber es kann auch um subversive, revolutionäre Taktiken drehen, um den restriktiven Status quo des Kapitalismus zu stürzen. Wenn die Chemikalien die klassischen Konstanten Intelligenz, Geschlecht und sexuelle Orientierung in Bewegung setzen, wird das Fundament des veralteten Individualismus ausgehöhlt und geht als eskalierendes *konsumatorische Unterschichtenphänomen* in eine abschließende *Hyperphase* über. Daher ist es der Konsument, die sich bis zum bitteren Ende dazu zwingt, sich und seine eigene Identität ständig zu verbessern und zu verfeinern, sich auf eine heiß begehrte zugrunde liegende Ich-Essenz zu berufen, begleitet von den Forderungen der Boulevard-Kultur nach konsumerzeugender Selbstfrustration. Der Netokrat hingegen glaubt schon lange nicht mehr an ein kohäsives Individuum und kultiviert stattdessen unzählige verschiedene Persönlichkeiten, die nicht selten mit Hilfe sorgfältig zusammengestellter chemischer Cocktails beschworen und entwickelt werden.

Der Mythos der Enthaltsamkeit wird ein für alle Mal zerschlagen. Enthaltsamkeit wurde im neu industrialisierten Europa in den 1830er Jahren mit dem Ziel erfunden, die Fabrikarbeiter in Schach zu halten. Aber natürlich gibt es keine Form der Enthaltsamkeit und hat dies auch nie gegeben. Das menschliche Gehirn ist ein Schlachtfeld für ständige Konflikte zwischen vielen verschiedenen Hormonen und Chemikalien. Es gibt kein nüchternes Ego: dass wir auf Alkohol oder andere äussere Stimulanzien verzichten, bedeutet nicht, dass in unserem Gehirn ein chemisches Gleichgewicht herrscht, bei dem alle Niveaus ständig wild variieren. Fragen Sie eine Frau, die schwanger war, oder einen Mann, der mit einer schwangeren Frau zusammengelebt hat. Und wir verabreichen uns die ganze Zeit nach bestem Wissen und Gewissen Selbstmedikationen, führen verschiedene Handlungen aus in der mehr oder weniger verzweifelten Hoffnung, dass uns das Belohnungssystem des Gehirns mit diversen chemischen Kicks glücklich macht. Dies wird im selben Moment deutlich, in dem der Agent aufgeteilt wird und als *erstes Subjekt* erscheint, das die Stimmung des Agenten bestimmt, und als *zweites Subjekt*, das die Stimmung erlebt, die das erste Subjekt entschieden und verabreicht hat. Auf diese Weise fördert die chemische Befreiung das Wachstum des Dividualismus. Und die bizarre, globale Suche des Spätkapitalismus nach dem enorm umfangreichen, illegalen Drogenhandel scheint die letzte explodierende Supernova in der tragikomischen Geschichte des Mythos der Nüchternheit zu sein.

Der Syntheismus ist die Heimat, in der psychedelische Praktiken verantwortungsvoll und kreativ im Hinblick auf das durchgeführt werden, was für die Gemeinde und die beteiligten Akteure am besten ist. Wo solide wissenschaftliche Fakten auf spirituelle Erfahrungen treffen, wird eine Praxis konstruiert, die oft unter Missachtung der in der umgebenden Gesellschaft herrschenden Normen und Gesetze durchgeführt wird. Aber die psychedelische Praxis ist ein Glaubensakt des forschenden Geistes, eine Wahrheit als ein Akt, vor dem sich der Syntheist niemals dem Nationalstaat und den engstirnigen und voreingenommenen Normen der bürgerlichen Gesellschaft unterordnet. Dies gilt selbst dann, wenn die chemische Befreiung ein *syntheistisches Martyrium* mit sich bringt. Die soziale Arena ist natürlich bereits mit einer Vielzahl verschiedener psychedelischer Praktiken gefüllt. Auch der schwedische Historiker Rasmus Fleischer weist darauf hin, dass selbst pathologisierte psychische Zustände wie Essstörungen und andere selbstzerstörerische Verhaltensweisen als psychedelische Praktiken betrachtet werden müssen. Sexualität und Entheogene sind eng miteinander verwandt. Das erklärt zum Beispiel, warum es äusserst schwierig ist, sich auf beide Dinge gleichzeitig zu konzentrieren. Sowohl Sexualität als auch Entheogene sind im Grunde genommen eine Frage der Manifestation des *Triebes*, d.h. der Wiederholung dessen, was bis ins *Unendliche* bedeutungslos ist. Aber durch diese bedeutungslose Wiederholung wird Sinn geschaffen, wobei Sexualität Eros und die Entheogene *Philia* erzeugen.

Das Praktizieren sinnlicher Handlungen im entheogenen Zustand befreit die Handlungen von allen Formen der Sexualität; sie können daher vorteilhaft eine zentrale Rolle im entheogenen Ritual einnehmen, ohn*e dass das Ritual dadurch sexualisiert wird.* Entheogene machen nämlich dem Subjekt die sinnlose Leere des sexuellen Aktes bewusst, was bedeutet, dass der sinnliche Akt ohne Sexualität - wo Atheos in Entheos übergeht - im entheogenen Zustand eine kraftvoll transzendente Ekstase freisetzt. Der Mensch sehnt sich ständig danach, von der *Extimität* in sich selbst wegzukommen und sich der

Intimität mit seinen engsten Freunden zuzuwenden. Doch *Intimität* ist nur möglich, wenn sich zwei oder mehr Akteure wirklich verstehen. Wo die Sprache nicht ausreicht, um Verständnis zu vermitteln, werden die Sinnlichkeit durch *Eros* und die Entheogene durch *Philia* als genau die geistigen Werkzeuge eingesetzt, die die Intimität zwischen den Menschen stärken und erhalten. Gerade wegen ihres enormen existenziellen und subversiven Potentials sind Sexualität und die Entheogene im Laufe der Geschichte immer wieder zum Gegenstand der falschesten Anschuldigungen, der bizarrsten Tabus und der brutalsten Verfolgungen geworden. Die verbotene Frucht vom Baum der Erkenntnis ist der älteste und wohl bekannteste Euphemismus für die psychedelische Substanz.

Der Grund für diese moralische Panik und diese eschatologischen Propagandakampagnen liegt darin, dass Sexualität und Entheogene sowohl mit *reinem Vergnügen* und, wenn möglich, noch mehr mit subversiver Mystik und ihrer Suche nach einem geistigen oder, wenn man so will, einem spirituellen statt einem physiologischen Vergnügen in Verbindung gebracht werden. Im Kapitalismus werden Sex und Chemikalien als unvereinbar mit der fleißigen Arbeit in den sozioökonomischen Wohlstand fördernden Fabriken angesehen. Sexueller und chemischer Minimalismus wird daher zu Erziehungszwecken gefördert und mit vehementer Wut - als eine Art säkularer Fundamentalismus, mit Null Toleranz als neue utopische Rettung - verbreitet, sobald der Industrialismus im 19. Jahrhundert in Europa und Nordamerika Einzug hält. Reine und damit animalische Lust schürt sowohl Neid als auch Schrecken, denn wie geht man an die Domestizierung vorbehaltloser Lust heran? Wie bringt man sie in die Todesanbetung der Zivilisation ein, ohne sie zu kastrieren, zu verzerren, zu verbieten und zu zerstören?

Der subversive Mystizismus bringt noch eine weitere Bedrohung mit sich, da seine Praktizierenden nicht in der gleichen Weise als so schwer kontrollierbar wahrgenommen werden wie die sexuell Experimentierenden. Vielmehr - was noch schlimmer ist - werden sie so erlebt, als ob sie auf irgendeine obskure Weise den Verdächtigen selbst kontrollieren. Daher äußert sich diese *Eucharistiphobie* im Laufe der Geschichte immer wieder entweder dadurch, dass Sexualität tabuisiert wird, wenn Entheogene in irgendeiner Weise toleriert werden, oder dass Entheogene verboten werden, wenn befreite Sexualität zufällig toleriert wird. Die meisten Paradigmen und Gesellschaften hassen diese beiden Phänomene und versuchen, sie zu minimieren und wenn möglich auszulöschen. Das Esoterische wird mit dem Satanischen gleichgesetzt. Nur in der syntheistischen Utopie mit ihrem *theologischen Anarchismus* findet sich der Traum von befreiter Sexualität neben dem Traum vom freien Gebrauch von Entheogenen - mit dem ausdrücklichen Ziel, das enorme Potenzial dieser beiden Träume für die Menschheit zu verwirklichen. Denn was ist die *anarchistische Gesellschaft*, wenn nicht genau die Gemeinschaft, in der die menschliche Lust nicht mehr eingeschränkt ist? Und aus der umgekehrten Perspektive, was ist *Gedankenkontrolle* im tiefsten Sinne, wenn nicht in Wirklichkeit ein Streben nach Kontrolle von Sex und Drogen? Oder um die Angelegenheit als einen populären, gegenkulturellen T-Shirt-Slogan auszudrücken: *Drogenkontrolle ist Gedankenkontrolle.*

Revolutionen sind im Grunde genommen materiell, nicht spirituell. Revolutionen bestehen aus neuen technologischen Komplexen, nicht aus Herden mutiger Helden. Die wirkliche Revolution ist, wie wir sagten, nicht die Französische Revolution von 1789, sondern die Ankunft der Druckerpresse in den 1450er Jahren, ohne die die so genannte Französische Revolution nicht möglich gewesen wäre. Die Geschichte der Menschheit ist eine Dialektik zwischen der Konstante, dem *Körper*, und der variablen Technologie. Diese Dialektik wurde mit der Entstehung der menschlichen Technologien des 21. Jahrhunderts, in denen sogar der Körper technologisiert wird, grundlegend verändert. Dieser neue Mensch, ein *Androide*, ein *Cyborg*, ist nicht mehr menschlich, sondern *transhuman.* Der Körper ist nicht mehr ein vorherbestimmtes, festes Objekt, auf das man sich beziehen kann, sondern ein fortlaufendes Projekt, das wir selbst ständig beeinflussen und umgestalten und auf lange Sicht auch erschaffen. Ob wir wollen oder nicht, wir sind in die *transhumanistische Revolution,* die chemische Befreiung *schlechthin*, hineingeworfen worden. Aber um die transhumanistische Revolution in ihren richtigen Kontext zu stellen, müssen wir ihre Beziehung zum *informationellen Ereignis* definieren.

Wenn Revolutionen also nur von sich aus stattfinden - ob es sich nun um emergente oder kontingente Phänomene handelt - wie können Syntheisten dann die drei dramatischen und parallelen Revolutionen unserer Zeit auf ein einziges gemeinsames Ereignis hinlenken: die *Singularität*? In der Welt der Physik ist eine Singularität ein Zustand, in dem Temperatur, Druck und Krümmung gleichzeitig unendlich sind. In einer solchen Singularität kann sich beispielsweise ein Universum in einem einzigen Moment um das Zehnmillionenfache ausdehnen, was zum Beispiel die kosmische Inflation in Verbindung mit der Geburt unseres eigenen Universums ermöglicht. Die Singularität ist eine Möglichkeit, dass ein Universum wie das unsere spontan entsteht. Gerade weil die universelle Ausdehnung eine Ausdehnung im Nichts ist, kann sie inflationär sein, weit über die Lichtgeschwindigkeit hinaus (die sonst die größtmögliche Geschwindigkeit *in* diesem Universum ist). Wie verhält sich also der Syntheismus zum Universum? Was charakterisiert die Beziehung zwischen dem Menschen und seinem gefürchteten Vorgesetzten - dem Universum?

Ein ausgezeichneter theologischer Ausgangspunkt ist die Erfahrung, „dass sich das Universum mit kolossalem und gleichgültigem Gewicht überschlug und mich erdrückte, und dieses Dampfwalzen machte mich sowohl religiös als auch zutiefst dankbar", eine Reaktion, von der Zeugen immer wieder berichten, nachdem sie zum Beispiel die *Ayahuasca*- und *Huachuma*-Rituale in Südamerika oder die *Iboga*-Rituale in Zentralafrika durchgemacht haben, die als die mächtigsten, aber auch traditionellsten psychedelischen Praktiken gelten, die die Menschheit entwickelt hat. Noch interessanter wird es, wenn auf diese wiederkehrenden Zeugnisse die Worte folgen: „Und abgesehen davon gibt es in der Erfahrung nichts, was verbalisiert werden kann". Das ist der Kern der spirituellen Erfahrung des Syntheisten. Ihre Doktrin führt uns den ganzen Weg bis zu ihrer Praxis. Aber die syntheistische spirituelle Erfahrung an sich kann niemals verbalisiert werden, und genau aus diesem Grund wird sie unter dem paradoxen

Namen das *Unnennbare* geführt. Was wir jedoch beide verbalisieren können und sollten, ist die logische Einsicht, die wir nach der lebensverändernden Begegnung mit dem Unnennbaren erlangen: Die Kriminalisierung der entheogenen Substanzen muss als der größte und tragischste Fall massenhafter religiöser Verfolgung in der Geschichte angesehen werden. Selten, wenn überhaupt, war das menschliche Übel so einfältig und banal. Deshalb strebt der Syntheismus zuallererst danach, dass die Menschheit endlich Zugang zu völliger *Religionsfreiheit* erhält. Es könnte an der Zeit sein.

# 14.
# Syntheistische Tempel und Klöster im globalen Imperium

*Der Wille zu wissen* ist die instinktive Reaktion des Menschen auf das Trauma des Sterbens, sein fast exorzistischer Versuch, diesen existentiellen Peiniger zu vertreiben. Auf einer tiefen Ebene muss der Philosoph erkennen, dass er bereits tot ist; Philosophie ist weder eine Affirmation noch eine Rechtfertigung für irgendetwas, sondern nur ein weiteres Nebenprodukt des Antriebs in seiner ewig drehenden Wiederholung desselben. Das hindert aber den Willen zu wissen, das Versteckspiel mit Pantheos, nicht daran, irgendwann ein Ergebnis zu erzielen, das den Ausdruck des Triebes beeinflussen kann. Das deutlichste Beispiel für eine solche Wirkung des Willens zum Wissen ist die technologische Entwicklung. Die Technik ist das, was sich im Laufe der Geschichte am dramatischsten entwickelt hat; die Entwicklung, die die weitreichendsten Folgen hatte und eher eine Art ironisches Nebenprodukt ist, das seinen Ursprung in den unaufhörlichen Verwüstungen des Antriebs hat. Die Technologie verändert ganz einfach die Spielregeln im sozialen Bereich in einer Weise, die, gelinde gesagt, radikal ist. Genau darum geht es in den Büchern der

*Futurica-Trilogie.* Jetzt gehen wir mit dieser Argumentation einen Schritt weiter und darüber hinaus in eine neue Richtung.

Religion wird oft beschuldigt, die Zerstörung von Wissen zu predigen und den Willen der Menschen, zu lernen und über neue Ideen nachzudenken, zwanghaft zu bekämpfen, und leider ist dies in bestimmten Zeiten so gewesen, was natürlich zutiefst verwerflich ist. Nicht zuletzt Christentum und Islam haben in dieser Hinsicht ein sperriges Sündenregister. Daraus kann man aber nicht schließen, dass jede Form von Religion per definitionem als eine Art intellektueller *Eskapismus*, als eine Form der sozialen Betäubung oder vielleicht als Beruhigungsmittel zu betrachten ist. Wenn Karl Marx behauptet, Religion sei das Opium des Volkes, dann ist das eine Verallgemeinerung ohne nennenswerte Genauigkeit. Zudem ist Religion viel, viel mehr für den Menschen und erfüllt eine Vielzahl unterschiedlicher und komplexer gesellschaftlicher Funktionen. Darüber hinaus gibt es Religionen und Religionen. Der Syntheismus ist - um ein naheliegendes Beispiel zu nennen - in seiner Eigenschaft als Vertiefung der Immanenz und nicht als Auflösung in Transzendenz - eigentlich das direkte Gegenteil aller Formen des Eskapismus. Vielmehr liegt das Pathos des Syntheismus in dem, was der britische Dichter Gerard Manley Hopkins im 19. Jahrhundert *Inskapismus* [incapsim] nannte, eine Suche nach einer stärkeren und tieferen Aufrichtigkeit, eine Reise nach innen und nicht eine Flucht nach außen oder weg in Bezug auf die Realität. Und der Inskapismus will nicht nur wissen, er will auch dem, was er lernt, vollen Ausdruck verleihen.

Die Unterscheidung zwischen eskapistischer und inskapistischer Religion wird umso wichtiger, wenn die vernetzte Welt - in der alle Nationen und Städte der Welt innig voneinander abhängig und miteinander verflochten sind - vom Flickenteppich souveräner Nationalstaaten des Industrialismus zum globalen Imperium des Informationalismus übergeht. Hier ist es wichtig zu verstehen, dass das globale Imperium nicht irgendein reibungsloses, synchronisiertes, zentralisiertes tausendjähriges Königreich ist, sondern vielmehr ein fragmentierter und stark dezentralisierter Mischmasch aus sozialen Knotenpunkten. Dieser Mischmasch ist wiederum unkontrollierbaren und rücksichtslosen Kapital- und Informationsströmen untergeordnet, die die alten nationalen Grenzen kreuz und quer überqueren, anstatt einer symbolisch meisterhaften Zentralmacht mit greifbarer oder sogar erkennbarer Reichweite untergeordnet zu sein. Aus diesen Strömen entsteht ein entscheidender Konflikt zwischen einerseits der *kapitalistischen Machtstruktur* der Nationalstaaten und der riesigen Konzerne - Organisationen, die alles tun werden, um die Entwicklung und das Potenzial des Internets zu ihrem eigenen Vorteil zu stoppen, zu begrenzen und vor allem zu domestizieren - und andererseits der aufmerksamkeitsstarken Machtstruktur, die von Netokraten geschaffen und gefeiert wird, die für ein freies und offenes Internet kämpfen, um die Welt zu übernehmen und zu kontrollieren, angetrieben von ihrer Vision des *theologischen Anarchismus.*

In seiner Eigenschaft als theologischer Anarchismus *schlechthin* ist der Syntheismus die der Netokratie eigens eingebaute Metaphysik. Aber der Kampf gegen das statistisch-korporativistische Establishment ist weder einfach noch hat er ein vorherbestimmtes Ergebnis in einer kontingenten und indeterministischen Welt. Zumindest nicht auf kurze Sicht. Es gibt Trends und es gibt Gegentrends. Was viele Menschen vergessen, ist, dass die Nationalstaaten, die lange Zeit so „natürlich" und gottgegeben schienen, in Wirklichkeit das Ergebnis nie endender blutiger und hart geführter Religionskriege im alten Europa waren. Folglich ist die Wahl der Strategie ganz entscheidend für den Ausgang dieses Kampfes. Das globale Imperium wird viele Merkmale beispielsweise aus dem alten Rom und dem mittelalterlichen Europa entlehnen. Die ersten christlichen Gemeinden, die mithraischen Orden, die Freimaurerlogen, die Kathedralen und Klöster, die im Mittelalter erbaut wurden, sind daher allesamt ausgezeichnete Inspirationsquellen für eine aufstrebende Elite, die an die Notwendigkeit des Baus von *synthetischen Tempeln und Klöstern im globalen Imperium* glaubt und sich dafür engagieren will.

Wenn der netokratische Atheist des 3. Jahrtausends in einem klassischen Tempel Platz nimmt und über dessen inspirierende Schönheit staunt, stellt sich die Frage, wie es dem Hyperkapitalismus gelungen ist, sie und die Schwestern und Brüder ihrer Generation in einem solchen Maße zu befrieden, dass sie selbst nie die Idee verwirklicht haben, gleichwertige Gebäude für spirituelle Zwecke oder gar mit spiritueller Ausrichtung zu errichten. Und vor allem nicht ohne individuelle Hintergedanken irgendeiner Art von kapitalistischem Gewinn auf lange Sicht. Durch das historische Aussterben der Religion ist die *Idealität* nämlich verloren gegangen und durch eine blinde und kompakte *Instrumentalität* in allen Beziehungen zwischen den Menschen ersetzt worden. Es wird dann davon ausgegangen, dass sich alle sozialen Aktivitäten und Beziehungen in der hyperkapitalistischen Gesellschaft um wertzerstörende *Ausbeutung* drehen und es niemals um wertschaffende *Imploitation* drehen (siehe *The Netocrats*). Aber die instrumentelle Sicht auf den Mitmenschen ist ein existenzielles Gefängnis - platonistische Entfremdung in ihrer offenkundigsten Form - und der einzige Ausweg aus diesem Gefängnis ist die Negierung des gesamten kapitalistischen Paradigmas. Plötzlich und in einer sehr zeitgemäßen Weise erscheint das Internet als ein potentieller Hebel, um den Idealzustand der Renaissance zu erreichen. Das Internet macht nicht nur diese ersehnte Revolution möglich. Nach der informationstechnologischen Geschichtsschreibung ist es das Internet, das *de facto* diese Revolution selbst ist.

Dem Bau von syntheistischen Tempeln und Klöstern geht das Experimentieren mit *temporären autonomen Zonen* zu Beginn des 21. Jahrhunderts voraus. Der Nationalstaat erodiert in Verbindung mit und als Folge dieses anhaltenden Paradigmenwechsels. Da die Ressourcen für die Aufrechterhaltung von Recht und Ordnung stets begrenzt sind, kann der ordnungspolitische Rahmen des Nationalstaates während und insbesondere nach einer Revolution der Größenordnung - von der wir sprechen, wenn wir über das Internet sprechen -, nicht aufrechterhalten werden. Wir müssen Prioritäten setzen und in hohem Maße so tun, als ob wir das alte Recht in jeder Hinsicht aufrechterhalten würden. Die sich daraus ergebende Anarchie verwandelt sich in eine *Plurarchie* - eine Demokratie im eigentlichen Sinne hat es nie gegeben -, die aus einer unendlichen Zahl kleinerer, konkurrierender und vor allem chaotisch überlappender

Machtzentren besteht. Die Antwort auf die Plurarchie, die auch ihre inhärente Chance und Verheißung darstellt, ist die Einrichtung von temporären autonomen Zonen. Diese reichen von *Ökodörfern*, die Modelle für einen nachhaltigen Lebensstil entwickeln, die später kopiert und verbreitet werden können, bis hin zu *partizipatorischen Festivals*, bei denen die Aufmerksamkeit durch eine großzügige Verteilung der Ressourcen maximiert wird, während der Kapitalismus innerhalb der Grenzen der Veranstaltung verboten ist, um die Beziehungen zwischen den Menschen zu *deinstumentalisieren* und zu beleben. Die Aufgabe des Syntheisten besteht folglich darin, *Tempel als partizipatorische Kunstmanifestationen und Klöster als revolutionäre Zellen* inmitten des anfänglichen und hektischsten Chaos des globalen Imperiums zu errichten.

Da der Syntheismus die Religion des Internet-Zeitalters ist, sind syntheistische Tempel und Klöster sowohl physisch als auch virtuell. In seiner Eigenschaft als potenzielle Manifestation des Syntheos ist das Internet eine ausgezeichnete Umgebung für spirituelle Arbeit. Wenn die temporären Experimente in *permanente autonome Zonen* umgewandelt werden, werden sie als fertige Tempel und Klöster hervorgehen. In Bezug auf die entfremdete, chaotische Umgebungswelt werden diese Oasen des authentischen Lebens und der Nachhaltigkeit mit der Kraft der Anziehung erstrahlen. Sie werden aber auch von den neuen Mitgliedern eine ehrliche Distanzierung von den kurzfristigen und verlockenden oberflächlichen Belohnungen des Kapitalismus verlangen; eine Distanzierung vom *bürgerlichen Individualismus* und seiner Fixierung auf Ausbeutung zugunsten des *netokratischen Separatismus* und seinem Streben nach Imploitation. Diese spirituelle Arbeit muss ohne die geringste Instrumentalisierung der menschlichen Beziehungen, ohne den geringsten Hintergedanken irgendeines dividuellen Gewinns für einen einzelnen synthetischen Agenten ausgeführt werden. Im Gegensatz zum Individuum ist das Dividuum nicht das Zentrum der Existenz, sondern dem *Netzwerk* als metaphysischem Grundgedanke untergeordnet. Die Hingabe an die Syntheistengemeinde ist das Band zur praktischen Ausführung des theologischen Anarchismus, ohne um den heißen Brei herumzureden oder irgendwelche Vorbehalte zu äußern. Diese Hingabe wird vor der Gemeinde als Wahrheit als Akt bestätigt, zum Beispiel im syntheistischen Akt der Taufe: *das unendliche Jetzt*.

Die heiligen Schauplätze des Syntheismus könnten ebenso gut Tanzflächen an Samstagabenden sein wie ruhige Räume der Besinnung an Sonntagnachmittagen. Perioden ungezügelter Karnevalsfeiern könnten vorteilhaft mit Perioden der Meditation, des Yoga, des Fastens oder ganz einfach nur der Stille und Konzentration abgewechselt werden. Die vier Jahresviertel des syntheistischen Kalenders - *Athea*, die drei Monate nach Atheos (Wintersonnenwende), *Enthea* nach Entheos (Frühlings-Tagundnachtgleiche), Panthea, die drei Monate nach *Pantheos* (Sommersonnenwende) und Synthea nach *Syntheos* (Herbst-Tagundnachtgleiche) - eröffnen die Möglichkeit, eine Vielzahl verschiedener Feste und Gedenktage in Verbindung mit spezifischen Ritualen und Zeremonien zu feiern. Die Frage ist jedoch, woher die Inspiration und Anleitung für die Entwicklung dieser Rituale und Zeremonien kommt. Traditionell haben Philosophie und Theologie natürlich diese spezifische Rolle gespielt. Doch zu Beginn des Internet-Zeitalters befinden sich diese Disziplinen in einer tiefen Krise. Tatsächlich ist es ihnen nicht einmal gelungen, die Ankunft des Internet-Zeitalters, der Netokratie oder des Synthetizismus vorherzusagen, und jetzt, da dies feststehende Tatsachen sind, haben sowohl Philosophie als auch Theologie Schwierigkeiten, relevante Fragen zu formulieren, geschweige denn glaubwürdige Antworten zu geben. Diese Disziplinen stecken hilflos in der Vergangenheit fest, fixiert auf zunehmend irrelevante soziale Antagonismen, unfähig, das utopische Potential der Zukunft zu sehen und darüber nachzudenken.

Die Philosophie wird ihrem enormen Potenzial im 20. Jahrhundert überhaupt nicht gerecht. Der wichtigste Grund dafür ist ihre akademische Marginalisierung. Die Philosophie hört auf, eine lebendige, allumfassende Kunstform zu sein, die von unabhängigen, risikofreudigen Freidenkern betrieben wird, die die Gesellschaft von ihren undefinierten Rändern her betrachten. Stattdessen wird sie zu einer sich selbst reproduzierenden und selbstreferenzierenden akademischen Tätigkeit und zu einer systembestätigenden Essenscoupon unter zahlreichen anderen, mit langen und fußnotenlastigen Wiederholungen und rückwärtsgewandten Bezügen als Haupttätigkeit. Damit steht die Philosophie nicht mehr im Dialog mit anderen Disziplinen oder der Gesellschaft außerhalb der Wissenschaft. Weder Georg Cantors neue Mathematik noch Niels Bohrs neue Physik haben innerhalb der Philosophie eine nennenswerte Wirkung, bis sich der Informationalismus um die Jahrtausendwende durchgesetzt hat, obwohl diese beiden Revolutionen das Weltbild des denkenden Menschen im 20. Jahrhundert materiell erschüttert und die Grundpfeiler sowohl der Ontologie als auch der Phänomenologie verschoben haben. Die neuen relationalistischen Ideen reißen natürlich dem gesamten korrelationistischen Paradigma den Boden unter den Füßen weg, das als axiomatisch und unangreifbar gilt, seit Kant seine Texte vorgelegt hat. Aber peinlicherweise sind die Philosophen die letzten, die diesen weltbewegenden Paradigmenwechsel verstehen und analysieren.

Im 20. Jahrhundert wird die akademische Philosophie stattdessen auf eine spießige, selbstreferenzierende Schleife reduziert. Wie ein altes kastriertes Monster verhält sie sich, als ob Interaktivität, die neue Physik und die chemische Befreiung nicht existieren und auch nicht existieren können. Warum also ist die Philosophie im erstickenden Griff der Hermeneutik stecken geblieben? Wie kam es dazu, dass sie von der postmodernen Paralyse betroffen wurde? Die Antwort kann wieder einmal in der akademischen Marginalisierung der Philosophie gefunden werden, die während des 20. Jahrhunderts stattgefunden hat. Von einem Dialog zwischen unabhängigen Akteuren, zwischen politisch und künstlerisch motivierten Aktivisten, wurde die Philosophie im 20. Jahrhundert zu einer politisch kontrollierten und gesellschaftlich kastrierten Tätigkeit. Die Philosophie wurde zu einem ausschließlich an den Universitäten und zu akademischen Bedingungen praktizierten Geschäft, und dadurch wurde die Kreativität innerhalb der Disziplin geschwächt, mit einigen äußerst seltenen, aber folglich auch so viel wichtigeren Ausnahmen, zum Beispiel der Psychoanalyse und dem Pragmatismus, die sich im Prinzip auch gerade deshalb entwickelten, weil sie Zugang zu ihren eigenen Institutionen hatten.

Es stellt sich die Frage, wie man sich vorstellte, dass die Philosophie überhaupt erst in einem intra-akademischen, vom statistisch-korporativistischen Establishment kontrollierten Umfeld behandelt werden würde. Da sie sich dann natürlich im Dienste des Establishments anpassen muss, bleibt der Philosophie nichts anderes übrig, als entweder Material für ein tristes, nicht enden wollendes Recycling einer fußnotenlastigen Formelsprache und ein reaktives, grübelndes Nacherzählen ohne Empfänger irgendwo außerhalb der eigenen Institutionen zu produzieren; oder aber in karrierestrategischen Angriffen auf dasselbe historische Material aufzuflackern, ohne jedoch den eigenen Zeitpfeil nach vorne auf eine mögliche Utopie gerichtet zu haben. An die Stelle philosophischer Kreativität tritt eine Art hermeneutisch vermeintliche Gelehrtheit. Ausgehend von dieser breiteren historischen Perspektive ist die *Dekonstruktion* in der zweiten Hälfte des 20. Jahrhunderts für die Philosophie keineswegs ein Triumph; im besten Fall ist sie lediglich das am wenigsten nachteilige Nebenprodukt eines Jahrhunderts, das für die philosophische Disziplin als substanziell verloren zu betrachten ist.

Wie alle vom Establishment kontrollierten und wettbewerbsscheuen Monopole ist die akademische Welt außerordentlich schlecht darin, echte Kreativität zu belohnen; sie ist jedoch darauf zugeschnitten, den philosophischen Diskurs als solchen *ad absurdum* und *ad infinitum* in Frage zu stellen und zu demontieren, was sie mit voller Wucht durch ihre hochspezialisierten Ethikaufträge und die vielen vulgär-nietzscheanischen Projekte tut, die die Kulturwissenschaften an den Universitäten in der zweiten Hälfte des 20. Jahrhunderts dominiert haben. Das Problem ist, dass die philosophischen Institutionen die Dekonstruktion offensichtlich nie auf diejenigen richten, die sie wirklich brauchen, nämlich die philosophischen Institutionen selbst. Um wieder relevant zu werden, muss die Philosophie daher die korrumpierende Sicherheit der akademischen Welt verlassen und die vorherrschende ideologische Struktur ernsthaft in Frage stellen. Selbst um den Preis, dass sie dabei ihre eigenen Gehaltsschecks verbrennen. Dies ist erforderlich, wenn die Interessen der Philosophie als Disziplin Vorrang haben sollen vor den Interessen des Philosophen als karriereorientiertem Individuum. Nur dann kann die Philosophie den Glauben an die Utopie zurückgewinnen. Sie muss damit beginnen, mit der Gesellschaft zu interagieren und sich mit den Fragen der Zeit auseinanderzusetzen. Sie muss relevant werden.

Erst in den 1990er Jahren beginnt sich Kritik zu regen, und es ist natürlich das rasante Wachstum des Internet und der experimentellen Metaphysik, die die Möglichkeit eröffnen, einen Weg aus der postmodernen Entfremdung zu bahnen. Historisch und aus offensichtlichen Gründen kam konstruktive Kritik mit dem Ziel, den Weg für expansives, kreatives Denken zu ebnen, schon immer von außen. Was die akademische Philosophie als Unmöglichkeit abgetan hat - das Entstehen einer neuen Metaphysik für das neue Internet-Zeitalter und damit die Konstruktion einer neuen Gesellschaftstheorie von Allem - wird natürlich *de facto* durch die interaktiven Gespräche ermöglicht, die in außerakademischen, virtuellen Räumen mit frenetischer Intensität geführt werden. Die Netokraten untergraben das Monopol der Universitäten auf die *metaphysische Wahrheitsproduktion* in der gleichen Weise, wie die Universitäten einst das Monopol der Kirche untergraben und ausgehöhlt haben. Die Nutzung einer sich ständig erweiternden Wikipedia explodiert, während nationale Enzyklopädien in ausgefallenen Einbänden immer mehr in Bücherregalen verstauben, die niemand jemals nutzt. Die Geschichte wiederholt sich, wenn ein neues informationstechnologisches Paradigma das Entstehen einer neuen Struktur für die Wahrheitsproduktion direkt vor den Augen der alten, müden und korrupten Elite ermöglicht, die nicht in der Lage ist, einzugreifen, selbst wenn sie die Energie dazu gehabt hätten, da die materiellen Bedingungen - und damit die Regeln des darwinschen Straf- und Belohnungssystems in der umgebenden Kultur - grundlegend verändert wurden.

Obwohl die Internet-Revolution die Bedingungen für die menschliche Identitätsproduktion grundlegend und radikal verändert und gleichzeitig einen tödlichen Angriff auf das kapitalistische Machtgefüge führt, ist sie zunächst relativ unbemerkt vor sich gegangen: Die kapitalistischen Unternehmer haben lange Zeit geglaubt, dass die Internet-Revolution lediglich zu einem erhöhten Einkommensfluss geführt hat, der ihre Position gestärkt hat, ohne zu konkreten Problemen zu führen. Denn die Philosophen sitzen in Wirklichkeit immer noch auf den akademischen Lehrstühlen und dienen gehorsam dem scheidenden kapitalistischen Paradigma, ohne jeglichen greifbaren Wunsch oder die Fähigkeit zur radikalen Infragestellung oder ideologischen Abenteuerlust. Giganten wie Martin Heidegger haben natürlich schon festgestellt, dass die Technologie als solche böse ist. Die auffällige Parallele besteht natürlich darin, wie die Geistlichen in Kirchengebäuden in ihrer internarzisstischen, selbstgefälligen Huldigung aneinander dahinvegetierten, während die Universitäten im *Namen der Wissenschaft* ab dem 17. Jahrhundert expandierten und mit der Zeit die Wahrheitsproduktion in der Gesellschaft übernahmen. Folglich stammt das philosophische innovative Denken, das im 20. Jahrhundert tatsächlich entsteht, mehr oder weniger vollständig aus alternativen Umfeldern weit draußen an der Peripherie in Bezug auf die akademische Philosophie, wo Jacques Lacans bahnbrechende psychoanalytische Schule, die in einem medizinischen Forschungsumfeld entsteht, als der einzigartig bedeutendste philosophische Beitrag des 20. Jahrhunderts heraussticht.

Nirgendwo wird die tragische Akademisierung der Philosophie so deutlich wie in der unterwürfigen Akzeptanz der eigenen Spezialisierung der Disziplin. Anstatt in irgendeiner Form Verantwortung zu übernehmen und die Fragmentierung der gesellschaftlichen Arena, die durch die akademische und berufliche Hyperspezialisierung des 20. Jahrhunderts entsteht, anzugreifen oder zumindest zu problematisieren, trägt die Philosophie achtlos zu genau diesem Triumph der Fragmentierung bei, indem sie sich vor dieser Entwicklung verneigt und sich ohne übergreifenden kritischen Diskurs in viele kleine, begrenzte Fachgebiete aufspalten lässt. Die Philosophie gibt sich masochistisch der Hyperspezialisierung hin, verinnerlicht sie und produziert Texte, die die *Fragmentierung* an sich verkörpern und unkritisch zelebrieren. Am deutlichsten wird dies in der eskalierenden

Dämonisierung der Metaphysik und ihrer *Metanarrativen* im Spätkapitalismus durch die akademische Philosophie.

So beeindruckend ein solcher Strom von Spezialisierungen auch sein mag, er kann jedoch nicht über das eklatante Fehlen eines durchdringenden und visionären *Generalismus* hinwegtäuschen. Eine Vielzahl großmäuliger, selbstzufriedener Stimmen - die absolut keine Rücksicht auf die *Vielheit als dem Einen* nehmen und kein Verständnis für die Vielheit als dem Einen zeigen - kann natürlich keine aussagekräftigere Erzählung hervorbringen als der tragische *Internarzissmus*, der die Antwort des Hyperkapitalismus auf alle Fragen der heutigen Gesellschaft ist. Das Ergebnis dieses Prozesses des Niedergangs ist das von der analytischen Philosophie selbstsüchtig betriebene Spiel und das endlose Sezieren der Erzählungen der älteren Generationen über die Menschheit und die Welt durch die Postmoderne. Schon der Versuch, ein neues, zusammenhängendes Metanarrativ zu schaffen, wird im philosophischen Diskurs als Todsünde gebrandmarkt. Stattdessen wird alles auf eine Regression der Zeicheninterpretation ohne Ende reduziert: Die Philosophie ist schließlich völlig gelähmt und wird in den *hyperhermeneutischen Zustand* gedrängt. Aus diesem Grund ist der ernsthafte Versuch des Syntheismus, ein neues, glaubwürdiges Metanarrativ für das Internet-Zeitalter zu schaffen, eine höchst bewusste, logische Negation des gesamten akademisch-philosophischen Paradigmas. Die Philosophie kehrt zum Wesentlichen in Form einer Syntheologie zurück, die von unabhängigen, kritischen Denkern auf der Grundlage der Interessen der aufkeimenden Netokratie instruiert wird, wobei die logische Folgefrage lautet, welche politischen Ausdrucksformen aus dem syntheologischen Diskurs hervorgehen werden.

Wenn es bereits in den hyperhermeneutischen Zustand eingebaut war, dass es auf ein intellektuell sterilisierendes Verbot aller Metanarrativen hinauslaufen würde, wie kann die Syntheologie auf das eklatante Bedürfnis nach einer Rückkehr des Utopismus reagieren? Um überhaupt zu verstehen, wie der philosophische Diskurs *politisiert* wird, müssen wir zunächst untersuchen, wie sich die politische Philosophie während des individualistischen und atomistischen Paradigmas entwickelt hat. Der Kapitalismus ist der beständige Karneval. Der Reiz des Lohnschecks ist jedoch streng begrenzt. In seinem Buch *Drive* zeigt Daniel Pink, wie ein erhöhter Lohn die Produktivität nur dann erhöht, wenn es um langweilige, monotone Aufgaben geht, wie sie in Europa von Industriearbeitern in den Fabriken des 19. Jahrhunderts ausgeführt wurden. Die Produktivität in den wissensintensiven Berufen des Spätkapitalismus hat jedoch keine positive Korrelation mit der Gehaltserhöhung; der Fall ist eher umgekehrt. Autonomie, eine Vision zu haben, Berufsstolz und soziale Identität sind die wichtigsten Faktoren, um die Motivation und Produktivität der Arbeiter zu erhalten und vorzugsweise sogar zu erhöhen - und nicht ein fetter Gehaltsscheck.

Hier sehen wir drei klare Bewegungen: *Konstruktivismus* erzeugt liberale Demokratie, *Transzendentalismus* erzeugt totalitäre Diktaturen und *Generizismus* erzeugt theologischen Anarchismus. Der Konstruktivismus benutzt die Unterschiede der Menschen als Axiomatik und geht davon aus, dass diese Unterschiede die notwendigen Hierarchien schaffen. Er betrachtet Universalität als eine Illusion, die jedes Mal, wenn es an der Zeit ist, demokratische Wahlen abzuhalten, in Form eines illusorischen Antagonismus erscheint. Der Transzendentalismus geht in der Hierarchisierung noch einen Schritt weiter und lanciert und entwickelt dieses Axiom, das besagt, dass die Gesellschaft transzendentalisiert und die Geschichte verwirklicht wird, wenn der autoritäre Führer die Allgemeinheit personifiziert, wenn Führer und Partei auf mysteriöse Weise eins werden und Partei und Volk eins werden. Der Generizismus hingegen sieht die Geschichte als eine ewige Wiederholung desselben mit äußerst geringfügigen Variationen für jede Schleife, wobei die Ähnlichkeit der Menschen bis auf die Ebene des Dividuums hinunterreicht: Schon von Anfang an sind alle Menschen als Ausdruck ein und derselben Substanz zu betrachten - die Universalität ist bereits vorhanden.

Der generizistische Imperativ besteht also darin, *die Erzählung zu schaffen, wie das Partikulare bereits das Universelle* ist: und wenn diese Erzählung einmal existiert, wird das Universelle durch die Verwirklichung des Generischen sichtbar gemacht. Da der Konstruktivismus und der Transzendentalismus bereits gründlich ausprobiert wurden und gescheitert sind, bedarf es keines großen Maßes an Reflexion, um zu verstehen, warum der Syntheismus sein Herz und seine Seele in den Generizismus investiert. Der *politische Syntheismus* ist ein Generizismus, und da der Generizismus noch nicht erprobt ist, ist auch die Utopie aus skeptischer Sicht durchaus möglich. Aber sie erfordert eine Wahrheit als Handlung, um verwirklicht zu werden.

Die ursprüngliche Lüge, das ursprüngliche Verbrechen, die phantasmatischen Erzählungen, die das Subjekt und den unmöglichen Blick des Jetzt zusammenhalten: all dies ist Teil der politischen Ideologie des Syntheismus. Das Gesetz ist die dritte Person, die in allen Beziehungen zwischen den Dividuen präsent ist. Aber der Syntheismus ist etwas viel Größeres: Er ist vielmehr der Schritt außerhalb des ewigen Kreislaufs von Mythologieproduktion und unaufhörlicher Enttäuschung. In seiner Eigenschaft als Gattungsbegriff muss das politische Projekt des Syntheisten die *universelle Singularität* zum Ausgangspunkt haben. Als vernetzende Dividuen produzieren wir nicht mehr Dinge, sondern *das soziale Leben selbst*. Die Frage ist, wer in der Einführungsphase des Internet-Zeitalters die Rolle der universellen Singularität spielen kann. Wie wird diese soziale Produktion die aufstrebenden Klassen in der Cyberwelt beeinflussen: also die *Netokraten* und die *Konsumenten*? Werden sie von den gleichen kapitalistischen Versuchungen angelockt werden, die ihre individualistischen Vorgänger verführt haben, oder wird es ihnen gelingen, diese Illusionen zu durchschauen? Oder werden sie stattdessen völlig neuen Illusionen zum Opfer fallen?

Es ist unvernünftig, von den Konsumenten zu verlangen, dass sie in der Lage sein sollten, die spätkapitalistische Konsumgesellschaft zu durchschauen und sich von ihr zu distanzieren. Sie sind nicht einmal authentische soziale Produzenten im foucauldischen Sinne: Sie sind vielmehr soziale Konsumenten, daher der tragische Begriff des *Konsumtariats*. Es geht um ein Konsumproletariat, das im Gegensatz zum klassischen Arbeiterproletariat nicht mehr um eine stolze Produktivität vereint ist, sondern zu einer Unterschicht reduziert wurde, die als einzigen Zusammenhalt den passiven Konsum von Unterhaltung und Identitätsproduktion in vorgefertigten Massenauflagen hat. Der Widerstand gegen das korrupte System muss stattdessen aus dem Inneren der Netokratie kommen, die den *subversiven Zweig der sozialen Produktion* darstellt. Es gibt jedoch keine Anzeichen dafür, dass die Netokratie im politischen Kampf unter dem Informationalismus vereint sein wird, ebenso wenig wie die Bourgeoisie unter dem Kapitalismus politisch vereint war, nachdem es ihr gelungen war, ihren prägenden Kampf für eine liberale Demokratie durchzusetzen.

Die ideologischen Risse innerhalb der Netokratie sind bereits deutlich zu erkennen (siehe *The Netocrats*). Das einzige politische Projekt, das die Netokratie unter dem Informationalismus zu vereinen vermag, ist der Kampf für ein freies und offenes Internet, da dieser Kampf *de facto* ihre grundlegendsten Bedingungen als soziale Klasse betrifft. Ohne ein freies und offenes Internet wird die Netokratie als gesellschaftliche Elite nicht verwirklicht werden, sondern im besten Fall eine merkwürdige Gruppe mit interessanten Spezialfähigkeiten am Rande der sozialen Arena bleiben. Ein denkbares, um nicht zu sagen wahrscheinliches Szenario ist, dass sich eine kleine Minderheit innerhalb der Netokratie zunächst gegen die statistisch-korporativistische Machtstruktur stellt, im Zeitalter der Interaktivität den absoluten Standpunkt einnimmt, sich vom korrupten System löst und die parallele Utopie konstruiert. Zunächst als vorübergehende autonome Zone, die dann im Laufe der Zeit dauerhaft gemacht wird, um die Utopie und ihr Potenzial sichtbar zu machen; eine Sichtbarkeit, die andere aufstrebende Netokraten dazu inspiriert, die Utopie kreativ nachzuahmen und damit die informationstechnologische Revolution zu vollenden.

Aus theologischer Sicht tritt der *syntheistische Niedergang* ein, wenn Eigenliebe in Narzissmus umschlägt. Deshalb ist es notwendig, dass der Syntheismus den Internarzissmus standhaft bekämpft. Narzissmus ist im selbsternannten Opfer ebenso präsent wie in der Person an der Macht. *Der syntheistische Held* gibt sich stattdessen vorbehaltlos und anonym in einer brüderlich-schwesterlichen Gemeinschaft mit der Gemeinschaft der Syntheisten hin. Über diese Gemeinschaft hinaus wird Ethik in der Herstellung von Handlungsfähigkeit geboren:

Als Akteur, innerhalb und zusammen mit der synthetischen Gemeinschaft, sucht das Dividuum eine starke ethische Identität, eine existenzielle Substanz, die sich verwirklicht, wenn ein Versprechen zu einer *Handlung* wird. Nach dem amoralischen, aber unbestechlichen ethischen Zarathustra ist Ethik eine immer wiederkehrende Rückkopplungsschleife: Du bist, was du denkst, und was du denkst beeinflusst, was du sagst; du bist, was du sagst, und was du sagst beeinflusst, was du tust; du bist, was du tust, und was du tust beeinflusst, wie du denkst, und so weiter. Nur dadurch, dass sich das Dividuum als Syntheist identifiziert, kann er in den zoroastrischen ethischen Kreis eintreten und diesen als ein intra-aktuelles Phänomen innerhalb der Syntheistengemeinschaft vervollständigen.

Die Werte und Wertungen des Informationalismus entstammen dem, was wir die *Ethik der Interaktivität* nennen (siehe *The Body Machines*). Die netzwerk-dynamischen Effekte müssen die Grundlage für die Produktion der Werte und Wertvorstellungen in einer Netzwerkgesellschaft sein, in der von der Physik und Biologie über das künstlerische Schaffen bis hin zur religiösen Praxis alles von der Besessenheit von intra-aktuellen Phänomenen und nicht zuletzt von deren Beziehungen untereinander geprägt ist. Dies ist eine Welt, in *der alles immer mindestens zwei ist*, wie Friedrich Nietzsche es ausdrückt, und oft um ein Vielfaches mehr. Eine Instanz für Veränderung in einer solchen Welt ist an sich schon ein äußerst komplexes Phänomen: multipolar, multidimensional, multiabhängig und in alle Richtungen mit ihrer Umgebung verstrickt. In einer relationistischen Gesellschaft in einer relationalistischen Welt muss Ethik zunächst *interaktiv* und später auch *intra-aktuell* sein.

Die Ethik der Interaktivität kann und sollte gegen die hypersubjektivistische Ethik des letzten großen individualistischen Ethikers, des litauisch-jüdischen Philosophen Emmanuel Levinas, ausgespielt werden. Levinas zufolge hat *das Andere* jede Substanz verloren und ist zu einem leeren Ziel für das Überleben der Ethik überhaupt geworden. Mit einer fast psychotischen Überzeugung behauptet Levinas, dass die Ethik die primäre Philosophie ist, dass sie der Ontologie, der Epistemologie und der Metaphysik vorausgeht und sie diktiert.

Gerechtigkeit ist das Versprechen, der Opfer der Vergangenheit zu gedenken, und das Streben, in der Zukunft gerecht zu handeln. Levinas verfolgt seinen ethischen Fundamentalismus, indem er den anderen auf ein bloßes Gesicht reduziert, in dessen Gegenwart Levinas behauptet, eine blinde existenzielle Liebe von fast biblischen Ausmaßen zu erfahren.

Ohne diese blinde Ethik gibt es für Levinas kein Subjekt. Erst in der Begegnung zwischen Fremden erscheint die metaphysische Unendlichkeit. Die Beziehung zwischen dem isolierten Subjekt und dem isolierten Objekt als seinem emotional überforderten Ziel kann kaum deutlicher gemacht werden als bei Levinas. Und was war eigentlich der eingebaute logische Terminus des Individualismus, wenn nicht diese grundsätzlich banale Mystifizierung des Anderen? Der einzige erkennbare Ausweg ist ein klarer Bruch mit dem Individualismus, wie es der Syntheismus tut. Es gibt kein zusammenhängendes Subjekt, das sich als dauerhaftes Wesen erfährt, weder in sich selbst noch als bizarres Nebenprodukt der romantischen Verehrung des Anderen. Stattdessen ist die *Verstrickung* primär. Und in dieser Verstrickung kommt etwas ganz anderes als Levinas' individualistische *Verliebtheit* mit ihrer abrahamitischen Nostalgie zum Vorschein.

Der Syntheismus öffnet den Weg für eine Ethik der Interaktivität, die auf der Suche des verstrickten, ausgestreckten Phänomens nach seinem eigenen Überleben, seinem Willen zur Intensität und Ausdehnung beruht. Nicht in der Ethik und dem, was das Subjekt für den anderen empfindet, liegt das Primäre. Das Primäre ist vielmehr die Existenz des Universums und die Art und Weise, wie sich diese Existenz für sich selbst manifestiert, indem die Menschen aufeinander zu und miteinander in Bewegung gesetzt werden. Levinas' individualistische Verliebtheit wird durch die Manifestation des Syntheos in der Begegnung zwischen Menschen ersetzt. Diese Begegnung erhält ihre existenzielle Substanz nicht durch eine bestimmte Emotion oder ein heiliges Opfer in nur einer Richtung zwischen zwei voneinander isolierten Subjekten, wie Levinas es sich vorstellt, sondern in einem bewussten gemeinsamen Akt zwischen zwei gleichberechtigten Akteuren - *zugleich verschränkt und autonom* -, die erkennen, dass sie durch einen Willensakt tatsächlich in die Beziehung zwischen ihnen eintauchen können und sich deshalb dafür entscheiden, die Begegnung und die gemeinsame Handlung zu sakralisieren. Syntheos entsteht ganz einfach, wenn die Liebe zwischen Menschen als gemeinsame *Wahrheit als ein Akt* etabliert wird.

Die fragliche Sakralisierung kann durch die gemeinsame Verwendung von LSD, Meskalin, MDMA, Psilocybin oder einer anderen von vielen denkbaren Verbrüderungschemikalien in einer heiligen Zeremonie vorteilhaft verstärkt werden. Bereits in *Die Geburt der Tragödie* beschreibt Nietzsche, wie die narkotische Erfahrung die Wiederherstellung des dionysischen Weltbildes, die Vereinigung des Menschen mit der Natur, die religiöse Erfahrung der Existenz als Ganzes konstituiert. Nietzsches Vision von den geistigen Möglichkeiten der Betäubungsmittel erfüllt sich im 20. Jahrhundert in rasantem Tempo: Albert Hoffman synthetisierte 1938 zum ersten Mal LSD und erzählte später von seinen dramatischen spirituellen Erfahrungen unter dem Einfluss der Droge; Aldous Huxley schrieb 1953 ausführlich über seine eigene religiöse Erfahrung mit Meskalin, während Alexander Shulgin MDMA synthetisierte, es mit seinen engen Freunden nutzte und 1976 von ihren spirituellen Erfahrungen damit berichtete.

Sowohl die Natur als auch das schöpferische Arsenal des Menschen selbst sind voll von diesen *Entheogenen* - der Begriff wurde von dem Historiker Carl Ruck geprägt, als ein eher sachlicher Ersatz für den irrtümlichen Begriff Halluzinogene, und er leitet sich natürlich vom Entheos des Syntheismus ab, dem Gott in uns selbst -, die schon immer für spirituelle Zwecke verwendet wurden. Dies war der Fall, obwohl viele Nationalstaaten unter dem Vorwand der bizarrsten und voreingenommensten Ausreden eifrig versuchten, die Verwendung von Entheogenen (in Form der offensichtlichsten Form der bürgerlich-religiösen Verfolgung der metaphysischen Wahl des Lifestyles der entstehenden Netokratie durch den gegenwärtigen Paradigmenwechsel) zu unterbinden. Aus dieser *radikalen Gleichheit*, in diesem buchstäblich syntheistischen Verfahren, entsteht und entwickelt sich die Ethik der Interaktivität - nicht in Levinas' sentimentaler und antinietzscheanischer Selbstaufopferungsromantik.

Wenn Emmanuel Levinas ein abrahamischer Atheist ist, dann ist der französisch-jüdische Philosoph Jacques Derrida ein atheistischer Syntheist. Wenn wir uns von Levinas zu Derrida bewegen, bewegen wir uns vom *Messianischen als Unsterblichkeit zum Messianischen als Überleben*, wie es der schwedische Philosoph Martin Hägglund in seiner bahnbrechenden Lektüre von Derrida in seinem Buch *Radikaler Atheismus* erklärt. Das Versprechen ist immer ein Versprechen vor dem Hintergrund einer offenen Zukunft und kann deshalb immer gebrochen werden; es gehört zum Wesen des Versprechens. Diese Bedrohung ist bereits von Anfang an in das Versprechen eingebaut. Selbst der stärkste Wille zur Einbeziehung wird daher immer jemanden ausschließen, was das Politische in ständige Bewegung versetzt, was wiederum die Demokratie in einen Zustand ständiger Neubewertung versetzt. Es gibt ganz einfach keine objektiv gültigen Hierarchien zwischen den Menschen. Wenn Menschen etwas Besonderes sind, weil sie stark sind, dann folgt daraus, dass einige Menschen stärker sind als andere. Wenn es 1 gibt, dann gibt es auch 2, und 2 ist größer als 1. Der ethische Zielwert muss also 0 sein, damit wir Gleichheit erreichen können. Das Problem ist, dass der Mensch seit der weit verbreiteten Akzeptanz des Feudalismus Hierarchien aufgebaut hat, um die Macht für die Glücklichen und um ihrer aggregierten Wirkung willen zu maximieren. Hierarchien blühen in den Welten der transzendentalen Metaphysiker auf. Nur wenn wir mit der Transzendentalisierung brechen und eine *immanente Metaphysik* einführen, können wir eine wirklich egalitäre Gesellschaft erreichen. *Syntheismus ist radikale Gleichmacherei par excellence.*

Gegen Levinas' *transzendentalistische Ethik gegenüber dem Anderen* können wir Alain Badious *generizistische Ethik gegenüber dem Anderen* positionieren. Badiou argumentiert, dass das, was ständig wiederkehrt, das ist, was die Existenz charakterisiert, und nur in der Anerkennung des ständig Wiederkehrenden - des Universalen im Besonderen - ist Ethik möglich. Der Gattungscharakter von Badiou steht dem Konstruktivismus von Levinas gegenüber. Die anarchistische Ethik von Badiou steht dem abrahamitischen Moralismus von Levinas gegenüber. Die Ethik von Badiou ist eine Pflicht, die auf dem Zufall beruht - ganz einfach deshalb, weil der Zufall uns genau dorthin führt, wo wir landen - es gibt keine äußere Bedeutung, aber wenn wir einmal dort angekommen sind, wo der Zufall uns tatsächlich hingeführt hat, ist es immer noch unsere Pflicht, ethisch zu leben. Und warum? Weil die Ethik uns zu dem macht, was wir als kontingente Wesen sind. Sie ist unser agenzielles Wesen.

Im Vergleich zu Badiou entfernt sich Slavoj Žižek noch einen Schritt weiter von Levinas, wenn er an deren gemeinsamen Vorläufer Jacques Lacan und der *psychoanalytischen Ethik* festhält. Laut Žižek ist Ethik nur als eine Treue zum Riss im gegenwärtigen Weltbild möglich und nicht als eine Treue zu einer blind getroffenen Entscheidung. Nur durch das Festhalten am *Sinthom* - der aufdringlichen kleinen Störung, die uns ständig an die Scheinhaftigkeit unseres Weltbildes, seine Unvollständigkeit und damit notwendige, ständige Veränderlichkeit erinnert - sind wir in der Lage, uns an diesem Weltbild in irgendeiner Weise zu orientieren, und dann muss eine tragfähige Ethik am Sinthom und an nichts anderem festgemacht werden. Wir können unserer Weltsicht niemals vertrauen, wir können nicht einmal uns selbst vertrauen: Am nächsten kommen wir etwas, dem wir tatsächlich vertrauen können, und dem wir vertrauen müssen, in dem Sinthome selbst, dem *Realen* aus der inneren und äußeren Wirklichkeit, das wir überhaupt erfahren können. Aus syntheologischer Perspektive befinden sich natürlich sowohl Žižek als auch Badiou innerhalb der Syntheologiepyramide, an den entgegengesetzten Enden des Oszillierens zwischen *Atheos* (Žižek ) und *Pantheos* (Badiou).

In der Sexualität begehrt das Begehren immer sich selbst, d.h. es kann die geistige Erregung nicht ohne ein erhebliches Element des Verbots erreichen. Dies nennt Lacan das *geschlossene Subjekt.* Selbst unsere Identität für uns selbst ist auf dem totalen Verbot aufgebaut. Man kann sich nur als eine Identität empfinden, die in Bezug auf sich selbst verschlossen und verboten ist. Man fühlt sich selbst, indem man sich selbst nicht fühlen kann, und dadurch entsteht man als

*Phänomen im Angesicht seiner selbst,* da man in anderer Hinsicht eine reine Illusion ist. Man existiert nicht wirklich. Sex existiert nicht wirklich. Was existiert, ist ein Körper, der sich dazu verleitet, andere Körper zu berühren, in dem Glauben, damit ein Begehren zu befriedigen, das er aber dadurch verdrängt, um das Begehren für sich selbst und für *den anderen* zu behalten. Es wäre richtiger, das Leben als bizarres Theater zu beschreiben, als etwas, das auch nur einer linearen Logik ähnelt.

Jenseits der Ethik der Interaktivität öffnet sich jedoch eine Landschaft für eine reine Syntheistenethik. Es ist eine Ethik, in der menschliche Handlungen ohne jeden imaginären Beobachter stattfinden können, in der das Andere als Ziel aus der Gleichung verschwindet. Der Nietzscheanische *Übermensch tut das, was getan werden soll, nur weil es getan werden soll* und ohne jeglichen Hintergedanken. Wir können dies als einen *ethischen Vakuumzustand* beschreiben. Es handelt sich um eine *Metaethik*; eine ständig laufende Untersuchung darüber, wie der synthetische Wirkstoff durch dieses oder jenes Verhalten verändert wird. Die Künstlerin, die ihre ganze Kreativität auf ihren eigenen Wunsch gründet und nirgendwo sonst, ist ein frühes Beispiel für einen Syntheisten-Ethiker. Aber es spricht eigentlich nichts dagegen, dass das gesamte menschliche Verhalten in der syntheistischen Utopie von einer solchen *Ethik des Intra-Agierens* statt von einer Ethik der Interaktivität ausgeht - denn die Ethik des Intra-Agierens folgt logischerweise aus der Entwicklung des synthetischen Agenten als menschliches Ideal.

Die individualistische Metaphysik beruht auf einer Hierarchisierung verschiedener phänomenaler Zustände. Damit das Individuum - anthropozentrisch und internarzisstisch - als Herrscher im Zentrum der Existenz positioniert werden kann, muss eine Mythologie um das Individuum als *die krönende Errungenschaft der Schöpfung* konstruiert werden. Die Stufen bis zu diesem Status als krönende Errungenschaft der Schöpfung sind jedoch mit verschiedenen Existenzen von allmählich ansteigendem Wert gesäumt. Am weitesten unten befinden sich die Mineralien, darüber die Pflanzen, darüber die Tiere und ganz oben der Mensch. Der erste Unterschied zwischen den Mineralien und den Pflanzen erfordert eine grundlegende metaphysische Mythologie, nämlich die Erzählung vom *Leben als heilig*. Der zweite Unterschied zwischen den Pflanzen und den Tieren erfordert eine zusätzliche metaphysische Mythologie, nämlich die Erzählung des *Körpers als heilig*. Der dritte Unterschied zwischen den Tieren und dem Menschen erfordert noch eine weitere zusätzliche Mythologie, nämlich die Erzählung des *Bewusstseins als heilig*, oder die Seele, wie wir sie früher nannten.

Man beachte, dass sich außerhalb der anthropozentrischen Phantasie diese gesamte mythologische Konstruktion in einem wertlosen Schwebezustand befindet. Nur innerhalb der kapitalistischen Phantasie, die sich um die Zentralität des Individuums und die Substantialität des Atoms und die unüberwindbare Kluft zwischen ihnen dreht, können diese mythologischen Behauptungen in kategoriale Axiome verzerrt werden. Die Sakralisierungen des Lebens, des Körpers und des Bewusstseins sind Nebenprodukte des massiven *Internarzissmus*; die kollektive Selbstverherrlichung, die wiederum eine Folge der vollzogenen Entfremdung ist. Die Wahrheit ist jedoch, dass das Leben, der Körper und das Bewusstsein emergente Phänomene in einem offenen und kontingenten Universum sind; Phänomene, die sich durch immer höhere *Komplexitätsgrade* auszeichnen und nicht durch irgendeine Form von *Sakralität*. Das, worauf man sich in einem tieferen Sinn beziehen kann, sind nicht diese drei anthropozentrischen Projektionen an sich, sondern die gemeinsame zugrundeliegende Variable; die ständig höheren Intensitäten der gegenwärtigen Emergenzen. Für einen Syntheisten sind Begriffe wie Leben, Körper oder Bewusstsein nicht grundlegend; vielmehr müssen sie als sekundäre und geradezu anthropozentrische Projektionen auf die reiche, schöpferische Fähigkeit des Universums, Wirte unterschiedlicher Intensität hervorzubringen, betrachtet werden. Und es ist die *Intensität*, die heilig ist. Der Name der Intensität ist *Entheos*.

Die *Postmoderne* wird von der Angst vor Konflikten und ihrer Ideologie, dem *Kulturrelativismus*, beherrscht. In der wütenden Feindseligkeit gegenüber festen Werten legt der Kulturrelativismus immer noch einen Wert in sich selbst fest, nämlich den festen Wert *an sich*, dass alle Werte flexibel sind. Dabei fällt er sofort in sein eigenes Schwert (siehe *The Body Machines*). Der Kulturrelativismus wird im Informationschaos der Internetgesellschaft durch die Suche nach qualitativen Intensitäten ersetzt. Nicht alle Behauptungen sind gleichermaßen wahr oder falsch. Eine Behauptung wird intersubjektiv gestärkt und erhält wissenschaftliche Glaubwürdigkeit, wenn sie verifiziert werden kann. Sie hat ganz einfach eine höhere *Wahrheitsintensität* als eine unbegründete Erfindung. Der energische Atheist Christopher Hitchens hat völlig Recht, wenn er schreibt, dass das, was ohne jeglichen Beweis behauptet werden kann, auch ohne Beweise verworfen werden kann. Die Frage ist, ob diese Wahrheitsintensität eine *spezifische Intensität* ist (als ob die Wahrheit von Anfang an ein besonderes Spektrum innerhalb der Intensität wäre) oder eine reine Intensität (als ob die Intensität der Wahrheit vorausgeht und die Wahrheit als ethischer Akt vorübergehend aus der Intensität in ihrer Gesamtheit abgeleitet wird). Gibt es irgendeine Art von objektiv gültiger Hierarchie zwischen den verschiedenen Spektren innerhalb der Intensität, oder sollte die Intensität genau so verstanden werden, wie sie in ihrer Gesamtheit ist?

Gehen wir in die Geschichte des philosophischen Vitalismus, um eine Antwort zu suchen. Der Unterschied zwischen dem individualistischen und dem dividualistischen Paradigma könnte nicht deutlicher sein als der Unterschied, der zwischen den ansonsten eng verwandten französischen Philosophen Henri Bergson und Gilles Deleuze besteht. Bergsons klassischer Vitalismus hält unerschütterlich an der Idee der *Heiligkeit des Lebens* als ontologischem Fundament fest. Für Deleuze jedoch wird die Feier des Lebens zu einem weiteren banalen Anthropozentrismus in einem kartesianischen Universum, das ohne guten Grund verschlossen und betäubt ist. Stattdessen sieht er in der *aktiven Intensität selbst* den fundamentalen Ausdruck für die Existenz des Universums in seiner Beziehung zu sich selbst. Deleuzes eher *pantheistischer* als anthropozentrischer *Vitalismus* bleibt daher - in der Erzählung über die großartige Fähigkeit des Universums zu Kreativität und Vielfalt - sowohl beim Wunderbaren in der Quantenphysik und Kosmologie als auch beim Wunderbaren in

Pflanzen und Tieren. Daher scheint es durchaus plausibel, dass die intensitätsfixierten Varianten des *Relationalismus* von Karen Barad, Manuel De Landa und Robert Corrington eher von Deleuzian als von Bergsonianischem Vitalismus ausgehen. Es ist die Natur und nicht das, was am engsten mit dem Menschen verwandt ist, das das Lebendige ist, und die Natur ist aufgrund ihrer eigenen Intensität in sich selbst lebenswichtig. Daher sind Deleuze, Barad und De Landa *naturalistische* Philosophen. Der bekennende Synthetiker Corrington nennt seine philosophische Orientierung sogar *ekstatischen Naturalismus*.

Die Prozessphilosophie ist grundsätzlich eher deskriptiv als zuschreibend. Nietzsche baut eine *Genealogie* auf, Foucault stellt eine Archäologie zusammen, Derrida nennt seine Methode *Dekonstruktion*, wir selbst bezeichnen unsere eigene Arbeit in früheren Bänden als *Meteorologie*, da wir - wie die Wettervorhersage - die Zukunft als einen gigantischen Informationskomplex untersuchen, der als Ganzes schwer zu erfassen ist. Hintergrund der prozessphilosophischen Darstellungsmethoden ist, dass Nietzsche seinen Vorgänger Kant durchschaut, wenn er hinter dessen erklärten Willen zur Wahrheit einen noch tieferen Fabrikationswillen aufspürt. Nietzsche sieht auch unter Philosophen überhaupt keine andere Möglichkeit der Geschichtsschreibung als das Fabulieren. Der Unterschied liegt also nicht in einem gegen den *Willen zur Wahrheit* gerichteten *Wille zur Fabrikation*, sondern vielmehr in der unterschiedlichen Qualität der verschiedenen Fabrikationsversuche. Alle Wahrheiten sind eine Art Mythos, aber nicht alle Mythen sind in der wiederkehrenden Konfrontation mit der uns umgebenden Existenz gleich funktional. Einige Mythen sind wahrer als andere, die in der Interaktion mit der uns umgebenden Welt getestet werden können und müssen.

Gewalt ist in allen Beziehungen ständig präsent. Die Verherrlichung von Gewalt ist überwiegend ein modernes Phänomen. Je weiter wir uns von der Gesellschaft entfernen, in der direkte physische Gewalt gleichbedeutend mit Macht war, desto mehr wird nackte Gewalt gerade von denjenigen verherrlicht, die sich selbst für entmachtet halten, wenn Gewalt in das System eingebaut wird oder ihre offensichtliche Funktion als Machtträger verliert. Selbst das Bestreben, Gewalt zu reduzieren, erfordert weitere Gewalt. Der Pazifismus ist daher ein perfektes Beispiel für eine falsche Radikalität. Alle Systeme enthalten eingebaute Gewalt. Eine Gesellschaft ohne Gewalt wäre eine Unmöglichkeit, da eine Gesellschaft ohne *Antagonismen* niemals existieren kann. Der Traum vom absoluten Frieden ist der Traum des absoluten Angriffs. Jean-Paul Sartre weist darauf hin, dass Pazifisten in allen Gesellschaften immer auf der Seite der Unterdrücker enden, da den Unterdrückten durch den Pazifismus die Möglichkeit des Widerstands verweigert wird. Der praktizierte Pazifismus ist natürlich in der Praxis der glatteste Weg, den *Status quo* in einer Gesellschaft zu erhalten, in der strukturelle Gewalt und Unterdrückung herrschen: Repression mit einem einschmeichelnden Lächeln.

Durch eine parallele Entwicklung ist die Vermeidung von Schmerz und Leid zur primären Obsession des Spätkapitalismus geworden. Diese Vermeidung ist zu einem weit verbreiteten gesellschaftlichen Spiel geworden. Das Ergebnis ist ein ruheloser und zutiefst ignoranter Bürger, der nach sofortiger Belohnung sucht, während er alles vermeidet, was auch nur die geringste Geduld und einen Aufschub der Belohnung erfordert. Die postmoderne Populärkultur ist von dieser Strategie durchdrungen, die darauf ausgerichtet ist, bei jeder Gelegenheit immer den kürzesten Weg zu diesem oder jenem Ziel zu nehmen. Nichts darf irgendetwas erfordern, schlechte Nachrichten müssen zum Schweigen gebracht und verdrängt werden, komplexe Wahrheiten müssen verborgen werden, denn wenn die Situation tatsächlich etwas von dem Konsumenten verlangt, könnte er sich natürlich in der Türschwelle umdrehen und sich ganz einfach für einen einschmeichelnderen Konkurrenten entscheiden. Diese Strategie setzt jedoch voraus, dass sich die Natur in einem permanenten Zustand des Gleichgewichts ohne Gegensätze befindet. Aber dieser ausgeglichene Zustand in der Natur ist ein Mythos. Syntheistische Ökologie beginnt daher mit der Einsicht, dass alles Existierende, auch die Natur, ein *Prozess* und eine ständige Bewegung ist, wie der Syntheist und Philosoph Alfred North Whitehead es ausdrückt.

Stabilität ist im besten Fall eine Zwischenbemerkung, im schlimmsten Fall - und höchstwahrscheinlich - eine reine Täuschung. Solidarität durch organische Einheit steht mechanischer Instrumentalität gegenüber.

Ein wichtiger Bestandteil allen Denkens um das Bewusstsein herum ist das Konzept der *Intelligenz*. Intelligenz entsteht jedoch nicht als überflüssiges Gut zur Belustigung des Besitzers, sondern als notwendiges Instrument des Überlebens in einem System, das sonst nicht überleben würde, während sie gleichzeitig an sich selbst attraktiv ist und zu Fortpflanzungsvorteilen führt. Wie alles andere, was sich auf darwinistische Weise entwickelt, entwickelt sich Intelligenz sowohl als mutationsbedingte Reaktion auf raue Umstände als auch als menschliches Äquivalent zu den Schwanzfedern des Pfaus (Weisheit, Talent und Humor ziehen potenzielle Partner an: siehe *The Body Machines*). Das bedeutet zum Beispiel, dass die Vorstellung von Gott als intelligentem Wesen absurd ist. Ein allmächtiges Geschöpf, das nicht riskieren muss, bei seinem Streben nach seinem eigenen Willen auf nennenswerte Hindernisse zu stoßen - und das gilt bekanntlich sowohl für die abrahamitischen Vatergötter als auch für die projizierten Gottheiten des Syntheismus - braucht also keine Intelligenz. Omnipotenz reicht völlig aus; sie deckt die meisten Dinge ab.

Bei genauerem Hinsehen ist Intelligenz tatsächlich ein Symptom einer Einschränkung oder einer Schwäche, eine letzte Waffe gegen eine andere, größere Macht (mit einer oft glückselige Leere an Intelligenz). Oder um die Sache auf die Spitze zu treiben: Hätte Gott eines intelligenten Entwurfs [intelligent design] bedurft, um die Welt zu erschaffen - d.h. eines Entwurfs, der von einer Intelligenz gekennzeichnet ist, die von Gott und den Engeln des Himmels befolgt werden muss, so wie sich die Bauarbeiter auf ihre Anweisungen des hoffentlich intelligenten Architekten beziehen -, dann wäre Gott stattdessen Ausdruck eines Mangels an Macht und würde vor allem seinen völligen Mangel an Allmacht offenbaren. Ein allmächtiges Universum ist also nicht intelligent im eigentlichen Sinne des Wortes, da es spontan entsteht. *Intelligenz ist also ein menschlicher Wesenszug, der aus unserer komplexen Begrenztheit und der uns zugefügten Ohnmacht entsteht, und ganz sicher keine göttliche Eigenschaft.*

Da der Syntheismus von Grund auf *relationalistisch* ist, folgt daraus, dass auch die *syntheistische Ethik* relationalistisch sein muss. Zunächst einmal ist Ethik immer eine Frage der Priorisierung. Nichts an sich hat irgendeine Art von objektiv gültigem Wert. In einem größeren objektiven Sinn ist alles bedeutungslos, da es keinen äußeren Gott gibt, der sich darum kümmert, irgendetwas einen Wert zu geben, der unabhängig von den herrschenden Bedingungen Bestand hat. Nur ein Wesen, dessen Existenz durch immer wiederkehrende Defizite und Begrenzungen und daraus resultierende notwendige Priorisierungen gekennzeichnet ist, braucht ein Wertesystem. Ein Zustand des vollständigen Überflusses - wie das *Universum an sich* - braucht jedoch überhaupt keine Werte. Alle Argumentation darüber, was der Mensch in Form von Dingen und Handlungen wertschätzt, dreht sich folglich um die Beziehungen dieser Dinge und Handlungen zu und ihre Bedeutung für sich selbst als Geschöpf, das durch Defizite und Begrenzungen gehemmt ist.

Dass die Dinge und Handlungen für den Menschen vom Standpunkt seiner Überlebensmöglichkeiten aus einen Wert haben, ist nicht besonders überraschend. Das Besondere an der Wertschätzung des Menschen ist jedoch, dass er auch Dingen und Handlungen einen Wert verleiht, für die er offensichtlich keinerlei Nutzen hat. Der Mensch erfährt stattdessen eine emotionale Verbindung, ein Gefühl erweiterter Identität in Bezug auf das, was er schätzt. Es gibt also eine ebenso existentielle wie utilitaristische subjektive Bewertung. Die fetischistische Bewertung hat ihre Grundlage in der unbewussten Überzeugung, dass die eigene Existenz wertlos ist, wenn nichts bewertet wird: Deshalb muss immer etwas bewertet werden, und diese Bewertung ist folglich eher hysterisch als logisch, eher teilend als universell. Was aus rein fetischistischen Gründen bewertet worden ist, bekommt oft einen enormen Wert, da der Prozess mit dem narzisstischen Impuls verbunden ist - wenn diese Sache oder diese Handlung einen Wert bekommt, *dann bekomme ich durch meine intime Beziehung zum Fetisch auch einen Wert*, und dadurch bekommen

Leben und Existenz einen Wert. Alles Wertvolle hängt zusammen und schafft gerade durch diese Verstrickung einen Wert. So wird die Welt durch den *Fetisch* gerettet und der Mensch kann aufatmen.

Die große Illusion in diesem Zusammenhang ist, dass es durchaus möglich ist, sich an einem korrupten System zu beteiligen, indem man gleichzeitig eine innere, emotionale Distanz zu diesem System aufbaut. Das ist die große Lüge der distanzierten Gleichgültigkeit der Postmoderne, die syowohl von zynischen Liberalen als auch von kalifornischen Zen-Meistern gepredigt wird. Das Problem ist, dass die menschliche Kreativität dazu verlockt wird, all ihre Energie in die Aufrechterhaltung des Systems zu stecken; das gilt selbst für die Theoretiker, die dem System kritisch gegenüberstehen. Nur wenn man aussteigt, eine Position am Rande einnimmt und *eine Parallelwelt außerhalb des Systems konstruiert*, kann die syntheistische Utopie verwirklicht werden. *Eine Revolution beginnt immer mit einer Subtraktion.* Wir müssen uns dorthin zurückziehen, wo wir endlich die soziale Ganzheit sehen können, und dann nur noch auf der Grundlage dieser Ganzheit handeln, anstatt uns der Flickerei eines grundlegend fehlerhaften Systems zu widmen. Denn was ist eine Revolution? Was ist eine wirklich radikale Veränderung? Revolutionen finden in chaotisch geprägten Gesellschaften statt, in denen sich die Macht bereits diskret aus der formalen Machtposition verschoben hat, um anschließend in einer völlig neuen, noch nicht definierten Position aufzutreten. Und zwar in einem völlig neuen Gewand, geprägt von den neuen Bedingungen, die herrschen. Die oberflächliche Revolution mit ihren Ausschreitungen auf den Straßen ist lediglich ein neuzeitliches Symptom der zugrunde liegenden, authentischen Revolution, die an einem völlig anderen Ort und zu einem früheren Zeitpunkt stattfindet. Die Verbindung zwischen der Druckerpresse und der Erstürmung der Bastille ist nur eines von vielen offensichtlichen Beispielen.

Der strategische Prophet des vorangegangenen Paradigmenwechsels, G W F Hegel, definiert sein philosophisches Projekt als den Bau einer Brücke zwischen dem *Sakralen* und dem *Säkularen.* Er unterscheidet drei verschiedene Geister mit folgenden Merkmalen: den objektiven, den subjektiven und den absoluten Geist. In unserem turbulenten Zeitalter hier und jetzt ist es wichtig, Hegels Rat zu befolgen und die objektiven und subjektiven Geister beiseite zu lassen, um stattdessen den Blickwinkel des Absoluten einzunehmen; um uns zunächst gründlich für den kommenden Kampf zwischen der Bourgeoisie und der Netokratie zu rüsten und uns dann auf dem Schlachtfeld zu positionieren, im Bewusstsein und in Übereinstimmung mit *der radikalen Wahrheit als Akt im neuen Paradigma.* Der Paradigmenwechsel vollzieht sich nämlich direkt vor den Augen der alten Machtelite; er etabliert ein völlig neues Machtsystem an einem völlig anderen Ort als das bisherige (siehe *The Netocrats*) und bietet damit historisch einmalige Möglichkeiten für einen radikalen und echten Wandel in der Ausrichtung und Organisation der Gesellschaft. Der Paradigmenwechsel ist aber nur aus einer von Subtraktion durchdrungenen Position heraus im notwendigen Detail nachvollziehbar. Deshalb sind die Tempel und Klöster der Syntheisten weit mehr als nur exotische Oasen für eine Art kollektives spirituelles Vergnügen. Sie sind vielmehr die notwendigen Ausgangspunkte, die revolutionären Zellen, in dem subversiv-utopischen Projekt, das unter dem Namen *Syntheistische Bewegung* läuft. Dort werden neue Gedanken gedacht.

Und all dies geschieht in diesem Augenblick.

# Glossar

**AKTEUR** Die subjektive Identität, die innerhalb des aktiven Handelns entsteht, als geistige Emergenz innerhalb eines physischen Körpers als relationalistisches Phänomen. *Der syntheistische Akteur ersetzt das kartesianische Individuum* als das menschliche Ideal am Übergang vom Kapitalismus zum Informationalismus.

**AMOR FATI** Schicksalsliebe im Lateinischen, die ethisch-logische Akzeptanz all dessen, was in der Geschichte bis zum gegenwärtigen Augenblick geschehen ist, und die Unterwerfung unter alles, was in der Zukunft wartet und das der Handelnde ohnehin in keiner Weise beeinflussen kann. Das Konzept wurde von dem deutschen Philosophen Friedrich Nietzsche im 19. Jahrhundert lanciert und ist ein Grundprinzip der syntheistischen Ethik. Man beachte, dass das Prinzip keine Begrüßung *zukünftiger Wiederholungen vergangener Ereignisse beinhaltet,* egal wie ethisch geliebt (oder gehasst). Vielmehr ist das Gegenteil der Fall: amor fati ist eine Begrüßung der Wiederholung des ständigen Wandels und nichts anderes, und das Konzept ist folglich stark mit der syntheistischen Gottheit *Entheos* verbunden.

**ANTHROPOZENTRISMUS** Eine Weltanschauung mit dem Menschen im Zentrum der Existenz. Das kapitalistische Paradigma wird zum Beispiel vom *Humanismus*, einer anthropozentrischen Metaphysik, dominiert. Vgl. zum Vergleich den *Universozentrismus.*

**ANTRIEB** die Suche nach Befriedigung an, die der Mensch mit den Tieren teilt; zum Beispiel die Bedürfnisse und Sehnsüchte nach

Essen, Trinken, Schlaf, Sex und Macht. Sehen Sie, zum Vergleich: Verlangen, Libido und Todestrieb.

**ATHEISMUS** die Überzeugung, dass es einem bestimmten Gottesbegriff an existenzieller Substanz und/oder sozialpsychologischer Relevanz fehlt. Nach dem *Prinzip des Erklärungsschlusses* kann der Atheismus nie auf alle theologischen Konzepte gleichzeitig gerichtet sein; er kann also nie universell, sondern nur partikular gültig sein. Es ist immer ein bestimmter Gott, an den der Atheismus nicht glauben kann; er kann niemals alle Götter gleichzeitig verleugnen. Vgl. *Theismus, Monotheismus, Polytheismus und Syntheismus.*

**ATHEOS** der Gott, der im Griechischen nicht existiert und der gerade deshalb als leerer Begriff existiert, als der Gott, der nicht existiert; die virtuelle Nichtexistenz, aus der die gegenwärtige Existenz entsteht. Atheos ist die erste der vier Gottheiten in der *Syntheologiepyramide*, symbolisiert durch die Leere oder das Schwarze Loch, und kann als der ursprüngliche Ursprung von allem betrachtet werden, sowohl für das materielle Phänomen als auch für den geistigen Agenten. Atheos wird zur Wintersonnenwende gefeiert, gefolgt von dem Viertel *Athea.*

**ATOMISMUS** die Überzeugung, dass die Existenz im tiefsten Inneren aus unteilbaren, fundamentalen Bausteinen besteht, die auch das vollständige, zukünftige Potential für alle höheren Hierarchien, die im Laufe der Geschichte folgen, in Abhängigkeit von den gottgegebenen, innewohnenden, mystischen Eigenschaften der Atome umfassen. Der Atomismus tut für das Objekt, was der Humanismus für das Subjekt tut: Die beiden Ismen sind also zwei Seiten derselben Medaille (*Individualismus*) und mit den gleichen Vorfahren aus dem europäischen Zeitalter der Aufklärung, vor allem Isaac Newton und Immanuel Kant.

**AUFMERKSAMKEIT** ein Wert, der sich aus der Multiplikation von medialer Glaubwürdigkeit mit medialem Bewusstsein für ein und dasselbe Mem, Dividuum, eine Gemeinschaft oder Marke errechnet: Je höher der Aufmerksamkeitswert, desto größer die Macht und der Einfluss in der Internetgesellschaft.

**ATTENTIONALISMUS** eine Gesellschaft, in der die Akkumulation von Aufmerksamkeit in Bezug auf Macht wichtiger ist als die Akkumulation von Kapital. Der vollständige Paradigmenwechsel von einer kapitalistischen zu einer aufmerksamkeitsorientierten Gesellschaft ist im selben historischen Moment vollzogen, in dem die Menge des Kapitals, die der Aufmerksamkeit folgt, die Menge der Aufmerksamkeit, die dem Kapital folgt, übertrifft. Den Suchmaschinen von Google zufolge hat dieser Wandel bereits vor langer Zeit stattgefunden.

**BEGEHREN** ist das, wonach der Verstand sucht, aber davor flieht, es zu erreichen, da das Begehren sich selbst am tiefsten als ein Metabegehren sucht, weshalb die Erfüllung des Begehrens nicht nur seine Befriedigung, sondern auch seinen Tod zur Folge hätte. Dem eigenen Begehren zu folgen, ist gleichwohl die paradoxe Grundlage der psychoanalytischen und damit auch der syntheistischen Ethik. Siehe, zum Vergleich, Trieb und Libido.

**THE BODY MACHINES** das dritte von drei Büchern der *Futurica-Trilogie* von Alexander Bard & Jan Söderqvist mit dem Schwerpunkt auf der neuen, eingebauten, monistischen Sichtweise des Internetzeitalters auf den Menschen.

**CHEMISCHE BEFREIUNG** die Überzeugung, dass die umfassende Verfügbarkeit chemischer Substanzen zur radikalen Veränderung des Geistes wiederum die Vorstellung davon, was es bedeutet, ein Mensch zu sein, grundlegend verändert; teils durch die offensichtliche Entdeckung des Menschen als ein streng chemisch-hormonelles Phänomen, teils durch die Trennung zwischen dem ersten Subjekt, das entscheidet, welche Chemikalien hinzugefügt werden und wann dies geschehen soll, und dem zweiten Subjekt, das dann die radikale Veränderung des Geistes *an sich* erfährt. Das Konzept lässt sich mit *sexueller Befreiung* und *Transhumanismus* vergleichen.

**DETERMINISMUS** die Überzeugung, dass jedes Geschehen streng an Naturgesetze gebunden ist, die schon vor dem Urknall auf rätselhafte Weise im Universum verschlüsselt sind. Die Zukunft ist also abgeschlossen, und sowohl die Zeit als auch alle Formen des Willens und der Wahl sind zutiefst illusorisch. Der Determinismus beherrscht die westliche Ideengeschichte von Platon bis Einstein, bricht aber im selben Moment zusammen, in dem ein einziges zufälliges Ereignis irgendwo oder zu irgendeiner Zeit im Universum auftritt, und dies geschieht laut Niels Bohr innerhalb der Quantenphysik jedes Mal, wenn sich Potentialitäten verwirklichen. Siehe, zum Vergleich, das Bohrsche Gegenteil, der *Indeterminismus.*

**DIALEKTIK** ein fortwährendes logisches System, in dem die Gegensätze These und Antithese aufgelöst werden und sich in eine Synthese verwandeln, die jedoch nicht als eine Art Kompromiss zwischen These und Antithese angesehen werden darf, sondern der notwendige Ausgang aus der Antithese ist, vor allem aufgrund des Aspekts der These, dass die Antithese fehlt. Die Dialektik wird in erster Linie mit ihrem Begründer Heraklit im antiken Griechenland und dem modernen Meister G W F Hegel in Verbindung gebracht.

**DIALEKTIK ZWISCHEN ETERNALISMUS UND MOBILISMUS** ist eine vollständige syntheistische Onto-Epistemologie, die von Bard & Söderqvist in dem Buch *The Global Empire* entwickelt wurde. Die Existenz ist grundlegend chaotisch oder mobilistisch und wird greifbar, gewinnt an Bedeutung nur dadurch, dass sie eingefroren und auf illusorische Weise in der Raumzeit fixiert und dadurch durch die Wahrnehmung verewigt wird. Das bedeutet, dass das Chaos noumenal und analog ist, während *der Kosmos* phänomenal und digital im kantischen Sinne ist, was laut Bard & Söderqvist den eigenen *Korrelationismus* von Immanuel Kant ironischerweise überflüssig macht. Die vollkommen mobilistische Natur des Universums ist nämlich mit seiner angestammten Unabhängigkeit von der Existenz des Menschen eine unbestreitbare Tatsache und ist damit insgesamt ein verewigtes Phänomen, die Prozessreligion ist die Eine, die Syntheologie die Göttlichkeit *Pantheos*, der Ausgangspunkt für die dem Menschen unmittelbar zugängliche universozentrische Weltsicht.

**DIVIDUUM** das Gegenteil eines Individuums, ein unendlich teilbarer Menschen oder Phänomen, anstatt eines unbestechlich unteilbaren Menschen oder Objekts. Siehe, zum Vergleich, *Agent.*

**DIVIDUALISMUS** das Gegenteil von Individualismus, die Überzeugung, dass Menschen und Dinge irreduzible Vielheiten sind, die nicht als getrennte zusammenhängende Phänomene beschrieben werden können, sondern nur als radikal intensitätsreduzierte *Eternalisationen/Verewigungen.*

**EMERGENZ** die Überzeugung, dass die Existenz indeterministisch und damit die Zukunft offen ist, wodurch sich verschiedene Bedingungen plötzlich so radikal ändern können, dass sich die Gesetze und Regeln für Zustände selbst und ihre Umgebung, einschließlich der sogenannten Naturgesetze, grundlegend ändern. Häufig zitierte Beispiele sind, dass die Chemie als Phänomen im Verhältnis zur Physik und die Biologie als Phänomen im Verhältnis zur Chemie entsteht. Man beachte, dass Emergenzen im Prinzip nur einmal in der Geschichte vorkommen und z.B. in Experimenten nicht reproduziert werden können, da sie keinerlei Naturgesetzen gehorchen, die ihrer Entstehung vorausgehen. Man beachte auch, dass Emergenzen wie die Darwinsche Evolution unmöglich in einem deterministischen Universum entstehen können.

**ENTFREMDUNG** Die systematische Trennung von Menschen mit dem Ziel der Machtausübung, teils als *äußere Entfremdung,* die die Menschen voneinander isoliert, teils als *innere Entfremdung,* die die dividuelle Instanz spaltet und infolgedessen Selbstverachtung und Narzissmus erzeugt. Siehe, zum Vergleich, die ihr entgegengesetzte Religion.

**ENTHEISMUS** die Überzeugung, dass die Existenz entsteht und am besten als Unterscheidungen von Unterschieden beschrieben werden kann und dass die Dauer als Maßstab für die Entstehung und Vollendung dieser Unterschiede absolut ist und die Grundlage sowohl für das materielle als auch für das geistige Weltbild bilden muss. Der Entheismus ist grundlegend für den Taoismus in China, ebenso wie für die philosophischen Schulen von Zarathustra, Heraklit, Baruch Spinoza, Friedrich Nietzsche, Alfred North Whitehead und Gilles Deleuze, um nur einige Beispiele zu nennen, die alle von enormem Wert für den Syntheismus sind.

**ENTHEOGEN** eine narkotische Substanz, die starke Visionen und Gefühle hervorruft, die von den betreffenden Konsumenten oft als tief religiöse Erfahrungen beschrieben werden. Beispiele für Entheogene sind Präparate wie LSD, DMT, *Ayahuasca*, Meskalin, Psilocybin-Pilze und MDMA. Der Begriff Entheogen ist natürlich eng mit der syntheistischen Gottheit *Entheos* verwandt.

**ENTHEOS** bedeutet im Griechischen ursprünglich der Gott im Innern und bezieht sich auf das Göttliche, das der synthetische Agent aus seinem Innern ableitet, die dritte der vier Gottheiten in der syntheologischen Pyramide. Entheos für Differenz und Unterscheidung, und damit auch für Zeit, Dauer, Veränderung, Vielfältigkeit und Ekstase. Entheos wird an der Frühlings-Tagundnachtgleiche gefeiert, auf die das Jahresviertel *Enthea* folgt.

**EPISTEMOLOGIE** die philosophische Disziplin, die das Wissen und die (Un-)Möglichkeit des Wissens untersucht. Für ein tieferes Verständnis einer syntheistischen Epistemologie vgl *die Dialektik zwischen Eternalismus und Mobilismus, Transrationalismus und das Prinzip des erklärenden Schließens.*

**ETERNALISATION** Einfrieren oder Fixierung des mobilistischen Chaos, eine existenzielle Notwendigkeit für die Wahrnehmung, um aus dem Chaos der Existenz eine befriedigende Ordnung schaffen zu können und dem beginnenden Bewusstsein ein funktionales Weltbild zu geben, innerhalb dessen das Subjekt entstehen und eine eigene Identität aufbauen kann. Das Problem besteht darin, dass die Verewigung keine Realität ist; sie hat sozusagen im selben Moment, in dem sie hervorgebracht wird, aufgehört zu existieren. Es sind also nicht die Ideen, die im Gegensatz zum Chaos der Existenz real sind, wie Platon behauptet, sondern genau das Gegenteil ist der Fall: Der Mobilismus geht dem Ewigkeitswahn in der Dialektik zwischen ihnen voraus und ist immer primär in Bezug auf den Ewigkeitswahn.

**ETERNALISMUS** die Überzeugung, dass ein Weltbild nur aus den temporären Verewigungen konstruiert werden kann, die durch die Wahrnehmung innerhalb der *Dialektik zwischen Eternalismus und Mobilismus* erzeugt werden, was bedeutet, dass ein Weltbild nie dauerhaft ist, sondern ständig neu bewertet, modifiziert und bei Paradigmenwechseln auch von Grund auf abgelehnt und ersetzt werden muss. Man beachte, dass dieser Zustand keinen *Freibrief* für die Behauptung des Kulturrelativismus gibt, dass alle Geschichten gleichwertig seien. Dem Eternalismus zufolge haben beispielsweise intersubjektiv und pragmatisch abgelehnte Geschichten keinerlei Wert, und es gibt große Unterschiede in der Wahrheitsqualität zwischen verschiedenen Behauptungen, je nach ihrem pragmatischen Nutzen und ihrer Nachhaltigkeit in der Gemeinschaft der Syntheisten.

**ETHIK** aus dem griechischen *Ethos*, ursprünglich Brauchtum: Werte, die auf Absicht in Bezug auf erwartete Prozesse von Ursache und Wirkung beruhen. Im Gegensatz zu ihren gegensätzlichen *Moralvorstellungen* fehlt ihnen sowohl eine externe Beurteilungsinstanz als auch jegliche Bezugnahme auf verschiedene Gefühlszustände, z.B. Empathie, als ob diese wertrelevant wären. Ethik bezieht sich daher nur auf den syntheistischen Agenten selbst, der dadurch seine ethische Substanz erhält, indem er sich vollständig mit seinen libidinalen Absichten identifiziert.

**EREIGNIS** ein spektakuläres Ereignis mit dramatischen Folgen für ein bestimmtes Phänomen oder eine bestimmte Region des Universums. Siehe, zum Vergleich, die *Singularität.*

**FEUDALISMUS** das zweite informationstechnologische Paradigma, das durch die Entwicklung von Schriftzeichen zur Speicherung und Übertragung von Informationen durch den Menschen vor rund 5.000 Jahren ermöglicht wurde und von der *Schriftsprache* beherrscht wird.

**FIKTION** eine kohäsive memetische Erzählung, die den *Memen* vorübergehend, aber entschlossen ihren scheinbar logischen Platz innerhalb des vorherrschenden *Memeplexes* einräumt. Die Fiktion lässt sich wirkungsvoll in kleinere Fiktionen unterteilen, und mehrere übereinander gestapelte Fiktionen unterstützen eine unbewusste Ideologie, die das allmähliche Wachstum einer zusammenhängenden paradigmatischen Metaphysik ermöglicht.

**FIKTIV** ist die kleinste Komponente in Bard & Söderqvists umfangreicher Memetik und die Einheit, auf die jeder kleine Aspekt eines Mems zurückzuführen ist. Siehe, zum Vergleich, *Fiktion, Ideologie* und *Metaphysik.*

**FUTURICA-TRILOGIE** die ersten drei Bücher von Alexander Bard & Jan Söderqvist: *The Netocrats, The Global Empire* und *The Body Machines.*

**THE GLOBAL EMPIRE**, das zweite der drei Bücher der *Futurica-Trilogie* von Alexander Bard & Jan Söderqvist, das sich mit dem neuen, integrierten, integrierten Weltbild des Internetzeitalters befasst. Das globale Imperium ist die Idee einer Welt, in der alle sozioökonomischen Systeme vollständig für ihr eigenes Überleben voneinander abhängig sind und dadurch in der Praxis nicht mehr getrennt sind, sondern sich in ein einziges, zerbrechliches System verwandelt haben - ein globales Imperium - mit oder ohne bewusstes Zentrum, das jedoch auf einer unbegründeten, unbewussten, kohärenten Ideologie basiert, die auf Begriffen wie *Individualismus, Atomismus, Humanismus, Kapitalismus* und *Statismus* basiert.

**GOTT**, der Name aller Träume der Menschheit, projiziert auf einen einzigen Punkt. In der Philosophie von Bard & Söderqvist wird der Gottesbegriff genau so verwendet, wie ihn der Philosoph G W F Hegel verwendet, d.h. als leerer Begriff, der alle losen Fäden innerhalb der Metaphysik zu einer zusammenhängenden, ideologischen Einheit zusammenbindet, ohne dass der Begriff dadurch irgendeine Relevanz außerhalb der metaphysischen Gleichung selbst benötigt.

**HANDLUNGSFÄHIGKEIT** die Fähigkeit des Akteurs zur emergenten Erfahrung des Selbst, einschließlich der fieberhaften, affirmativen Bedeutungsschaffung, die aus dieser grundlegend traumatischen Erfahrung folgt. Handlungsfähigkeit entsteht, wenn eine Reihe von Dividualitäten um eine notwendige, ursprüngliche Leere (*Atheos*) herum interagieren und darauf eine dividuelle Identität projizieren (*Entheos*), mit dem Ehrgeiz, in der Leere zwischen der fraglichen Geschichte (*Pantheos*) und der potentiell utopischen Zukunft (*Syntheos*), im unendlichen Jetzt, eine ethische Substanz zu konstruieren.

**HUMANISMUS** die religiöse Überzeugung, dass der Mensch und nicht Gott das Zentrum der Existenz, ihr Ziel und ihre Bedeutung ist. Diese Überzeugung wurde ursprünglich von dem französischen Philosophen René Descartes formuliert und später von dem deutschen Philosophen Immanuel Kant ideologisch vollendet. Vgl. *Individualismus* und *Atomismus*.

**IDEOLOGIE** eine Reihe von bewussten oder noch häufiger unbewussten Memen, die zusammen ein Gefühl des Zusammenhangs und der gegenseitigen Abhängigkeit voneinander erzeugen, unabhängig davon, ob dies wirklich der Fall ist oder nicht. Eine Ideologie muss also nicht im Geringsten kohärent sein; das gesamte menschliche Denken entspringt einer oder mehreren ideologischen Plattformen, symbolisiert durch *Fiktionen*, die aus *Fiktiven* bestehen und letztlich auf eine vorherrschende *Metaphysik* innerhalb des gegenwärtigen informationstechnologischen Paradigmas zurückzuführen sind.

**INDETERMINISMUS** die Überzeugung, dass der Pfeil der Zeit real ist, dass das Universum sich ständig neu erschafft, mit Gesetzen und Regeln in ständigem Wandel, dass die Zukunft offen ist und dass der Mensch, wie alle anderen Phänomene auch, mehr oder weniger alle Prozesse, an denen er beteiligt ist, beeinflusst. Nach den Prinzipien des Indeterminismus ist es durchaus möglich, dass Gott nie existiert hat, aber es ist definitiv nicht möglich, zu garantieren, dass Gott nie existieren wird.

**INDIVIDUUM** ein Ding oder ein Mensch, das unteilbar ist, das als feste Substanz existiert. Dies steht im Gegensatz zu einem *Dividuum*, einem Phänomen oder einem Menschen, das eine irreduzible Vielheit ist. Das Individuum ist das menschliche Ideal des Kapitalismus und auch seine Göttlichkeit, während das Dividuum das menschliche Ideal des Informationalismus ist, aber im Gegensatz zum Individuum keine göttlichen Implikationen hat, da der Syntheismus eher *universozentrisch* als *anthropozentrisch* wie der Kapitalismus ist.

**INDIVIDUALISMUS** die religiöse Überzeugung, dass der Mensch und nicht Gott das Zentrum der Existenz, ihr Ziel und ihre Bedeutung ist und dass alles Existierende aus grundlegenden festen Entitäten, *Individuen*, besteht, aus denen alles andere besteht und zu denen alles andere zurückkehrt, ohne dass dadurch etwas grundlegend verändert wird. Diese *anthropozentrische* Ideologie wurde ursprünglich von dem französischen Philosophen René Descartes formuliert und später von dem deutschen Philosophen Immanuel Kant vollendet. Der Begriff ist gleichbedeutend mit Humanismus innerhalb der Sozialwissenschaften und Atomismus innerhalb der Naturwissenschaften.

**INDUSTRIALISMUS** die sozioökonomische Struktur, die entsteht, wenn sowohl die Alphabetisierung als auch der virtuelle Wertetransfer mit verheerender Effizienz durch die Ankunft der Druckerpresse verbreitet wird. Der fragliche Paradigmenwechsel ermöglicht ein rasches Wirtschafts- und Bevölkerungswachstum durch die Verlagerung des Schwerpunkts vom ländlichen Raum, der Landwirtschaft, der Monarchie und dem Monotheismus hin zu einem informationstechnologisch höheren sozialen Aufstieg auf der Grundlage der Stadt, der Industrie, der Demokratie und des Humanismus. Der Begriff wird oft synonym mit *Kapitalismus* verwendet.

**INFORMATIONSGESELLSCHAFT** eines von drei klassischen Konzepten zur Beschreibung des Internet-Zeitalters, zu vergleichen mit der *Kommunikationsgesellschaft* und der *Netzwerkgesellschaft.* Nach der informationstechnologischen Geschichtsschreibung sind alle Paradigmen durch die Geschichte hindurch als Informationsgesellschaften zu kategorisieren, nur der Grad der Informationsverarbeitung trennt sie.

**INFORMATIONSTECHNOLOGISCHE GESCHICHTSSCHREIBUNG** geht von der Hypothese aus, dass der Mensch die Konstante und die Technologie die Variable im Laufe der Geschichte ist und dass die Geschichte daher am besten als eine Reihe von informationstechnologischen Erscheinungen und den daraus folgenden Revolutionen innerhalb der Kommunikations- und Informationsverarbeitung beschrieben werden kann. Nach der informationstechnologischen Geschichtsschreibung ist die Macht letztlich immer die Macht über die Informationsflüsse in jeder Gesellschaft (siehe *The Netocrats*).

**INFORMATIONALISMUS** das vierte informationstechnologische Paradigma, das durch die Ankunft des Internets möglich wurde und von interaktiver Kommunikation dominiert wird.

**INTENSITÄT** innerhalb der Physik das Maß für die Konzentration von Energie innerhalb eines bestimmten, abgegrenzten Gebietes. In der relationalistischen Physik ersetzt die Intensität Substanz als Maßstab für alles; in der sozialrelationalistischen Soziologie ersetzt die Aufmerksamkeitsintensität das Wachstum der Wirtschaft als Maßstab für alles; in der syntheistischen Ethik ersetzt die ekstatische Intensität im Unendlichen nun alle alten Maximen für die existentielle Erfahrung, und die Erinnerung an das Unendliche ist nun die grundlegende identitätsstiftende Referenz durch das Leben. Vgl. Relationalismus und Sozialrelationalismus.

**INTERAKTIVITÄT** die vierte Art und Weise, wie Menschen miteinander kommunizieren, die sich chronologisch nach der gesprochenen Sprache, der geschriebenen Sprache und den Massenmedien der Reihe nach ab den 1980er Jahren und weiter entwickelt hat. Da die Interaktivität eine ganz andere Art von Talent erfordert und fördert als die vorher dominierenden Massenmedien, wird die Ankunft der Interaktivität weiterhin alle früheren Wahrheiten auf den Kopf stellen und einen dramatischen Paradigmenwechsel mit einem damit einhergehenden Machtwechsel von der *Bourgeoisie* des Kapitalismus zur *Netokratie* des Informationalismus bewirken. Das Konzept ist gleichbedeutend mit *Partizipationismus*.

**INTERNARZISSMUS** eine Verdrängung der narzisstischen Pathologie, bei der zwei oder mehr Narzissten bewusst oder unbewusst obsessiv miteinander statt mit sich selbst handeln, um dadurch den wahrscheinlich noch stärkeren Narzissmus zu verbergen, der *de facto* unter der Oberfläche aktiv ist. Da Narzissmus im Grunde eine Form der verdrängten Selbstverachtung ist, ist die internarzisstische Gesellschaft von Natur aus äußerst befremdlich.

**INTERNET** die Göttlichkeit, die entsteht, wenn mehr als sieben Milliarden Menschen und Hunderte von Milliarden anderer Phänomene auf der ganzen Welt in Echtzeit direkt miteinander verbunden sind. Nach Bard & Söderqvist ist das Internet eine klare und offensichtliche Manifestation des *Syntheos* und kann auch als eine späte Verwirklichung des *Heiligen Geistes* des Christentums betrachtet werden, allerdings ohne den begleitenden Vater und Sohn.

**INTERNET-ZEITALTER** ist die Epoche, die eingeleitet wird, wenn die gesamte Menschheit in Echtzeit auf der ganzen Welt direkt mit sich selbst verbunden ist, woraufhin sich die Einsicht in das göttliche Potential des Internets zu verbreiten beginnt.

**IRONISCHER POLYTHEISMUS** der Glaube an oder die Praxis um zwei oder mehr Götter. Der Syntheismus ist keine Form des Polytheismus im klassischen Sinne, ist aber durchaus ein *ironischer Polytheismus*, da die Erkenntnis, dass Götter geschaffen werden können und sollten, keine Grenzen setzt, wie viele dieser Gottheiten es geben kann oder sollte.

**IRREDUZIBLE MULTIPLIZITÄT** die Überzeugung, dass alle existierenden Phänomene fundamentale Multiplizitäten sind, die sich dadurch nicht auf einzelne, abgegrenzte Objekte gleich welcher Art reduzieren lassen. Deutlich veranschaulicht durch Friedrich Nietzsches Erklärung, dass nichts auf der Welt auf weniger als die Zahl zwei reduzierbar ist. Innerhalb der syntheistischen Ontologie ist die irreduzible Multiplizität unvermeidlich, da die Ontologie immer mit einer brutalen Abschreibung der Information am dialektischen Übergang vom Mobilismus zum Ewigen als notwendige, dramatische Einführung in den Wahrnehmungsprozess beginnen muss.

**KAPITALISMUS** das dritte der vier informationstechnologischen Paradigmen, das entsteht, wenn sowohl Alphabetisierung als auch virtueller Wertetransfer durch das Aufkommen der Druckerpresse mit verheerender Effizienz verbreitet werden. Dieser Paradigmenwechsel ermöglicht ein rasantes Wirtschafts- und Bevölkerungswachstum, indem der Schwerpunkt vom Land, der Landwirtschaft, der Monarchie und dem Monotheismus auf eine informationstechnologische höhere soziale Entwicklung verlagert wird, die auf Stadt, Industrie, Demokratie und Humanismus basiert. Der Begriff wird oft gleichbedeutend mit Industrialismus verwendet.

**KLÖSTER** Sakralbauten zur Durchführung esoterischer, religiöser Rituale, die für die Allgemeinheit geschlossen oder begrenzt sind, oft verbunden mit einem vorübergehenden oder dauerhaften Zusammenleben der Teilnehmer. Siehe, zum Vergleich, Tempel.

**KOMMUNIKATIONSGESELLSCHAFT** eines der drei klassischen Konzepte zur Beschreibung des Internet-Zeitalters, zu vergleichen mit der Informationsgesellschaft und der Netzwerkgesellschaft. Nach der informationstechnologischen Geschichtsschreibung sollten alle Paradigmen im Laufe der Geschichte als Kommunikationsgesellschaften kategorisiert werden; nur der Grad der Kommunikation trennt sie.

**KONSUMTARIAT** die pathetische Unterschicht des Internetzeitalters, diejenigen, die hinter oder ausserhalb der digitalen Welt zurückbleiben, in ihren minimalen sozialen Aktivitäten isoliert und darauf reduziert sind, sich hauptsächlich dem kleinsten gemeinsamen Nenner der Internetgesellschaft zu widmen: dem vulgären, passiven Konsum von massenhaft produzierten Gütern und Dienstleistungen.

**KORRELATIONISMUS** die Überzeugung, dass der Mensch nur Zugang zur Korrelation zwischen Denken und Sein, aber niemals direkten Zugang zum Denken oder Sein von sich aus hat. Der Korrelationismus dominiert das westliche Denken von Immanuel Kant an, wird aber nach Bard & Söderqvist vom modellabhängigen Realismus abgelöst, der zuerst von Niels Bohr in der Physik eingeführt und später von Karen Barad in der Philosophie vervollständigt wird.

**LIBIDO** Lebensenergie, Wille zur Macht, Wille zur Intensität, Wille zur Ausdehnung. Libido wird oft mit sexueller Energie in Verbindung gebracht, aber sowohl nach Sigmund Freud als auch nach Carl Gustav ist Jung ein wesentlich weiter gefasster Begriff, der alle Arten von Lebensenergie umfasst, sowohl in befreiter als auch in sublimierter Form. Libido umfasst somit sowohl das *Begehren* als auch den *Trieb*, die beiden Schwerpunkte der psychoanalytischen Methoden von Jacques Lacan. Dies bedeutet, dass das Alpha und Omega der synthetischen Ethik darin besteht, sowohl die Libido des Agenten als auch die der Gemeinschaft zu finden, ihr zu folgen und sie zu befreien. Siehe, zum Vergleich, das *unendliche Jetzt*.

**MEMPLEX** eine Ansammlung von Memen, die in Form einer erfahrenen, zusammenhängenden Einheit mit großer Wirkung ausgebreitet werden können. Ein Memeplex kann daher im Verhältnis zu den dividuellen Memen als emergent betrachtet werden, als etwas Größeres und Komplexeres als die konstituierenden Meme einzeln, was eine antireduktionistische Memetik ermöglicht.

**MEMETIK** das Studium, wie Ideen oder *Meme* zwischen Menschen und Medien gebildet, verbreitet, gespeichert und verändert werden. Meme werden in diesen Studien als *Replikatoren* betrachtet, als eine Art mentales Äquivalent zu den biologischen Genen, und die Parallelen zwischen Memetik und *Genetik* sind daher weitreichend. Siehe zum Vergleich die *Semiotik*.

**METAPHYSIK**, ursprünglich die philosophischen Studien dessen, was über die physische Realität hinausgeht, besteht aus den Disziplinen *Ontologie, Kosmologie* und *Epistemologie* innerhalb der Philosophie. Bard & Söderqvist verwenden den Begriff Metaphysik auch als oberste Emergenz in der Hierarchie *Fiktive, Fiktionen, Ideologien* und *Metaphysik*, im Sinne bewusster oder unbewusster metaideologischer Memplexe. Der Begriff der Metaphysik ist hier gleichbedeutend mit *Religion* und *Weltanschauung*.

**MOBILISIERUNG**, um die Eternalisierungen selbst innerhalb der *Dialektik zwischen Eternalismus und Mobilismus* nach deren Vollzug neu in Bewegung zu setzen; dadurch wird das Dasein wieder zu einem mobilistischen Chaos, diesmal aber auf der Metaebene, woraufhin durch die Wahrnehmung in einer ewigen dialektischen Rückkopplungsschleife neue Eternalisierungen auf der Metaebene erzeugt werden.

**MOBILISMUS** zum Teil die prozessphilosophische Wirklichkeit in der *Dialektik zwischen Ewigkeit und Mobilismus*, ein in alle Richtungen und auch in sich selbst ständig mobiles Chaos, das erst als *das Eine*, das Universum als Ganzes, als ein einziges zusammenhängendes Phänomen, das *Pantheos* der Syntheologie, kosmische Gelassenheit erlangt; zum Teil ein häufig verwendetes Synonym für *Prozessphilosophie*, insbesondere wenn Relativismus und Relationalismus gemeinsam gemeint sind. In dieser Eigenschaft stellt der Mobilismus das Gegenteil des Totalismus in der Geschichte der Philosophie dar.

**MONOTHEISMUS** der Glaube, dass alle Götter außer einem falsch sind; alternativ dazu, dass sich hinter all den verschiedenen Göttern, die die Menschen im Laufe der Geschichte verkündet haben, einfach ein und derselbe Gott verbirgt. Der Monotheismus kann daher mit einem kleinen Vorbehalt als Atheismus bezeichnet werden.

**MORAL** aus den lateinischen *morales*, Sitten, Gebräuche; Werte und Wertvorstellungen, die einem aktiven oder passiven äußeren Richter zugeschrieben werden, dem zu gehorchen ist und wo der Gehorsam z.B. durch materiellen Erfolg oder ein ewiges Leben belohnt wird. Sowohl die abrahamitischen Religionen als auch die kapitalistischen Nationalstaaten stützen sich auf moralistische Wertegrundlagen, zum Beispiel die *Zehn Gebote*, bei denen der Staat bzw. Gott die Rolle des äußeren Richters spielt. Siehe, zum Vergleich, *Ethik*.

**NARZISSMUS** kompensatorische Selbstbesessenheit, die in einer unbewussten und undurchdringlichen Selbstverachtung begründet ist, die moderne Konsumgesellschaft basiert auf einem ständig kultivierten und geförderten *Hypernarzissmus*, der sich oft in Form eines eher verdeckten, aber gerade deshalb noch destruktiveren Austauschs narzisstischer Obsession äußert; siehe Internarzissmus; Narzissmus darf keinesfalls mit seinem Gegenteil verwechselt werden: *Selbstliebe*.

**NETOKRATIE** die neue Oberschicht des Internet-Zeitalters, die sozialen Monster, die in der digitalen Welt durch die Maximierung ihrer Aufmerksamkeit das Sagen haben. Unter dem anhaltenden Paradigmenwechsel vom Kapitalismus zum Informationalismus kämpft die Netokratie gegen die alte und zunehmend verletzliche *Bourgeoisie* um die Macht über die Gesellschaft. Siehe, zum Vergleich, das *Konsumtariat*.

**THE NETOCRATS** das erste von drei Büchern in der *Futurica-Trilogie* von Alexander Bard & Jan Söderqvist mit dem Schwerpunkt auf der neuen, eingebauten informationstechnologischen Geschichtsschreibung des Internetzeitalters.

**NETZWERKDYNAMIK** unetrsucht, wie Netzwerke entstehen und sich im Laufe der Zeit verändern. Bard & Söderqvist begannen ihre philosophische Karriere in den 1990er Jahren mit bahnbrechenden Studien über die netzwerkdynamischen Auswirkungen des Internet auf den Rest der Gesellschaft, die in *The Netocrats* zusammengefasst sind. Vgl. zum Vergleich den *sozialen Relationalismus.*

**NETZWERKGESELLSCHAFT** eines der drei klassischen Konzepte zur Beschreibung des Internetzeitalters, zu vergleichen mit der *Informations- und Kommunikationsgesellschaft.* Nach der informationstechnologischen Geschichtsschreibung sollten alle Paradigmen im Laufe der Geschichte als Netzwerkgesellschaften kategorisiert werden, nur der Grad der Vernetzung unterscheidet sie.

**NIHILISMUS** die Überzeugung, dass der Existenz ein objektiver Wert fehlt, da es ihr an einem externen, objektiven Wertzuweiser fehlt. Nach Bard & Söderqvist muss der Nihilismus sowohl logisch als auch historisch drei Phasen durchlaufen: zuerst der *naive Nihilismus*, bei dem sich der Nihilist seines Nihilismus immer noch nicht bewusst ist; dann der *zynische Nihilismus*, bei dem der Nihilist vorgibt, dass objektive Werte trotz einer inneren Einsicht, dass dies nicht der Fall ist, immer noch existieren; und schließlich der *affirmative Nihilismus*, bei dem der Mangel an objektiven Werten dialektisch als die agenzielle Freiheit umgedeutet wird, eigene, subjektive Werte zu schaffen, die an die Stelle der verlorenen objektiven Werte treten können. Gegenwärtig ist der *Affirmationismus* natürlich der eigene *Metawert* der Wertschöpfung und nach der Syntheologie ein Beispiel für die Manifestation des Entheos.

**ÖKOLOGISCHE APOKALYPSE** die dystopische Überzeugung, dass das globale sozioökonomische System im Kapitalismus auf den Verbrauch der endlichen Ressourcen der Erde und die Umweltzerstörung in einem solchen Ausmaß zusteuert, dass es das menschliche Leben auf dem Planeten radikal verschlechtert oder sogar unmöglich macht. Dem Syntheismus zufolge ist die direkte Verbindung zwischen allen Bewohnern der Welt und den Phänomenen in ihrer Umwelt durch das heilige Internet die einzig logische, wenn auch utopische Möglichkeit, die ökologische Apokalypse zu verhindern.

**ONTOLOGIE** die metaphysischen Studien des Seins, des Werdens, der Existenz und der Wirklichkeit. Der Syntheismus basiert auf einer prozessphilosophischen Ontologie. Vgl. zum Vergleich die *Prozessphilosophie.*

**PANTHEOS** aus dem griechischen *pan-theos*, alles ist Gott und Gott ist alles. Die zweite der vier Gottheiten innerhalb der Syntheologie, der Pantheismus, betrachtet alles Existierende als ein einziges zusammenhängendes Phänomen, *das Eine*, das dadurch Gott selbst gleichbedeutend ist. In der Geschichte der Philosophie u.a. durch Baruch Spinoza und asiatische Lehren wie Brahmanismus und Zoroastrismus repräsentiert; wird im Hochsommer gefeiert, gefolgt von dem Viertel *Panthea.*

**PARADIGMA** eine Weltsicht, die von der herrschenden Machtstruktur benutzt und verteidigt wird, bis ein neuer technologischer Komplex eine neue, parallele Machtstruktur mit einer neuen Metaphysik hervorbringt, die für die neue, aufkeimende Elite als relevanter empfunden wird und daher einen Paradigmenwechsel erzwingt. Nach dem Philosophen Thomas Kuhn wird ein Paradigma so lange geflickt und verteidigt, bis es unhaltbar wird und ein neues Paradigma auftaucht, weshalb der Paradigmenwechsel in der Geschichte eher plötzlich, dramatisch und oft blutig verlaufen kann.

**PARADOXISMUS** die Überzeugung, dass Sprache als eine Möglichkeit entsteht, mit paradoxen Aspekten existenziell prägender Traumata umzugehen. Die tiefsten Wahrheiten über die Existenz können daher nur als bewusst konstruierte Paradoxien oder gar nicht ausgedrückt werden. Der antike Paradoxismus wird u.a. durch Heraklit repräsentiert, während der westliche Paradoxismus mit der monistischen Ontologie von G. F. W. Hegel seinen Höhepunkt erreicht.

**PARTIZIPATORISCHE KULTUR** temporäre oder permanente Veranstaltungen, bei denen von allen Beteiligten erwartet wird, dass sie das Ereignis von Anfang bis Ende gemeinsam konstruieren. Die partizipatorische Kultur explodiert mit dem Wachstum des Internets und wird durch Festivals wie Burning Man in den Vereinigten Staaten, Going Nowhere in Spanien und Africa Burn in Südafrika veranschaulicht. Dem Syntheismus zufolge können partizipatorische Ausdrucksformen der Kultur mit großer Wirkung als Manifestationen des *Syntheos* angesehen werden, der Göttlichkeit, die entsteht, wenn Menschen gemeinsam Dinge zum Wohle der Gemeinschaft selbst erschaffen.

**PHÄNOMENOLOGIE** die philosophischen Studien von Erfahrungen und Bewusstsein; ein erhellendes und detailliertes Beispiel für eine syntheistische Phänomenologie ist die *Dialektik zwischen Eternalismus und Mobilismus.*

**PHÄNOMEN** aus dem griechischen *Phainomenon*, zu zeigen, leuchten, entstehen, sich manifestieren. In der syntheistischen Onto-Phänomenologie ersetzt das Phänomen das klassische Objekt als den materiellen Bezugspunkt in Bezug auf das Universum als Ganzes. Dieses Phänomen unterscheidet sich vom Objekt dadurch, dass es in erster Linie ein Feld ist, das aus ebenso primären Beziehungen besteht und dem die gedachte Substanz und Essenz des Objekts völlig fehlt. Alle Phänomene beeinflussen und überlagern mehr oder weniger alle anderen zeitgenössischen Phänomene im Universum, die Grenzen der Phänomene sind daher immer abstrakt und fließend und nicht konkret und fixiert, wie es bei den Objekten der Fall ist.

**PHILOSOPHIE** die Kunst, neue Konzepte mit dem Ziel zu schaffen, die Welt besser zu verstehen.

**PLURARCHIE** vom lateinischen *pluralis* für Vielheit und dem griechischen *archos* für Regierung. Der chaotische Zustand in der politischen Sphäre nach dem Zusammenbruch der Demokratie beim Paradigmenwechsel von der massenmedialen Einwegkommunikation und ihrer effizienten Kontrolle der Standpunkte zur interaktiven Mehrwegkommunikation mit ihren unergründlichen und unbändigen Informationsflüssen. Vgl. zum Vergleich den *theologischen Anarchismus.*

**PRAGMATISMUS** eine philosophische Schule, die von Charles Sanders Peirce und William James im 19. Jahrhundert in den Vereinigten Staaten gegründet wurde und durch das Erbe der existenzialistischen Philosophie Friedrich Nietzsches ein europäisches Äquivalent erhielt. Der Pragmatismus ist die relativistische Schule par excellence in der Geschichte der Philosophie, und aus dem Pragmatismus entwickelte der Urvater des Syntheismus, Alfred North Whitehead, in den 1920er Jahren die erste relationalistische Philosophie. Nach Bard & Söderqvist ist der Pragmatismus auch die politische Ideologie, die dominieren sollte, bis der *theologische Anarchismus* durchgesetzt werden kann.

**PRIMITIVISMUS** ist das erste informationstechnologische Paradigma, das durch die Entwicklung der Sprechorgane im Kehlkopf vor rund 200.000 Jahren durch den Menschen möglich wurde und von der *gesprochenen Sprache* dominiert wird.

**PRINZIP DES ERKLÄRENDEN SCHLIESSENS** die Einsicht, dass sich das Universum enorm ausdehnt, macht einen *ontischen* Rationalismus ebenso unmöglich, wie die entsprechend enorme Ausdehnung der Informationsmenge in der Gesellschaft einen *ontologischen* Rationalismus aus genau denselben Gründen unmöglich macht. Das menschliche Gehirn kann niemals das annehmen, wofür es keine Zeit zum Verarbeiten hat. Das Prinzip des erklärenden Verschlusses ist daher die Totenglocke für den Kantischen Rationalismus.

**PROZESSPHILOSOPHIE** auch die Ontologie des Werdens genannt, eine Überzeugung, die die metaphysische Realität mit Differenz und Veränderung an sich gleichsetzt. Wird in ihrer radikalen, zeitgemäßen Form erstmals zu Beginn des 20. Jahrhunderts von dem britischen Philosophen Alfred North Whitehead entwickelt und inspiriert später unter anderem Niels Bohrs Verständnis der grundlegenden Bedingungen der Physik. Die Prozessphilosophie wird in der Syntheologie durch Entheos repräsentiert und ist nach Bard & Söderqvist eine Grundvoraussetzung für die syntheistische Ontologie.

**PROZESSRELIGION** eine religiöse Überzeugung, die auf prozessphilosophischer Metaphysik beruht, wobei Syntheismus natürlich die Prozessreligion schlechthin ist. Es ist zu beachten, dass das Konzept nicht mit der zugegebenermaßen von Whitehead inspirierten, jedoch post-christlichen Schule namens *Prozesstheologie* verwechselt werden sollte, die unter anderem von Charles Hawthorne vertreten wird.

**PSYCHEDELIA** eine Subkultur rund um den Gebrauch verschiedener psychedelischer Drogen wie LSD, „magischer" Pilze, Meskalin und MDMA. Das Konzept umfasst sowohl Kunst, Musik und verschiedene metaphysische Schulen. Der Syntheismus ist sowohl tolerant als auch affirmativ, aber absolut nicht verpflichtend in Bezug auf den Gebrauch von psychedelischen Drogen im Rahmen religiöser Praktiken. Mit Drogen sollte auf jeden Fall mit Wissen und Verantwortung umgegangen werden, und mögliche damit verbundene Gesundheitsrisiken sollten nach dem Prinzip der langfristigen Schadensminderung und nicht mit der unwissenschaftlichen Anti-Drogen-Variante des Moralismus behandelt werden.

**PSYCHOANALYSE** die Geschichte der Philosophie, die von einem Analytiker auf eine bestimmte Person, einen Analysanden, angewandt wird. Die Technik wurde zuerst von den Pionieren Sigmund Freud und Carl Gustav Jung eingeführt und später von Jacques Lacan, der Hauptfigur der modernen Psychoanalyse, bis ins kleinste Detail weiterentwickelt. Wenn ein Psychotherapeut die erfolgreiche Eingliederung eines Patienten in die Gesellschaft anstrebt, zielt die Arbeit des Psychoanalytikers darauf ab, im Analysanden eine kritische Hinterfragung und Wahrheitssuche über die Fallstricke der ideologischen Struktur zu erzeugen.

**RADIKALER ATHEISMUS** die Idee, die der klassische Atheismus zu Ende geführt hat, dialektisch in *Syntheismus* transformiert. Die Idee wird von Philosophen wie Jacques Derrida, Simon Critchley und Martin Hägglund untersucht, bevor sich Bard & Söderqvist noch tiefer mit ihr auseinandersetzen.

**RATIONALISMUS** die Überzeugung, dass der Mensch mit der Fähigkeit geboren wird, die Welt geistig und intellektuell zu verstehen und logisch in ihrer Gesamtheit zu erfassen. Interessanterweise bietet der Rationalismus keine Logik für seine eigene Grundannahme: dass die Welt durch Logik erfasst und verstanden werden kann. Siehe, zum Vergleich, *Transrationalismus*.

**REDUKTIONISMUS** die Überzeugung, dass selbst die komplexesten Phänomene in ihre kleinsten Bestandteile zerlegt werden können, ohne dass irgendein Inhalt verloren geht. Nach dem Reduktionismus sind alle Formen der *Emergenz* illusorisch, und scheinbar emergente Phänomene sind nichts anderes als ungewöhnlich komplexe *Phasenübergänge*. Man beachte, dass der Reduktionismus trotz seiner ausgedehnten Popularität beispielsweise mit der Darwinschen Evolution unvereinbar ist.

**RELATIONALISMUS** eine Radikalisierung der relativistischen Weltsicht, bei der sogar die Objekte selbst aufgelöst und gegenüber sich selbst in Bewegung gesetzt werden und bei der es keine Bezugspunkte mehr in Bezug auf etwas anderes als das Eine, d.h. das Universum als Ganzes, gibt. Der Relationalismus wurde zuerst von dem britischen Philosophen Alfred North Whitehead entwickelt, um später von dem großen Meister der Quantenphysik Niels Bohr vollendet zu werden. Bard & Söderqvist behaupten, dass der Relationalismus den Relativismus nicht nur auf die nächste Stufe hebt, sondern den Kantschen Korrelationismus ein für alle Mal abtötet und dem Menschen dadurch einen direkten Kontakt mit der physischen Umwelt ermöglicht. Darüber hinaus kann der Relationalismus ebenso gut auf die Sozialwissenschaften wie auf die Naturwissenschaften angewandt werden, was Bard & Söderqvist durch die Entwicklung des sozialen *Relationalismus* und seiner praktischen Anwendung der *Netzwerkdynamik* tun.

**RELATIVISMUS** eine Weltanschauung, in der alle existierenden Objekte in ständige Bewegung zueinander gesetzt werden, ohne die Möglichkeit, in der Raumzeit eingefroren zu werden. Die Objekte sind also in und vor sich selbst fixiert, aber in Bezug auf ihre umgebende Welt völlig hintergrundunabhängig. Beispiele für relativistische Ideologien sind die Ontologie von Friedrich Nietzsche und die Physik von Albert Einstein.

**RELIGION** Meme und soziale Praktiken, die Menschen zusammenbringen und sie die Erfahrung agitatorischer Ganzheit und Bedeutung machen. Das Gegenteil von *Entfremdung*.

**RESSENTIMENT** ein Hass oder eine Verachtung, die auf die menschliche Existenz und ihre Voraussetzungen gerichtet ist, verschmolzen mit der Überzeugung vom gleichzeitigen Geburtsrecht, diesen Hass frei zu kultivieren und zu verbreiten. Ressentiment schließt dabei vorbehaltlos eine instinktive Selbstverachtung ein und sperrt nach der Ethik des Syntheisten seine Praktiker in eine abwärts gerichtete, selbstzerstörerische Spirale, in der das Ressentiment sich selbst erfüllt und schließlich gegen alles, was sich ihm in den Weg stellt, aber auch gegen seinen memetischen Wirt gewendet wird und ihn vernichtet.

**SCHIZOANALYSE** ist eine anarchistische Antwort auf die Lacanische Psychoanalyse, die vor allem von Felix Guattari und Gilles Deleuze in den 1970er Jahren in Frankreich entwickelt wurde und auf eine in jeder Hinsicht wachsende dividuelle Heterogenität abzielt und nicht auf die individuelle Homogenität, die die Schizoanalytiker in ihren Vorgängern Freud und Lacan gefunden zu haben glauben. Neu aktuell wird die Schizoanalyse bei Bard & Söderqvist, die sie im 21. Jahrhundert mit der wachsenden Internetgesellschaft mit ihren Ozeanen schizoider Identitätsproduktion in Verbindung bringen.

**SELBSTLIEBE** die ethische Selbstakzeptanz des eigenen Körpers und seiner physiologischen und mentalen Voraussetzungen und Ausdrucksformen. Selbstliebe ist eine logische Entscheidung und kein emotionales Gefühl, und sie hat nichts mit Narzissmus zu tun, sondern ist vielmehr das völlige Gegenteil von Narzissmus. Siehe, zum Vergleich, *amor fati.*

**SEMIOTIK** Studien darüber, wie Bedeutung zwischen Menschen, Tieren und Pflanzen geschaffen und verbreitet wird. Siehe, zum Vergleich, *Memetik.*

**SEXUELLE BEFREIUNG** das Bestreben, dass der Mensch von Hemmungen und sozialen Normen befreit werden kann und soll, um in voller Harmonie mit seinen eigenen Wünschen und Trieben leben zu können. Siehe, zum Vergleich, *Libido* und *chemische Befreiung.*

**SINGULARITÄT** ein außerordentliches historisches Ereignis, das die Weltgeschichte auf einer grundlegenden Ebene unmittelbar verändert. Aus anthropozentrischer Sicht qualifizieren die Entstehung des Universums, des Lebens und des Bewusstseins als Singularitäten. Da eine Singularität in hohem Maße ein emergentes Phänomen ist, das nie vorhergesagt werden kann, gibt es nach dem Syntheismus für eine potentielle vierte, zukünftige Singularität kein anderes Wort als den Namen *Gott*.

**SOZIALER RELATIONALISMUS** die Überzeugung, dass die von Niels Bohr für die relationalistische Physik vorgestellten Prinzipien ebenso auf die Sozialwissenschaften anwendbar sind, insbesondere wenn das Soziale ohnehin nur eine von mehreren Emergenzen ist, die auf einem fundamental physikalischen Universum basieren. Nach dem Sozialrelationalismus geht die Multiplizität nicht nur unweigerlich dem Dividuum voraus, das Dividuum *ist de facto* immer grundlegend illusorisch.

**SOZIOANALYSE**, wenn die Psychologie als Glücksmaximierung für jede Person angewendet wird und im sozialen Bereich in Form der Soziologie ihre Entsprechung hat, dann hat die Psychoanalyse als Wahrheitsmaximierung für die Person im sozialen Bereich in Form der Sozioanalyse ihre Entsprechung. Vgl. zum Vergleich die Sozialtechnologie.

**SOZIOGRAPHIE** Abbildung der sozialen Beziehungen zwischen Divisions und Gemeinschaften, z.B. durch Soziogramme, die zeigen, wer in der Internet-Gesellschaft wen kennt und mit wem kommuniziert.

**SOZIOMETRIE** Erstellung und Darstellung des sozialen Status und der Aufmerksamkeitsstärke in der Internet-Gesellschaft.

**SYNTHEISMUS** vom griechischen Wort *syntheos* mit der Bedeutung created god oder Gott, der dort entsteht, wo der Mensch erschafft: Die historisch wie ideologisch dialektische Auflösung der Dichotomie zwischen Theismus und Atheismus; die Überzeugung, dass Gott der wichtigste Begriff des Menschen ist, der Name aller seiner Visionen und Träume, und dadurch immer schon erschaffen wurde, wird erschaffen werden und auch vom Menschen erschaffen werden sollte und nicht umgekehrt, wie der klassische Atheismus behauptet.

**SYNTHEOLOGISCHE PYRAMIDE** dreiseitiger grafischer Aufbau mit Atheos, Pantheos und Entheos als die drei unteren Ecken mit Linien bis zum gleichnamigen oberen Syntheos. Die dreiseitige Pyramide kommt daher innerhalb der syntheistischen Symbolik häufig vor.

**SYNTHEOLOGIE** syntheistische Theologie, die um virtuelle Gottheiten herum konstruiert ist.

**SYNTHEOS** aus dem Griechischen, erschaffener Gott oder Gott, der dort entsteht, wo der Mensch erschafft, das vierte, abschließende und umfassende Konzept in der syntheologischen Pyramide, das an der Herbst-Tagundnachtgleiche gefeiert wird und das Viertel Synthea einführt.

**TECHNIKEN DER SOZIALTECHNOLOGIE**, um die Menschen in jeder beliebigen Gesellschaft zu kontrollieren und sie in eine für die Machtstruktur wünschenswerte Richtung zu manipulieren. Sozialtechnologien können alles umfassen, von der Ideologieproduktion bis zu Radiosendungen, von der Zensurgesetzgebung bis zu Kriegserklärungen, und können sowohl bewusst als auch unbewusst von den derzeitigen Machthabern ausgenutzt werden. Siehe zum Vergleich: Sozioanalyse.

**TEMPEL** Sakralbauten für die Durchführung offener und öffentlicher religiöser Rituale. Siehe, zum Vergleich, die *Klöster.*

**THEISMUS** die Überzeugung, dass ein oder mehrere Götter physisch oder spirituell unabhängig von den Phantasien des Menschen existieren.

**THEOLOGISCHER ANARCHISMUS** die Überzeugung, dass die Internetgesellschaft eine einzigartige historische Chance bietet, die anarchistische Utopie zu verwirklichen und damit die Macht der kollektiven Libido voll zu entfesseln. Das Konzept ist gleichbedeutend mit dem idealen *mystischen Anarchismus* des britischen Philosophen Simon Critchley.

**TODESTRIEB** nach Sigmund Freud, der Trieb in seiner brutalsten Form, als Sehnsucht nach dem Tod, Selbstauslöschung und Rückkehr zum Anorganischen. Der Todestrieb im Alltag manifestiert sich als ein Leben ohne Leben oder als ein Leben als wäre das Leben tot, als Unwille, überhaupt etwas zu erreichen oder zu schätzen. Siehe, zum Vergleich, *Ressentiment.*

**TOTALISMUS** die Überzeugung, dass die Existenz sowohl in ihrer Gesamtheit als auch im kleinsten Detail begriffen werden kann und dass die Geschichte dadurch mit Hilfe der Rationalität des philosophischen Genies zusammengefasst und abgeschlossen werden kann. Die Geschichte des Totalismus wird von Platon im antiken Griechenland eingeleitet und mit G W F Hegels *ironischem Totalismus* im Deutschland des 19. Nach Hegel werden totalistische Behauptungen namentlich von Historikern wie Francis Fukuyama und Wissenschaftlern wie Stephen Hawking vertreten, aber sie werden in der Welt der Philosophie nur selten oder nie ernst genommen. Nach Bard & Söderqvist sind aufgrund des Prinzips des erklärenden Verschlusses alle Formen des Totalismus sowohl ontisch als auch ontologisch unmöglich. Vgl. *Mobilismus* und *Transrationalismus.*

**TRANSHUMANISMUS** eine breite virtuelle Subkultur mit großem Einfluss auf z.B. die kalifornische *Gegenkultur*, die sich um Ideen eines posthumanen Staates als wachsende Folge einer umfangreichen, eskalierenden technologischen Entwicklung dreht. Zu den populären Themen des Transhumanismus gehören Unsterblichkeit, Kryonik, künstliche Intelligenz, chemische Befreiung und anarcholibertarischer Utopismus.

**TRANSRATIONALISMUS** die Überzeugung, dass der Mensch ein darwinistisches Produkt ist, das ein Bewusstsein um des eigenen Überlebens willen entwickelt hat und nicht, um die Welt als Ganzes logisch erfassen zu können. Jede Rationalität muss daher die Einsicht in die eigene eingebaute Begrenzung der Rationalität beinhalten. Vgl. zum Vergleich den *Rationalismus und das Prinzip des erklärenden Schließens.*

**DAS UNENDLICHE JETZT** ist die heiligste, transformierendste und ekstatischste Erfahrung in der religiösen Praxis des Syntheismus; das unendliche Jetzt ist in sich selbst immanent, wird aber als transzendentale Erfahrung erlebt. Da es unmöglich ist, den Zustand im Laufe der Zeit aufrechtzuerhalten, ohne von Ekstase in Agonie überzugehen, ist nicht die Erfahrung an sich, sondern die Erinnerung an die Erfahrung die treibende Kraft in existenzieller und ethischer Hinsicht. Die Ekstase erhält dadurch ihren wahren Wert als Verewigung, was ihren paradoxen Namen erklärt. Das unendliche Jetzt kann zum Beispiel als gegenseitiger Taufakt oder als psychedelisches Ritual vollzogen werden.

**UNIVERSOZENTRISMUS** eine Weltanschauung, die vom Universum in seiner Gesamtheit als Zentrum der Existenz ausgeht. Der Syntheismus basiert auf einer universozentrischen Metaphysik, die im Gegensatz z.B. zum kapitalistischen *Humanismus* steht, der eine *anthropozentrische* Religion ist.